Franz Kurowski

Verleugnete Vaterschaft

Wehrmachtsoffiziere schufen die Bundeswehr

Pour le Mérite

Titelseite: Jirka Buder

Die Deutsche Bibliothek – CIP-Einheitsaufnahme

Kurowski, Franz:
Verleugnete Vaterschaft : Wehrmachtsoffiziere schufen die Bundeswehr /
Franz Kurowski. – Selent : Pour le Mérite, 2000
ISBN 3-932381-12-2

ISBN 3-932381-12-2

Pour le Mérite – Verlag für Militärgeschichte
Postfach 52, D-24236 Selent

Gedruckt in Österreich

I.

Einführung

Von der bedingungslosen Kapitulation zur Gründung der Bundesrepublik Deutschland

Am 9. Mai 1945 um 00.01 Uhr trat die Kapitulation aller unter deutschem Kommando stehenden Streitkräfte in Kraft. Die letzte Regierung des Reiches, die „Geschäftsführende Deutsche Reichsregierung" unter Großadmiral Dönitz, wurde am 23. Mai 1945 von den Briten verhaftet. Mit der „Berliner Erklärung" vom 5. Juni 1945 übernahmen die vier Besatzungsmächte USA, Großbritannien, Frankreich und UdSSR die Regierungsgewalt über Deutschland, das in den Grenzen vom 31. Dezember 1937 in vier Besatzungszonen – die Reichshauptstadt Berlin in vier Sektoren – aufgeteilt wurde. Als oberste Gewalt wurde der Kontrollrat eingesetzt, dem die vier Oberbefehlshaber der jeweiligen Besatzungstruppen angehörten.

Am 17. Juli 1945 begann in Potsdam die letzte der Kriegskonferenzen, auf der neben der Niederwerfung Japans und anderen Fragen auch das künftige Schicksal Deutschlands erörtert werden sollte. Die bereits während des Krieges aufgetretenen Meinungsverschiedenheiten zwischen den vier Siegermächten verschärften sich auf dieser Konferenz deutlich.

Das Abschlußkommuniqué vom 2. August 1945 wiederholte die Beschlüsse der „Berliner Erklärung", vom 5. Juni 1945: Einigkeit bestand darüber, daß Deutschland vollständig abgerüstet und entmilitarisiert, die Rüstungsindustrie abgebaut, der Nationalsozialismus vernichtet und das politische Leben auf demokratischer Grundlage umgestaltet und neu geordnet werden sollte. Wirtschaftlich sollte Deutschland während der Besatzungszeit als Einheit behandelt werden. Insgesamt durfte der deutsche Lebensstandard nicht höher sein als der durchschnittliche europäische. Die Gebiete östlich der Oder und der Lausitzer Neiße wurden „vorbehaltlich der endgültigen Bestimmungen der territorialen Fragen bei der Friedensregelung" der Verwaltung Polens und der UdSSR unterstellt. Dies bedeutete die Abtrennung von rund einem Viertel des deutschen Staatsgebietes in den Grenzen vom 31. Dezember 1937 und die Vertreibung der deutschen Bevölkerung dieser Gebiete. Weitere wichtige Bestimmungen betrafen die Verfolgung von sogenannten „räumlich nicht besonders begrenzten Verbrechen", die die Einsetzung des Internationalen Militärtribunals zur Folge hatte, und die Reparationen, die auf der Pariser Reparationskonferenz im Dezember 1945 präsentiert wurden.

Die Erkenntnis, daß ein politisches, wirtschaftliches und militärisches Vakuum im Herzen Europas eine zukünftige friedliche Entwicklung eher gefährdete als förderte, und das Auseinanderbrechen der Anti-Hitler-Koalition führten in den folgenden Jahren zu sehr unterschiedlicher Auslegung der Potsdamer Bestimmungen durch die vier Besatzungsmächte. In den westlichen Besatzungszonen zeichnete sich beim Neuaufbau der öffentlichen Verwaltung bald eine Annäherung der britischen und der amerikanischen Auffassung ab. Sie führte nach der Bildung von Ländern, deren Regierungen zunächst ernannt wurden und erst später, nach den ersten Landtagswahlen im November/Dezember 1946, eine parlamentarische Legitimation erhielten, am 1. Januar 1947 zur Zusammenfassung der beiden Besatzungszonen zum „Vereinigten Wirtschaftsgebiet" („Bizone"). Frankreich, das auf den Bestimmungen der Dezentralisierung und Wiedergutmachung beharrte, schloß sein Besatzungsgebiet der Bizone erst am 8. April 1949 an. Es entstand die „Trizone". Das Saargebiet war dem französischen Währungs- und Wirtschaftsbereich angegliedert worden.[1]

Zu diesem Zeitpunkt war das Scheitern einer gemeinsamen Deutschlandpolitik der vier Besatzungsmächte bereits offenkundig. Von 1945 bis 1947 fanden vier Außenministerkonferenzen statt, die sich zunächst vor allem mit Fragen der Reparationen, später auch mit solchen der Sicherheit und der Friedensregelung befaßten. Praktische Ergebnisse waren im wesentlichen nur die Beschlüsse, die deutschen Kriegsgefangenen bis zum 31. Dezember 1948 zurückzuführen und eine deutsche Stahlproduktion von 11,1 Millionen Tonnen zu gestatten.

Die Neuorientierung der Politik der USA als Antwort auf das expansive sowjetische Vorgehen in Osteuropa, in Griechenland, der Türkei und im Iran hatte sich bereits in der Stuttgarter Rede des Außenministers Byrnes vom 6. September 1946 angekündigt. Ein halbes Jahr später verdeutlichte die „Truman-Doktrin" die amerikanische Entschlossenheit zur „Eindämmung" (Containment) der sowjetischen Machtausweitung. Am 12. März 1947 ersuchte Präsident

Truman den Kongreß um Bewilligung der Mittel für Hilfen an Griechenland und die Türkei.

Die „Truman-Doktrin" bedingte zugleich ein starkes politisches und wirtschaftliches Engagement der USA in Europa, das zunächst im „Marshall-Plan" (5. Juni 1947) sichtbaren Ausdruck fand. Die beabsichtigte Einbeziehung der drei Westzonen in das „European Recovery Program (ERP)", so der offizielle Name des „Marshall-Plans", wirkte sich entscheidend auf die weitere politische Entwicklung der deutschen Frage im Sinne einer von den USA, Großbritannien und Frankreich angestrebten „Westlösung" aus. Die Westeuropa zugeflossenen Mittel, die vornehmlich dem Bezug von Rohstoffen, Nahrungsmitteln und Investitionsgütern aus den USA dienten, betrugen bis zum Auslaufen der Hilfe 1952 rund 13 Milliarden US-Dollar; die Bundesrepublik Deutschland und West-Berlin erhielten 1,7 Milliarden Dollar, wovon 1 Milliarde zurückgezahlt wurde.[2]

Die vorläufige Empfehlung einer föderativen Regierungsform für Westdeutschland und die Einbeziehung der drei Westzonen in das ERP beantwortete die UdSSR damit, daß sie den alliierten Kontrollrat verließ, die Berliner Blockade (1. April 1948 bis 12. Mai 1949) begann und die Reichshauptstadt faktisch teilte. In den westlichen Besatzungszonen wurden mit der Währungsreform (21. Juni 1948) und der gleichzeitig nach den Prinzipien der sozialen Marktwirtschaft eingeleiteten Wirtschaftsreform die Grundsteine für den wirtschaftlichen Wiederaufstieg gelegt. Gleichzeitig bildeten die sogenannten „Frankfurter Dokumente" die Grundlage für die politische Neuordnung (Ausarbeitung einer Verfassung, Neugliederung der Länder, Besatzungsstatut). Am 1. September 1948 trat in Bonn der „Parlamentarische Rat" zusammen. Er erarbeitete das Grundgesetz (GG), das am 8. Mai 1949, dem vierten Jahrestag der bedingungslosen Kapitulation der deutschen Wehrmacht, verabschiedet und von den Militärgouverneuren am 12. Mai genehmigt wurde. Es trat am 23. Mai 1949 nach Annahme durch die Volksvertretungen der Länder – einzig der Freistaat Bayern hatte es wegen zu geringer Betonung der föderalen Struktur abgelehnt – in Kraft. Damit war die Bundesrepublik Deutschland gegründet und begann – wenn auch mit starken Einschränkungen – handlungsfähig zu werden.

Das Grundgesetz verzichtete nicht ausdrücklich, wie es etwa die japanische Verfassung vom 3. November 1946 tun mußte, auf die Wehrhoheit, d.h. auf das Recht des Staates zur Aufstellung und zum Einsatz bewaffneter Streitkräfte. Es enthielt aber auch keine wehrverfassungsrechtlichen Regelungen, aus denen die Inanspruchnahme der Wehrhoheit konkret hätte gefolgert werden können, sondern lediglich einige Bestimmungen wehrrechtlicher Art. Dabei handelte es sich um Artikel 4 Absatz 3 GG, wonach niemand gegen sein Gewissen zum Kriegsdienst mit der Waffe gezwungen werden darf, Artikel 24 Absatz 2 GG, der die Bereitschaft der Bundesrepublik Deutschland bekräftigte, sich einem System kollektiver Sicherheit einzuordnen und dafür Beschränkungen ihrer Hoheitsrechte in Kauf zu nehmen, Artikel 26 GG über das Verbot eines Angriffskrieges und die Einschränkung der Herstellung von Kriegswaffen sowie Artikel 140, der u.a. den Artikel 141 der Weimarer Reichsverfassung zum Bestandteil des Grundgesetzes erklärte, der die Seelsorge u.a. auch „im Heer" betraf.

Zum ersten Mal in der deutschen Geschichte war also ein Staat konstruiert worden, dem nicht nur jegliches Mittel zu seiner Selbstverteidigung fehlte, sondern auch die rechtliche Voraussetzung zur Beschaffung dieser Mittel. Diese weltweit einzigartige Staatskonstruktion erklärt sich vor allem daraus, daß zum damaligen Zeitpunkt jede Andeutung, es könnten jemals wieder deutsche Streitkräfte aufgestellt werden, nicht nur massiven Einspruch der Besatzungsmächte, sondern auch stärkstes Mißtrauen im In- wie im Ausland hervorgerufen hätte.

Doch ließen die genannten Grundgesetzartikel 4 Abs. 3, 24 Abs. 2, 26 und 140 vermuten, daß eine wehrverfassungsrechtliche Grundentscheidung angesichts der politischen Umstände nur vertagt war, daß eine Inanspruchnahme der Wehrhoheit als Mittel der Friedenssicherung in Zukunft durchaus für möglich gehalten wurde.

Am 21. September 1949 trat das Besatzungsstatut in Kraft, das das Verhältnis der Bundesrepublik Deutschland zu den drei Besatzungsmächten regelte. An die Stelle der Militärregierungen traten die Hohen Kommissare (John McCloy, USA; André Francois-Poncet, Frankreich; Sir Brian Robertson, Großbritannien), Bund und Länder erhielten gesetzgebende, rechtsprechende und vollziehende Gewalt im Rahmen ihrer Verfassungen bzw. des Grundgesetzes. Entmilitarisierung und Entnazifizierung sowie die Sicherheit der alliierten Streitkräfte blieben neben anderen Zuständigkeiten den Besatzungsbehörden vorbehalten. Auch Änderungen des Grundgesetzes bedurften weiterhin ihrer Genehmigung.

Am 7. September 1949 konstituierte sich der am 14. August 1949 gewählte erste Bundestag. Am 12. September folgte die Wahl des Bundespräsidenten Prof. Dr. Theodor Heuss, drei Tage später die des Bundeskanzlers Dr. h.c. Konrad Adenauer. Am 20. September wurde die erste Bundesregierung vereidigt.

Konrad Adenauer hatte bereits nach dem Ersten Weltkrieg, von 1919 bis 1923, heimlich mit den Franzosen verhandelt. Er hatte damals an die Stelle des Reichs einen deutschen Staatenbund setzen wollen, dominiert von einem mit Frankreich eng verbundenen Rheinstaat. Adenauer war in den Verhandlungen meist zentrumsnaher rheinischer Politiker mit den französischen Besatzern als Staatschef des von ihm erhofften Separatstaates ins Gespräch gebracht worden. Gleich nach dem Ende der Kampfhandlungen des Zweiten Weltkriegs nahm Adenauer erneut Kontakt zu französischen Militärs auf und führte wieder Gespräche über einen eng an Frankreich angelehnten rheinischen Teilstaat. Die sowjetische Zone schrieb er für „nicht zu schätzende Zeit" ab, aus der Restmasse Deutschlands wollte er einen Rheinstaat und zwei weitere Rumpfstaaten bilden. Dieser

Vorstoß wirft ein interessantes Licht auf die Haltung des ersten Bundeskanzlers zur deutschen Frage.[3]

Die Zusage der Hohen Kommissare, daß eine Revision des Besatzungsstatuts bei dessen gewissenhafter Erfüllung möglich sein würde, führte am 22. November 1949 zum sogenannten „Petersberger Abkommen". Dieses sah vor, daß die Bundesrepublik der Internationalen Ruhr-Behörde, deren Statut am 28. April 1949 in London unterzeichnet worden war, beitreten und auch im Alliierten Sicherheitsamt mitwirken sollte, das am 17. September 1949 seine Tätigkeit „zur Überwachung der Entmilitarisierung in Westdeutschland" aufgenommen hatte. Die Bundesregierung erhielt ferner die Erlaubnis, konsularische Beziehungen zu anderen Staaten herzustellen, ihre Aufgaben in der OEEC – der 1948 gegründeten Organisation für Europäische Wirtschaftliche Zusammenarbeit, die den Marshall-Plan durchführte – selbst wahrzunehmen und dem Europarat (als assoziiertes Mitglied) beizutreten. Die Demontagen wurden praktisch beendet und für den Schiffbau auf deutschen Werften größere Tonnagezahlen zugelassen. Besondere Beachtung, vor allem in Frankreich, fand der Passus des Abkommens, in dem die Bundesregierung ihre „feste Entschlossenheit" bekundete, „die Entmilitarisierung aufrechtzuerhalten und mit allen ihr zur Verfügung stehenden Mitteln die Neubildung irgendwelcher Streitkräfte zu verhindern".

Das Petersberger Abkommen löste in der Bundesrepublik Deutschland heftige Kontroversen aus. Mit der klaren Entscheidung für „den Westen" war zwar eine Lockerung des Besatzungsstatuts erreicht worden, aber die Souveränität der Bundesrepublik blieb nach den Worten des Bundespräsidenten auch weiterhin „geknickt".

Die Entwicklung in der sowjetisch besetzten Zone (SBZ) bzw. der DDR

Die Sowjetische Militäradministration (SMAD) wurde am 9. Juni 1945 gegründet und befahl bereits einen Tag später den Aufbau von Parteien und Gewerkschaften und die Bildung von fünf Ländern, die z.T. noch vor der Potsdamer Konferenz erfolgte: am 3. Juli 1945 wurden Brandenburg, Sachsen und Mecklenburg gegründet, am 16. Juli Thüringen und am 23. Juli Sachsen-Anhalt. Ende Juli wurden elf Zentralverwaltungen geschaffen, die als Hilfsorgane der Besatzungsmacht und zugleich als Keimzellen einer Zentralregierung für die Ressorts Wirtschaft, Inneres, Justiz und Volksbildung zuständig waren. Diese Maßnahmen bewirkten eine Sonderentwicklung der sowjetisch besetzten Zone im Sinne einer Sowjetisierung und zugleich eine scharfe Abgrenzung gegenüber den Westzonen.

Entsprechende Anweisungen an die Ministerpräsidenten der fünf Länder der sowjetischen Besatzungszone ließen die einzige Konferenz aller deutschen Ministerpräsidenten in München (6. bis 8. Juni 1947) scheitern. Eine rigorose Reparationspolitik erschwerte den Wiederaufbau der Wirtschaft in hohem Maße und brachte die SBZ in totale Abhängigkeit von der UdSSR. Diesem Ziel dienten auch verschiedene gesellschaftspolitische Reformen (Bodenreform, Industriereform, Schulreform, Neuordnung der Justiz). Der erzwungenen Vereinigung von SPD und KPD zur SED folgte die Gleichschaltung der bürgerlichen Parteien.

Am 15. November 1946 veröffentlichte die Führung der SED den „Entwurf einer Verfassung für die Deutsche Demokratische Republik". Der Zusammenfassung der Zentralverwaltungen in der „Deutschen Wirtschaftskommission" schlossen sich verschiedene „Deutsche Volkskongresse für Einheit und Frieden" (6./7. Dezember 1947, 18. März 1948) und die Bildung eines „Deutschen Volksrates" an, dem nun offiziell die Ausarbeitung einer Verfassung übertragen wurde. Diese wurde formell am 19. März 1949 verabschiedet. Am 15./16. Mai 1949 fanden die Wahlen zum dritten „Deutschen Volkskongreß" statt, aus dem sich zunächst der zweite „Volksrat" bildete. Er konstituierte sich am 7. Oktober 1949 zur „Provisorischen Volkskammer" und setzte die seit langem vorliegende Verfassung in Kraft. Die „Provisorische Regierung" der damit geschaffenen DDR erhielt am 13. Oktober die Billigung des Ministerrates der UdSSR. An die Stelle der SMAD trat die Sowjetische Kontrollkommission (SKK).

In Berlin war die mit der Gründung der Bundesrepublik Deutschland und der Deutschen Demokratischen Republik vollzogene Spaltung Deutschlands bereits im Dezember 1948 vorweggenommen worden. Auseinandersetzungen um die deutsche Hauptstadt führten zur Denkschrift der westlichen Militärgouverneure vom 22. April 1949, die es „gegenwärtig" untersagte, Berlin als Land in die Bundesrepublik einzubeziehen. Erst das Viermächteabkommen vom 3. September 1971 sollte schließlich das Verhältnis zwischen West-Berlin und der Bundesrepublik regeln. Der östliche Teil der Stadt wurde seit Oktober 1949 von der DDR sowie der UdSSR und den von ihr abhängigen Staaten konsequent als „Hauptstadt der DDR" bezeichnet.

In verschiedenen Noten beschuldigten sich die Regierungen der Besatzungsmächte im Herbst 1949 wechselseitig, sich der Verpflichtung entzogen zu haben, Deutschland als einheitliches Ganzes zu betrachten und seine Umwandlung in einen demokratischen Staat zu fördern. Eine Note der USA vom 28. Oktober 1949 verwies gleichzeitig darauf, daß in der sowjetischen Besatzungszone Deutschlands eine umfangreiche und zentralisierte Polizeistreitmacht im Aufbau begriffen sei, die über militärische Waffen und Ausrüstungsgegenstände verfüge und von früheren Offizieren der deutschen Wehrmacht befehligt werde. Eine ähnliche Erklärung hatten die Hohen Kommissare bereits Anfang Oktober abgegeben.

Dem schnellen Aufbau zentral geleiteter Polizeiformationen in der SBZ, die bereits im August 1946 der „Deutschen Verwaltung des Innern (DVdI)" unterstellt wurden, folgte im November 1946 als erste Kadereinheit der späteren militärischen Formationen die „Kasernierte Deutsche Grenzpolizei", die bis zum Herbst 1947 eine Stärke von rund 4.000 Mann erreichte. Als entscheidender Schritt zum Aufbau von Streitkräften ist schließlich im Juni 1948 die Einrichtung einer „Hauptabteilung Grenzpolizei und Bereitschaften" in der DVdI und entsprechenden Behörden bei den Ländern anzusehen.

Eine Gruppe von Offizieren der ehemaligen Wehrmacht begann jetzt mit den militärischen Planungsarbeiten, an denen wenig später Generalleutnant a.D. Vincenz Müller maßgeblich beteiligt war. Gleichzeitig wurden in breitem Umfang politische und psychologische Maßnahmen zur Gewinnung ehemaliger Angehöriger der Wehrmacht eingeleitet. Dabei stellten die sowjetische Besatzungsmacht und die politische Leitung der SBZ von Anfang an den „nationalen Charakter" alles dessen heraus, was im Zusammenhang mit militärischen Maßnahmen geschah.

Nachdem die politischen und organisatorischen Voraussetzungen geschaffen waren, wurde am 3. Juli 1948 die Aufstellung „Kasernierter Bereitschaften" befohlen. Die Kader bildeten etwa 1.000 Offiziere und Unteroffiziere der früheren Wehrmacht sowie Angehörige der Grenzpolizei; erster Chefinspekteur wurde der ehemalige Wehrmacht-Oberleutnant Rentzsch. Bis zum Ende des Jahres 1948 hatten die Kadereinheiten eine Stärke von etwa 8.000 Mann erreicht. Die Ausbildung erfolgte eindeutig nach militärischen Gesichtspunkten, die Einheiten verfügten jedoch noch nicht über schwere Waffen.

Es bestanden scharfe Auswahl- und Überwachungsbestimmungen für die militärischen Verbände und Einheiten der SBZ. So gab es bei allen Bereitschaften und übergeordneten Führungsstäben sowjetische Offiziere in deutscher Uniform, die bei der SMAD zentral zusammengefaßt waren. Im Zuge einer ersten Säuberung, die von den sowjetischen Besatzungsbehörden im Frühjahr 1949 verfügt wurde, schieden etwa zwei Drittel der Offiziere bis 1951 wieder aus.

Den organisatorischen Abschluß der ersten Aufrüstungsphase in der SBZ bildete die Zusammenfassung der „Kasernierten Bereitschaften" unter einer eigenen „Hauptverwaltung für Schulung" (14. April 1949), aus der am 18. Januar 1956 das „Ministerium für Nationale Verteidigung" hervorging. Große Aufmerksamkeit widmete die sowjetische Führung von Anfang an der Standardisierung von Waffen und Gerät. Für Gliederung, Ausbildung und Einsatzgrundsätze war die Sowjetarmee Vorbild.

Die Aufrüstung der Bundesrepublik Deutschland

Die Proklamation Nr. 2 vom 20. September 1945 ordnete die „vollständige und endgültige" Auflösung aller militärischen Dienststellen, Verbände und Einrichtungen sowie aller militärischen Organisationen an und verbat die Pflege soldatischer Tradition in jeder Form. Ebenso wurden jede militärische Ausbildung und die Errichtung militärischer Bauten untersagt (Gesetz Nr. 8 vom 30. November 1945) sowie die Ablieferung von Munition und Waffen aller Art, die Entmilitarisierung des Sports, die Ausmerzung der militärischen Literatur und die Beseitigung militärischer Denkmäler und Museen angeordnet (Direktiven bzw. Befehle vom 17. Dezember 1945 und 13. Mai 1946). Das Gesetz Nr. 34 vom 20. August 1946 stellte die Verletzung dieser Bestimmungen und Gesetze unter strafrechtliche Verfolgung durch Gerichte der Militärregierung und drohte Strafen bis zur Todesstrafe an. Die offizielle Auflösung der Wehrmacht erfolgte am 20. August 1946 (Gesetz Nr. 34). Schließlich wurden auch Produktion, Ein- und Ausfuhr, Beförderung und Lagerung von Kriegsmaterialien aller Art untersagt (Gesetz Nr. 43 vom 20. Dezember 1946).

Eine kollektive Verurteilung des Oberkommandos der Wehrmacht (OKW) und des Generalstabes im Nürnberger Prozeß gegen die Hauptkriegsverbrecher war allerdings abgelehnt worden. Die Spitzenorganisationen der Wehrmacht, so das Gericht, hätten im Prinzip die gleichen Funktionen erfüllt wie die Oberkommandos aller anderen Armeen der Welt.[4]

Mit der Entlassung der deutschen Kriegsgefangenen hatten die USA zwar bald nach der Kapitulation begonnen, aber 1.750.000 Kriegsgefangene zum Arbeitseinsatz an Frankreich übergeben, das zugleich in großem Umfang für die Fremdenlegion warb – vielfach unter Anwendung von Druckmitteln. In der englischen Besatzungszone waren die Gefangenen in „Korpsgruppen" zusammengefaßt worden, die aber nach einem Protest der SMAD vom Dezember 1945 wieder aufgelöst werden mußten. Ab Sommer 1945 setzten die Entlassungen ein; parallel erfolgten Maßnahmen zur Aufstellung von Arbeitseinheiten und Minenräumkommandos. Arbeitseinheiten entstanden auch in der amerikanischen und der französischen Besatzungszone. Die Masse der Kriegsgefangenen in sowjetischem Gewahrsam wurde ins Innere Rußlands abtransportiert, von wo die letzten Kriegsgefangenen 1955 – kleinere Gruppen von in der Sowjetunion verurteilten „Kriegsverbrechern" noch später – zurückkehrten.

Obwohl der Kalte Krieg vor der Tür stand und die amerikanische Außenpolitik sich bereits grundlegend wandelte, hielten die Amerikaner zwischen 1946 und 1949, diesmal ohne Beteiligung der anderen Besatzungsmächte, zwölf weitere Prozesse ab, die sogenannten „Nürnberger Nachfolgeprozesse". General Wilhelm Speidel, der Bruder des späteren Oberbefehlshabers der NATO-Streitkräfte Europa-Mitte Dr. Hans Speidel, wurde im „Südost-Prozeß" am 19. Februar 1948 zu zwanzig Jahren Haft verurteilt; General Hollidt mußte im „OKW-Prozeß" auf die Anklagebank, obwohl er als deutscher Lagerkommandant im Historical Division-Lager Allendorf über Jahre eng mit amerikanischen Soldaten zusammengearbeitet hatte.[5] In diesem Lager der amerikanischen Armee sollten die Kampferfahrungen der Wehrmacht für künftige militärische Planungen nutzbar gemacht werden. Dabei lag der Schwerpunkt der Arbeiten auf der Kampfführung der deutschen Streitkräfte gegen die Sowjetunion, denn in der ganzen westlichen Welt verfügten nur die Deutschen über praktische Erfahrungen im Kampf mit der Roten Armee.

Die Zusammenfassung der kapitulierenden deutschen Truppen in „Korpsgruppen" im Jahre 1945 bezeichnete Winston Churchill später als Warnung an die Adresse der UdSSR, die seit Frühjahr 1945 Rumänien und Polen, später auch Bulgarien und Ungarn und 1948 die Tschechoslowakei durch Einsetzen kommunistischer Regimes zu Satellitenstaaten gemacht hatte. In Griechenland scheiterte der Versuch der Kommunisten, in einem Bürgerkrieg die Macht an sich zu reißen, an den aktiven Gegenmaßnahmen der Westmächte.

Die Gründung der NATO

Am 17. März 1948 wurde der Brüsseler Vertrag zwischen Großbritannien, Frankreich, den Niederlanden, Belgien und Luxemburg geschlossen. Die Vertragspartner sicherten sich wechselseitige Hilfe im Falle eines bewaffneten Angriffs in Europa zu. Westeuropa demonstrierte damit seine Entschlossenheit zur Abwehr der expansiven Tendenzen der sowjetischen Politik auch mit militärischen Mitteln. Ohne die aktive Mitwirkung der USA mußte dies kräftemäßig fragwürdig bleiben. Der kanadische Premierminister St. Laurent und der britische Außenminister Bevin plädierten im Frühjahr 1948 deshalb für ein umfassendes nordatlantisches Bündnissystem. Mit der sogenannten „Vandenberg-Resolution" vom 11. Juni 1948 machten die USA den Weg frei zur Teilnahme an regionalen Bündnissen oder anderen Verteidigungspakten. Am 4. April 1949 schlossen sich daraufhin die USA, Kanada, Großbritannien, Frankreich, Belgien, die Niederlande, Luxemburg, Italien, Dänemark, Norwegen, Island und Portugal in der NATO (North Atlantic Treaty Organization) zusammen. 1952 traten Griechenland und die Türkei dem Bündnis bei.

Schon im März 1949 hatte es Adenauer als eine der ersten Aufgaben einer westdeutschen Regierung bezeichnet, den vollen Beitritt zur atlantischen Allianz herbeizuführen. Damit befürwortete er zugleich einen westdeutschen Verteidigungsbeitrag. Erste unverbindliche Überlegungen über die Einbeziehung Westdeutschlands in die westeuropäische Verteidigung, die unter dem Eindruck des endgültigen Scheiterns einer gemeinsamen Deutschlandpolitik der Anti-Hitler-Koalition in den Jahren 1947/1948 angestellt wurden, hatten nationale deutsche Streitkräfte noch außerhalb aller Erwägungen gelassen. Die von der Bundesregierung nachhaltig geförderte Idee des europäischen Zusammenschlusses, die im Londoner Zehnmächtepakt zur Bildung des Europarates geführt hatte, legte es nahe, einen westdeutschen Verteidigungsbeitrag mit der europäischen Einigung zu verbinden.

Der Gedanke einer europäischen Verteidigungsgemeinschaft war in westeuropäischen Diskussionen allerdings schon 1948 mehrfach erörtert worden. Etwa zu gleicher Zeit wurde auch von amerikanischer Seite die Aufstellung westdeutscher Divisionen erwogen. Anfang 1949 vertrat der britische Feldmarschall Montgomery, seit Herbst 1948 ständiger Vorsitzender des Komitees der Oberbefehlshaber der Truppen der „Western Union Defence Organization", der Verteidigungsorganisation des Brüsseler Pakts, die Ansicht, daß die westeuropäischen Staaten ohne Westdeutschland keine ausreichenden Streitkräfte gegen die sowjetische Armee stellen könnten. Montgomery äußerte auch seinen Ärger über die Verurteilungen deutscher Offiziere, als er meinte, „daß es seit dem Nürnberger Prozeß ein Verbrechen geworden ist, Krieg zu führen, ohne ihn zu gewinnen. Die geschlagenen Generale werden verurteilt und gehängt!"[6] Die Erkenntnis, daß die Frage der westdeutschen Sicherheit mit der Sicherheit Westeuropas untrennbar verknüpft war, setzte sich durch.

Nach den erstaunlichen militärischen Leistungen Deutschlands im Zweiten Weltkrieg sahen gewisse interessierte Kreise im Ausland mit Unbehagen einer Aufrüstung des deutschen Volkes entgegen. Dieses lehnte auch seinerseits – als Ergebnis der Umerziehung durch die Besatzungsmächte – großenteils eine Wiederbewaffnung ab. Auch in der ersten außenpolitischen Debatte des Bundestages (24./25. November 1949) war eine nationale Aufrüstung einhellig abgelehnt worden.

Anfang Dezember 1949 faßte Adenauer seine Ansichten zur Wiederbewaffnung in einem Interview der amerikanischen Zeitung „Cleveland Plain Dealer" zusammen, das weltweit großes Aufsehen erregte und auch in der Bundesrepublik heftige Diskussionen auslöste. Adenauer äußerte darin unter anderem, daß die Bundesrepublik zur „Verteidigung Europas in einer europäischen Armee unter dem Kommando höherer europäischer Hauptquartiere" beitragen solle, aber nicht in der Form, daß deutsche Soldaten als Söldner im Rahmen westlicher Armeen eingesetzt würden. Der einzige Weg, um die Russen aufzuhalten, bestehe darin, den Westen so zu stärken, daß die Russen es überhaupt erst gar nicht wagen würden, anzugreifen. Als Bedrohung der Bundesrepublik seien auch die Verbände der DDR anzusehen. Als vorrangiges Ziel bezeichnete der Bundeskanzler auch die weitere Lockerung des Besatzungsstatuts.

Die Reaktion auf dieses Interview ließ nicht lange auf sich warten: Am 6. Dezember 1949 veröffentlichte die Alliierte Hohe Kommission (AHK) ihr Gesetz Nr. 16, das „Gesetz zur Ausschaltung des Militarismus", eine schallende Ohrfeige für Adenauer. Es verbot „jede Tätigkeit, die sich unmittelbar oder mittelbar damit befaßt, die Theorie, die Grundsätze oder die Technik des Krieges zu lehren, oder die darauf abzielt, irgendwelche kriegerische Betätigung vorzubereiten oder das Wiederaufleben des Militarismus zu fördern".

Am selben Tage bekräftigten die Fraktionen des Bundestages, daß „dem deutschen Volk der Gedanke an eine Wiederaufrüstung fernliege", und drückten zugleich ihre Hoffnung aus, „daß es den Siegermächten gelingen möge, nach dem Kriege endlich auch den Frieden zu gewinnen".[7]

Da die Öffentlichkeit einen westdeutschen Verteidigungsbeitrag vehement ablehnte, trat nun vorerst die Europapolitik in den Vordergrund. Am 1. April 1950 erhielt die Bundesrepublik offiziell die Aufforderung, dem Europarat als assoziiertes Mitglied beizutreten. Als Basis für den weiteren Zusammenschluß Europas sollte auch die von Frankreich initiierte Europäische Gemeinschaft für Kohle und Stahl (Montanunion), eine der Keimzellen der späteren EWG, dienen. Sie wurde am 18. April 1951 von Frankreich, Italien, Belgien, Luxemburg, den Niederlanden sowie der Bundesrepublik Deutschland gegründet.

Parallel zu den sich immer mehr verstärkenden Diskussionen über einen westdeutschen Verteidigungsbeitrag erließen die Hohen Kommissare am 8. Mai 1950, dem fünften Jahrestag der Kapitulation der deutschen Wehrmacht, ein neues Gesetz zur „industriellen Entwaffnung".

Am 24. Mai 1950 berief Adenauer den General der Panzertruppe a.D. Gerhard Graf von Schwerin, Träger des Ritterkreuzes mit Eichenlaub und Schwertern, zu seinem Berater in militärischen und Sicherheitsfragen. Er beauftragte ihn zunächst mit den Vorarbeiten zum Aufbau einer „mobilen Bundesgendarmerie", deren Genehmigung am 28. April 1950 beantragt worden war, sowie mit der Bearbeitung von Fragen der Sicherheit der Behörden des Bundes und der Länder. Die Existenz der „Dienststelle Schwerin" wurde zunächst streng geheimgehalten. Sie wurde der Öffentlichkeit erst im September des Jahres bekanntgegeben. Die Dienststelle erhielt den Namen „Zentrale für Heimatdienst".

Am 25. Juni 1950 brach die Korea-Krise aus. Die Koreanische Halbinsel, die bis 1945 eine japanische Kolonie gewesen war, war im September 1945 von Amerikanern und Sowjets entlang des 38. Breitengrades aufgeteilt worden. Im Norden war eine totalitäre Diktatur nach stalinistischem Vorbild aufgebaut worden, im Süden herrschte ein autoritäres Regime. Beide Teilstaaten besaßen eine eigene Armee, aber während die südkoreanische Armee praktisch nur eine Polizeitruppe ohne schwere Waffen war, verfügte Nordkorea über eine schlagkräftige, von den Sowjets ausgebildete und bewaffnete Streitmacht. Am 25. Juni überschritt die Nordkoreanische Volksarmee überraschend den 38. Breitengrad. Der Zusammenbruch des Südens schien nur eine Frage von wenigen Wochen, weshalb US-Präsident Harry S. Truman entschied, mit amerikanischen Truppen zu intervenieren.[8]

Für das Schicksal Deutschlands hatte der Koreakrieg weitreichende Folgen. Angesichts der aggressiven Politik des kommunistischen Blocks und der konventionellen Übermacht der Sowjetarmee schien Westeuropa nur mit Hilfe westdeutscher Divisionen zu verteidigen zu sein. Der Korea-Krieg verschärfte nicht nur den Kalten Krieg, sondern gab auch den Anstoß zur Wiederbewaffnung der Bundesrepublik Deutschland und deren Integration in die NATO.[9]

Die USA forderten nun rasche und energische Schritte. Damit war die Dienststelle Schwerin zur ersten amtlichen Einrichtung der Bundesrepublik geworden, die systematisch alle Fragen eines westdeutschen Beitrages zur Verteidigung Westeuropas zu bearbeiten hatte.

Ende August plädierten französische Sprecher im Europarat für den Aufbau einer Europaarmee unter Einbeziehung deutscher Verbände, obwohl die Pariser Regierung diesem Vorschlag ablehnend gegenüberstand. Ende August wiederholte Adenauer in einem „Memorandum über die Sicherung des Bundesgebietes nach innen und nach außen" die Bitte um Verstärkung der alliierten Truppen, wobei er zugleich die Bereitschaft bekräftigte, „im Falle der Bildung einer internationalen westeuropäischen Armee einen Beitrag in Form eines deutschen Kontingents zu leisten". Diesem Memorandum lag eine Denkschrift von Generalleutnant a.D. Dr. Speidel, dem ehemaligen Generalstabschef der Heeresgruppe B, Träger des Ritterkreuzes sowie des Deutschen Kreuzes in Gold, zugrunde, die die Voraussetzungen und Erfordernisse einer westdeutschen Aufrüstung behandelte. Der damalige Bundesminister des Innern, Dr. Gustav Heinemann, lehnte das Vorgehen Adenauers in der Frage eines Verteidigungsbeitrages der Bundesrepublik ab und trat deswegen am 9. Oktober 1950 zurück.

Auf der New Yorker Konferenz der Außenminister der Westmächte vom 12. bis 18. September 1950 trugen die USA bereits feste Vorstellungen über die Größenordnung des westdeutschen Verteidigungsbeitrages vor – Außenminister Dean Acheson sprach von zehn Divisionen -, während Frankreich bei seinen Vorbehalten blieb. Praktisch bedeuteten die Ergebnisse der New Yorker Konferenz und der eine Woche später beendeten Konferenz des Ministerrates der NATO die grundsätzliche Entscheidung für die Wiederbewaffnung der Bundesrepublik Deutschland.

Die Himmeroder Denkschrift

Der Schwerpunkt der Diskussion verlagerte sich nun auf die Frage, in welcher Form die Wiederbewaffnung Westdeutschlands durchgeführt werden sollte. Eine von Graf von Schwerin geleitete Expertenkonferenz, die vom 3. bis 6. Oktober 1950 tagte, faßte das Ergebnis ihrer Untersuchungen in einer „Denkschrift über die Aufstellung eines deutschen Kontingents im Rahmen einer internationalen Streitmacht zur Verteidigung Westeuropas" zusammen. Diese quasi als „Magna Charta der deutschen Wiederbewaffnung" anzusehende Denkschrift wird nach dem Ort der Tagung auch als „Himmeroder Denkschrift" bezeichnet. An der im Kloster Himmerod in der Eifel stattfindenden Konferenz nahmen 38 Offiziere der ehemaligen Wehrmacht teil, unter ihnen neben dem Grafen von Schwerin und Dr. Speidel u.a. Vizeadmiral a.D. Friedrich Ruge, Ritterkreuzträger und später erster Inspekteur der Bundesmarine, Generalleutnant a.D. Adolf Heusinger, der fast während des gesamten Zweiten Weltkrieges Chef der Operationsabteilung des OKH war und 1957 erster Generalinspekteur der Bundeswehr werden sollte, und Generalleutnant Hans Röttiger, der zuletzt Chef des Generalstabes der Heeresgruppe C gewesen war und später der erste Inspekteur des Heeres wurde. Weiter waren beispielsweise Oberst i.G. a.D. Adolf Johann Graf von Kielmannsegg und Major i.G. a.D. Wolf Graf von Baudissin Teilnehmer der Tagung.

Als Voraussetzungen für einen deutschen Verteidigungsbeitrag nannte die „Himmeroder Denkschrift" u.a.: Erlangung der Souveränität, Aufhebung der Kontrollratsgesetze, uneingeschränkte Gleichberechtigung der deutschen Verbände, Verbot von Vorbereitungen zum Partisanenkampf und Revision der Urteile über Kriegsverbrecher nach deutschem Recht. Die westdeutschen Gebiete östlich des Rheins durften nicht als Vorfeld betrachtet und die alliierten Truppen sollten so verstärkt werden, daß sie einen ausreichenden Schutzschild für die Aufstellung der deutschen Verbände bildeten. Das deutsche Kontingent sollte aus Heer, Luftwaffe und Marine bestehen. Die Diffamierung der deutschen Soldaten sollte sofort beendet werden.

Besonders intensive Überlegungen stellten die Verfasser der „Himmeroder Denkschrift" über das „innere Gefüge" der neuen deutschen Streitkräfte an. Sie gingen davon aus, daß „ohne Anlehnung an die Formen der alten Wehrmacht heute grundlegend Neues zu schaffen" sei. Es war nicht zu übersehen, daß die fehlende Souveränität der Bundesrepublik Deutschland das Denken dieser Männer grundlegend beeinflußte und daß Grundsätze formuliert wurden, die die Schlagkraft einer künftigen Bundeswehr von Anfang an fragwürdig machten. Im Sinne einer demokratischen Erziehung der Soldaten wurde die Übertragung der Grundsätze des politischen Aufbaus der Bundesrepublik auf die militärischen Verhältnisse gefordert. Als besonders wichtig für die Verteidigung der Freiheit in Selbstbestimmung und sozialer Gerechtigkeit sah man vor allem die Verpflichtung gegenüber Europa an. Die Verfasser der Denkschrift fürchteten wohl, daß der Vorrang des europäischen Zusammengehörigkeitsgefühls Rückwirkungen auf traditionelle nationale Bindungen haben würde. Trotzdem warnten sie vor den Gefahren einer Armee als „Staat im Staate". Die Ausführung eines Befehls sollte verboten werden, wenn dadurch ein Verbrechen gegen die Menschlichkeit oder ein Verstoß gegen das Völkerrecht bzw. gegen sonstige bürgerliche und militärische Rechtssätze begangen würde. Eine „Selbstreinigung" des Offizierskorps wurde für notwendig gehalten. Schließlich wurde auch der Erziehung des Soldaten im politischen und ethischen Sinn größte Aufmerksamkeit gewidmet. Es sollten nicht nur militärische, sondern auch historische, politische und soziale Fragen behandelt werden. Diese Ideen entsprachen bereits weitgehend den Grundsätzen der „Inneren Führung", wie sie später festgelegt werden sollten.

Unter dem Eindruck der amerikanischen Entschlossenheit, Westdeutschland zu bewaffnen, mußte sich die französische Regierung – die stets die Notwendigkeit einer Kontrolle der deutschen Verbände betonte – nun um einen Kompromiß bemühen. In Weiterentwicklung der mit der Montanunion begonnenen Einbindung Deutschlands schlug Ministerpräsident Pleven am 24. Oktober 1950 eine Europaarmee unter einem europäischen Verteidigungsminister vor, der einem europäischen Parlament verantwortlich sein sollte. Die Streitkräfte der beteiligten Länder sollten dabei keine Koalitionsarmee, etwa nach dem Muster der NATO, bilden, sondern personell und materiell „möglichst vollständig" in den kleinstmöglichen Verbänden (Bataillonen) integriert werden. Es sollte keine nationale deutsche Armee und schon gar keinen deutschen Generalstab geben. Dagegen sollten alle Staaten, die bereits über Truppen verfügten, auch weiterhin nationale Verbände behalten dürfen. Mit diesem Vorschlag Frankreichs wäre die deutsche Gleichberechtigung also entscheidend eingeschränkt worden.

Der Pleven-Plan stieß allenthalben auf schärfste Ablehnung. Die Kritik richtete sich vor allem gegen das vorgeschlagene Integrationsniveau. Eine Mischung der Verbände unterhalb der Divisionsebene wäre schon aus Verständigungsgründen absurd gewesen. Der amerikanische Stabschef Bradley glaubte gar, er habe sich verhört, als er das erste Mal darüber informiert wurde.[10]

Trotzdem griff Adenauer den Plan zustimmend auf, nachdem Frankreich versichert hatte, daß es keine deutsche Diskriminierung geben sollte. Auch der Europarat stimmte mit Mehrheit zu.

In der großen Wehrdebatte des Jahres 1950 bejahten Adenauer und die Regierungsparteien erneut den deutschen Verteidigungsbeitrag zu einer europäischen Armee auf der Grundlage der Gleichberechtigung. Die Opposition konnte im Pleven-Plan nicht den „Geist der Aussöhnung" erkennen und wies nachdrücklich darauf hin, daß Deutschland nicht zum Vorfeld der Verteidigung anderer Länder werden dürfe.

Die Außen- und Verteidigungsminister der NATO-Staaten billigten am 19. Dezember die Teilnahme deutscher Kontingente an einer europäischen Armee. Sie ließen jedoch offen, ob dies in Form deutscher Divisionen im atlantischen Rahmen oder auf der Grundlage des modifizierten Pleven-Plans geschehen sollte. Entscheidend war, daß die Bundesrepublik nun in die Verhandlungen einbezogen war.

Das Amt Blank

Mit der Verhandlungsführung beauftragte Adenauer den CDU-Bundestagsabgeordneten Theodor Blank, den er am 26. Oktober 1950 zum „Bevollmächtigten (später: Beauftragten) des Bundeskanzlers für die mit der Vermehrung der alliierten Truppen zusammenhängenden Fragen" ernannt hatte. Blank erhielt den Rang eines Staatssekretärs und wurde Adenauer direkt unterstellt. Er berief die Generalleutnante a.D. Heusinger und Speidel zu seinen Beratern und begann mit dem Aufbau einer arbeitsfähigen Behörde, die bald allgemein als „Amt Blank" bekannt wurde.

Theodor Blank war vor dem Kriege Sekretär des Zentralverbandes christlicher Fabrik- und Transportarbeiter für das nördliche und nordwestliche Ruhrgebiet gewesen. Als Frontsoldat hatte er den Krieg vom ersten bis zum letzten Tag mitgemacht; bei Kriegsende war er Oberleutnant und Chef einer Panzerjägerkompanie. Nach dem Krieg war er wieder in die Gewerkschaftsbewegung eingetreten und war u.a. Gründungsmitglied der Dortmunder CDU. Nach seinem späteren Ausscheiden aus dem Amt des Verteidigungsministers war er noch acht Jahre lang – von 1957 bis 1965 – Bundesminister für Arbeit und Sozialordnung.

Die „Dienststelle Schwerin" war von Blank Anfang November 1950 nahezu vollständig aufgelöst worden. Zur Entlassung des Grafen Schwerin Ende Oktober wurde offiziell mitgeteilt, er habe die ihm gesetzten Grenzen überschritten. Allerdings waren diese Grenzen niemals eindeutig formuliert worden. Im Bundestag und im Amt Schwerin war es mehrfach zu Diskussionen über die Art der Arbeit dieses Amtes gekommen. Am 17. Oktober 1950 hatte Adenauer seinem Kabinett erklärt, Graf Schwerin beginne „langsam etwas zu sehr zu wachsen. Er muß einen über sich haben."[11] Schwerin sollte Theodor Blank unterstellt werden, doch dazu kam es nicht mehr. Trotz eines strikten Verbots, mit der Presse direkten Kontakt aufzunehmen, hielt Schwerin am 19. Oktober 1950 ein Pressegespräch ab. Die Presse brachte nach wenigen Tagen Meldungen, im Bundeskanzleramt würde die Aufrüstung der Bundesrepublik betrieben. Adenauer entließ seinen Sicherheitsberater daraufhin am 28. Oktober.[12]

Anfang 1951 wurden die Verhandlungen über einen westdeutschen Verteidigungsbeitrag aufgenommen. Gleichzeitig bemühte sich Deutschland um eine grundlegende Neuordnung der Beziehungen zu den Besatzungsmächten, ohne die das Prinzip der Gleichberechtigung auf dem Verteidigungssektor nicht zu verwirklichen war. Durch die „Erste Revision des Besatzungsstatuts" vom 6. März 1951 erhielt die Bundesrepublik nun die Zuständigkeit für die Außenpolitik. Die Leitung des am 15. März 1951 geschaffenen Auswärtigen Amtes übernahm Bundeskanzler Adenauer selbst.

Am 2. Mai 1951 wurde die Bundesrepublik Vollmitglied im Europarat. Am 9. Juli faßten die Westmächte den Beschluß, den noch bestehenden Kriegszustand mit dem Deutschen Reich zu beenden.[13] Damit waren die Voraussetzungen für die endgültige Ablösung des Besatzungsstatuts geschaffen. Dieses wurde durch ein System von Verträgen ersetzt, zu dem der „Deutschlandvertrag" und ein

Abkommen über den Verteidigungsbeitrag gehörten. Die Ablösung des Besatzungsstatuts wurde allerdings von dem deutschen Verteidigungsbeitrag abhängig gemacht: der am 26. Mai 1952 in Bonn unterzeichnete Deutschlandvertrag konnte nur in Kraft treten, wenn auch der Vertrag über die Europäische Verteidigungsgemeinschaft (EVG) wirksam würde.

Der Deutschlandvertrag sollte das Besatzungsregime beenden, die Herstellung der Souveränität der Bundesrepublik festlegen, an die Stelle der Besatzungskosten einen sogenannten „Verteidigungsbeitrag" setzen und die Westmächte vertraglich binden, die Wiedervereinigung Deutschlands zu fördern.

Am 9. Januar 1951 begannen auf dem Petersberg die Sachverständigengespräche zwischen den Vertretern der Hohen Kommissare und Blank mit seinen militärischen Beratern, den Generalleutnanten a.D. Heusinger und Dr. Speidel sowie Oberst i.G. a.D. Graf von Kielmannsegg und Oberregierungsrat Ostermann.

Zu Beginn der Petersberg-Gespräche konnte eine wichtige Frage befriedigend gelöst werden: Blank hatte mit Nachdruck darauf hingewiesen, daß die pauschale Verurteilung des deutschen Soldaten beseitigt sein müsse, bevor vom deutschen Volk erneut militärische Leistungen gefordert werden könnten. Nach vorbereitenden Gesprächen unterzeichnete General Eisenhower, der Oberkommandierende der NATO-Streitkräfte, am 23. Januar 1951 eine Erklärung, in der er anerkannte, daß der deutsche Soldat für seine Heimat tapfer und anständig gekämpft habe. Am 5. April des Jahres gab Bundeskanzler Dr. Konrad Adenauer vor dem Bundestag eine Ehrenerklärung für die deutschen Soldaten ab. Er sagte u.a.: „Der Prozentsatz derjenigen deutschen Soldaten, die wirklicher Kriegsverbrechen schuldig sind, ist so außerordentlich klein, daß damit der Ehre der deutschen Wehrmacht kein Abbruch geschieht." Am 3. Dezember 1952 bekräftigte er diese Aussage vor dem Deutschen Bundestag: „Wir möchten heute und vor dem Hohen Hause im Namen der Regierung erklären, daß wir *alle* Waffenträger unseres Volkes, die im Rahmen der hohen soldatischen Überlieferung ehrenhaft zu Lande, zu Wasser und in der Luft gekämpft haben, anerkennen. Wir sind überzeugt, daß der gute Ruf und die große Leistung des deutschen Soldaten in unserem Volk noch lebendig geblieben sind und bleiben werden."

Die sachlichen Ergebnisse der Petersberg-Gespräche wurden in einem zusammenfassenden Memorandum, dem „Petersberg-Memorandum" vom 4. Juni 1951, festgehalten. Jedoch war der deutsche Anspruch auf Gleichberechtigung nur durch eine politische Entscheidung der alliierten Regierungen zu klären. Es mußte festgelegt werden, ob das deutsche Kontingent entsprechend dem amerikanischen Vorschlag unmittelbar in die NATO einbezogen werden sollte oder ob es entsprechend dem französischen Pleven-Plan in eine europäische Armee integriert werden sollte.

Seit dem 15. Februar 1951 wurde in Paris über den Pleven-Plan verhandelt. An der Konferenz nahmen außer Frankreich und der Bundesrepublik auch Italien, die Niederlande, Belgien und Luxemburg teil. Die übrigen europäischen NATO-Partner waren ebenso wie die USA und Kanada sowie das Hauptquartier der Alliierten Streitkräfte in Europa durch Beobachter vertreten. Ein erstes französisches Memorandum, das noch wesentlich die Bestimmungen des Besatzungsstatuts widerspiegelte, hatte die deutschen Forderungen nach Gleichberechtigung weitgehend unberücksichtigt gelassen und den Leiter der deutschen Delegation, Staatssekretär Hallstein, sehr bald zur Abreise bewogen.

Die wichtige Frage, auf welcher Ebene die deutschen Verbände integriert werden sollten, mußte auf NATO-Ebene politisch entschieden werden. Auf Grund einer fachlichen Empfehlung von General Eisenhower kam es zur Einigung über national homogene Großverbände (Divisionen). Der EVG-Vertrag wurde somit jetzt die einzige Verhandlungsgrundlage.

Das schwierige Problem des deutschen Verhältnisses zur NATO konnte gelöst werden durch die Verpflichtung zu gemeinsamen Konsultationen zwischen dem Ministerrat der EVG und dem NATO-Rat in allen gemeinsam interessierenden Fragen. Nachdem der Bundestag am 8. Februar 1952 dem deutschen Verteidigungsbeitrag mit Mehrheit zugestimmt hatte, wurde der EVG-Vertrag am 9. Mai paraphiert und am 27. Mai 1952 in Paris unterzeichnet.

Die EVG sollte wie die Montanunion eigene Hoheitsbefugnisse erhalten. Für die Streitkräfte der gleichberechtigten und im Verteidigungsfall zum automatischen Beistand verpflichteten Mitglieder war eine einheitliche Rechtsstellung, Bewaffnung, Ausrüstung, Uniform und Besoldung vorgesehen, eine mindestens 18monatige Dienstzeit auf der Grundlage der allgemeinen Wehrpflicht und – nach einer Übergangszeit – auch ein einheitliches Wehrrecht. Es waren 43 national homogene Divisionen, eine taktische Luftwaffe und Marinestreitkräfte zur Küstenverteidigung geplant. Die Divisionen sollten in international zusammengesetzten Korps integriert werden. Die einsatzbereiten Verbände traten unter die operative Planung und Führung der NATO. Der Vertrag sollte eine Laufzeit von 50 Jahren haben.

Die sowjetische Deutschlandpolitik 1950-1952

Die UdSSR antwortete auf die seit Herbst 1950 sich immer deutlicher abzeichnende Möglichkeit eines westdeutschen Verteidigungsbeitrages mit unterschiedlichen Maßnahmen. Sie liefen darauf hinaus, die in den ersten Jahren nach dem Zweiten Weltkrieg errungenen Positionen zu halten und den Ostblock zu festigen. Der außenpolitischen Einbeziehung der DDR in den Ostblock folgten Vorschläge für eine gesamtdeutsche Regierung, für eine neue Viererkonferenz über Deutschland und für die Ausarbeitung eines Friedensvertrages mit anschließendem Abzug der Besatzungstruppen. Massiven Aufforderungen an die westdeutsche Bevölkerung zum Widerstand gegen die Wiederbewaffnung liefen Vorschläge der DDR-Regierung zur Bildung eines „Gesamtdeutschen konstituierenden Rates" parallel. Es gab weitere breit gefächerte Aktionen unter dem Motto „Deutsche an einen Tisch!" bzw. „Abschluß eines Friedensvertrages". Gleichzeitig bot die UdSSR einen Waffenstillstand in Korea an.

Am 10. März 1952 bot Stalin die Wiederherstellung der deutschen Einheit an. DDR-Ministerpräsident Otto Grotewohl unterstützte die Vorschläge aus Moskau. Bundeskanzler Konrad Adenauer bezeichnete diesen Vorschlag, der einen deutschen NATO-Beitritt ausschloß, als „Störmanöver" gegen seine Politik der Westintegration. Am 9. April 1952 legte die UdSSR erneut eine Deutschlandnote mit dem Vorschlag zur Abhaltung von Wahlen vor. Dabei wurde auch das Recht zur Organisation der Landesverteidigung durch Aufstellung „nationaler Streitkräfte" als das „elementare Merkmal der Souveränität" betont.

Der Entwurf für einen „Friedensvertrag mit dem wiedervereinigten Deutschland" enthielt folgende grundlegende Punkte: Ausarbeitung des Vertrages unter Beteiligung einer gesamtdeutschen Regierung, Schaffung der Grundlagen für einen „einheitlichen, unabhängigen, demokratischen und friedliebenden Staat", Abzug der Besatzungstruppen ein Jahr nach Abschluß des Vertrages, gleiche Rechte auch für frühere Angehörige der Wehrmacht und der NSDAP, sofern sie keine Verbrechen begangen hatten, Bestätigung der in Potsdam festgelegten Grenzen, keine Beschränkungen der Friedenswirtschaft und des Handels, Befürwortung der Aufnahme in die Vereinten Nationen. Die „eigenen nationalen Streitkräfte" sollten sich aus Heer, Luftwaffe und Marine zusammensetzen. Bündnisse gegen ehemalige Gegner des Zweiten Weltkriegs durften nicht abgeschlossen werden.

Bei der Bundesregierung fanden diese Noten ein negatives Echo, auch deswegen, weil in der Presse Hinweise auf den zwischen der Sowjetunion und dem Deutschen Reich 1922 abgeschlossenen Vertrag von Rapallo laut wurden.

Unterdessen wurde unter bewußter Betonung des militärischen Charakters der „Kasernierten Bereitschaften" Anfang Juli 1952 offiziell die „Hauptverwaltung Kasernierte Volkspolizei" geschaffen, der die drei Teilstreitkräfte Heer, Marine und Luftwaffe unterstanden. An Stelle der Polizeidienstgrade wurden militärische Ränge eingeführt; der bisherige Generalinspekteur Hoffmann wurde zum Generalleutnant ernannt. Am 5. Juli 1952 beschloß der Ministerrat der DDR die Aufstellung von vier Armeegruppen.

Die Europäische Verteidigungsgemeinschaft (EVG) scheitert

Nach der Unterzeichnung des EVG-Vertrages wurden die vorbereitenden Arbeiten für sein Inkrafttreten im Rahmen des sogenannten Interimsausschusses in Paris weitergeführt. Bis zum März 1953 stieg die Zahl der deutschen Mitarbeiter des Interimsausschusses – sie bildeten eine Arbeitsgruppe der Dienststelle Blank – auf 120, darunter 60 ehemalige Offiziere. Über die Verträge von Bonn und Paris kam es in der Bundesrepublik wie in Frankreich zu heftigen Auseinandersetzungen. In der Bundesrepublik verhielt sich die sozialdemokratische Opposition scharf ablehnend, weil sie die Verträge als „einmalige, unrevidierbare Entscheidung" ansah. Adenauer vertrat die Ansicht, daß Wehrbeitrag und Wiedervereinigung zu vereinbarende Ziele seien, die Opposition glaubte eine Wiedervereinigung durch die Bindung an die Allianz sehr erschwert. Darüber hinaus fürchtete die Opposition, daß der Bundesrepublik Deutschland keine ausreichende Möglichkeit zur Mitbestimmung in der NATO bleibe.

Auch durch die Schwierigkeiten bei der Regelung der Saar-Frage wurde die politische Entscheidung verzögert. Zudem führte die Nichteinbeziehung Großbritanniens und der nordischen Staaten in die EVG zu Auseinandersetzungen. Als der Bundestag am 19. März 1953 als erstes Parlament der Partnerstaaten den EVG-Vertrag ratifizierte, geschah dies ohne die Stimmen der Opposition.

In Frankreich waren die Auseinandersetzungen um den Vertrag immer stärker geworden. Sie waren geprägt von Vorbehalten gegenüber Deutschland und der mangelnden Bereitschaft, nationale Souveränitätsrechte zugunsten einer supranationalen Gemeinschaft aufzugeben. Eine starke Belastung für die französische Politik waren zudem der verlustreiche Kolonialkrieg in Indochina (1946-1954), an den sich unmittelbar der Krieg gegen die Algerische Befreiungsfront anschloß (1954-1962).

Nachdem der außenpolitische Ausschuß der französischen Nationalversammlung den Vertrag am 9. Juni 1954 abgelehnt hatte, legte die französische Regierung weitere Änderungswünsche vor. Sie liefen auf weitgehende Lockerung der politischen und militärischen Integration hinaus. Auch sollten Frankreichs Rechte auf eigene Atomwaffen gesichert und die Bundesrepublik speziellen Kontrollen unterworfen werden. Die übrigen Mächte lehnten dies ab. Adenauer äußerte sogar die Befürchtung, daß Frankreich den EVG-Vertrag auch deswegen hinauszögere, um sich mit der UdSSR zu arrangieren – auf Kosten der Bundesrepublik. Nach tumultartigen Debatten setzte die französische Nationalversammlung am 30. August 1954 den Vertrag von der Tagesordnung ab. Damit war die EVG gescheitert. Folglich konnte auch der Deutschlandvertrag nicht in Kraft treten.

Fieberhaft wurde nun nach einer Ersatzlösung gesucht. Der britische Außenminister Sir Anthony Eden ergriff die Initiative und schlug auf einer Reise durch die Hauptstädte der europäischen Länder vor, den Brüsseler Vertrag auf Italien und die Bundesrepublik auszudehnen, den Deutschlandvertrag in Kraft zu setzen und die Bundesrepublik als souveränen Staat mit eigenen Streitkräften in die NATO aufzunehmen. Auf dieser Grundlage verhandelten die ehemaligen EVG-

Partner sowie Großbritannien, Kanada und die USA vom 28. September bis 3. Oktober in London. Der Londoner Neunmächtekonferenz folgten vom 19. bis 23. Oktober weitere Konferenzen in Paris, die am 23. Oktober zur Unterzeichnung von insgesamt 25 Verträgen, Protokollen und Kommuniqués führten, den sogenannten „Pariser Verträgen". Es wurde unter anderem folgendes beschlossen:
- Beendigung des Besatzungsregimes in der Bundesrepublik Deutschland. Die Bundesregierung verpflichtete sich, die Stationierung von ausländischen Streitkräften auf ihrem Territorium zuzulassen.
- Beitritt der Bundesrepublik Deutschland und Italiens zum Brüsseler Vertrag; Schaffung der Westeuropäischen Union (WEU).
- Beitritt der Bundesrepublik Deutschland zum Nordatlantikvertrag.

Von besonderer Bedeutung für den westdeutschen Verteidigungsbeitrag waren dabei folgende Bestimmungen: Die Bundesrepublik hatte zwölf Divisionen aufzustellen, wobei eine Höchststärke von 500.000 Mann nicht überschritten werden durfte. Diese sollten dem Befehl der integrierten NATO-Stäbe unterstellt werden. Die Integration sollte in der Regel auf der Ebene der Heeresgruppen stattfinden, wo notwendig, auf der der Armeen und der taktischen Luftflotten. Die Dislozierung sollte in Übereinstimmung mit der NATO-Strategie stattfinden. Die Bundesrepublik verzichtete auf die Herstellung von ABC-Waffen.

Nachdem Frankreich den Verträgen bereits am 30. Dezember 1954 zugestimmt hatte, nahm sie am 27. Februar 1955 auch der Bundestag an. Allerdings stießen die Verträge auf verbreitetes Mißtrauen in der Bevölkerung, das sich vor allem in der „Paulskirchen-Bewegung" artikulierte. In ihrem „Deutschen Manifest" vom 29. Januar 1955 unterstützte sie Forderungen der Opposition nach Verhandlungen mit dem Ziel der Wiedervereinigung in Freiheit.

Das Vertragswerk trat am 5. Mai 1955 in Kraft. Mit gewissen Einschränkungen hatte die Bundesrepublik damit ihre Souveränität erlangt. Zwei Tage später konstituierte sich die WEU. Am 9. Mai 1955, zehn Jahre nach der bedingungslosen Kapitulation der deutschen Wehrmacht, wurde die Bundesrepublik in die NATO aufgenommen.

Der Warschauer Pakt

Knapp eine Woche später, am 14. Mai 1955, unterzeichneten in Warschau Vertreter der UdSSR, Albaniens, Bulgariens, Polens, Rumäniens und Ungarns einen Vertrag über „Freundschaft, Zusammenarbeit und gegenseitigen Beistand". Die DDR wurde in den Warschauer Pakt offiziell am 28. Januar 1956 aufgenommen.

Um den Abschluß der Pariser Verträge zu verhindern, hatte die UdSSR im November 1954 die USA und 23 europäische Staaten zu einer Konferenz über die

Schaffung eines Systems der kollektiven Sicherheit in Europa eingeladen und dabei auch ihren Beitritt zur NATO ins Gespräch gebracht. Dies hatten die Westmächte abgelehnt.

Deutschland in der NATO

Nachdem sich der „Atlantische Rat", bestehend aus den Außenministern der NATO-Staaten, konstituiert hatte, bildete er u.a. einen Verteidigungsausschuß, dem die Verteidigungsminister angehörten. Dieser setzte einen Militärausschuß (Military Committee) ein, dem in der Regel die Generalstabschefs der beteiligten Länder angehörten. Diese wiederum schufen die aus drei hohen Offizieren der USA, Englands und Frankreichs bestehende „Ständige Gruppe" (Standing Group). Der Aufbau der Verteidigung sollte in fünf regionalen Planungsgruppen erfolgen, der nord-, west- und südeuropäischen (letztere zugleich für das westliche Mittelmeer) sowie je einer für den Nordatlantik und den nordamerikanischen Kontinent.

Schon im Winter 1953/54 waren die umfangreichen Gesetzentwürfe der Regierung zur Änderung bzw. Ergänzung des Grundgesetzes auf dem Gebiet des Wehrwesens im Bundestag beraten worden. Die mit mehr als Zweidrittelmehrheit angenommene Grundgesetzänderung vom 26. März 1954 faßte den Artikel 73 Ziffer 1 neu, der wie folgt erweitert wurde: „Der Bund hat die ausschließliche Gesetzgebung über die auswärtigen Angelegenheiten sowie die Verteidigung einschließlich der Wehrpflicht für Männer vom vollendeten 18. Lebensjahr an und des Schutzes der Zivilbevölkerung." Damit war die Wehrhoheit der Bundesrepublik Deutschland ausdrücklich in Anspruch genommen und die 1949 vertagte Entscheidung des Verfassunggebers in der Wehrfrage vollzogen. Freilich fehlte nun noch jegliche inhaltliche Ausgestaltung der Wehrverfassung.

Die eigentliche Arbeit am Konzept des „Inneren Gefüges" der deutschen Streitkräfte hatte am 8. Mai 1951 mit der Berufung des Majors a.D. Graf von Baudissin in die Dienststelle Blank begonnen. In enger Zusammenarbeit mit anderen Vertretern einer grundlegend neuen Wehrkonzeption, darunter den Generalleutnanten a.D. Dr. Speidel und Heusinger sowie Oberst a.D. Graf von Kielmannsegg und Oberstleutnant a.D. de Maizière, war er es vornehmlich, der das Konzept der inneren Ordnung der Streitkräfte entwarf.

Grundproblem der Planer war, die Vorstellung eines modernen Soldaten, der zugleich freier Mensch, Staatsbürger und vollwertiger Kämpfer sein sollte, durch ein inhaltlich neues Gefüge der Truppe und durch entsprechende Menschenführung zu verwirklichen. Dieses ab dem 10. März 1953 als „Innere Führung" bezeichnete Konzept sollte die Bundeswehr grundlegend von allen ihren Vorgängerarmeen unterscheiden. Seinen Ausdruck finden sollte dieses Konzept in den soldatischen Erziehungsgrundsätzen und in der Führung, Behandlung und Betreuung der Soldaten. Ob diese Ideen wirklich so neu und gegen soldatische Tradition waren, sei dahingestellt. Ihren Kampfgeist hatte die Wehrmacht sicherlich nicht aus unkritischem Kadavergehorsam gewonnen. Durch Hinführung zum Mitdenken, zur Einsicht und zur Mitverantwortung sollte der Soldat mit der neuen Staatsordnung so verbunden werden, daß er sich auch willig und bewußt für sie einsetzte. Dies sollte an Gedanken des Freiherrn vom Stein und der preußischen Heeresreformer Scharnhorst und Boyen anknüpfen, barg aber die Gefahr einer Politisierung der Armee in sich.

Einer der Soldaten der ersten Stunde, Generalleutnant Adolf Heusinger, der spätere erste Generalinspekteur der Bundeswehr, formulierte es folgendermaßen: „Soldat und Staatsbürger sind eins und müssen unter allen Umständen, wenn wir zur Aufstellung kommen, auch eins bleiben."[14]

Als Ergebnis der Planungen wurde im Juni 1955 die Schrift „Vom künftigen deutschen Soldaten. Gedanken und Planungen der Dienststelle Blank" veröffentlicht. Die Schrift ging von einem Bruch der politischen und militärischen Überlieferung aus, der die zukünftige Armee dazu zwinge, Überkommenes zu prüfen und neue Wege zu beschreiten. Die Streitkräfte seien in den Staat so einzugliedern, daß der Primat der Politik unbedingt gesichert sei. Ihr inneres Gefüge soll „Teil und Spiegelbild der staatlichen und sozialen Ordnung" sein. Könnten die Streitkräfte für manchen Bereich ihres Dienstes demokratische Verfahren auch nicht übernehmen, so stünden sie doch keineswegs abseits von der Demokratie. Ihre Angehörigen seien als „Staatsbürger in Uniform" zu betrachten, deren militärische Ausbildung sich ohne grundsätzlichen Bruch zu ihrer zivilen Lebenswelt vollziehen müsse. Die Ausbildung müsse daher Formen annehmen, die dem Bewußtsein sozialer Freiheit des modernen Menschen entsprechen. Dem widerspreche es beispielsweise, Formen einzuüben, die Selbstzweck geworden seien. Ebenso entarte bloße Ausbildung und Instruktion ohne gleichzeitiges Erziehen und Ernstnehmen des Menschen – nicht des Soldaten – zum „Kommiß". Der Wille des Soldaten dürfe nicht gebrochen, sondern müsse durch Erziehung gefestigt werden. Sein Denken dürfe nicht „uniformiert" werden. Die Armee sei nicht die „Schule der Nation". Bei einem Rückblick auf inzwischen 45 Jahre Bundeswehrgeschichte muß man allerdings desillusioniert feststellen, daß sicherlich noch keine Generation von Wehrpflichtigen politisch so „gleichgeschaltet", wenig kritisch sowie politisch und historisch ungebildet war wie die heutige.

Auch das Prinzip des „Oberbefehls", der Befugnisse sowohl des Staatsoberhauptes als auch des Obersten Feldherrn umfaßte, meinte man mit einer auf dem Prinzip der Gewaltenteilung beruhenden demokratischen Verfassung wie dem Grundgesetz keineswegs vereinbaren zu können. Daher wurde auf seine Wiedereinführung verzichtet und die bewaffnete Macht nicht dem Staatsoberhaupt unterstellt, sondern – im Frieden – dem Verteidigungsminister und – im Krieg, jetzt schönend „Verteidigungsfall" genannt – dem Bundeskanzler. Im Kriegsfall würde damit erstmals in der deutschen Geschichte ein Oberbefehlshaber dem Parlament direkt verantwortlich sein.

Dieses Konzept des Grafen von Baudissin, das sich erkennbar auf die soziologischen und pädagogischen Ideen der Nachkriegszeit stützte, war von Anfang an als Ganzes und in Teilen Gegenstand der Kritik in der Öffentlichkeit wie in der Truppe.

Auch bei den Dienstgraden wurde mit der jahrhundertealten deutschen Militärtradition gebrochen. Als unterste Stufe von vier Generaldienstgraden wurde der „Brigadegeneral" eingeführt und dadurch der Dienstgrad „Generalmajor" vom Obristen getrennt und auf die zweite Stufe der Generalshierarchie verschoben, was wiederum zur Folge hatte, daß der frühere „General der Infanterie", „der Artillerie" usw., jener allgewaltige „Kommandierende", dem Dienstgrad „Generalleutnant" weichen mußte. Den höchsten in Friedenszeiten in der deutschen Armee zu erreichenden Dienstgrad „Generaloberst" ersetzte man – in Anlehnung an die amerikanische und britische Militärhierarchie – durch die Bezeichnung „General", der wegen der vier goldenen Sterne auf den Schulterstücken seitdem volkstümlich „Viersternegeneral" genannt wird.[15]

In der Bundeswehr-Hierarchie gibt es nur drei Positionen, die ständig von den sogenannten Viersternegeneralen besetzt werden. Es sind dies die Ämter des Generalinspekteurs der Bundeswehr, des Oberbefehlshabers der Alliierten Streitkräfte in Mitteuropa und des Stellvertreters des NATO-Oberbefehlshabers Europa. Darüber hinaus wurden im Laufe der Jahre die Stellen des Vorsitzenden des NATO-Militärausschusses dreimal und die des Inspekteurs der Luftwaffe einmal als Ausnahmefall mit Viersternegeneralen besetzt.[16]

Die vielfältigen Planungen hatten bereits Ende 1951 eine Vergrößerung der Dienststelle Blank erforderlich gemacht. Damals gehörten ihr 140 Mitarbeiter an; 1953 waren es 700 und im Juni 1955 1.366.

Aus der Vielzahl der Wehrmachtsoffiziere, die im Amt Blank tätig waren, seien hier einige herausgegriffen: Oberst i.G. a.D. Bern von Baer beispielsweise stieß 1952 zum Amt Blank und arbeitete dort zunächst als Angestellter, bis er bei der ersten Vereidigung in die Bundeswehr übernommen wurde. Er trug das Ritterkreuz mit dem Eichenlaub. Major a.D. Axel Freiherr von dem Bussche, als Kommandeur eines Grenadierbataillons mit dem Ritterkreuz ausgezeichnet, war bereits seit 1950 als Pressereferent im Amt Blank tätig. Dieter Hrabak, Major a.D. und hochausgezeichneter Jagdflieger, trat 1954 in die Dienststelle ein und wurde am 12. November 1955 in die Bundesluftwaffe übernommen. Leopold von Hütz hatte als Hauptmann in einem Grenadierregiment das Ritterkreuz erhalten und war seit 1950 im Amt Blank angestellt. Er wurde bei der ersten Vereidigung übernommen. Horst Krüger, Oberleutnant und Beobachter in einer Nahaufklärerstaffel, Träger des Ritterkreuzes, diente zunächst ebenfalls im Amt Blank, ehe er 1955 in die Bundeswehr übernommen wurde, wo er bis zum Generalmajor aufstieg. Mit Walter Krupinski trat 1953 ein weiterer berühmter Jagdflieger, ausgezeichnet mit dem Eichenlaub, in das Amt Blank ein und wurde im November 1955 in die Luftwaffe übernommen, in der er es zum Generalleutnant und Kommandierenden General des Luftflottenkommandos brachte. Oberst a.D. Kurt Kuhlmey wiederum war Stukaflieger und Ritterkreuzträger. Seit 1952 war er im Amt Blank als Gutachter für die aufzubauenden Luftstreitkräfte tätig. In der Bundesluftwaffe war er zuletzt Generalmajor und Kommandeur des Lufttransportkommandos. Günther Freiherr von Maltzahn war von 1950 bis zu seinem frühen Tode im Jahre 1953 als Gutachter im Amt Blank tätig. Er trug das Ritterkreuz mit dem Eichenlaub. Horst Ohrloff, der das Ritterkreuz als Oberleutnant und Chef einer Panzerkompanie errungen hatte, trat 1952 als Angestellter in das Amt Blank ein. Er brachte es in der Panzertruppe der Bundeswehr zum Generalmajor und wurde Kommandierender General des I. Korps. Ernst Philipp errang ebenfalls als Oberleutnant und Chef einer Panzerkompanie das Ritterkreuz; 1944 erhielt er das Eichenlaub. Seit 1952 im Amt Blank tätig, wurde er im November 1955 in die Bundeswehr übernommen, wo er als Generalmajor stellvertretender Kommandierender General des I. Korps wurde. Oberstleutnant a.D. Anton Detlef von Plato, als Ia der 5. Panzerdivision 1944 mit dem Ritterkreuz ausgezeichnet, war seit 1952 im Amt Blank tätig. Er stieg in der Bundeswehr zum Generalmajor auf. Hauptmann a.D. Joachim Poetter, Ritterkreuzträger und seit 1954 im Amt Blank, wurde 1956 in die Bundeswehr übernommen und avancierte zum Oberst und Chef des Stabes im Luftwaffenamt. Der Ritterkreuzträger Korvettenkapitän a.D. Hans-Rudolf Rösing war zuletzt Führer der U-Boote West gewesen. In der Bundeswehr wurde er als Konteradmiral Befehlshaber im Wehrbereich I. Oberstleutnant a.D. Peter Sauerbruch, als Hauptmann mit dem Ritterkreuz ausgezeichnet, war seit 1952 Angehöriger des Amtes Blank und war im Gefolge von Generalleutnant Dr. Speidel im Interimsausschuß in Paris tätig. Helmut Schmischke errang das Ritterkreuz als Hauptmann. Er trat 1952 als Gutachter in das Amt Blank ein. Johannes Steinhoff, mit dem Ritterkreuz mit Eichenlaub und Schwertern ausgezeichneter Jagdflieger und später Kommodore des Jagdgeschwaders 77, war bereits 1951 in das Amt Blank berufen worden und galt hier als Experte für Luftwaffenfragen. Er gehörte zu den ersten 111 Soldaten, die den Eid auf das Grundgesetz der Bundesrepublik Deutschland ablegten. Als Viersternegeneral war er zuletzt Vorsitzender des NATO-Militärausschusses.

Insgesamt gingen nicht weniger als 70 Generale der Bundeswehr aus der Dienststelle Blank hervor. Neben vielen Soldaten der ehemaligen deutschen Wehrmacht waren auch Zivilisten im Amt Blank tätig, die zum Großteil bereits als Beamte in den militärischen Behörden des Deutschen Reiches gedient hatten.

Der Organisationsplan des Amtes Blank umriß seine Aufgaben: Es gab die Arbeitsbereiche Verwaltung, Unterbringung und allgemeine Wirtschaftsfragen, technische Sicherheitsfragen und militärische Grundsatzfragen, die jeweils eine große Zahl von Planungsgegenständen zu bearbeiten hatten. Durch entsprechende Umgliederung in den Unterabteilungen des Amtes erhielt der militärische Bereich in der Unterabteilung I „Planung" eine Struktur, die der militärischen Arbeitsweise entgegenkam. Es entstanden die Führungsgrundgebiete G 1 (Personal), G 3 (Führung), G 4 (Versorgung) sowie die Referate Heer, Luftwaffe und Marine. Der militärischen Grundsatzplanung waren folgende Referate zugeordnet: Pleven-Plan, Information und Nachrichtenwesen sowie Öffentliche Beziehungen. Im Rahmen der nun in sechs Referate zusammengefaßten Einzelplanung wurden unter anderem Personalaufkommen, -bearbeitung und -steuerung bearbeitet, weiter Fragen der Ausbildung, der Organisationsstruktur der Armee und der Teilstreitkräfte, der Führung, der Standardisierung und schließlich Bewerbungen, Annahme- und Einstellungsregelungen sowie Nachschub, Transport und Versorgung.

Es entstanden Entwürfe für eine Verwaltungsorganisation und für gesetzliche Grundlagen wie Freiwilligengesetz, Disziplinarrecht, Wehrstrafprozeßordnung und Dienstzeitversorgung. Die Ausarbeitung von Vorschriften für die Aufstellung von Rüstungsprogrammen und für die Vergabe von Aufträgen an Industrie und Forschung war erforderlich. Zu Grundsatzfragen wie z.B. der Wiedereinrichtung eines Sanitätsdienstes, der Schaffung einer zivilen Wehrverwaltung und der Stellung der Techniker in der Armee wurden Entscheidungen getroffen bzw. vorbereitet. Die organisatorische Planung für die Integration der deutschen Verbände ab Korpsebene (nicht ab Divisionsebene, wie noch im EVG-Vertrag vorgesehen) war durchzuführen. Der Aufbau des unter nationalem Kommando stehenden territorialen Teils der deutschen Streitkräfte, der einsatzunterstützende Aufgaben hatte, war vorzubereiten. Die Streitkräfteplanung war im Hinblick auf den Auftrag der westdeutschen Streitkräfte – den Gegner aus dem Osten von einem Angriff abzuschrecken bzw. einen solchen von der Ostsee bis zu den Alpen zurückzuschlagen – durchzuführen. Eine Personalannahmeorganisation mit 49 Annahmestellen sowie ein Personalgutachterausschuß für die höheren Führer (ab Oberst) mußten aufgebaut werden. Eine zivile Wehrverwaltung mußte aufgezogen werden, die von militärischen Weisungen – anders als dies bis 1945 gewesen war – unabhängig war. Wehrersatzwesen, Versorgung, Haushaltswesen, Besoldungs- und Rechnungswesen sowie die gesamte Dienstzeitversorgung war damit der Truppe entzogen und oblag zivilen Behörden.

Blank legte das Gesamtergebnis dieser Planungen am 7. Januar 1955 in einer Denkschrift dem Bundeskanzler vor. Als die Bundesrepublik am 9. Mai 1955 in die NATO aufgenommen wurde, konnte der Aufbau der westdeutschen Streitkräfte – die durch das am 1. April 1956 in Kraft getretene Soldatengesetz den

Namen „Bundeswehr" erhielten – beginnen. Das „Amt Blank" wurde am 7. Juni 1955 in das Bundesministerium für Verteidigung (ab Dezember 1961 der Verteidigung) umgewandelt. Am selben Tag wurde Theodor Blank Verteidigungsminister.

Der Aufbau der Bundeswehr

Bereits im Frühjahr 1954 hatte Generalleutnant a.D. Adolf Heusinger, der von 1957 bis 1961 das Amt des Generalinspekteurs der Bundeswehr innehaben sollte, aber zu jenem Zeitpunkt noch Angestellter des Amtes Blank war, zu einer Tagung nach Östrich eingeladen. Einer der Eingeladenen war Generalfeldmarschall a.D. Erich von Manstein, der soeben aus britischem Gewahrsam entlassen worden war. Von Manstein äußerte sich hierzu wie folgt: „Ich hatte als Zeuge in Nürnberg die Ehre des Generalstabes zu verteidigen und damit auch die Ehre meiner im Kriege gefallenen Kameraden. So mußte ich mich denn wohl auch, wenn es darum ging, für die neue Bundesrepublik Deutschland eine Truppe aufzustellen, die schlagkräftig war und imstande, unser Land zu verteidigen, für eine Wehrpflicht und für eine moderne Gliederung der Heeresverbände einsetzen."[17]

Auf dieser Tagung wurden den versammelten Offizieren die Pläne zum Aufbau der Bundeswehr vorgetragen. Generalfeldmarschall von Manstein schlug vor, die zwölf geplanten Divisionen in jeweils drei Brigaden zu gliedern. Der spätere Inspekteur des Heeres, General der Panzertruppen a.D. Hans Röttiger, zuletzt Chef des Generalstabes der Heeresgruppe C in Italien, lehnte diesen Vorschlag von Mansteins jedoch ab. Er war der Überzeugung, daß die Division in der Form des Zweiten Weltkrieges nach wie vor der ideale operative Verband sei. Von Manstein legte seine Vorschläge in einer Denkschrift nieder, die er an General Heusinger sandte. Dieser antwortete dem Feldmarschall im Prinzip zustimmend, erklärte jedoch gleichzeitig, daß von Mansteins Vorschlag aus politischen Gründen nicht durchführbar sei.

Dazu von Manstein: „Vorausgreifend möchte ich sagen, daß ein Jahr darauf, als es einen deutschen Verteidigungsbeitrag offiziell gab und auch einen neuen Verteidigungsminister, Franz Josef Strauß, diese Denkschrift auch an ihn ging. Der Verteidigungsminister bat mich, nach Bonn zu kommen. Dort hatten wir Gelegenheit, meine Gedanken miteinander zu erörtern. Die Bundeswehr ging dann in der Tat zur Brigadegliederung über. Es muß offen bleiben, wie weit diese Tatsache zu dem Entschluß beigetragen hat, daß auch die Amerikaner ähnliches erprobten."[18]

Unter der Führung von Generalfeldmarschall a.D. von Manstein wurde zudem eine Kommission gebildet, der unter anderem auch Generaloberst a.D. Georg-Hans Reinhardt, General der Infanterie a.D. Theodor Busse und Generalleutnant a.D. Friedrich Sixt angehörten. Generaloberst Reinhardt, Träger des Ritterkreuzes mit Eichenlaub und Schwertern, war Oberbefehlshaber der Heeresgruppe Mitte gewesen; Generalleutnant Sixt, Träger des Deutschen Kreuzes in Gold und des Ritterkreuzes mit Eichenlaub, war Chef des Generalstabes der 7. Armee gewesen, hatte die 50. Infanteriedivision geführt und war schließlich Kommandierender General des CI. Armeekorps geworden; General der Infanterie Busse, Träger des Ritterkreuzes, war Ia der Heeresgruppen Don und Süd, bevor er Oberbefehlshaber der 9. Armee wurde.

Diese Offiziere wurden vom Verteidigungsausschuß des Bundestages als Gutachter herangezogen und verfaßten darüber hinaus eine Denkschrift, in welcher sie für die Wehrpflichtarmee der Bundesrepublik eine 18monatige Wehrdienstzeit forderten. Der Verteidigungsausschuß teilte diese Forderung, doch Bundeskanzler Adenauer verfügte im Hinblick auf die bevorstehenden Wahlen eine einjährige Wehrpflicht. Sehr schnell wurde klar, daß diese Zeit nicht genügen würde, die Soldaten der – hochtechnisierten – Bundeswehr auszubilden, so daß die Regierung 1961 doch gezwungen war, auf den Vorschlag der Gutachter einzugehen. 1973 wurde die Dienstzeit von 18 auf 15 Monate herabgesetzt.

Dazu Erich von Manstein: „Wenn jetzt, einige Jahre später, gefordert wird, die Wehrpflicht auf 15 Monate und in gewissen Truppenteilen auf zwölf Monate herabzusetzen und man allen Ernstes glaubt, damit die Bundeswehr vollgültig ausbilden zu können, so halte ich dies für einen Irrtum. Ziel einer jeden Wehrdienst-Ausbildung muß es ja sein, daß der aktive wehrpflichtige Soldat bei seiner Entlassung fertig ausgebildet ist zu einem körperlich, geistig, waffentechnisch und waffentaktisch vollwertigen Kämpfer im Rahmen seines Verbandes. Ist er dies nicht ganz, ist die abgeleistete Wehrpflicht umsonst gewesen. Daß, darüber hinaus, die an den Soldaten gestellten Anforderungen infolge der Vollmotorisierung und des technischen Fortschrittes in Waffen und Gerät sehr viel größer geworden sind, unterliegt keinem Zweifel. Jede im Frieden erlernte gute Ausbildung spart im Kriege Blut. Wenn wir schon eine so kostspielige Armee aufgebaut haben, dann sollte man doch auch versuchen, diese so stark zu machen, daß sie die Bundesrepublik Deutschland auch wirklich schützen kann. Sonst wäre doch jeder Pfennig hinausgeworfen."[19]

Am 20. Juni 1956 sagte Generalfeldmarschall von Manstein bei einer der ersten Sitzungen des Parlamentsausschusses: „So bedauerlich es aus mancherlei Gesichtspunkten vielen auch scheinen mag, daß die Bundesrepublik Deutschland wiederaufrüsten soll, so bedingt ihre besonders gefährdete Lage, daß in bezug auf ihre Sicherheit nichts versäumt wird, was zu schaffen möglich ist. Sollte es in diesen Jahren zu einer wirklichen Entspannung in Europa kommen, die eine Aussicht auf die deutsche Wiedervereinigung eröffnet und eine allgemeine Begrenzung der Rüstung erlaubt, dann wird nichts leichter sein, als den deutschen Rüstungsplan zu modifizieren. Andererseits sind Verzögerungen, Fehler und Unterlassungen nicht wieder einzuholen. Ihre Folgen zeigen sich zumeist erst dann, wenn der Ernstfall eintritt. Dann aber ist es zu spät."[20]

Von Juni 1956 bis zum Jahre 1958 arbeitete Generalfeldmarschall von Manstein in Bonn.[21] Vor Gründung der Bundeswehr war sein Name auch kurzzeitig für das Amt des Generalinspekteurs im Gespräch.[22] Seine Arbeit war für den Aufbau der Bundeswehr von entscheidender Bedeutung.

Am 21. September 1955 gab Adenauer bekannt, daß geplant sei, bis zum 1. Januar 1959 zwölf Divisionen voll auszurüsten und auszubilden und bis zum 1. Januar 1960 außerdem eine Luftwaffe mit 80.000 und eine Marine mit 20.000 Mann aufzustellen.

Am 12. November 1955, am 200. Geburtstag von Gerhard Scharnhorst, dem Chef des Generalstabes des preußischen Heeres, Leiter des Kriegsministeriums und Vorbereiter der Freiheitskriege 1812 bis 1815, wurden 111 Soldaten und Offiziere der neuen Bundeswehr auf das Grundgesetz vereidigt. Zwei Generale, 103 Offiziere und sechs Feldwebel erhielten ihre Ernennungsurkunden. Am 2. Januar 1956 zogen auch die ersten 1.000 ungedienten Freiwilligen in ihre Kasernen in Andernach, Nörvenich und Wilhelmshafen ein.

Der Aufbau der Bundeswehr ging zügig vonstatten. Bis zum 1. Juli 1957 waren der NATO folgende westdeutsche Verbände unterstellt: zwei Korpsstäbe, drei Divisionen und eine Minenräumflottille. Am 1. April 1957 – also zu einem Zeitpunkt, als noch kein einziger deutscher Verband der NATO unterstellt war – wurde bereits ein Deutscher, nämlich der Ritterkreuzträger General Dr. Hans Speidel, Befehlshaber der NATO-Landstreitkräfte Europa-Mitte (LANDCENT). Die wachsende Bedeutung der Bundeswehr innerhalb der NATO ist auch daran zu erkennen, daß am 1. Januar 1959 der Ritterkreuzträger Generalleutnant Friedrich Foertsch – von 1961 bis 1963 Generalinspekteur der Bundeswehr – zum Stellvertretenden Chef des Stabes bei SHAPE (Supreme Headquarters Allied Powers Europe = Oberstes Hauptquartier der Alliierten Mächte Europa) berufen wurde oder daran, daß am 13. Dezember 1960 der erste Generalinspekteur der Bundeswehr, General Adolf Heusinger, einstimmig zum neuen Vorsitzenden des NATO-Militärausschusses (Standing Group) gewählt wurde. Am 27. März 1965 wurde der Ritterkreuzträger Generalmajor Johannes Steinhoff zum Chef des Stabes und stellvertretenden Befehlshaber der NATO-Luftstreitkräfte Europa Mitte ernannt; 1970 wurde er zum Vorsitzenden des Militärausschusses der NATO gewählt.

Ab 1965 stellte die Bundesrepublik mit etwa 50 Prozent aller Heerestruppen das stärkste konventionelle NATO-Kontingent der Landstreitkräfte in Mitteleuropa. Seither haben deutsche Generale die Dienststellung des Oberbefehlshabers der alliierten Streitkräfte in Mitteleuropa (CINCENT) inne, zuerst (ab 1. Juli 1966) General Johann Adolf Graf von Kielmannsegg, der vorher seit dem 1.

September 1963 als Nachfolger von General Dr. Speidel Befehlshaber der Landstreitkräfte Europa-Mitte gewesen war. Nachfolger von Graf von Kielmannsegg als CINCENT (seit Anfang 1968) war dann General Jürgen Bennecke, Träger des Deutschen Kreuzes in Gold, den am 1. Oktober 1973 General Ernst Ferber (bei Kriegsende Oberstleutnant i.G.) ablöste. Ebenfalls am 1. September 1963 wurde Generalleutnant Graf von Baudissin zum Kommandeur des NATO Defence College ernannt.

Der Personalgutachterausschuß hatte bis zur Beendigung seiner Tätigkeit am 25. November 1957 in 400 Sitzungen 600 Bewerbungen bearbeitet und die Annahme von 486 Bewerbern empfohlen, 14 mit Einschränkungen beurteilt und 53 abgelehnt. 47 Anträge waren von den Bewerbern selbst wieder zurückgezogen worden. Wie keiner anderen Führungsgruppe im Staatswesen wurde den Offizieren die Überprüfung ihrer politischen und charakterlichen Zuverlässigkeit zugemutet. Von vielen wurde diese Überprüfung als diskriminierend empfunden. Die 38 Mitglieder des Personalgutachterausschusses waren vom Bundestag nominiert worden; unter ihnen befanden sich auch acht Ritterkreuzträger, und zwar: Major a.D. Philipp Freiherr von Boeselager, General der Infanterie a.D. Kurt Brennecke, Oberst a.D. Dr. Ernst Kühl (Träger des Eichenlaubs), General der Panzertruppe a.D. Adolf Kuntzen, Oberstleutnant a.D. Franz Poeschl, General der Panzertruppe a.D. Fridolin von Senger und Etterlin (Träger des Eichenlaubs), Generalleutnant a.D. Franz Westhoven und General der Infanterie a.D. Fritz Herrlein.

Um eine schlagkräftige Armee schaffen zu können, benötigte man eine professionelle Führungsorganisation, und so wurde – wenn auch stark eingeschränkt – auf überlieferte Strukturen und bewährte Personen zurückgegriffen. Der Aufbau der Bundeswehr war indessen nicht allein eine Organisationsfrage im engeren Sinne, sondern er nahm die finanziellen, wirtschaftlichen und menschlichen Kräfte und Reserven des Staates sehr stark in Anspruch. Da die Armee von der Spitze zur Truppe aufgebaut werden sollte, wurde noch im November 1955 das Ministerium von fünf auf elf Abteilungen vergrößert.

Für die große Zahl an Hilfs- und Vorbereitungsarbeiten, Sonderaufgaben und Grundlagenarbeiten wurden die Zentralen Militärischen Dienststellen geschaffen, darunter die Bundeswehrschulen, die deutschen Anteile in den NATO-Stäben, Forschungseinrichtungen und Ämter. Hierzu zählen z.B. die Schule für Innere Führung in Koblenz (gegründet im Oktober 1956), die Führungsakademie der Bundeswehr in Hamburg (Oktober 1958), die Sportschule der Bundeswehr in Sonthofen (Februar 1957; in der ehemaligen Ordensburg der NSDAP untergebracht), die Logistikschule in Hamburg (Mai 1958), die Sprachenschule in Bad Godesberg (1958; heute in Hürth bei Köln), das Militärgeographische Amt in Bad Godesberg (Juni 1956), das Militärgeschichtliche Forschungsamt in Freiburg (Januar 1957; heute – allerdings ohne das Militärarchiv, das in Freiburg i.Br. verblieben ist – in Potsdam), das Bundeswehramt in Bonn (1956), das Materialamt der Bundeswehr in Bonn (Juni 1957), das Amt für Sicherheit der Bundeswehr in Bonn (1957) usw.

Die drei Teilstreitkräfte werden im Verteidigungsministerium von den Führungsstäben der Teilstreitkräfte Heer, Luftwaffe und Marine geführt.

Das Heer

Dem Heer stellte sich die Aufgabe, so rasch wie möglich Verbände in beträchtlicher Stärke aufzustellen, die einen Aktivposten in der Politik des Kalten Krieges darstellen sollten. Der politisch begründete Zeitdruck drängte die grundlegenden Vorarbeiten fast völlig in den Hintergrund. Es gab zu wenig Kasernen und sonstige militärische Bauten, besondere Mängel zeigten sich auch beim Personalwesen und in der Ausbildung. Nachdem der Aufbau völlig überhastet angelaufen war, setzte (der seit dem 16. Oktober 1956 amtierende) Verteidigungsminister Franz-Josef Strauß (CSU) durch, daß in drei Jahren nur ca. 300.000-350.000 Mann aufgestellt wurden.

Unter dem Führungsstab des Heeres (Fü H) bilden die Korps die Oberste Führung, diese sind zugleich die Integrationsebene der Einsatzverbände für die NATO. Innerhalb der Korps sind die Divisionen die Trägerinnen des Gefechts. Das Heer sollte zwölf Divisionen aufstellen, die wie erwähnt jeweils in drei Brigaden – ein Mittelding zwischen Kampfgruppe und Regiment – untergliedert waren. Unterhalb der Brigaden gab es bei den Kampfgruppen das Bataillon; bei Artillerie-, Fernmelde- und Pionierverbänden wurde das Regiment, dem Bataillon übergeordnet, teilweise beibehalten.

Zunächst stellte das Heer 4.000 Mann auf der Grundlage des Freiwilligengesetzes ein. Weiteres Personal konnte erst nach Erlaß des Soldatengesetzes im März 1956 geworben werden. Bei nur etwa 100.000 Freiwilligenmeldungen (zur Zeit des Wirtschaftswunders!) ergab sich eine Personallücke, die auch durch die Übernahme von 9.600 Angehörigen des Bundesgrenzschutzes (BGS) nur teilweise gefüllt werden konnte. Zum 1. April 1957 wurden die ersten 100.000 Wehrpflichtigen einberufen. Anfangs herrschte kein Mangel an Offizieren und Unterführern; bestimmte Waffengattungen wie z.B. die Fallschirmtruppe wiesen sogar zeitweilig ein Übersoll auf. Die Aufstellung neuer Bataillone erfolgte dadurch, daß Personal aus einem bereits bestehenden Bataillon ausgegliedert wurde. Dieser „Stamm" bildete dann einen neuen Verband. Dieses Verfahren nannte man „Kalben".

Die Erstausrüstung der Heeresverbände wurde zunächst von den Alliierten gestellt, war folglich nicht die modernste. Eigene Entwicklungen waren entweder noch verboten (!) oder steckten noch in den Kinderschuhen. Durch ein mit den Partnern USA, Frankreich und Großbritannien geschlossenes Verteidigungshilfeabkommen erhielt das Heer Kampfpanzer, Fla-Panzer und verschiedene Geschütztypen. Infanteriewaffen und -kampfmittel wurden ebenfalls geliefert. Die Zweitausstattung wurde in der Bundesrepublik produziert. Zunächst bauten deutsche Firmen einige Waffensysteme in Lizenz, doch schon früh wurden die Grundsteine für eigene deutsche Entwicklungen gelegt.

Auf dem Gebiet der Liegenschaften bestand folgende Situation: Die früher vorhandenen militärischen Einrichtungen, insbesondere Truppenübungsplätze und Kasernen, lagen zu einem großen Teil nicht auf dem Gebiet der Bundesrepublik, sondern auf dem Gebiet der DDR und im polnisch und russisch besetzten Ostdeutschland. Soweit sie sich in der Bundesrepublik befanden, waren sie entweder von den Streitkräften der westlichen Alliierten belegt, von zivilen Behörden genutzt (als Dienstgebäude, aber auch als Flüchtlingslager) oder – wegen des Wohnraummangels – an die Zivilbevölkerung vermietet. Nach Möglichkeit wurden solche Liegenschaften freigemacht. Renovierungen, Um- und Erweiterungsbauten sowie Neubauten von militärischen Anlagen folgten.

Innerhalb von drei Jahren waren bis auf eine Division alle Kampfeinheiten im Dienst. Im Laufe von sechs Jahren wurden der NATO unterstellt: 1957 das I. und III. Korps mit drei Divisionen, 1958 zwei weitere Divisionen sowie Teile der Luftlande- und der Gebirgsdivision, 1960 bis 1962 insgesamt vier weitere Divisionen. Die letzte der zwölf vorgesehen Divisionen wurde der NATO am 10. April 1965 assigniert, d.h. unterstellt.

Die Luftwaffe

Der Luftwaffe fiel im Rahmen des Abschreckungsauftrages die Aufgabe zu, zur taktischen Verteidigung des mittel- und westeuropäischen Raumes Luftverteidigungs- und Luftangriffsverbände aufzustellen und einsatzfähig zu machen. Mit dem Ziel einer schnellen „optimalen Angleichung an die Luftwaffen der Bündnispartner“ hatte die Luftwaffe also einsatzfähige Verbände und eine Ausbildungs- und Logistikorganisation aufzubauen. Der Führungsstab Luftwaffe (Fü L) erledigte im Ministerium dazu die Planungs- und Organisationsaufgaben. Der erste Inspekteur der Luftwaffe war General Josef Kammhuber, Träger des Ritterkreuzes des Eisernen Kreuzes. Nach diversen Umgliederungen wurden die Luftwaffenverbände 1960 als Fliegerdivisionen bezeichnet; diesen wurden Geschwader (bei nichtfliegenden Verbänden Regimenter) nachgeordnet, die sich wiederum in Gruppen (Bataillone) und Staffeln (Kompanien) gliedern.

Folgende Verbände wurden aufgestellt: 1957 fünf Flugabwehr-Bataillone, 1958 drei Jagdbomber-Geschwader, ein Jagdgeschwader, ein Transportgeschwader, je zwei Fernmelde- und Versorgungsregimenter, 1959 zwei Jagdbomber-Geschwader, je ein Aufklärungs- und Transportgeschwader, eine Luftrettungs- und Verbindungsstaffel, ein Flugabwehrraketen-Regiment und drei weitere Flugabwehr-Bataillone, 1960 zwei Jagdgeschwader, ein Flugkörpergeschwader, je zwei Flugabwehr-Regimenter, Flugabwehr-Bataillone, Fernmelde- und Versorgungsregimenter, 1961 ein Jagdbomber-Geschwader, ein Jagdgeschwader, ein Aufklärungsgeschwader, ein Lufttransportgeschwader und diverse Flugabwehr-Verbände, 1962 zwei Jagdbomber-Geschwader und ein Aufklärungsgeschwader, 1963 ein Flugabwehrraketen-Regiment und ein Flugabwehrraketen-Bataillon.

Bis zum Jahr 1962 konnte der Großteil der Verbände der 2. ATAF (Allied Tactical Air Force) im Norden und der 4. ATAF im Süden assigniert werden.

Von 600 Mann im März 1956 wuchs die Luftwaffe – die bereits im Juli 1955 ihre ersten sechs Offiziere zur Jet-Ausbildung in die USA und nach Großbritannien geschickt hatte – auf über 12.000 Mann zu Ende des Jahres. 1962 umfaßte sie 92.000 Mann. Zunächst mußten aus Kosten- und Zeitgründen Waffensysteme der Verbündeten gekauft werden. Trotz Demontage und Rüstungsverboten der Siegermächte war der allmähliche Aufbau einer Luftfahrtindustrie möglich.

Die Marine

Die Marine sollte zunächst nur „Küstenverteidigungsstreitkräfte" umfassen, doch aus der offenen Nordflanke Zentraleuropas in der Ostsee und der Notwendigkeit der Sicherung des militärischen und zivilen Nachschubs über die Nordsee leitete sich ein wesentlich erweiterter Auftrag her: In der westlichen Ostsee hatte die Bundesmarine gemeinsam mit dänischen Seestreitkräften gegnerische Landungsabsichten oder den Durchbruch von Seestreitkräften durch Sund und Belte zu vereiteln und in der Nordsee gemeinsam mit den verbündeten Marinen den eigenen Nachschub und die Häfen zu sichern. Der hierfür eingerichtete Führungsstab Marine (Fü M) war der Arbeitsstab des Inspekteurs der Marine, 1956-1962 Vizeadmiral Friedrich Ruge, im Zweiten Weltkrieg Führer der Minensuchverbände West und Träger des Ritterkreuzes des Eisernen Kreuzes.

Nicht weniger als 20 Ritterkreuzträger der deutschen U-Boot-Waffe des Zweiten Weltkrieges waren ab 1956 als reaktivierte Offiziere am Aufbau der deutschen Marine beteiligt. Neun von ihnen stiegen in Admiralsränge auf. Vizeadmiral wurde Horst von Schroeter, Konteradmiral wurden Friedrich Guggenberger (Träger des Eichenlaubs), Dr. Otto Ites, Günter Kuhnke, Hans Rösing und Erich Topp (Träger der Schwerter zum Eichenlaub), Flottillenadmiral wurden Otto Kretschmer (Träger der Schwerter zum Eichenlaub) sowie die Eichenlaubträger Robert Gysae und Rolf Thomsen.

Die höheren und mittleren Offizier- und Unteroffizierstellen konnten aus einer großen Zahl kriegsgedienter Bewerber ohne Schwierigkeiten besetzt werden. Die ersten Rekruten rückten im Januar 1956 zur Marinelehrkompanie ein. Im Frühjahr 1956 wurde der Bundesgrenzschutz See übernommen. Die Marine wuchs von 7.700 Mann im Jahre 1956 auf 28.000 Mann 1962.

Ein erster Schiffsbauplan war bereits 1955 fertiggestellt und im Mai 1956 vom Bundestag gebilligt worden. Zusatzforderungen der NATO machten 1957 ein zweites Programm und schließlich ein drittes Schiffsbauprogramm für den Haushalt 1960 notwendig. Zur Überbrückung der langen Bauzeiten stand der Kauf oder die leihweise Überlassung von sechs US-Zerstörern, sechs US-Landungsbooten und sieben britischen Fregatten in Aussicht. Die Marinerüstung sollte sich weitgehend auf die deutsche Schiffsbauindustrie stützen. Eine wirksame Hilfe war die Übernahme von Minensuch- und Räumbooten der ehemaligen Kriegsmarine von den amerikanischen Labour Service-Einheiten (LSU) in Bremerhaven. Die Flottille der Minenstreitkräfte verbreiterte durch Räumen von Minen aus dem Zweiten Weltkrieg die bis dahin auf zwei Seemeilen Breite beschränkten Minenzwangswege in Nord- und Ostsee auf fünf Seemeilen und schloß diese Operation 1971 ab.

Schon am 1. April 1957 war es möglich, der NATO zwei Minensuchgeschwader zu assignieren, am 1. Juli ein drittes. Frankreich gab sechs Minensuchboote der ehemaligen Kriegsmarine an die deutsche Marine zurück. Zwei versenkte U-Boote des Typs XXIII wurden geborgen, instand gesetzt und konnten wieder in Dienst gestellt werden.

Im Jahre 1962 hatte die Marine von den insgesamt geforderten 24 Geschwadern 18 in Dienst gestellt und der NATO assigniert. Weitere fünf Geschwader befanden sich in Aufstellung. Der Schiffbestand der Marine umfaßte am Ende der Aufbauphase 185 Kriegsschiffe und 54 Troß- und Hilfsschiffe.

Das Territorialheer

Der Aufbau der Einsatzverbände von Heer, Luftwaffe und Marine hatte gegenüber der Territorialverteidigung zunächst unbedingten Vorrang. Die Territorialorganisation sollte im Frieden und im Verteidigungsfall unter nationaler Verantwortung stehen. Sie hat die NATO-Streitkräfte bei der Abschreckung des Gegners und im Falle eines Angriffs durch personellen und materiellen Beitrag zu unterstützen und übernimmt es, die Operationsfreiheit der NATO-Verbände zu sichern. Im Rahmen der Landesverteidigung hat sie die Kraftquellen des Landes zu schützen und das Überleben der Bevölkerung sicherzustellen. In Anlehnung an die Ländergrenzen der Bundesrepublik entstanden sechs Wehrbereiche, geführt von Wehrbereichskommandos (WBK), die den Korpsstäben der

NATO-Truppen entsprechen. Bis 1961 bildeten sich die Territorialkommandos (TerrKdo) heraus, die der Brigadeebene entsprechen. Fernmelde- und Verkehrskommandanturen regeln infrastrukturelle militärische Bedürfnisse auf der Ebene der Landkreise. Das gesamte Territorialheer arbeitet auf allen Ebenen sehr eng mit zivilen Dienststellen zusammen.

Militärpolitische und finanzielle Gründe erzwangen eine Begrenzung des aktiven Personals der Territorialverteidigung auf etwa 30.000 Mann. Das aktive Personal wuchs von 5.200 Mann im Jahre 1956 auf 27.000 Mann 1962. Die Masse des Personals wird im Verteidigungsfall von Reservisten gestellt. Die Reserve ist somit die Basis für die Territoriale Verteidigung und zugleich Ergänzungsreservoir für die Teilstreitkräfte.

Die Unterteilung in Territorial- und Feldheer wurde im Zuge der radikalen Verkleinerung der Bundeswehr nach dem Zusammenbruch des Warschauer Pakts aufgegeben. Die Eingliederung der nicht abgewickelten NVA-Einheiten in die Bundeswehr sowie die zunehmende Aufstellung von gemischtnationalen Verbänden nach dem Vorbild der deutsch-französischen Brigade haben die hier skizzierte Struktur der Bundeswehr mittlerweile stark verändert.

Bundeswehr und Tradition

Von Anfang an herrschte in der Bundeswehr die Vorstellung, diese sei aus dem Nichts aufgebaut worden, wodurch der Bruch mit der Vergangenheit betont werden sollte. Und in der Tat hatte es in der gesamten Geschichte des deutschen Volkes noch nie einen Zeitraum gegeben, in dem wie in dem Jahrzehnt von 1945 bis 1955 nicht ein einziger deutscher Soldat die Souveränität des Staates dokumentierte. Nach dem Dreißigjährigen Krieg, nach der Niederlage gegen Napoleon, selbst nach der Niederlage von 1918 und dem Diktat von Versailles hatte es weiterhin deutsche Soldaten gegeben, war die Entwicklung der deutschen Militärgeschichte nicht unterbrochen worden. Andererseits ist die Bundeswehr heute bereits älter als Reichwehr (1919-1935) und Wehrmacht (1935-1945) zusammen.

Am 5. März 1959 wurde in einem „Gutachten zur Neubegründung von Traditionsverhältnissen" festgestellt, daß die Bundeswehr ihre Tradition vor allem aus sich selbst, aus ihrer Einordnung in die Demokratie und ihrer Verpflichtung auf die politische Rechts- und Friedensordnung entwickeln müsse.

Ein schon im September 1957 herausgegebenes „Handbuch Innere Führung" ging auch auf die für die Traditionsbildung bedeutsame Problematik des Widerstandes, insbesondere des 20. Juli 1944, ein. Es bezeichnete den Widerstand als nicht nur soldatisches Problem, sondern als sittlich-religiöse Frage, die unter Umständen jeden Staatsbürger angehe, etwa wenn der Rechtsstaat zum Unrechtsstaat geworden sei und legale Wege zur Abstellung unerträglicher Mißstände verschlossen seien. Dies sei während der Herrschaft Hitlers der Fall gewesen. Der Soldat müsse daher aus dem Bewußtsein seiner Gewissensbindung an unvergängliche sittliche Werte und seiner überzeitlichen Verantwortung für die Rechte des Nächsten und dessen religiöse und politische Überzeugung die Gewissensentscheidung der Männer des 20. Juli 1944 anerkennen und achten, ohne den vielen Soldaten, die im Bewußtsein der Pflichterfüllung und ihres Eides ihr Leben bis zum Ende eingesetzt haben, die Achtung zu versagen. Dieser Spagat machte von Anbeginn das soldatische Prinzip von Befehl und Gehorsam unglaubwürdig und führte mit dem Eindringen solcher Ideen bis in die Justiz in unseren Tagen letztlich zu Urteilen wie „Soldaten sind Mörder".

Der Erlaß „Bundeswehr und Tradition" des Bundesministers der Verteidigung vom 1. Juli 1965 formulierte die mit der Traditionspflege verbundene Problematik neu. Er beschränkte sich auf die Vermittlung von Maßstäben für die Auswahl gültiger Überlieferungen der deutschen Wehrgeschichte und auf Richtlinien für die Durchführung der Traditionspflege. Grundsätzlich wurde betont, daß Traditionspflege Teil der soldatischen Erziehung ist und große Bedeutung für die Bindung des Soldaten an seinen gegenwärtigen Auftrag hat. Überlieferungen, die dem Ziel widersprechen, den Soldaten zum Einsatz für Freiheit und Recht bereit zu machen, dürfen in der Bundeswehr nicht gepflegt werden. Es wurde auf die Traditionswürdigkeit soldatischer und menschlicher Bewährung im Krieg verwiesen, aber auch auf den traditionsfähigen Wert einer Bewährung des Soldaten durch Tüchtigkeit und Kampfentschlossenheit im Frieden. Die durch diesen Einsatz erreichte glaubhafte Abschreckung helfe, den Krieg zu verhindern. Nicht nur die nationale Tradition, sondern auch die freiheitliche Entwicklung des Westens solle berücksichtigt werden. Tradition wird nicht als Gegensatz zum Fortschritt verstanden, sondern als Grundlage schöpferischer Weiterentwicklung überlieferungswürdiger Werte.

Der Erlaß wurde wegen seiner abstrakt gehaltenen und wenig verbindlich erscheinenden Formulierungen zum Teil skeptisch und kritisch aufgenommen, vor allem sein praktischer Wert für die Truppe bezweifelt.

Dieser Traditionserlaß vom 1. Juli 1965 wurde am 20. September 1982 durch Bundesverteidigungsminister Hans Apel aufgehoben. Apel war es auch, der die Teilnahme von Bundeswehrsoldaten an der Beisetzung von Großadmiral Karl Dönitz (gestorben am 24. Dezember 1980) verbot und auch ausländischen Veteranenverbänden die Beteiligung untersagte. Allerdings standen dann doch Veteranen der ehemaligen Feindmächte am Grabe des Großadmirals in Aumühle, so 40 Mitglieder der Historisch-Maritimen Vereinigung der USA, deren Sprecher am Grabe sagte: „Dönitz war ein großartiger Führer für die deutsche Marine und insbesondere für die U-Boot-Waffe. Er war unerschrocken, auch als er in Deutschland viel geschmäht wurde. Wir Sharkhunters aus den USA verneigen uns vor ihm als unserem Großadmiral."[23] Auch die britische Times bescheinigte dem Toten: „Dönitz war einer der zehn größten Befehlshaber im Kriege." Und William Loeb, Herausgeber der amerikanischen Zeitungen „The Union Leader" und „New Hampshire Sunday News", bemerkte: „Das allgemeine Prinzip der Kriegsverbrecherprozesse ist ein scheinheiliger Weg, Feinde zur Verantwortung zu ziehen. Das Konzept des Siegers, über die Besiegten zu Gericht zu sitzen, ist derart abstoßend, daß es fast lächerlich wirkt."[24]

Die Frage, in welche Tradition sich die Bundeswehr einordnen und wie sie sich zur Wehrmacht stellen sollte, hatte auch noch einen anderen Aspekt: Wie konnte man den Ritterkreuzträgern und Inhabern anderer Auszeichnungen der Wehrmacht das Tragen dieser Auszeichnungen auch zur Bundeswehruniform ermöglichen? Theodor Heuss, der erste Bundespräsident, wandte sich bald nach seiner Amtsübernahme an Otto Geßler, den langjährigen Wehrminister (1920-1928) der Weimarer Republik und bat ihn, den Vorsitz über eine Kommission unabhängiger Sachverständiger zu übernehmen, die Wege finden sollte, das Tragen der von den Alliierten verbotenen Tapferkeitsauszeichnungen wieder zu ermöglichen und so wenigstens „einen Teil" der Diffamierung der deutschen Soldaten, so Heuss, zu beseitigen. 1950 wurde im Zusammenhang mit den Vorarbeiten zur Aufstellung der Bundeswehr das Ordensgesetz der Bundesrepublik Deutschland im Bundestag verabschiedet, das das Tragen der Kriegsauszeichnungen der deutschen Wehrmacht für die Soldaten der Bundeswehr erlaubte.

Im April 1967 hielten beim Staatsbegräbnis sechs Ritterkreuzträger der Bundeswehr die Totenwache am Sarge Adenauers – mit ihren Tapferkeitsauszeichnungen.[25]

Als die Ordensgemeinschaft der Ritterkreuzträger dreißig Jahre später, im Oktober 1997, ihr 43. Bundestreffen abhielt, erregten sich Medien und Politiker über die „Provokation" durch „Leute, die es am Halse juckt"! Die Totenehrung wurde durch eine Demonstration gestört und verhindert. Kurz darauf verbot der Bundesminister der Verteidigung der Bundeswehr jegliches öffentliche Auftreten mit den Ritterkreuzträgern und deren Angehörigen und sogar die private Teilnahme von Soldaten in Uniform an solchen Treffen.[26]

Während in den ersten Jahrzehnten des Bestehens der Bundeswehr die Ehrung der Angehörigen der Wehrmacht – die die Bundeswehr ja schließlich aufgebaut hatten – noch selbstverständlich war, wurde in den vergangenen beiden Jahrzehnten der Druck auf das Traditionsverständnis gegenüber der Wehrmacht immer stärker. Dies wurde nicht zuletzt dadurch erleichtert, daß in den siebziger Jahren die meisten der am Aufbauwerk beteiligten Offiziere und Generale aus der Bundeswehr ausschieden.

Nach dem Tod der alten Generale und auch der Nürnberger Verteidiger geriet deren Wissen weitgehend in Vergessenheit. Die ganze Auseinandersetzung um angebliche und tatsächliche Verbrechen der deutschen Wehrmacht wurde bereits vor einem halben Jahrhundert in aller Ausführlichkeit geführt, nämlich in den Prozessen von Nürnberg, Hamburg und Venedig. Dies waren politische Prozesse, weswegen die Verteidigung von vornherein benachteiligt gewesen war; dennoch waren ihre Argumente so gut und die Anklage so wenig überzeugend, daß die amerikanischen und britischen Behörden die Urteile gegen die deutschen Generale wenige Jahre nach den Prozessen auf dem Verwaltungsweg revidierten und alle Inhaftierten vorzeitig freiließen. Die Wehrmacht als Gesamtorganisation war ja nie angeklagt worden, und Generalstab und Oberkommando wurden freigesprochen.[27]

Auch jene Wehrmachtangehörigen, die zu den zehntausenden deutschen Soldaten gehörten, die in der UdSSR auf Befehl Stalins als Kriegsverbrecher verurteilt worden waren, wurden vom Personalgutachterausschuß völlig rehabilitiert. Den führenden Persönlichkeiten in Deutschland und in seinen NATO-Partnerländern war bekannt, daß diese in der UdSSR gefällten Urteile keiner Überprüfung standhalten würden. Der russische Oberst Alexander Wolin erklärte hierzu im Juni 1993 in Deutschland: „Hunderttausende deutsche Soldaten, die vor Stalins Tribunalen in dubiosen Schnellverfahren von jeweils fünf bis zehn Minuten Dauer abgeurteilt wurden und sofort in den GULags verschwanden, waren unschuldig. Andere Deutsche, so auch die verschleppten Zivilpersonen aus der russisch besetzten Zone, wurden ohne Ermittlungs- und Gerichtsverfahren nach Sibirien verschleppt. Allein im KGB-Archiv in Omsk liegen 128.500 Akten über verurteilte Deutsche." In den neunziger Jahren begann in der ehemaligen Sowjetunion die groß angelegte Rehabilitierung der deutschen Soldaten.

Doch diese stieß in der Bundesrepublik Deutschland auf verschwindend geringes Interesse. Hier hatten bereits in den siebziger Jahren Manfred Messerschmidt und seine Schüler beherrschenden Einfluß auf das Militärgeschichtliche Forschungsamt der Bundeswehr gewonnen und eine Anzahl von Büchern veröffentlicht, in denen sie die These von der „verbrecherischen Wehrmacht" propagierten – eine These, die die SED-Propaganda schon seit langem vertrat. Die Unterstützung eines Teils der politischen Linken war ihnen somit sicher.[28]

So hatten Hannes Heer und die anderen Autoren der Anti-Wehrmacht-Ausstellung Mitte der neunziger Jahre verhältnismäßig leichtes Spiel, als sie alle Wehrmachtangehörigen pauschalierend zu Verbrechern stempelten und die Wehrmacht als eine Mordorganisation und damit als kriminelle Vereinigung bezeichneten.

Die Verteidigungsminister Volker Rühe (CDU) und Rudolf Scharping (SPD) dekretierten unter dem Beifall der anderen Politiker, daß es zwischen der Wehrmacht und der Bundeswehr keinen Zusammenhang gebe, ausgenommen vielleicht die Männer des 20. Juli 1944. Die Bundeswehr habe genügend eigene Traditionen. Der Generalinspekteur der Bundeswehr, Generalleutnant Hartmut

Bagger, äußerte sogar vor Kommandeuren, die Traditionspflege zur Wehrmacht müsse man „in die Spülmaschine werfen". Als politisch korrekter Soldat vergaß er offensichtlich nicht nur, wer die Bundeswehr aufgebaut hatte, sondern auch, wer die Ausbilder der heutigen Generale waren. Logisch gesehen ist es aber so, daß etwas, was von Verbrechern geschaffen wurde, selbst auch verbrecherisch ist. Wenn die Bundeswehr das Werk von Verbrechern wäre, so müßte sie verschwinden.[29]

In allen Dienststellen der Bundeswehr begann der verordnete Bildersturm. Am 8. Mai 2000, sicherlich auch diesmal nicht ganz zufällig am Jahrestag der Kapitulation der Wehrmacht, benannte Verteidigungsminister Rudolf Scharping die Bundeswehrkaserne im schleswig-holsteinischen Rendsburg, in der u.a. die Heeresflugabwehrschule der Bundeswehr untergebracht ist, nach Feldwebel Anton Schmid um. Dieser Unteroffizier hatte im Zweiten Weltkrieg Waffen für polnische Partisanen beschafft, die illegal gegen die deutsche Wehrmacht kämpften. 36 Jahre lang hatte die Kaserne den Namen von Generaloberst Günther Rüdel getragen. Scharping schloß nicht aus, weitere Einrichtungen der Bundeswehr zur „Schärfung des historischen Bewußtseins" nach sogenannten „Widerstandskämpfern" zu benennen. Damit soll der „Widerstand" als wesentliche Traditionslinie der Bundeswehr festgelegt werden.[30]

Bereits zuvor waren die „Generaloberst Dietl-Kaserne" in Füssen in „Allgäukaserne" und die „General Kübler-Kaserne" in „Karwendelkaserne" umbenannt worden. Für erstere war von Scharping sogar der Name „Winston Churchill-Kaserne" ins Spiel gebracht worden! Unter Scharping mußten zudem viele Erinnerungsgegenstände aus Kasernen beseitigt und Traditionsräume „entrümpelt" bzw. geschlossen werden.[31] Aus den Soldatenbüchereien verschwanden alle „anrüchigen" Bücher über die Wehrmacht. Traditionelle Feiern zum Gedenken an Wehrmachtsiege wie der „Kreta-Tag" bei den Fallschirmjägern wurden verboten. Konservative Zeitungen wurden aus den Kasernen und Dienststellen verbannt, stattdessen schaltete die Bundeswehr in der linksradikalen „taz" Anzeigen zur Werbung Längerdienender. Dieses Blatt wurde natürlich weiterhin mit öffentlichen Mitteln für Dienststellen der Bundeswehr im Abonnement bezogen.[32] An der Universität der Bundeswehr München wurde der Lehrstuhl für Militärgeschichte nach der Emeritierung des Inhabers, Professor Franz W. Seidler, zum 1. April 1998 ersatzlos gestrichen.

Die militärischen Tugenden wurden zu „Sekundärtugenden, mit denen man auch ein KZ leiten kann", erklärt. Doch wer die lange Kontinuität von Werten wie Tapferkeit, Gehorsam, Ehrbewußtsein und Kameradschaft leugnet, tut dem Soldatenberuf und der demokratisch legitimierten Wehrpflicht keinen Gefallen. Gerade die zu Auslandseinsätzen entsandten deutschen Soldaten wissen, was diese Werte in der Praxis bedeuten.[33]

Politisch sind die Auslandseinsätze der Bundeswehr im Rahmen von UNO oder NATO gewiß fragwürdig, aber sie beweisen eines: Genau wie zu Beginn des Kalten Kriegs geht es auch nach seinem Ende nicht ohne deutsche Soldaten. Eine Verteidigung Westeuropas war ohne einen deutschen Verteidigungsbeitrag unmöglich, und sicherlich hätte die NATO der Aufstellung der Bundeswehr niemals zugestimmt, wenn sie die Soldaten der deutschen Wehrmacht, die diese ja aufstellen sollten, für Verbrecher gehalten hätte. Sie war im Gegenteil von dem Mut, der Tapferkeit und dem ehrenvollen Verhalten der deutschen Soldaten überzeugt und begeistert. Sie schätzte sich nach den Worten ihres Sprechers „glücklich, solche Soldaten in ihren Reihen zu wissen".[34]

Nachweis der Belegstellen

1 vgl. Weinhold, Manfred: Deutschlands Gebietsverluste 1919–1945. Handbuch und Atlas, Kiel 1999. S. 96 ff.
2 vgl. dtv-Lexikon, München 1997. Bd. 5, S. 172 f.
3 Höfner, Karlheinz: Die Aufrüstung Westdeutschlands. Willensbildung, Entscheidungsprozesse und Spielräume westdeutscher Politik 1945 bis 1950, München 1990. S. 49 f.
4 Post, Walter: Die verleumdete Armee. Wehrmacht und Anti-Wehrmacht-Propaganda, Selent 1999. S. 35
5 Höfner, S. 97
6 ebd., S. 130
7 Militärgeschichtliches Forschungsamt (Hrsg.): Verteidigung im Bündnis. Planung, Aufbau und Bewährung der Bundeswehr 1950-1972, München 1975. S. 30
8 Post, S. 101 ff.
9 ebd., S. 106
10 Meier-Dörnberg,Wilhelm: Die Europäische Verteidigungsgemeinschaft, in: Fischer, Alexander (Hrsg.): Wiederbewaffnung in Deutschland nach 1945, Berlin 1986. S. 83
11 Höfner, S. 253
12 ebd., S. 254
13 Nicht gleichzusetzen mit dem Abschluß eines Friedensvertrages!
14 Kurowski, Franz: Die Bundeswehr, Balve/Sauerland 1977. S. 41
15 Range, Clemens: Die Generale und Admirale der Bundeswehr, Herford 1990. S. 10
16 ebd.
17 Manstein, Erich von: Über den Aufbau der Bundeswehr, Mskr. im Besitz des Autors
18 ebd.
19 ebd.
20 ebd.
21 vgl. Höfner, S. 127
22 Range, S. 23
23 Captain W. Randall, in: Mitteilungsblatt der Ordensgemeinschaft der Ritterkreuzträger (OdR), September 1988
24 New Hampshire Sunday News, Ausg. 26/1993
25 Uhle-Wettler, Franz: Gedanken zur Traditionswürdigkeit der Wehrmacht, in: Uhle-Wettler, Reinhard (Hrsg.): Wagnis Wahrheit. Historiker in Handschellen? Festschrift für David Irving, Kiel 1998. S. 63
26 ebd.
27 Post, S. 5
28 ebd., S. 6
29 Seidler, Franz W.: Kriegsgreuel der Roten Armee. Verbrechen an der Wehrmacht Band II: 1942/43, Selent 2000. S. 30 f.
30 Schmoltner, Jürgen B.; Prieschl, Alfred: Und wieder schlägt der Zeitgeist zu, in: Deutsche Militärzeitschrift Nr. 23, Oktober-Dezember 2000. S. 62
31 ebd.
32 Seidler, S. 31
33 ebd., S. 32 f.
34 Karst, Heinz: Die Bundeswehr in der Krise, München 1997. S. 43

II.

Biographien

Bern von Baer

Oberst im Generalstab der Wehrmacht
Generalmajor der Bundeswehr

Geb. am 20. März 1911 in Berlin
Ritterkreuz: 13. Januar 1944
761. Eichenlaub: 28. Februar 1945

„Einer beweglichen Kampfgruppe der 16. Panzerdivision unter der Führung des Ia der Division, Oberstleutnant im Generalstab von Baer, war es gelungen, aus dem Raum Jelnitschki nach Osten vorstoßend, Rakschin nördlich umgehend, in Alexandrowka einzudringen. In Ausnutzung dieses Erfolges unaufhaltsam weiter nach Südosten vorstoßend, gelang es der Gruppe Baer, sich noch am Abend in den Besitz von Tschirkowitschi zu setzen und darüber hinaus die Verbindung mit der aus dem Brückenkopf Schazili angreifenden Kampfgruppe des XXXV. Armeekorps herzustellen."

In diesem Auszug aus der Tagesmeldung der Heeresgruppe Mitte vom 22. Dezember 1943 wird der Name eines Mannes genannt, dessen persönlicher Einsatz vorbildlich für die ihm unterstellten Soldaten war. Oberstleutnant von Baer, den Männern der 16. Panzerdivision kein Unbekannter – er lebte und kämpfte mit dieser im Kessel von Stalingrad untergegangenen Division –, war stets einer jener Soldaten, die durch ihr persönliches Vorbild und Beispiel wirken. Sein Vorbild war der spätere Generaloberst Hans Hube.

Für den jungen Soldaten Bern von Baer war es ein langer Weg, bis er sich im Einsatz seines Vorbildes würdig erweisen konnte. Am 20. März 1911 in Berlin geboren, schloß er den Besuch des humanistischen Gymnasiums im Frühjahr 1930 mit dem Abitur ab. Während seiner Gymnasialzeit war er mit großer Hingabe im Großdeutschen Jugendbund (der Bündischen Jugend) tätig. Der Idealismus, mit dem diese Jungen die Welt ansahen, wurde entscheidend für seine weitere Entwicklung.

Unmittelbar nach dem Abitur trat Bern von Baer als Offiziersanwärter in das ostpreußische Infanterieregiment 3, Deutsch Eylau, ein. Baer hat diese Wahl nie bedauert. Ostpreußen wurde für ihn, beruflich wie familiär, zur zweiten Heimat, der er sich zutiefst verbunden fühlte.

Im Jahre 1931 wurde er Fahnenjunker, ein Jahr darauf Fähnrich, und am 1. Januar 1934 erfolgte seine Beförderung zum Leutnant. Nachdem er die Dienststellungen eines Zugführers, Regiments-Ordonnanzoffiziers und Kompanieführers durchlaufen hatte, erfolgte am 1. Oktober 1935 seine Beförderung zum Oberleutnant.

Seit 1938 Regimentsadjutant im Infanterieregiment 43, wurde Baer am 1. August 1939 Hauptmann. Als solcher nahm er am Polenfeldzug und am Feldzug in Frankreich teil. Für diese Einsätze wurde er am 22. September 1939 mit dem Eisernen Kreuz II. Klasse und am 31. Mai 1940 mit dem Eisernen Kreuz I. Klasse ausgezeichnet.

Nach Beendigung des Frankreichfeldzuges wurde von Baer, unmittelbar nach seiner Generalstabsausbildung, in die Operationsabteilung des Oberkommandos des Heeres (OKH) versetzt, wo er als jüngster Generalstabsoffizier durch den damaligen Leiter, Oberst Heusinger (den späteren Generalinspekteur der Bundeswehr), in seine Aufgaben eingewiesen wurde. Über diese Zeit sagte General von Baer: „Die Beschäftigung mit den operativen Fragen war für einen jungen Generalstabsoffizier oft überwältigend und beeindruckend; sie hat mir später viel geholfen, bei taktischen Einsätzen den operativen Hintergrund zu erkennen und dementsprechend sinngemäß zu handeln."

Im Jahre 1942 ging von Baer, am 1. Februar dieses Jahres zum Major befördert, als Ib zur 16. Panzerdivision nach Rußland, wo gerade der Vorstoß zum Don in Richtung Stalingrad begonnen hatte. Die 16. Panzerdivision stand immer im Brennpunkt der Kämpfe. Im Dezember 1942 wurde Major von Baer Ia des LI. Panzerkorps in Stalingrad, wo die 6. Armee (Generalfeldmarschall Paulus) seit dem 22. November eingeschlossen war.

Hier hatte wenige Tage vorher General von Seydlitz-Kurzbach, der Oberbefehlshaber des LI. Panzerkorps, mit seinem Generalstabschef einen Ausbruchsplan ausgearbeitet, der jedoch von Hitler nicht genehmigt worden war. Der Entsatzversuch des LVII. Panzerkorps (Generaloberst Hoth) kam zwar bis auf 55 Kilometer an die 6. Armee heran, mußte aber ebenfalls aufgegeben werden. So erlebte Bern von Baer den bitteren Verzweiflungskampf der 6. Armee. Bis zum 23. Januar, wenige Tage vor dem endgültigen Zusammenbruch des deutschen Widerstandes, stand er in pausenlosem Einsatz. Als an diesem Tage zum letzten Mal drei deutsche Ju 52 auf einem verschneiten Steppenfeld landeten, wurde Major von Baer als einer der wenigen auf persönlichen Befehl von Generalfeldmarschall Paulus aus dem Kessel ausgeflogen und entging so dem grausamen Schicksal der anderen Stalingradkämpfer. Bis Ende März 1943 war Baer Ic der Heeresgruppe Don.

Als im April 1943 die 16. Panzerdivision in Frankreich neu aufgestellt wurde, setzte die Divisionsführung den erfahrenen und umsichtigen Offizier wieder als 1. Generalstabsoffizier ein. Ein neuer harter Einsatz am alliierten Landekopf Salerno stand bevor. Unmittelbar nach ihrer Neuaufstellung verlegte die Division nach Italien. Zusammen mit der Panzerdivision „Hermann Göring" lag sie direkt südlich an Salerno angelehnt, wo am 7. September aus Luftaufklärermeldungen hervorging, daß eine starke Landungsflotte aus nordafrikanischen Häfen mit Nordostkurs ausgelaufen sei.

In der Nacht zum 9. September erschien das Gros dieser Landungsflotte dann im Golf von Salerno. Das X. britische Korps landete im Einsatzraum der 16. Panzerdivision. Den ersten erbitterten Ansturm des Gegners hatte die Panzeraufklärungsabteilung 16 aufzuhalten, die in hartem Kampf am Nordrand von Salerno stand, während der Stab der Abteilung in Pellezzano untergekommen war. Das Schiffsartilleriefeuer des landenden Gegners hämmerte auf die deutschen Bereitstellungen.

Bern von Baer, seit dem 1. August 1943 Oberstleutnant, war dauernd zwischen den Brennpunkten der Kämpfe unterwegs. So erschien er bei der Panzeraufklärungsabteilung 16 ebenso wie beim Panzergrenadierregiment 64 und der „Kampfgruppe von Döring", dem verstärkten Panzergrenadierregiment 79. Diese Einheiten hatten neben der Panzeraufklärungsabteilung 16 den ersten Ansturm des Gegners aufzufangen. Eine einzige Division stand gegen sieben Feinddivisionen in erbittertem Kampf und hielt sich bewunderungswürdig.

Als Battipaglia in der Nacht zum 10. September von den Royal Fusiliers der 201. Guards Brigade genommen wurde, trat das der 16. Panzerdivision unterstellte I./Fallschirmjägerregiment 3 gemeinsam mit einer Kompanie des Panzerregiments 2 zum Gegenstoß auf Battipaglia an.

Oberstleutnant von Baer fuhr im Pkw so schnell nach Battipaglia, daß er sich plötzlich inmitten englischer Truppen wiederfand. Nur mit viel Glück entging er der Gefangenschaft, indem er unter dem Schützenfeuer des verblüfften Gegners mit seinem Pkw wieder zu den eigenen Linien zurückfuhr. Am Abend war Battipaglia dann wieder in deutscher Hand.

Neun Tage lang wogte der Kampf im Raum Salerno hin und her, bis Generalfeldmarschall Kesselring die Schlacht abbrach. Der Versuch, den Gegner ins Meer zurückzuwerfen, war mißlungen.

Die 16. Panzerdivision war inzwischen für einen neuen Einsatz im Mittelabschnitt der Ostfront vorgesehen. Hier wurden die gepanzerten Teile der Division Mitte Dezember 1943 vorübergehend abgezweigt und als Kampfgruppe einem Infanteriekorps unterstellt, das die Aufgabe hatte, eingeschlossene Kräfte freizukämpfen. Der Einsatz dieser gepanzerten Kampfgruppe – vier verstärkte Bataillone – wurde durch das Infanteriekorps unzweckmäßig geplant. Im dichten verfilzten Waldgelände lief sich der Gegenstoß fest.

In dieser Situation traf Oberstleutnant Bern von Baer, vom Gefechtsstand seiner anderweitig eingesetzten Division kommend, beim Korpsgefechtsstand ein. Nachdem er die Gefechtslage zur Kenntnis genommen hatte, schlug von Baer vor, die gepanzerte Kampfgruppe herauszulösen und aus einer anderen Richtung auf den Gegner anzusetzen. Es kam zu einer heftigen Debatte, weil das Korps angesichts der Notlage der eingeschlossenen Verbände zunächst nicht von der rechtzeitigen Durchführbarkeit dieser Umgliederung zu überzeugen war. Endlich, nach heftigem Drängen des Ia der 16. Panzerdivision, wandte sich der Kommandierende General an den Oberstleutnant: „Gut, Baer, ich erteile hiermit mein Einverständnis zur Umgruppierung und zur neuen Angriffsrichtung. Aber unter einer Voraussetzung: Sie übernehmen persönlich die Führung der Kampfgruppe, und Sie müssen willens sein, die volle Verantwortung für diese Umdisposition zu tragen."

„Dazu bin ich bereit, Herr General!" sagte Oberstleutnant von Baer.

Er begab sich in den Einsatzraum der gepanzerten Kampfgruppe und übernahm an Ort und Stelle den Befehl über die im Waldgelände festgefahrene Einheit. Persönlich holte von Baer die Gruppen aus dem Wald heraus, teilweise jedes Fahrzeug einzeln. Mit nie erlahmender Tatkraft gelang es ihm, das scheinbar Unmögliche möglich zu machen.

Die Gefechtslage war äußerst kritisch, und die Zeit erlaubte keine neue Bereitstellung. So gab von Baer den gepanzerten Verbänden die Einsatzbefehle über Funk durch und setzte sie, ebenfalls über Funk, in Marsch. All seine in langen Kampfjahren erworbene Erfahrung warf er in die Waagschale.

Auf diese Weise schuf Oberstleutnant von Baer aus der Bewegung heraus einen neuen Angriffskeil, der aus dem Raum von Jelnitschki nach Osten vorstieß. Mitten über das ungedeckte Gelände rollend, Rakschin umgehend, stieß die Kampfgruppe zu. Noch in den Nachmittagsstunden dieses ereignisreichen Tages war sie 20 Kilometer tief in den Gegner hineingestoßen. Aber das genügte noch nicht, um die eingeschlossenen deutschen Truppen wirksam zu entsetzen.

Angesichts dieser Lage faßte Oberstleutnant von Baer bei Einbruch der Dunkelheit den schweren Entschluß, den Angriff auch in der Nacht fortzusetzen, obwohl das nicht den Regeln der damaligen Kriegführung mit gepanzerten Einheiten entsprach. Aber es schien die einzige Möglichkeit zu sein, den Eingeschlossenen rechtzeitig zu Hilfe zu kommen. Baer hatte das deprimierende Gefühl des Eingeschlossenseins in Stalingrad am eigenen Leibe erlebt. Er wußte, wie den Kameraden zumute sein mußte.

In drei Marschkolonnen, jeweils drei der am stärksten gepanzerten Fahrzeuge an der Spitze, rollte die Kampfgruppe in die Nacht hinein. Die vordersten Fahrzeuge, Panzer und Panzerartillerie, hatten vom Kampfgruppenführer den Auftrag, beim ersten feindlichen Schuß den Gegner aus allen Rohren zu bekämpfen, um ihn moralisch zu erschüttern. Aber es kam nur zu kleinen Zusammenstößen.

Die in der Finsternis vorrollenden deutschen Panzer machten einen gespenstischen Eindruck, und angesichts ihrer geballten Kraft räumte der Gegner fluchtartig sämtliche Stellungen samt der Ortschaft Alexandrowka. Oberstleutnant von Baer stieß immer weiter vor. Noch zehn Kilometer Feindgebiet trennten die Panzer von den Eingeschlossenen. Tschirkowitschi wurde erreicht und aus der Bewegung heraus genommen. Immer wieder feuerte von Baer die Kampfgruppe an, indem er beispielhaft operierend an der Spitze seiner Verbände vorstieß. Da war es jedem einzelnen Soldaten dieser Kampfgruppe zumute, als sei diese unüberwindlich. In blindem Vertrauen folgten sie ihrem Ia. Mitten in der Nacht, nach vierzig Kilometern Vorstoß durch feindbesetztes Gebiet, stellte die Kampfgruppe von Baer westlich Schazili die Verbindung mit den vorderen Teilen des eingeschlossenen XXXV. Armeekorps her.

So wie Oberstleutnant von Baer werden alle damals Beteiligten das Geschehen auf dem nächtlichen Kampffeld für immer in sich aufgenommen haben. Baer sagte später rückblickend und wie noch immer unter dem Eindruck des allgemeinen Jubels stehend: „Es wird mir unvergeßlich bleiben, wie unsere Soldaten auf den Panzern und Schützenpanzerwagen unter dem Eindruck dieses Erfolges mitten im umkämpften Raum das Deutschlandlied anstimmten."

Im Tagesbefehl der Heeresgruppe Mitte wurden sowohl die Kampfgruppe als auch der Kampfgruppenführer namentlich genannt. Oberstleutnant von Baer wurde für diesen Einsatz am 13. Januar 1944 mit dem Ritterkreuz des Eisernen Kreuzes ausgezeichnet.

Nach weiteren schweren Kämpfen wurde Bern von Baer im Frühjahr 1944 als Ia zu der im November 1943 in Fallschirm-Panzerdivision „Hermann Göring" umbenannten Panzerdivision „Hermann Göring" versetzt, die nach den schweren Kämpfen im Raum Anzio-Nettuno in den Märztagen 1944 herausgezogen und zur Auffrischung in die Toscana zurückgenommen worden war. Generalmajor Schmalz hatte die Divisionsführung übernommen, Oberstleutnant von Baer wurde sein neuer Ia.

Am 25. Mai wurde die Division wieder an die ins Wanken geratene Nettuno-Front verlegt. An der Planung und Durchführung der Gegenangriffe bei Valmontone war Baer maßgeblich beteiligt. Im OKW-Bericht vom 4. Juni 1944 heißt es über diese Operation, die den entscheidenden Durchbruch des Gegners aufhielt: „Die Fallschirmpanzerdivision ‚Hermann Göring' hat sich bei den schweren Kämpfen im Raum nordwestlich Valmontone heldenhaft geschlagen."

Immer wieder war es Oberstleutnant von Baer, der die nötigen Vorarbeiten für die Einsätze der Division leitete, die nördlich von Rom bis zu den Trasimenischen Seen und weiter bis zum Arno verbissen kämpfte und den Gegner zu der Feststellung veranlaßte: „Unsere Truppen konnten sich in diesem Abschnitt nur vorwärtsdezimetern."

Am 15. Juli wurde die Division aus der Front herausgezogen und nördlich von

Bologna gesammelt. Neun Tage später ging es in dreitägiger Bahnfahrt über den Brenner und über München, Eger, Dresden, Breslau und Litzmannstadt an die Ostfront. Hier sollte die Division die durch den Zusammenbruch der Heeresgruppe Mitte geschaffene katastrophale Lage bereinigen.

Als die auf 70 Transportzüge verladene Truppe in Warschau eintraf, wurde sie mit Bomben und Granaten empfangen. Die einzelnen Bataillone wurden sogleich nach ihrem Eintreffen in den Kampf geworfen und konnten in entschlossenen Gegenangriffen ein bei Radczymin durchgebrochenes feindliches Panzerkorps der 1. Weißrussischen Front einschließen und bis zum 3. August vernichtend schlagen.

In einem Tagesbefehl der Heeresgruppe Mitte stellte Generaloberst Model fest, daß es dem sofortigen tapferen Eingreifen der Fallschirm-Panzerdivision „Hermann Göring" zu verdanken war, daß Warschau noch einmal gerettet und der Gegner auf das Ostufer der Weichsel zurückgeworfen werden konnte. An diesen Kämpfen hatte Bern von Baer maßgeblichen Anteil, vor allem bei Einsatz, Planung und Führung der eintreffenden Verbände.

Im August wurde die Division zur „Feuerwehr der 9. Armee" und kämpfte innerhalb des XLI. Panzerkorps bei Warka-Magnussew und bei Grabow-Pilica. Am 20. September löste sie ungarische Truppen an der Weichsel zwischen Warschau und Modlin ab. In dieser Zeit wurde die Division dreimal im Wehrmachtsbericht genannt. Am 1. Oktober 1944 wurde sie zum Fallschirm-Panzerkorps „Hermann Göring" erweitert. Es war eine Anerkennung für die bisherige großartige Bewährung der Division. Chef des Stabes wurde Oberstleutnant von Baer.

Am 16. Oktober griffen die Russen in Ostpreußen beiderseits der Straße Wilkowischken–Ebenrode mit starken Panzerverbänden an. Ziel dieses Angriffs war Königsberg. Das Fallschirm-Panzerkorps stellte sich dem überlegenen Gegner und warf die 11. russische Gardearmee bis zum 22. Oktober hinter die Rominte zurück. Noch einmal konnte die russische Sturmflut im deutschen Grenzgebiet aufgefangen werden. Am 24. Oktober schrieb die „Krasnaja Swesda" („Roter Stern"), die Zeitung der Roten Armee: „Die Kämpfe in diesem Raum sind äußerst blutig. Die Deutschen verteidigen jeden Zentimeter ihres Bodens durch heftige Gegenangriffe."

Als aber die Rote Armee am 13. Januar 1945 an der gesamten Ostfront – und damit auch in Ostpreußen – zu ihrem Großangriff antrat, geriet das Fallschirm-Panzerkorps „Hermann Göring" in schwere Bedrängnis, weil die Fallschirm-Panzerdivision „Hermann Göring" durch das OKH vom Korps getrennt worden und mit der I. Abteilung des Fallschirm-Flakregiments „Hermann Göring" nach Polen, Ziel Radom, in Marsch gesetzt worden war.

Trotz des Ansturms überlegener Feindkräfte versuchten die Reste des Korps die Front zu halten. In dieser Lage fiel zeitweilig auch noch der Führungsstab des Nachbarkorps aus. Die Reste der dort eingesetzten Divisionen waren in Gefahr, den Zusammenhang zu verlieren, auseinanderzubröckeln und vernichtet zu werden. Das Fallschirm-Panzerkorps „Hermann Göring“ mußte daher die Führung dieser angeschlagenen Verbände übernehmen, und dies in einer Lage, die zum Verlust wichtiger Truppenteile führen konnte. Technische Führungsmittel standen nicht mehr zur Verfügung.

Kurz entschlossen übergab Oberstleutnant von Baer die Führung des Korpsstabes an den Ia und fuhr persönlich in den Raum, um Verbindung mit den führungslosen Einheiten aufzunehmen und Lage sowie Einsatzräume zu erkunden. So gelang es von Baer, obwohl der Feind zum Teil schon tief in den Raum eingesickert war, Kontakt mit den zurückgehenden Teilen einzelner Verbände aufzunehmen. In persönlichem Einsatz konnte er mitten auf dem Gefechtsfeld die teilweise führungslos zurückgehenden Truppen auffangen und Ordnung in die Absetzbewegungen bringen. Die Einheiten, die er an Ort und Stelle vorfand, wurden sofort gegen den eingesickerten Gegner eingesetzt. Was sich an zurückströmenden Stabsangehörigen wieder einfand, wurde ebenfalls sofort eingesetzt und mit der Führung der einzelnen Verteidigungsgruppen beauftragt.

Baer war unermüdlich. Er kämpfte sich mit seinem kleinen Begleitkommando durch den Gegner, sammelte Einheiten und setzte sie an gefährdeten Punkten ein. So gelang es, die wankende Front zu stabilisieren und an der Flanke des eigenen Korps eine, wenn auch dünne, Abwehrfront zu bilden. In der Nacht war das Chaos überwunden. In seiner bescheidenen Art sagte General von Baer später zu dieser Krisenlage: „Dem Einsatz war nur dadurch Erfolg beschieden, daß ich das Glück hatte, immer wieder an kritischen Stellen einzelne beherzte Führer zu finden, die – erfreut, wieder einen festen Auftrag zu haben – bereit waren, die örtliche Verteidigung zu übernehmen.“ Seine Vorgesetzten äußerten, daß es wohl kaum einem anderen Offizier gelungen wäre, diese Krisensituation zu meistern. Am 28. Februar 1945 wurde Oberstleutnant von Baer für diesen Einsatz als 761. Soldat der deutschen Wehrmacht mit dem Eichenlaub zum Ritterkreuz des Eisernen Kreuzes ausgezeichnet.

Einen Tag später ging ein Fernschreiben von Reichsmarschall Göring ein:

„Lieber Baer!

Bei den harten Kämpfen um die Verteidigung Ostpreußens haben Sie sich als Chef des Generalstabes meines bewährten Fallschirmkorps an der Führung einer Alarmtruppe und durch persönliche Tapferkeit vor dem Feinde erneut hervorragend bewährt.

Voll Stolz beglückwünsche ich Sie zu der Ihnen verliehenen hohen Auszeichnung des Eichenlaubes zum Ritterkreuz des Eisernen Kreuzes. Zugleich spreche ich Ihnen meinen besonderen Dank und meine volle Anerkennung aus und verbinde damit meine besten Wünsche für viel Soldatenglück.

Göring, Reichsmarschall des Großdeutschen Reiches und Oberbefehlshaber der Luftwaffe“

Das Fallschirm-Panzerkorps „Hermann Göring" wurde in den letzten Tagen des März 1945 über die Ostsee aus dem Kessel herausgeholt. Über Swinemünde und Stettin kam ein Teil des Korps nach Berlin und von dort, nach Auffrischung und Neuaufstellung, über Schlesien nach Sachsen; der andere Teil kam direkt nach Sachsen, dem neuen Einsatzraum.

Im Gebiet Bautzen–Hoyerswerda ging der Einsatz mit unverminderter Härte weiter. Den Korpsgefechtsstand richtete von Baer, der am 1. April 1945 zum Oberst befördert worden war, in Schwepmitz ein. Bei Königsbrück gelang es dem Korps im letzten Einsatz des Krieges, Ende April 1945, die polnischen Divisionen zurückzuschlagen, die sich hier vorschieben sollten. Im Raum südlich von Dresden erhielt es am 8. Mai 1945 den Befehl zum Waffenstillstand. Nur ein kleiner Teil des Korps konnte sich nach Westen durchschlagen; der größte Teil geriet in sowjetische Gefangenschaft.

Auch Oberst von Baer wurde gefangengenommen. Doch konnte er schon Mitte Mai den Sowjets entkommen und sich in einer abenteuerlichen und gefährlichen Flucht in den Westen retten. In Reit im Winkl traf er wieder mit seiner Familie zusammen.

In der Bundeswehr

Von 1946 bis 1948 absolvierte Bern von Baer eine kaufmännische Lehre und war bis 1952 als Textilkaufmann tätig, ehe er am 1. September 1952 als Referatsleiter in die neu eingerichtete Dienststelle Blank berufen wurde. Dort wurde ihm die schwierige Tätigkeit des Leiters des Organisationsreferates für die Gesamtstreitkräfte übertragen. Bis zum 30. Dezember 1955 blieb er im Amt Blank, anschließend leitete er den Sonderausschuß im Bundesverteidigungsministerium in Bonn.

Am 16. Februar 1956 wurde von Baer als Oberst in die Bundeswehr übernommen und diente zunächst als Chef des Stabes im Führungsstab Heer. Von Ende 1956 bis Mitte 1957 war er Kommandeur der 106. Luftlandebrigade und gleichzeitig mit der Wahrnehmung der Aufgaben des Kommandeurs der 1. Luftlandedivision beauftragt.

Oberst von Baer hatte – nach den Vorarbeiten in der Dienststelle Blank – in der Bundeswehr den Auftrag, die ersten Einheiten der neuen Luftlandetruppe aufzustellen. Der Grund für diese Berufung lag darin, daß er von der Notwendigkeit und den Möglichkeiten der „dritten Dimension" für den Einsatz von Kampftruppen überzeugt und schon bei der Planung der zukünftigen Bundeswehr nachhaltig für die Aufstellung entsprechender Verbände eingetreten war.

Um als Vorgesetzter den jungen Fallschirmspringern der Bundeswehr verbunden zu sein, meldete sich Oberst von Baer getreu seinem Grundsatz freiwillig zur Sprungausbildung. Gemeinsam mit Major Schacht absolvierte er als erster deutscher Soldat diese Ausbildung in einer amerikanischen Schule. Die damit verbundenen Anstrengungen konnten den damals 46jährigen nicht abschrecken. Im Gegenteil: Nach der Ausbildung erwarb er das deutsche Springerabzeichen und am 19. Februar 1959 zudem das französische Fallschirmspringerabzeichen.

Später resümierte Bern von Baer: „Seit meiner Ausbildung habe ich in den folgenden Jahren zahlreiche Fallschirmabsprünge durchgeführt. Der jungen Luftlandetruppe fühle ich mich durch die gemeinsame Art des Einsatzes und ihrer hervorragende soldatische Einstellung in besonderem Maße verbunden. Hier habe ich meine soldatische Heimat gefunden."

Sein Sohn Volker dient als Leutnant ebenfalls bei der Fallschirmtruppe. So konnte es geschehen, daß anläßlich einer Gefechtsbesichtigung Vater und Sohn gemeinsam zwei Sprünge absolvierten. Der hochgewachsene General mit dem ausdrucksstarken Gesicht und der Haltung eines Gentleman hat auch in der Bundeswehr bewiesen, daß er immer wieder höchste Anforderungen an sich selbst stellt, um seinen ständig wachsenden Aufgaben gerecht zu werden. So ließ er sich auch im Hinblick auf seine Verwendung als Inspizient der Heeresfliegertruppe zum Flugzeugführer ausbilden. Er erwarb zuerst den Zivil-Luftfahrtschein, später auch den militärischen, um für seine neue Tätigkeit auch praktisches Verständnis in fliegerischen Belangen mitzubringen. Am 26. September 1961 erfolgte seine Beförderung zum Brigadegeneral, am 1. Juli 1963 die zum Generalmajor.

Nach seinen Verwendungen als Inspizient der Heeresflieger und als Stellvertretender General der Führungstruppen im Truppenamt Köln wurde er am 1. März 1962 zum General der Führungstruppen ernannt. Seine letzte Dienststellung hatte er vom 1. Oktober 1964 bis zum 31. März 1968, dem Tage seiner Pensionierung, als Stellvertretender Kommandierender General des III. Korps in Koblenz.

In Anerkennung seiner Tätigkeit in der Bundeswehr erhielt er das Große Bundesverdienstkreuz. Im Juli 1962 erhielt er die Dankmedaille der Freien und Hansestadt Hamburg für seine Hilfeleistung bei der Flutkatastrophe.

Generalmajor der Bundeswehr Bern von Baer starb am 27. November 1981 in Köln.

Gerhard Barkhorn

Major der Wehrmacht
Generalmajor der Bundeswehr

Geb. am 20. März 1919 in Königsberg/Ostpreußen
Deutsches Kreuz in Gold: 21. August 1942
Ritterkreuz: 23. August 1942
175. Eichenlaub: 11. Januar 1943
52. Schwerter: 2. Februar 1944
Frontflugspange mit Anhänger „1.100“: 11. Februar 1945

Am 20. März 1919 wurde Gerhard Barkhorn in Königsberg geboren. Dort wuchs er auf und ging zur Schule, um im Frühjahr 1937 sein Abitur zu machen.

Kurz danach trat er in die Luftwaffe ein und absolvierte seine Fliegerausbildung auf fast allen Typen deutscher Jäger. Im Oktober 1939 konnte er eine der legendären Messerschmitt Me 109 fliegen. Während der Luftschlacht über England diente er im Jagdgeschwader 2 „Richthofen“. Als Barkhorn im August 1940 zur II. Gruppe des Jagdgeschwaders 52 versetzt wurde, hatte er bereits eine große Zahl an Feindflügen hinter sich gebracht, ohne auch nur einen Gegner abgeschossen zu haben.

Mit dem Jagdgeschwader 52 ging Barkhorn in den Rußlandeinsatz und errang am 2. Juli 1941 während seines 120. Feindfluges – inzwischen zum Oberleutnant befördert – seinen ersten Luftsieg. Er gehörte nicht zu den Jägern, die an einem Tage gleich mehrere Flugzeuge des Gegners abschossen. Sein bester Tag bis dahin war der 20. Juli 1942, an dem er es auf vier Abschüsse brachte.

Im Rußlandeinsatz konnte sich Gerhard Barkhorn dennoch steigern, indem er mit mehreren Starts am Tage auch größere Abschußzahlen errang. Im Südabschnitt der Ostfront machte er ab Juli 1943 als Staffelkapitän der 4. Staffel des Jagdgeschwaders 52 und Kommandeur der II./Jagdgeschwader 52 mehr und mehr von sich reden. Am 23. August 1942 hatte er bereits als Oberleutnant und Staffelkapitän der 4./Jagdgeschwader 52 nach 59 Luftsiegen das Ritterkreuz erhalten. Das Eichenlaub zum Ritterkreuz bekam er als 175. Soldat der Wehrmacht nach 120 Luftsiegen am 11. Januar 1943.

Die Schwerpunkte seiner Erfolge lagen im Kampfraum bei Bagerowo, wo er schließlich im Juni 1943 als Hauptmann Gruppenkommandeur wurde. Hier ging es um die Bekämpfung feindlicher Seetransporte durch die Straße von Kertsch (Krim). Um die Übersetzstelle Eltingen entbrannten heftige Kämpfe. Dort griffen die Stukas immer wieder in den Kampf ein, und Barkhorns Gruppe hatte diese sicher zu geleiten.

Einer der bemerkenswerten Einsätze ging gegen den Hafen von Kertsch. Die Stukas wurden von Bagerowo, der „Liegewiese" des Jagdgeschwaders 52, zum Einsatzort geleitet. Sie hatten „Abwurfbehälter 500" (AB 500) geladen, deren Inhalt aus mehreren hundert Einkilobomben bestand, die eine gefährliche Waffe vor allem gegen Truppenansammlungen waren. Der Hafen von Kertsch und das Gelände dahinter, wo russische Bereitstellungen gemeldet worden waren, war nach 20minütiger Flugzeit erreicht.

Barkhorn befahl über Sprechfunk: „Wir stürzen mit den Stukas und flankieren sie rechts und links."

Gerhard Barkhorn spürte die Vibration der Zelle, als er die 700-Stundenkilometer-Grenze erreichte. Im Stürzen sah er einen Pulk russischer Jäger vom Typ LaGG 5. Mit einer Steilkurve versuchte er, an ihnen vorbei und dabei zum Schuß zu kommen. Als er sah, daß dies nicht klappen würde, schob er den Gashebel nach vorn und drehte in einem Turn weg, so daß er in etwa 400 Metern Seitenabstand an den Gegnern vorbeiflitzte, die ihn beschossen, aber seine Geschwindigkeit nicht richtig eingeschätzt hatten.

Wieder drehte der Kommandeur ein, sah eine der LaGG 5 in knapp 150 Metern Entfernung vorbeihuschen, hielt vor und schoß. Der Gegner erhielt ein Dutzend Treffer, und als Barkhorn in einer weiten Kehrtkurve herumging, sah er ihn steil nach unten wegziehen. Eine lange dunkle Rauchfahne hinter sich lassend, schlug die LaGG 5 nördlich der Stadt Kertsch auf.

Während die Stukas bereits wieder auf dem Rückflug waren, griffen zwei Schwärme LaGG 5 an. Der eine kam aus Norden, während der andere bereits an den Jägern des Jagdgeschwaders 52 vorbeigelangt war und nun einschwenkte, um sie frontal anzugreifen.

Gerhard Barkhorn drehte nach links ein, um den gefährlicheren der beiden Pulks anzugreifen. Er stieg zunächst steil nach oben, um aus einer Überhöhung von 600 Metern auf den Russen niederzustoßen. Er schoß und zog gleichzeitig den Knüppel, womit er über den im ersten Feuerschlag getroffenen Gegner kam. In einem Turn drehend, stieß er abermals auf einen Gegner herunter und schoß ihm mit einem langen Feuerstoß die rechte Fläche weg, die wie ein Schmetterlingsflügel zur Seite flatterte. Der Gegner ging steil nach unten, drehte sich dann auf den Rücken, um schließlich aufzuschlagen und zu zerschellen.

Ein Russe hatte sich an den Gruppenkommandeur gehängt und versuchte ihn abzuschießen, während er sich heranpirschte. In einer weiten Kehre flog Barkhorn herum, und obgleich der Russe mitgedreht hatte, kam er zu spät, denn aus der Flanke, nur noch 180 Meter von diesem entfernt, schoß Barkhorn die Zelle des Gegners zusammen, die in der Luft explodierte. Das war der dritte Gegner an diesem Tag, und Barkhorn war mit dem Ergebnis mehr als zufrieden, denn meistens waren es nur ein oder zwei Feindflugzeuge, die er herunterholte, weil er sich auf die Führung seiner Gruppe konzentrieren mußte, um sie zusammenzuhalten. Das bedeutete, daß er immer wieder dem einen oder anderen seiner Gruppenangehörigen zu Hilfe kam, wenn dieser sich in einer schwierigen Situation befand.

Einer der nächsten Angriffe war ein Alarmstart in Richtung Feodosia. Russische IL-2-Schlachtflugzeuge waren im Anflug auf den deutschen Schnellboot-Stützpunkt erkannt worden. Sie wurden durch acht Begleitjäger gesichert. Die II./Jagdgeschwader 52 startete jeweils zu zwei Flugzeugen, parallel zueinander. Barkhorn und Ewald hoben gleichzeitig ab, und Ewald setzte sich schräg hinter seinen Kommandeur. Noch bevor die Feindflugzeuge den Schnellboot-Stützpunkt erreicht hatten, waren die Maschinen der II. Gruppe des Jagdgeschwaders 52 bereits über ihnen und stießen auf sie herunter. Im ersten Angriff jagte Barkhorn der auf dem rechten Flügel der Feindformation fliegenden IL-2 entgegen, die noch einen weißen Tarnanstrich auf den Flächen hatte und über dem Blau des Schwarzen Meeres gut zu erkennen war. Die Maschine wurde von einer vollen Salve der Kommandeursmaschine getroffen, stellte sich auf den Kopf und stürzte ins Wasser.

Als Barkhorn seitlich wegzog und erneut Höhe zu gewinnen trachtete, erhielt er von einer eingekurvten Jak 9 Treffer in den Motorbereich. Fluchend drehte er zur Küste ab und versuchte, eine weiße Rauchfahne hinter sich herziehend, in Richtung „Liegewiese" Raum zu gewinnen.

Fast gelang es ihm, die Küste und den eigenen „Gartenzaun" zu erreichen, doch dann mußte er zur Notlandung heruntergehen. Er warf die Maschine auf den Bauch und sprang sofort hinaus, für den Fall, daß sie explodieren würde. Doch plötzlich erlosch der Motorbrand, und Barkhorn kehrte zur Maschine zurück, um seine Position durchzugeben. Die Freude auf dem Platz war riesig. Sofort machte sich Feldwebel Schramm mit dem Fieseler Storch auf den Weg, um den „Alten" zurückzuholen. An diesem Abend war Gerhard Barkhorn – wie immer nach solchen „scharfen Rasuren" – ein wenig stiller als sonst.

Gerhard Barkhorn favorisierte die Messerschmitt Me 109. Er zog sie der neueren FW 190 vor. In ihr fühlte er sich sogar sicherer als in einer Me 262-Düsenmaschine. Dazu befragt, erklärte er einem Kriegsberichter: „Nach meiner Überzeugung ist die Me 109 G 14 die beste der jemals gebauten Varianten der Me 109. Das mag Ansichtssache sein und bei jedem Piloten anders. Jedenfalls ist es meine feste Überzeugung, daß dieses Flugzeug es in der Hand eines gut ausgebildeten Piloten mit jedem anderen Flugzeug der Welt aufnehmen kann."

Und er fügte hinzu, was er an diesem Flugzeug besonders schätzte: „Sie kann höllisch steigen und kurven. Sie ist leichter als jede andere Me 109 und war besonders wirkungsvoll mit ihren 20-mm-Maschinenkanonen 151. Ohne Übertreibung kann ich sagen, daß ich alles mit ihr anfangen konnte und sie mir sicher in der Hand lag."

Dieser Erfahrungsschatz kam aus seinen mindestens 1.800 Starts auf Jagdmaschinen, von denen 1.104 Starts zu Kampfeinsätzen führten. Jedem von der Roten Luftwaffe eingesetzten Jäger, einschließlich der in England gebauten Spitfires und Hurricanes und der in den USA gebauten Aircobras, war er überlegen.

Die sowjetische Jak 9 war nach Barkhorns Erfahrung „das beste russische Flugzeug. Natürlich kam es auch darauf an, was für ein Pilot in dieser Maschine saß. Einige der russischen Flieger flogen, ohne nach rechts oder links oder gar hinter sich zu blicken. Ich schoß eine Menge dieser Gegner ab, die noch nicht einmal ahnten, daß ich ihnen im Nacken saß. Einige andere aber waren so gut wie viele westeuropäischen Piloten, aber die meisten waren im Luftkampf nicht schnell genug. Einmal führte ich 1943 mit einem tollen russischen Gegner einen 45 Minuten dauernden Luftkampf und konnte ihn nicht erwischen. Der Schweiß lief an mir herunter, als hätte ich gerade unter der Dusche gestanden, und ich fragte mich, ob der andere wohl in der gleichen Verfassung sei. Er flog eine LaGG 3, und wir beide unternahmen jedes Kunstflugmanöver, das wir kannten, und erfanden noch einige dazu. Ich konnte diesen cleveren Vogel nicht festnageln. Er gehörte zu einem der Gardefliegerregimenter, in denen die Russen ihre besten Flieger zusammengefaßt hatten. Die Nase seiner Maschine war rot angemalt. Wir kannten natürlich die Namen einiger russischer Asse, die sich ‚Stalinfalken' nannten, aber ich hatte keine Ahnung, wer dieser Gegner war, der ein Unentschieden mit mir ausfocht."

Von Juni 1943 bis Januar 1945 kommandierte Gerhard Barkhorn die II. Gruppe des Jagdgeschwaders 52. Anschließend war er bis April 1945 Kommodore des Jagdgeschwaders 6. Danach gehörte der Königsberger bis zum Ende des Krieges zum Jagdverband 44 unter Generalleutnant Adolf Galland.

Barkhorn hatte 1.104 Feindflüge absolviert und 301 Luftsiege errungen, alle an der Ostfront. Damit wurde er nach Major Erich Hartmann, der 352 Luftsiege erzielte, zum zweiterfolgreichsten Jagdflieger. Dabei war auch viel Glück im Spiel. Barkhorn wurde während dieser Einsätze neunmal abgeschossen, konnte sich aber aus den schwierigsten Situationen immer wieder befreien und den eigenen Horst, teilweise in mehrtägigen Fußmärschen, wieder erreichen. Während seiner erfolgreichsten Einsatzzeit wurde er jedoch schwer verwundet. In dieser Zeit zog Hartmann an ihm vorbei und errang die Spitze als bester Jagdflieger der Welt.

Die Zwangspause hatte folgende Ursache: Es war im Mai 1944, als Barkhorn mit einigen Männern des Stabsschwarmes für den Stukapiloten Hans-Ulrich Rudel Begleitschutz flog. Der Stukaeinsatz verlief programmgemäß. Rudel setzte wieder einmal eine Reihe Feindpanzer außer Gefecht. Die Stukastaffel befand sich auf dem Rückflug, und mit ihr flogen auch Barkhorn und seine Männer heimwärts. Es war gegen 18 Uhr und der sechste Einsatz für Barkhorn an diesem Tage, der um 14 Uhr begonnen hatte. Dies bedeutete, daß Barkhorn nur zum Auftanken und Aufmunitionieren heruntergegangen war. Er blickt zurück: „Ich erhielt die Meldung, daß russische Jäger in der Gegend seien, aber ich war müde und sicherlich auch etwas fahrlässig. Ich schaute nicht hinter mich. Zu diesem Zeitpunkt hatte ich 273 Luftsiege, und ich kann mich erinnern, daß ich daran dachte, 275 und vielleicht später den 300. zu erreichen. Unglücklicherweise sollte ich aber selbst der nächste Abschuß werden."

Ein russischer Jäger hatte sich an den abfliegenden Verband gehängt. Er kam näher und näher. Niemand bemerkte ihn, denn die Jäger waren ebenso oft im Einsatz gewesen und ebenso erschöpft wie ihr Gruppenkommandeur. Der Russe war auf 200 Meter herangekommen und schoß aus allen Waffen. Barkhorns Maschine wurde von mehreren Salven getroffen. Er selbst wurde schwer verwundet. Es gelang ihm, die Maschine noch am Platzrand auf den Bauch zu werfen. Von seinen beiden Warten wurde er aus der Kiste herausgezogen, bevor diese sich in einen grellen Feuerball verwandelte. Von diesem Tag an holte „Bubi" Hartmann, der bis dahin mit etwa 200 Luftsiegen weit hinter Barkhorn gelegen hatte, Zug um Zug auf. Am 25. August 1944 stand Hartmanns Rekord bei 301 Luftsiegen, eine Zahl, die Barkhorn bis zum Ende des Kampfes in Rußland ebenfalls erreichte. Doch bis dahin hatte „Bubi" Hartmann ihn um 51 Abschüsse überflügelt.

Daß Barkhorn nicht nur bei seiner Gruppe oder im Geschwader angesehen war, wird aus vielen Bekundungen anderer Jagdflieger deutlich. So erklärte Generalleutnant Johannes Steinhoff, der einige Zeit vor Barkhorn die II. Gruppe des Jagdgeschwaders 52 geführt hatte: „Gerhard Barkhorn ist meine Wahl von allen Jagdfliegern des Zweiten Weltkrieges. Er war der Beste, oder zumindest unter den Besten, und er war außergewöhnlich zuverlässig. Wenn er einen Abschuß für sich beanspruchte, dann gab es daran keinen Zweifel. Ich kann mich an keinen Anspruch Barkhorns erinnern, der nicht bestätigt worden wäre."

Ein besonderes Ereignis sei noch hinzugefügt, von dem „Bubi" Hartmann berichtet: „Barkhorn, mit dem zusammen ich einen Einsatz flog, griff einen russischen Jäger an. Aus kürzester Distanz beschoß er ihn, und sein Feuer setzte die Feindmaschine in Brand. Als Gerd sah, daß die getroffene Maschine abstürzen würde, flog er neben der taumelnden Maschine her und gab dem russischen Piloten durch Winke zu verstehen, daß es höchste Zeit sei auszusteigen. Der Russe nahm seine Chance wahr, stieg aus und landete sicher auf der Erde, während die Maschine kurz darauf zerschellte. Als ich Gerd fragte, warum er dieses Flugzeug nicht in Stücke geschossen habe, selbst wenn das das Leben des Piloten gekostet hätte, gab er mir eine Antwort, die ich nie vergessen werde: ‚Weißt du, Bubi, du mußt daran denken, daß dieser Flieger vor einiger Zeit der kleine Sohn einer hübschen russischen Mutter gewesen ist. Er hat sein Recht auf Leben und Liebe genauso wie wir.'„

Und wieder war es „Bubi" Hartmann, der dem Kommandeur und Menschen Gerhard Barkhorn das beste Zeugnis ausstellte: „Gerd konnte sich wirklich freuen, wenn ein anderer erfolgreich war. Nur sehr wenige Männer waren so. Als ich ihn überholen konnte, gratulierte er mir aus vollem Herzen. Er war ein Mann und ein Führer, für den seine Leute durchs Feuer gegangen wären. Jeder wäre stolz gewesen, sich für seinen Chef umbringen zu lassen. Er war der Jägerführer, von dem jeder Jagdflieger träumt. Führer, Freund, Kamerad und Vater zugleich – der beste, den ich je traf. Er tritt ehrlich für die heutige Luftwaffe ein, aber er ist zugleich einer der wenigen Kommandeure, dessen Männer selbst zehn und zwanzig Jahre später noch mit Respekt und Zuneigung von ihm sprechen werden. Gerd Barkhorn war ein unvergeßlicher Mensch."

Zu seiner Gruppe zurückgekehrt, stellten sich bei Major Barkhorn auch bald weitere Erfolge ein. Zwar hatte er während der viermonatigen Pause seine Position an der Spitze der deutschen Jagdflieger verloren, was ihn aber freute, war die Tatsache, daß diese nunmehr von „Bubi" Hartmann, seinem Freund und Geschwaderkameraden, eingenommen wurde, also alles gewissermaßen in der Familie blieb.

Als Erich Hartmann im Rathaus zu Bad Wiessee heiratete, war Gerhard Barkhorn neben Willi Batz einer der beiden Trauzeugen. Die drei Freunde, die zu den höchstdekorierten und erfolgreichsten Fliegern der Luftwaffe zählten, hatten es geschafft, anläßlich dieses großen Ereignisses gleichzeitig Urlaub zu bekommen. Das war am 10. September 1944. Barkhorn hatte soeben seine schwere Verwundung auskuriert und erholte sich im anschließenden Genesungsurlaub. Er war bereits seit Mitte 1943 verheiratet. Noch im Kriege wurde er Vater einer Tochter, der sich nach dem Kriege zwei weitere hinzugesellten.

Seine Versetzung zur Westfront und die damit verbundene Übernahme des Jagdgeschwaders 6 in der Heimatverteidigung behagten Barkhorn nicht. Das unterbrach erneut seine Erfolgsserie, denn als Geschwaderkommodore kam er kaum noch zu Starts; auch erzielte er keinen Abschuß mehr. Als schließlich Adolf Galland den Jagdverband 44 aufstellte, der mit der Me 262 ausgestattet war, gelang es ihm, auch Gerhard Barkhorn zu seinem Verband zu holen. Barkhorn absolvierte seine Übungsflüge und flog noch zwei Einsätze mit der Me 262, ohne dabei einen Abschuß zu erzielen.

Beim zweiten Einsatz gegen einen Bomberverband der Amerikaner fiel das rechte Düsentriebwerk aus. Er mußte den Kampf abbrechen und den Rückflug antreten. Dabei wurde er von den Mustangs des Bombergeleitschutzes angegriffen. Seine Maschine war mit nur einem Triebwerk langsamer als die des Gegners. Barkhorn mußte so rasch wie möglich landen, sonst hätten ihn die Mustangs in

Stücke geschossen. Er fand eine Waldbürste, stürzte steil auf eine Lichtung hinunter und schob bereits das Kabinendach zurück, um die Me 262 nach dem Aufsetzen sofort verlassen zu können. Als sie aufsetzte, bäumte sie sich auf und schlitterte über den unebenen Boden. Dabei wurde Barkhorn nach oben geworfen, wobei das Kabinendach gegen seinen Hals schlug. Er mußte ins Lazarett.

Damit war für Gerhard Barkhorn der Krieg vorbei. Er geriet in US-Kriegsgefangenschaft, aus der er aber bereits am 9. September 1945 entlassen wurde.

In der Bundeswehr

Gerhard Barkhorn trat am 1. Januar 1956 in den Dienst der Bundeswehr, um zunächst in England seine fliegerische Auffrischung zu durchlaufen. Am 1. Juli 1957 wurde er zum Kommandeur der Waffenschule der Luftwaffe in Fürstenfeldbruck ernannt. Seit dem 1. Oktober 1958 war er Kommodore des Jagdbombergeschwaders 31 in Noervenich.

Fünf Jahre später, im Jahr 1963, trat er als Referent in das Bundesministerium der Verteidigung in Bonn ein. Im selben Jahr wurde er Mitglied der Joint Military Evaluation Group. Seit 1964 war er Kommandoführer beim Luftwaffenerprobungskommando P 11-27 der RAF in West Taynham und Falkenham/Norfolk (für Senkrechtstarter), um anschließend als Kommandeur der Offiziersschule der Luftwaffe in den USA zum Einsatz zu kommen. Nach mehreren Stellungen als Chef des Stabes diente er zuletzt als Chef des Stabes im Hauptquartier 2, Mönchengladbach. Am 30. Juni 1975 wurde er pensioniert.

Gerhard Barkhorn vergaß seine Kameraden vom Jagdgeschwader 52 nicht. Wo auch immer nach dem Krieg Veteranentreffen stattfanden, er war dabei. Als sich die Alten einmal zu einem Jagdfliegertreffen im Hause von General Galland trafen, waren zehn der erfolgreichsten Jagdflieger zur Stelle. Das waren neben dem Hausherrn Steinhoff, Hartmann, Barkhorn, Rall, der Engländer Tuck, Hrabak, Andres und Schöpfel.

Seine Heimat Königsberg konnte Gerhard Barkhorn nicht wiedersehen, dort hätten ihn die Russen ergriffen. Wie auch „Bubi" Hartmann war er von den Russen zum „Volksfeind" und zur „Faschistenkrähe" ernannt worden. Letztere Bezeichnung hatte das gesamte Geschwader von den Russen erhalten, obgleich niemand in diesem erfolgreichsten Geschwader der deutschen Luftwaffe etwas mit Faschisten oder anderen „Isten" zu tun gehabt hatte. Dazu gab es in den Jahren des mörderischen Kampfes über Rußland weder Zeit noch Ambitionen.

Gerhard Barkhorn, Generalmajor der Bundeswehr, starb am 8. Januar 1983 in der Nähe von Köln an den Folgen eines Autounfalls.

Wilhelm Batz

Major der Wehrmacht
Oberstleutnant der Bundeswehr

Geb. am 21. Mai 1916 in Bamberg
Ritterkreuz: 26. März 1944
526. Eichenlaub: 20. Juli 1944
145. Schwerter: 21. April 1945

Wilhelm Batz trat im Jahre 1935 in die Deutsche Luftwaffe ein. Bei seinen Vorgesetzten galt er als ruhiger und besonnener Flugzeugführer. Bald erkannte man seine große Begabung für die Unterweisung jüngerer Kameraden. Wegen dieser Begabung für die Weitergabe allen Wissens, das ein Jagdflieger brauchte, wurde er sehr rasch Ausbilder für Freiwillige und zur Luftwaffe eingezogene Soldaten. Die Piloten, die aus seinen Händen entlassen wurden, waren ausnahmslos gute Flieger und wurden erfolgreiche Kämpfer. Durch ihn erhielt die Luftwaffe eine große Zahl erstklassiger Flugzeugführer.

Als Batz über 5.000 Flugstunden auf allen Flugzeugtypen hinter sich hatte, hatte er gleichzeitig mehr als zehn Eingaben um Versetzung an die Front gemacht, ohne Erfolg. Endlich hatten seine Vorgesetzten ein Einsehen, und Leutnant Wilhelm Batz erhielt seine Kommandierung zur II./Jagdgeschwader 52, die er im Dezember 1942 im Raume Barwenko und Kertsch auf der Krim erreichte.

Hier sollte er seine fliegerische Heimat finden. Zur Zeit seiner Ankunft hatte dieses Geschwader eine Reihe hochausgezeichneter Flieger in seinen Reihen. Der Kommandeur seiner Gruppe war Hauptmann Steinhoff, der bereits das Eichenlaub trug.

Dieser reklamierte den Leutnant als Adjutanten für seine Gruppe, und als dieser protestierte, meinte er: „Alles zu seiner Zeit, Batz. Sie werden alles noch in überreichem Maße haben. Sie kommen so schnell wie möglich als mein Katschmarek (Rottenflieger) raus.“

Batz mußte sich damit zufrieden geben. In den folgenden Wochen kam er immer wieder als Rottenflieger des Kommandeurs zu Feindflügen. Erst als Staffelkapitän Gerhard Barkhorn, Chef der 4./Jagdgeschwader 52, nach seinem 120. Luftsieg das Eichenlaub erhielt, kam Batz vermehrt zum Einsatz, ohne jedoch Erfolge zu erzielen. Nun aber wurde er als Flugzeugführer geführt.

Als Katschmarek von Leutnant Haberda kam Batz am 11. März 1943 auf einem Patrouillenflug zum Angriff auf eine russische Rata, die ihm aber entwischte. Wenige Minuten darauf konnte er sich hinter eine gepanzerte IL-2 setzen und sie durch Schüsse in den Ölkühler vernichtend treffen. Nach dem zweiten Feuerstoß zerplatzte die IL-2 in der Luft. Eine Rata, die ihm plötzlich im Nacken saß, wurde von Leutnant Haberda abgeschossen. Bei der Gruppenbesprechung lobte Steinhoff den Leutnant. Batz erhielt das Eiserne Kreuz II. Klasse.

Am 13. März verlegte die Gruppe nach Anapa, in den Kubanbrückenkopf, wo sie bis zum 4. Juli bleiben würde. Batz erhielt seine Beförderung zum Oberleutnant. Die 7. Staffel, der er angehörte, war am 1. März 1943 von Oberleutnant Walter Krupinski übernommen worden. Auch er trug bereits das Ritterkreuz. Krupinskis Rottenflieger wurde der junge Leutnant Erich Hartmann, der wegen seines jugendlichen Aussehens „Bubi" genannt wurde, es aber faustdick hinter den Ohren hatte.

Bis zum 8. Mai gelangen Batz drei weitere Abschüsse. Er erhielt das Eiserne Kreuz I. Klasse. Bis Ende Mai brachte Batz es auf 20 Luftsiege. Bereits am 8. Mai war Oberleutnant Haberda gefallen. Als Kapitän der 5. Staffel wurde Batz sein Nachfolger.

Als am 16. Mai auch die I. Gruppe im Kampfraum Anapa eintraf, war das Geschwader erstmals wieder vollzählig beisammen. Mit Beginn des Unternehmens „Zitadelle", wie die Kursker Schlacht offiziell genannt wurde, und anschließend im Luftraum über Orel, kamen die großen Tage der Rall, Hartmann und Wiese, denen schließlich auch Batz nacheiferte. Vom Flugplatz Makejewka – 15 Kilometer östlich von Stalino – startend kam Batz mit seinem Stabsschwarm zu neuen Erfolgen. Acht sowjetische Bomber griffen eines Morgens den Horst Anapa an und vernichteten fünf Me 109 und zwei Zelte. Batz hängte sich mit vier Kameraden an die acht abrauschenden Pe 2-Bomber. Batz schoß zwei von ihnen ab, die übrigen holten weitere drei Bomber vom Himmel. Barkhorn gratulierte Batz und gab der Hoffnung Ausdruck, daß nunmehr „der Knoten geplatzt" sei.

Barkhorn konnte sich auf seine beiden Staffelkapitäne Batz und Lipfert verlassen. Diese veranstalteten in den kommenden Wochen ein wildes Durcheinander unter den russischen Fliegern, als diese im Gegenzug den Platz der Feindbomber aufs Korn nahmen. Sie zerschossen die Gebäude und stürzten sich auf die abgestellten Pe 2-Maschinen. Elf Pe 2-Bomber brannten völlig aus.

24 Stunden später startete Batz mit dem Gruppenkommandeur zum Überwachungsflug. Er stieß auf vier I 26, eine verbesserte Rata, die aus der I 16 hervor-

gegangen war, griff eine dieser starken Maschinen aus überhöhter Position an und holte sie bald herunter. Mit Barkhorn zusammen folgte er den abdrehenden Maschinen. Aus 90 Metern Distanz fegte er den nächsten Gegner vom Himmel.

Inzwischen waren etwa zwölf weitere Ratas gestartet, von denen acht auf sie zuhielten. Inzwischen waren die beiden eigenen Stabsschwärme herangekommen. Der Luftkampf entbrannte zu einem wilden Gefecht. Batz schoß eine I 26 ab, hatte von dieser aber einige Treffer erhalten. Mit rauchender Maschine erreichte er den eigenen Platz. Die Platzfeuerwehr raste heran und löschte den Brand, bevor die Maschine in die Luft fliegen konnte.

Am Kuban und über Kertsch kam es anschließend zu einer Reihe von Begegnungen mit dem Feind, der auf flachen Booten durch die Lagunen schipperte. Hier stand auch Hauptmann Hans-Ulrich Rudel mit seiner Ju 87 im Einsatz und vernichtete über 60 dieser Boote. Die russische Absicht, den Rückzug der 17. deutschen Armee von Noworossisk zu verhindern, wurde dank des Einsatzes aller deutschen Fliegerkräfte vereitelt. Bis Ende April 1944 war die 17. Armee der drohenden Einkesselung und Vernichtung entkommen.

Das Jagdgeschwader 52 flog neben eigenen Einsätzen immer wieder Geleitschutz für die Stuka-Verbände. Allein am 19. April 1944 wurden 16 Gruppen Ju 87 mit insgesamt 294 Einsätzen sicher geleitet. Es waren – das sei in diesem Zusammenhang erwähnt – die I./Stukageschwader 2 und die II./Stukageschwader 77, die sich hier auf ihren Jägerschutz verlassen konnten. Allein am 20. April schossen die Jäger 56 Feindflugzeuge ab. Am 29. April waren es 63, am 30. April 30 und am 3. Mai wiederum 35 sowjetische Flugzeuge, die vom Himmel heruntergeschossen wurden.

Wilhelm Batz gelangen im Duell mit zahlenmäßig weit überlegenen Fliegerkräften der roten Luftmacht immer wieder Einzelabschüsse, Doubletten und auch mehrere Abschüsse täglich. Als er eines Tages nach einem dreifachen Sieg mit wackelnder Maschine landete, zählte sein I. Wart allein 19 Einschüsse in der Zelle. Dennoch startete Batz, der nach seinen Worten „mit wackligen Knien" gelandet war, drei Stunden darauf ein weiteres Mal. Es ging im Tiefflug gegen russische Landungsstellen. Batz schoß drei Boote zusammen und im zweiten Angriff auf Gegenkurs abermals zwei. Am Nachmittag wurde der Verband abermals in den „Skat" geworfen. Es ging gegen einen gemeldeten Bomberverband, der einen deutschen Gegenangriff auseinanderschlagen wollte.

Während der Kursker Schlacht war die II./Jagdgeschwader 52 im Kubangebiet geblieben. Hier schoß Batz mit seiner Me 109 G 6 immer wieder mehrere Angreifer ab. Diese Maschine verfügte auch über eine MK 108, eine 30-mm-Kanone, und zwei MG 151/20 in Gondeln unter den Außenflügeln. Mit seiner 5. Staffel, die er elf Monate lang führen würde, stand er in Barkhorns II. Gruppe. Sie traten gegen jene Bomber an, welche die deutschen Schnellbootstützpunkte zusammenwerfen wollten, die an der Südostküste des Schwarzen Meeres entstanden waren.

Von diesem Einsatzort aus ging es am 29. und 30. November 1943 nach Bagerowo. Hier schraubte Batz seinen Rekord auf 75 Abschüsse herauf und wurde von Oberstleutnant Hrabak zum Ritterkreuz eingereicht. Aber es sollte noch 15 Abschüsse so weitergehen, bevor ihm nach dem 90. Abschuß diese Auszeichnung verliehen wurde. Bis kurz vor Jahresende waren von den 32 Maschinen der II./Jagdgeschwader 52, die nach Bagerowo verlegt hatten, nur noch 15 übrig geblieben.

Bis zum 30. November hatte Barkhorn seinen 200. Luftsieg errungen. Major Rall kam am 28. November auf 250 Luftsiege, und am 13. Dezember trug sich „Bubi" Hartmann mit 150 Abschüssen in die Rekordliste ein. Zeit für Wilhelm Batz, mehr aus sich herauszugehen und schließlich am 24. März 1944 den 100. Luftsieg zu feiern. Die nächsten vier Monate sollten zu einem einzigen Siegesflug werden. Täglich flog die II./Jagdgeschwader 52 drei bis vier Einsätze. Von jedem dieser Luftkämpfe kehrte Batz mit zwei, drei und einmal sogar fünf Abschüssen zurück. Er wurde wegen Tapferkeit vor dem Feind zum Hauptmann befördert und erhielt nach dem Abgang von Rall und Krupinski die III. Gruppe als Kommandeur. In dieser Gruppe führte Oberleutnant Treuberg die 7., Oberleutnant Obleser die 8. und Oberleutnant Hartmann die 9. Staffel. Für fünf Monate wurde Batz somit Hartmanns Gruppenkommandeur.

Beim nächsten Feindflug wurde Batz an der Schulter verwundet. Für ihn sprang Oberleutnant Hartmann als Gruppenkommandeur in die Bresche, bis Batz wieder zurück war.

Das Geschwader hatte am 10. Mai seinen 9.000. Gegner abgeschossen. In den Kampf gegen jene Bomber und Schlachtflieger, die am Morgen des 29. Mai 1944 den Liegeplatz in Roman nördlich von Jassy überrollen wollten – es waren 375 Jäger und 370 Schlachtflugzeuge und Bomber – startete die III. Gruppe mit der 7. Staffel, der alle anderen nachfolgten. Als sie nach einem dramatischen Fight wieder landeten, mußte Batz den Platz zweimal anfliegen, um viermal wackeln zu können und somit anzuzeigen, daß er vier Treffer erzielt hatte.

Zwei Stunden darauf erfolgte der nächste russische Angriff. Es folgte noch ein dritter Einsatz, den Batz ebenso anführte. Und um 16.45 Uhr erfolgte der letzte Alarmstart. Letztendlich folgte noch ein weiterer Angriff. Hauptmann Batz hatte an diesem Tag insgesamt 15 Gegner abgeschossen. Dieter Hrabak kommentierte: „Dieser Tag wird in die Geschichte unseres ruhmreichen Geschwaders eingehen. Du bist bis auf zwei Abschüsse an unseren unvergessenen Jochen Marseille herangekommen."

Es waren Batz' 161. bis 175. Abschüsse. Am 20. Juli erhielt er dafür das Eichenlaub zum Ritterkreuz. Zu dieser Zeit hatte er aber bereits seinen 200. Abschuß erreicht.

Mit Beginn der russischen Großoffensive „Bagration" am 22. Juni 1944 ging es zurück. Bis Mitte Juli wurde Lemberg erreicht, dann wurden von Krakau aus weitere Angriffe geflogen. Am 2. September 1944 erzielte Hauptmann Borchers den 10.000. Abschuß des Geschwaders, das von seinem neuen Kommodore Major Hermann Graf geführt wurde.

Nach seinem 200. Luftsieg errang Batz eine Reihe weiterer, bitter erfochtener Siege. Siebenmal wurde er insgesamt verwundet. Einmal mußte er mit dem Fallschirm über eigenem Gebiet aussteigen.

Als Major Barkhorn nach seinem 300. Luftsieg das Geschwader verließ, um in der Reichsverteidigung das Jagdgeschwader 6 zu übernehmen, wurde Wilhelm Batz Gruppenkommandeur. Er führte die Gruppe in Ungarn. Eine Reihe von Verlegungen erfolgte auf Grund des überstarken Feinddrucks. Am 24. April 1945 schoß Batz, der bereits am 21. April die 145. Schwerter zum Ritterkreuz mit Eichenlaub erhalten hatte, seinen 237. Gegner ab. Die Gruppe verlegte über Hörsching nach Zeltweg. Von dort wurde sie durch einen Befehl von General der Flieger Deichmann zum Ausweichen nach Neubiberg bei München angewiesen. Dadurch entging sie dem Schicksal der II. Gruppe, die an die Russen ausgeliefert wurde.

Mit Wilhelm Batz kehrte eine Reihe hochkarätiger Jagdflieger in die Heimat zurück, so auch Helmut Lipfert, einer der ganz Großen mit 203 Luftsiegen und Walter Wolfrum mit 137.

In der Bundeswehr

Nach Beendigung des Krieges zeigte es sich, daß die neue Bundesluftwaffe nicht auf solche Könner wie Wilhelm Batz verzichten konnte. Ende 1955 trat er als Major in die Bundeswehr ein und diente u.a. als Kommodore des Lufttransportgeschwaders 63 in Hohn. Ehe er aus dem Einsatz bei der Fliegenden Truppe ausschied, wurde er zum Oberstleutnant befördert. Wilhelm Batz starb am 11. September 1988 in Leverkusen.

Friedrich Berendsen

Oberst der Wehrmacht
Generalmajor der Bundeswehr

Geb. am 15. März 1904 in Ratzeburg, Herzogtum Lauenburg
Deutsches Kreuz in Gold: 20. November 1942

Als Oberst i.G. a.D. Friedrich Berendsen nach dem Zweiten Weltkrieg aus der Gefangenschaft heimkehrte, stellte sich auch für ihn die Frage nach einem neuen Beruf. Er war Kommandeur des letzten Lehrganges der Deutschen Kriegsakademie gewesen. Welchen Beruf auch immer er ergreifen würde, es würde ein völlig neuer Anfang sein.

In der Firma Klöckner in Duisburg fand er zunächst als Kaufmann ein neues Betätigungsfeld. Durch seine Gewandtheit, sein im Generalstabsdienst geschultes präzises Denken und Handeln zeichnete er sich auch hier rasch aus und stieg zum Prokuristen auf.

Der große blonde Mann mit dem offenen Gesicht, den klarblickenden Augen und den Wetterfältchen hatte sein neues Tätigkeitsfeld gefunden. Seine vielseitigen Interessen ließen ihn jedoch nicht auf diesem Posten einwurzeln, dafür war er zu aktiv. Mit sicherem Gespür verfolgte er die politische Entwicklung, wurde mehr und mehr von der Politik eingenommen und kandidierte schließlich im Jahre 1952 in Duisburg für den Rat der Stadt. Was kaum jemand erwartet hatte, trat ein. Als einziger CDU-Kandidat wurde der ehemalige Offizier direkt gewählt und darüber hinaus auch noch Fraktionsvorsitzender des Rates der Stadt Duisburg. Woher kam dieser erfolgreiche Mann?

Friedrich Berendsen wurde am 15. März 1904 als Sohn eines Arztes in Ratzeburg, Herzogtum Lauenburg, geboren. Seine Mutter war die Tochter des Superintendenten Dr. theol. Brömel. Er verlebte eine glückliche Jugend in einem Elternhaus, das ihm die beste Erziehung mitgab. Die Nähe des Ratzeburger Sees, der den Schüler Berendsen magisch anzog, beeinflußte nicht nur seine sportliche Entwicklung, sondern gefährdete auch manchmal die Versetzung auf dem Gymnasium von Ratzeburg, der Lauenburgischen Gelehrtenschule. Dieses Gymnasium war bei der Säkularisation aus der alten Domschule des Ratzeburger Doms hervorgegangen. Von der Obersekunda bis zur Prima war Friedrich Berendsen Vorsitzender des heute weltberühmten Ratzeburger Schüler-Ruderclubs.

Nach bestandenem Abitur trat Berendsen 1923 beim Reiterregiment 2 in Allenstein-Osterode in Ostpreußen ein. Es begann die Zeit des fröhlichen und unbeschwerten Kavallerieoffiziers-Daseins. Sie war von Bällen und Manövern, aber auch vielen Rennen und Turnieren angefüllt. Durch die Aufforderung seines Regimentskommandeurs, sich auf die Kriegsakademieprüfung vorzubereiten, wurde das süße Leben mit Pferden und Jagden, zu dem aber auch der strenge Dienst, etwa als Schwadronschef der 4. Schwadron des Regimentes gehört hatte, jäh unterbrochen.

Nach bestandener Wehrkreisprüfung wurde Berendsen 1936 nach Berlin kommandiert. Zwei Jahre später, nach bestandener Prüfung der Kriegsakademie, wurde er als Hauptmann 2. Generalstabsoffizier der 3. Leichten Division in Cottbus. Mit dieser Division nahm er an der Besetzung Prags teil. Er ging mit ihr in den Polenfeldzug, nach Frankreich, auf den Balkan und schließlich nach Rußland.

Schon nach dem Polenfeldzug war aus der 3. Leichten Division die 8. Panzerdivision gebildet worden. Im Jahre 1942 wurde Berendsen deren 1. Generalstabsoffizier. Noch im selben Jahr erfolgte seine Kommandierung als Taktiklehrer an die Kriegsakademie. Viele jüngere Generale unserer heutigen Bundeswehr gingen hier durch seine Schule.

1943 erhielt er als Oberstleutnant wieder ein Frontkommando, und zwar als Chef eines Panzerkorps, ehe er kurz vor Kriegsschluß – inzwischen Oberst geworden – Kommandeur des letzten Lehrganges der Deutschen Kriegsakademie wurde. In den Jahren seines Fronteinsatzes zeichnete er sich wiederholt aus; er erwarb beide Eisernen Kreuze und das Deutsche Kreuz in Gold, das er am 20. November 1942 als Oberstleutnant und Ia der 8. Panzerdivision erhielt. 1943 wurde er zum Ritterkreuz eingereicht.

Daß Friedrich Berendsen die ihm gestellten Aufgaben – einmal als Kaufmann bei Klöckner, zum anderen als Ratsherr und Fraktionsvorsitzender – später bewältigen konnte, verdankt er nach seiner eigenen Überzeugung nicht zuletzt seiner Gattin Carmen, geborene Götz, die er bereits 1931 in Osterode/Ostpreußen heiratete. Drei Kinder wurden ihnen geboren. Die beiden Söhne Georg Ludwig und Fritz Assmus in Ostpreußen, Tochter Christine in Berlin.

Als die CDU Friedrich Berendsen im Jahr 1953 zur Bundestagswahl aufstellte, hatte es den Anschein, als stünde er auf verlorenem Posten, denn der Wahlkreis, den er erobern sollte, war seit eh und je eine SPD-Domäne. Jeder wußte das. Daher bemühte sich auch niemand mehr darum, in diesem Kreis um Stimmen für die CDU zu werben.

Anders Friedrich Berendsen. Er sprach zu den Arbeitern dieses Kreises, er flößte ihnen Vertrauen ein und gewann ihre Herzen. Woche um Woche und Tag um Tag widmete er sich dieser Aufgabe. Wiederum war es seine Frau, die ihm in vielem half.

Als am Abend des Wahlsonntages die Stimmen ausgezählt wurden, hatte der Offizier Berendsen mit 52,8 Prozent die absolute Mehrheit errungen. Dieses Ergebnis lag weit über dem Bundesdurchschnitt und war – was noch mehr zählte – von einem Oberst der ehemaligen Wehrmacht in einem SPD-Wahlkreis erzielt worden. Dieser Oberst hatte durch seine Überzeugungskraft sowie durch seine Persönlichkeit das Vertrauen der Bürger im Sturm erobert.

Daß er sich dieses Vertrauens würdig erwies, zeigte sich in der Folgezeit. Was Friedrich Berendsen versprochen hatte, das hielt er auch. Als Mitglied der Bundestagsausschüsse für Verteidigung, Außenpolitik und Verkehr vertrat er die Belange seiner Wähler. Daß er sich darüber hinaus um das Wohl des einzelnen kümmerte, ließ das Vertrauen wachsen. Frühzeitig erkannte er die Wichtigkeit einer Autobahn von Oberhausen über Wesel nach Emmerich. Für den Bau dieser „Holland-Linie" setzte er sich tatkräftig ein. Er ist einer der Initiatoren dieses Straßenstückes, das Deutschland mit seinem Nachbarn Holland noch inniger verbindet. Auch die vielschichtigen Probleme der Wasserstraßen beschäftigten ihn. Seine Bemühungen konzentrierten sich darauf, diese Probleme zugunsten der Schiffahrt zu lösen.

Da die Duisburger Wirtschaft mehr als die Hälfte ihrer Erzeugnisse exportiert und Berendsens Wähler in dieser Stadt oder deren Umgebung zu Hause waren, wurde er auch im Außenhandelsausschuß mit Erfolg für sie tätig.

In der Bundeswehr

Auf Grund seiner Generalstabsausbildung und seiner Erfahrung im Wehrwesen wurde er auch auf militärischem Gebiet im neuen Staat tätig. So wurde er Wehrexperte der CDU und zugleich Fraktionssprecher in militärischen und wehrpolitischen Fragen. Mehrfach besuchte er in dieser Eigenschaft die USA und andere NATO-Länder. Daß eine Vereinigung wie die NATO nicht an einem Mann solchen Formates vorbeigehen konnte, zeigte seine Wahl zum Vizepräsidenten der Parlamentarischen NATO-Konferenz. Außerdem wählte ihn die Atlantische Gesellschaft zu ihrem Vizepräsidenten.

Als sich Friedrich Berendsen im Jahre 1957 abermals zur Bundestagswahl stellte, honorierten die Wähler seine immerwährenden Bemühungen um ihr

Wohl mit der Wiederwahl, die wiederum mit absoluter Mehrheit errungen wurde. Im Jahre 1959 – der Oberst i.G. a.D. war sechs Jahre im Bundestag tätig gewesen – schied er aus dem Parlament aus, um wieder Soldat zu werden. Als Brigadegeneral wurde er am 1. April 1959 in die junge Bundeswehr übernommen, die auf Offiziere mit seiner Erfahrung und seines Formates nicht verzichten konnte. Zunächst wurde er stellvertretender Divisionskommandeur. Ab 1. November 1959 kam er als stellvertretender Chef des Stabes zur NATO-Heeresgruppe Mitte (CENTAG) nach Heidelberg. Damit war er gleichzeitig dienstältester deutscher Offizier bei CENTAG. Einen Monat nach Antritt dieser Stellung wurde er am 1. Dezember 1959 Generalmajor. Seine Aufgabe als stellvertretender Chef des Stabes war es, die operative Übereinstimmung aller Alliierten herbeizuführen. Daß ihm dieses Kunststück gelang, zeigt seine taktischen Fähigkeiten auf.

Dieser Offizier, dem ein guter Leumund und der Ruf untadeliger Haltung neben bester soldatischer Erziehung vorauseilte, erwarb sich die Wertschätzung aller Dienststellen der alliierten Stäbe. So konnte Friedrich Berendsen noch einmal im Soldatenrock der Bundesrepublik Deutschland dienen und sich für seine Heimat und für die Rehabilitierung deutschen Soldatentums einsetzen.

Als er am 31. März 1964 als „Zweisternegeneral" aus der Bundeswehr ausschied, hatte er einen weiteren Abschnitt seines Lebensweges beendet, der jedoch nicht in das Pensionärsdasein überleitete. Bereits acht Stunden nach seinem Ausscheiden aus der Bundeswehr trat der Vorstand der Firma Brown, Boveri & Cie AG (BBC) in Mannheim mit der Bitte an ihn heran, als Sonderbeauftragter in die Dienste dieses großen Elektrounternehmens zu treten. Auch hier zeigte sich wieder, daß generalstabsmäßiges Denken und Handeln in der Welt der Industrie vonnöten sind.

Daß es nicht bei dieser Tätigkeit blieb, versteht sich für jeden, der den General der Bundeswehr kennt, von selbst. Er wurde zum Bundestagskandidaten für den Wahlkreis Mannheim II nominiert. In Seckenheim wurde er von den Delegierten der CDU aus den Landkreisgemeinden und den zum Wahlkreis gehörenden Vororten ohne Gegenstimme aufgestellt. So zog er ein zweitesmal in den Bundestag ein.

Daß seine Familie dadurch wieder zurückstehen mußte, wurde auch von seiner Frau gebilligt. Sie drückte das, was allen, die ihren Mann kennen, bewußt ist, so aus: „Ich kann mir meinen Mann als Pensionär nicht vorstellen. Wenn er nicht anderen Menschen helfen kann, ist er todunglücklich."

Die Kinder dieses lebensvollen und tatkräftigen Mannes scheinen vom Vater den Hang zur Weiträumigkeit geerbt zu haben. Georg Ludwig ist als Kaufmann für ein deutsches Großunternehmen in Brasilien tätig; Fritz Assmus, der zweitälteste, arbeitet für BBC in Kairo und seine Tochter Christine lebt mit ihren beiden Kindern Christina und Benita in den USA, wo ihr Mann, ein deutscher Diplom-

Ingenieur, beruflich tätig ist. Es kommt daher selten vor, daß die gesamte Familie Berendsen gemeinsam zu Hause weilt.

Friedrich Berendsen war neben seinen Aufgaben bei BBC als Volksvertreter tätig. Politiker ist er wieder geworden, weil er mithelfen wollte, das zu erhalten, was nach dem totalen Zusammenbruch vom gesamten deutschen Volk in zwanzigjähriger Arbeit aufgebaut wurde. Er starb am 1. Oktober 1974 in Weinheim.

Hermann Bix

Fahnenjunker-Oberfeldwebel
der Wehrmacht
Oberstabsfeldwebel der Bundeswehr

Geb. am 10. Oktober 1914 in Strehlitz,
Kreis Namslau/Schlesien
Deutsches Kreuz in Gold: 5. November 1942
Ritterkreuz: 22. März 1945

An der Spitze der Kampfgruppe Eberbach rollten am Morgen des 3. Oktober 1941 die sechs Panzer des Panzerregiments 35 der 4. Panzerdivision unter Oberleutnant Wollschläger zum Angriff vor, der ihnen von Oberst Heinrich Eberbach befohlen worden war: „Nach Orel hinein!"

Der Panzer von Feldwebel Bix rollte als vierter Wagen in Richtung Orel. Als sie eine Eisenbahnunterführung passierten, wurden sie von einer Feind-Pak beschossen. 400 Meter voraus blitzte es grell auf. Richtschütze Krause jagte nach dem Befehl „Feuer frei" die erste Granate hinaus. Sekunden darauf erfolgte bei der Feind-Pak ein schmetternder Einschlag, Rauch und Flammen.

„Weiter!" rief Bix. Mitten auf der Straße rollten sie nach Orel hinein, walzten Zäune und Hecken nieder und schossen aus Kanone und MG auf den durch Mündungsfeuer erkannten Feind. Das MG des Funkers hielt eine Gruppe Rotarmisten auf, als diese ihren Panzer aus der Flanke mit Sprengmitteln angingen. Als sie aus einem Haus Panzerbüchsenfeuer erhielten, setzte der Richtschütze einige Sprenggranaten dorthin. Das Feuer verstummte. Wenig später hatten alle sechs Panzer Orel durchstoßen und richteten sich am Ostrand zur Rundumverteidigung ein.

Am nächsten Morgen trat das Schützenregiment 12 (das spätere Panzergrenadierregiment 12) zum befohlenen Angriff auf Orel an. Bis 10 Uhr waren der Flugplatz, Kasernen und Bahnhof in eigener Hand. In der Traktoren- und Panzerfabrik wurden die Arbeiter während ihrer Mittagspause überrascht. Damit hatte die Kampfgruppe Eberbach das ihr von Generaloberst Guderian gesteckte Ziel erreicht.

Am frühen Morgen des 5. Oktober 1941 ging es weiter in Richtung Mzensk. Das Fernziel der Kampfgruppe Eberbach war Tula, die letzte starke Verteidigungsstellung der Russen vor Moskau. Bereits am Rikawaja-Bach erhielt die Spitzengruppe Feuer, und Hauptmann Lekschat, Bix' Kompaniechef, meldete: „Starkes Feuer schwerer sowjetischer Panzer."

Sekunden später rief Leutnant Küspert über Funk: „Treffer im Turm; Turm bewegungslos."

Neben Küsperts Panzer fiel auch jener des Kompaniechefs aus. Bix erkannte durch das Scherenfernrohr, daß sich vor ihnen mindestens 20 Feindpanzer befanden, darunter mehrere der gefährlichen T 34 und überschwere KW I.

Als ein russischer Panzerpulk die I./Panzerregiment 35 unter Major Lauchert auf der linken Flanke zu umfassen versuchte, wurde der Abteilungskommandeur durch Oberst Eberbach gewarnt. Lauchert ließ die Abteilung 400 Meter zurückrollen. Meldungen von der linken Flanke besagten, daß die eigenen Panzer III die T 34 und KW I nicht mit ihren Kanonenschüssen durchschlagen konnten.

Der Wagen von Bix rollte mit jenen seiner Kompanie in Richtung Bahnlinie Orel–Tula, wo die Feindpanzer mit einem zweiten Pulk angriffen. Die erste Panzergranate, die Richtschütze Krause schoß, prallte von dem anvisierten T 34 ab. Die nächste jaulte ebenfalls als Abpraller gen Himmel. Dann wurden beide Abteilungen zurückgezogen.

Zurückrollend sah Bix, wie der Befehlspanzer von Oberst Eberbach stoppte und eine Panzerbesatzung aufnahm, die aus ihrem brennenden Wagen ausgebootet hatte. Erst als alle Soldaten aufgenommen waren, verließ Eberbachs Panzer als letzter das Kampffeld. Hermann Bix äußerte sich dazu folgendermaßen: „Nie hätte ich im späteren Verlauf des Krieges – nach diesem großartigen Beispiel unseres Regimentskommandeurs – gewagt, einen Verwundeten liegen zu lassen, nur um die eigene Haut zu retten."

Mit Beginn des Rußlandfeldzuges stand der am 10. Oktober 1914 geborene Hermann Bix in der 7./Panzerregiment 35 der 4. Panzerdivision im Einsatz. Er erlebte den blitzartigen Vorstoß nach Osten. Aus dem Raum Koden ging es über Kobryn, Slutsk, Bobruisk, Propoisk auf Kritschew und Rosslawl. Bei Konotop unternahm er einen seiner später berühmt gewordenen Alleingänge gegen ein feindliches Schützenbataillon.

Er fuhr am 6. September unter Oberleutnant Lekschat an der linken Flanke eines Panzerkeils und stieß in die Ortschaft hinein. In der Mitte derselben stieß er auf eine Fahrzeugkolonne. Fahrer Andreas Thum jagte in schneller Fahrt hinter der sich absetzenden Kolonne her. Krause und sein Ladeschütze jagten Sprenggranaten in die Fahrzeuge.

Dann steckte Bix plötzlich mitten in dem durcheinanderfahrenden Haufen der

Feindfahrzeuge. Schießend, vorrollend und dann wieder feuernd, gelang es ihm, bis zum Eintreffen der sofort gerufenen Unterstützung sämtliche Feindfahrzeuge und das Gerätematerial dieses sowjetischen Schützen-Bataillons zu vernichten. Die nachfolgenden Männer des Schützenregiments 12 nahmen das Dorf in Besitz. 800 Gefangene fielen in deutsche Hand.

Am 1. Oktober 1941 erhielt Hermann Bix das Eiserne Kreuz I. Klasse und wurde wegen Tapferkeit vor dem Feind vorzeitig zum Feldwebel befördert.

Eine Woche darauf, am 8. Oktober, gab Oberst Eberbach den Befehl zum Angriff auf das stark verteidigte Mzensk. Aber bereits am ersten Tag des Vordringens, dem 9. Oktober, regnete es stark. Die Vormarschstraße verwandelte sich in eine „Schlammsuhle". Mehrere Panzer blieben wegen Motorschadens liegen.

Bix, der mit seinem Wagen vorausgerollt war, entdeckte dicht vor der Stadt eine tiefgestaffelte Feindstellung. Er meldete, und als die 6./Panzerregiment 12 im einsetzenden Schneetreiben herankam, schloß sich Bix dieser Einheit an. Sie bogen nach rechts ab, umrollten Mzensk zur Hälfte, bevor sie eindrehten, um die Brücke von Mzensk zu erreichen und deren Sprengung zu verhindern.

Eine Pak-Sperre stoppte sie. Vier Panzer blieben davor liegen. Bix gelang es zusammen mit einem zweiten Wagen, die Pak aus der Flanke zu vernichten. Zwei „Katjuschas" waren seine nächsten Ziele, die er ebenfalls ausschaltete.

Mit nachfolgenden Schützen wurde der Stadtteil Podmonastyrskaja Sloboda erreicht und das im Süden der Stadt angrenzende Strelezkaja Sloboda ebenfalls in Besitz genommen.

Als Generaloberst Guderian die Kampfgruppe Eberbach erreichte, befahl er seinem jüngeren Kameraden: „Das Panzerregiment 6 und eine Abteilung des Panzerregiments 18 sind Ihnen sofort unterstellt. Damit ohne Rücksicht vorwärts, Eberbach. Tula ist zu nehmen!"

Unter Leutnant Bökle rollte auch Bix im Spitzenpulk nach Tula hinein. Sie schossen sich in der Vorstadt herum, mußten dann aber stehenbleiben, weil die nachfolgenden Panzer keinen Treibstoff mehr hatten. Der Nachschub war im Schlamm der Straßen steckengeblieben.

Am 13. November wurde die Kampfgruppe Eberbach von General Geyr von Schweppenburg für einen Angriff auf Wenew angefordert. Die Temperaturen waren auf 22 Grad unter Null gefallen, als sie kurz hinter Oslawaja auf ein russisches Schützen-Regiment trafen.

Als sie auf Wenew zuhielten, schossen sie einen russischen Transportwagen ab. Dann wurden sie von einigen KW I und T 34 gestoppt. Einer davon schoß sich auf den Wagen von Leutnant Bökle ein. Dieser rief Bix zur Hilfe. Bix' Fahrer durchbrach einen Plankenzaun, und Bix sah vielleicht 30 bis 40 Meter voraus einen KW I, der sie noch nicht anvisiert hatte.

„Sondergranaten, und drauf! Vielleicht können wir ihm den Turm demolieren", rief Bix.

Die erste Granate blieb im Stahl des Turmes des KW I stecken. Die zweite und dritte ebenfalls.

„Bökle, ich kann den verdammten Kasten nicht ausschalten", rief Bix wütend.

„Schießen Sie ihm die Kanone entzwei", sagte Bökle.

Die Kanone wurde anvisiert. Der erste Schuß war ein Treffer, dann ein zweiter und dritter. Alle drei trafen die Kanone. Der KW I hatte einen Rohrkrepierer und rammte, „blind vorrollend", einen Baum.

In der Stadt kämpften die Schützen den Feind nieder. Bix schoß noch drei T 38 ab. Ein zweiter KW I wurde ebenfalls durch zwei Rohrtreffer ausgeschaltet.

In den Rückzugskämpfen des Dezember 1941 erlebte Hermann Bix, wie ein Panzer nach dem anderen ausfiel. Im Frühjahr 1942 wurde das Panzerregiment 35 umgegliedert. Die I. Abteilung kam zur 11. Panzerdivision. Die Kompanie Lekschat wurde 8. Kompanie im Panzerregiment 15. Neuer Kompaniechef wurde Oberleutnant Schöpe, der von den Panzerjägern kam. Am 28. Juni 1942 rollte die 8. Kompanie im Verband der Abteilung wieder nach Osten. Angriffsziel war Woronesch, auf dem Ostufer des Don. Neuer Divisionskommandeur war Generalmajor Schneider.

Am 30. Juni wurde Feldwebel Bix durch Splitter am Unter- und Oberschenkel sowie am linken Oberarm verwundet. Er sollte ins Lazarett, blieb aber beim Troß und tauchte wenige Tage später wieder bei der Kompanie auf. Am 1. August wurde er zum Oberfeldwebel befördert und fuhr am 17. August den Angriff im Raum Shisdra und Suchinitschi als Zugführer mit. Oberfeldwebel Bix rollte mit dem Spitzenzug los. Er durchfurtete mitten in der Nacht bei Mondlicht ein Flüßchen, um am jenseitigen Hang emporzurollen. Unter Führung des Oberleutnants rollten die übrigen Panzer nach. Als sie oben waren, wurde die Nacht plötzlich von mindestens zehn Kanonenabschüssen durchzuckt. Bix visierte mit dem Leuchtstachel seiner Optik die Abschußblitze an.

„Kanonen und MG klarmachen!" befahl er auch den übrigen Wagen seines Zuges, die einer nach dem anderen den Hang überwanden. Vier Kanonen und MGs schossen gleichzeitig. Es krachte fürchterlich.

Bix griff zur Leuchtpistole und schoß eine Leuchtkugel nach vorn. In ihrem gleißenden Licht sah er keine fünfzig Schritte voraus Geschütze und zurückrennende Russen. Eine zweite Salve brachte die letzten dieser Geschütze zum Schweigen.

An dieser Stelle bildete die „Achte" einen Brückenkopf für die nachziehenden Männer der Division. Mit vier Panzern hatte Bix die Pak-Front der Russen im nächtlichen Vorstoß durchbrochen und vernichtet.

Im Shisdra-Wald kämpfte Bix mit einigen Panzern eingeschlossene Schützen-Kameraden frei. Hierbei fuhr er auf eine schwere Mine. Ein wuchtiger Schlag erschütterte den Panzer. Bix spürte einen fürchterlichen Schmerz an beiden Beinen. Seine Kameraden bargen ihn und brachten ihn zum Hauptverbandsplatz zurück.

Einige Tage später nahm er von seinen Kameraden Abschied. Er kam in ein Heimatlazarett. Als er zum Genesungsurlaub heimfuhr, erreichte ihn die Nachricht, daß sein Bruder in Rußland gefallen war.

Einige Zeit später erhielt er ein Fernschreiben, in dem ihm mitgeteilt wurde, daß er am 5. November 1942 das Deutsche Kreuz in Gold erhalten habe.

Bei einer Untersuchung wurde festgestellt, daß er frontuntauglich sei. Er wurde zur Heeres-Unteroffiziersschule nach Eisenach versetzt. Später kam er zu einer Panzerausbildungsabteilung nach Frankreich, wo er auf den neuen Panzer des Typs Panther umgeschult wurde.

Im Juni 1944 trat Oberfeldwebel Bix mit seinen Kameraden den Marsch nach Rußland an. Im Raum Sluzk–Baranowitschi stießen sie zur I. Abteilung des Panzerregiments 35. Bix kam wieder zu seiner alten Truppe zurück. Sie erreichten die I./Panzerregiment 35 und die 4. Panzerdivision, die westlich von Sluzk im hinhaltenden Widerstand gegen die Sturmflut der Roten Armee stand, die zu ihrem Generalangriff „Bagration" angetreten war. Mit seinem Zug der Kompanie Goldhammer bekämpfte Hermann Bix einen russischen Vorstoß östlich von Baranowitschi. Sie rollten vor, erreichten eine Brücke und eröffneten das Feuer auf die Rotarmisten, die jenseits der Brücke in Stellung gegangen waren. Pak-Stellungen wurden vernichtet, MG-Stellungen ausgeschaltet. Dann rollten sie über die Brücke und erhielten Werferfeuer. Nach weiteren hundert Metern schossen zwei Pak. Eine der ersten Granaten durchschlug die rechte Seite des Panthers, und nun wurden sie von mehreren Pak eingedeckt. Treffer auf Treffer erschütterte den Kampfwagen.

Bix erkannte plötzlich keine hundert Meter entfernt in einem Getreidefeld eine Pak: „Zehn Uhr – Entfernung hundert!"

„Ziel erkannt!" rief der Richtschütze. Mit Sprenggranaten hämmerten sie in die Tarnung hinein. Die sowjetischen Kanoniere rannten um ihr Leben.

„Bix an Chef: Stehe ostwärts Brücke. Feind-Pak ist ausgeschaltet. Habe Laufrollenschaden!"

„Wir kommen", hallte die Stimme von Oberleutnant Goldhammer durch den Kopfhörer. Kurz darauf rollten die Panther heran und hielten mit jeweils 50 Metern Seitenabstand neben Bix. Der ließ seinen beschädigten Panzer ein paar Meter weiter in eine Mulde ziehen, wo er repariert werden konnte. Nicht weniger als siebzehn Treffer hatte der Panther geschluckt, ohne vernichtet worden zu sein.

Bix stieg in einen Panzer um, dessen Besatzung verwundet worden war. Mit den zwölf Wagen der Kompanie fuhren sie dem Gegner entgegen. Sie schlugen sich mit ihm herum und stellten ein paar Stunden später fest, daß russische Panzer sie umfahren und den Fluß erreicht hatten, demzufolge in ihrem Rücken standen.

Sowjetische Artillerie richtete ihr Feuer auf das Dorf. „Wir müssen uns ein paar Kilometer seitlich durch die russischen Linien boxen. Alles fährt mit Vollgas! Auf kein Gefecht einlassen! Spitze fährt der Zug Görum."

Mit geschlossenen Luken fuhren sie los. Links und rechts sah Bix Granateinschläge. Erde, Steine und Stahlsplitter fetzten gegen die Flanken ihres Panthers. Als sie den Ortsausgang erreichten, verstärkte sich das Feindfeuer.

„Tempo zulegen! – Aufgeschlossen bleiben!" befahl der Chef. Sie rumpelten in schnellster Fahrt durch Querrinnen und Schlaglöcher. Von rechts eröffnete plötzlich ein Sherman-Panzer das Feuer. Leutnant Görum schwenkte vorn heraus, und als eben die beiden nachfolgenden Wagen an ihm vorbeigefahren waren, hatte er mit einem einzigen Schuß den Sherman in Brand geschossen.

Mit Vollgas und 45 Stundenkilometern preschten die Panther dicht aufgeschlossen durch das nächste Dorf. Sie wirbelten alles zur Seite, was im Weg lag. Dann drehten sie nach Westen und jagten durch die Feindstellungen. Der Gegner war völlig überrascht, daß hier von hinten deutsche Panzer auftauchten.

Die Türme drehten sich nach links und nach rechts, immer ein Panzer auf 14 Uhr und der nächste auf zehn Uhr. Sie schossen mit Sprenggranaten. Jeder Schießhalt hätte Selbstmord bedeutet, deshalb feuerten sie im Fahren. Dann durchbrachen sie die Pak-Front und jagten bereits fünfzig, sechzig Meter vor ihr davon.

Der PK-Mann Robert Poensgen schilderte dies wie folgt: „Plötzlich sehen wir in den Hauptkampflinie (HKL), wie von vorn Panzer aus einem Dorf herausrollen. Einer hinter dem anderen. Es werden immer mehr. Sie kommen in rasender Fahrt auf die HKL zu, und wir legen die Panzerabwehrwaffen bereit, als plötzlich aus dem vordersten Panzer eine Leuchtkugel herauszischt, und dann wird die schwarze Panzermütze des Kommandanten sichtbar, und aus den übrigen Luken tauchen ebenfalls die Kommandanten auf, und wir erkennen, daß es welche von uns sind."

Die Kompanie verlor bei diesem Durchbruch nicht einen Panzer. Aber die Rote Armee rollte wie eine Dampfwalze nach Westen. Erst bei den Vorstädten von Warschau kam die 4. Panzerdivision mit den übrigen Verbänden der Wehrmacht wieder zum Stehen. Die gesamte Heeresgruppe Mitte war vernichtet. 350.000 Soldaten verschwanden von der Bildfläche.

In den Vorstädten von Warschau fochten die Männer der 4. Panzerdivision mit ihren Panthern und Tigern in einer großen Panzerschlacht. Oberfeldwebel Bix schoß einige Feindpanzer ab. Noch einmal wurde der Gegner – im Verein mit der hinzueilenden 19. Panzerdivision – geschlagen.

Am 18. August erhielt die I./Panzerregiment 35, die in Schagarew angekommen war, den Auftrag, die sich hier vorwölbende sowjetische Hauptkampflinie zu überrollen und zurückzudrücken.

An der Spitze fuhr der Panzer von Bix. Er sollte den bestmöglichen Einbruchsraum finden. Als er die ersten Abschüsse russischer Kanonen sah, befahl er: „Luken dicht!" Durch sein Scherenfernrohr sah er wenig später den Abschuß einer „Ratsch-Bum".

„Feindliche Geschützstellung – Achthundert! Dreizehn Uhr! Feuer frei!“ Der Richtschütze jagte den ersten Schuß hinaus. Da traf eine Granate den Turm des Panthers und heulte als Abpraller gen Himmel. Eine zweite Granate schmetterte hart rechts neben dem Panzer in den Boden. Stahl klirrte gegen Stahl.

„Vorziehen!“

Der Fahrer jagte ein paar Dutzend Meter weiter. Aber plötzlich krachte und ächzte es im Seitenvorgelege. Ein Ruck ging durch den Panther, dann standen sie still.

„Seitenvorgelege-Getriebe im Eimer!“ brüllte der Fahrer.

„Schießen!“ rief Bix dem Richtschützen zu.

Während sie bewegungsunfähig vor der sowjetischen Hauptkampflinie standen, rollten die Panzer der Kompanie an ihnen vorbei. Sie nahmen das Gefecht auf und versuchten die liegengebliebenen Panzer zu decken. Der nächste Schuß aus Bix' Kampfwagenkanone machte der „Ratsch-Bum“ den Garaus. Dann trafen zwei Granaten anderer Geschütze den Panzer, schlugen aber nicht durch.

Auf einmal krachte es gewaltig. Ein unglücklicher Treffer durchschlug den Deckel über dem Funker. Die Granate war von der Walzenblende abgeprallt, aber sie hatte noch genügend Wucht, den Deckel zu durchschlagen. Ein aus dem Turmdeckel ausbrechender Stahlfetzen riß dem Funker einen Arm ab.

„Ausbooten!“ befahl Bix.

Im Feuer des Gegners hoben sie den schwerverwundeten Kameraden hinaus. Allen gelang es, hinauszukommen und in einem Granattrichter Deckung zu finden.

Während sich die anderen um den Verwundeten bemühten, lief Bix los, um Hilfe zu holen. Plötzlich hörte er ein wildes Heulen. Er warf sich hin, und schon krachte es. Im selben Moment spürte er einen stechenden Schmerz im Oberschenkel und in der Hüfte.

Die Kameraden holten Sanitäter und ließen Kommandanten und Funker zurückbringen. Beide fuhren schon am nächsten Tag im Lazarettzug nach Deutschland. Im Lazarett erhielt Bix das Verwundetenabzeichen in Silber und das Panzerkampfabzeichen der zweiten Stufe.

Noch bevor seine Wunde am Oberschenkel wieder verheilt war, kehrte er zur Front und zu seinen Kameraden zurück. Als er in Libau eintraf, wohin seine Division inzwischen verlegt worden war, erhielt er einen eben wieder einsatzbereit gemachten Panther von der Werkstatt und eine neue Besatzung. Er war gerade zurechtgekommen, um den Beginn der ersten Kurlandschlacht zu erleben.

Die Schlacht begann am 27. Oktober 1944 mit einem gewaltigen Trommelfeuer der Russen. Zwischen Preekulin und Venta schossen gleichzeitig 2.000 Geschütze. Wenig später traten die sowjetischen Panzer- und Schützen-Brigaden zum Sturmangriff an.

Noch bevor Bix mit dem neuen Panzer seine Kompanie erreicht hatte, hörte er den Hilferuf eines Kameraden, der mit zwei Panzern festsaß und von russischer Infanterie und Panzern umringt war. Sie rollten in die vermutete Richtung. Der lauter werdende Funk zeigte Bix, daß sie richtig fuhren. Dann hatten sie die Senke gefunden, in der Oberfeldwebel Borkmann festsaß. Ein Maxim-MG eröffnete das Feuer auf sie. Mit dem ersten Schuß aus ihrer Panzerkanone wurde es durch die Luft gewirbelt. Sie brachten das Schleppseil aus und holten beide Panzer heraus. Dann erst meldete sich Hermann Bix über Funk beim Kompaniechef aus der Heimat zurück.

Oberleutnant Goldhammer wurde nun ein Verband T 34 mit einigen überschweren Josef-Stalin-Panzern gemeldet. Mit zwei Schüssen war der vorderste „Josef Stalin" von Bix vernichtet. Die beiden übrigen Panzer hatten die T 34 ins Visier genommen. Vier T 34 blieben zerschossen liegen. Dann schwenkte der Feindverband herum, und als er ihnen die Breitseiten zeigte, gelang es dem Richtschützen von Bix, einen weiteren T 34 abzuschießen. Im Verlaufe dieses Tages vernichtete die Besatzung Bix sechs Feindpanzer.

Mit dem Panzer-Regiment 108 unternahm die Kompanie Goldhammer am 20. November einen Gegenstoß zu den nördlichen Letila-Höhen, auf die der Feind eingebrochen war. Sie stießen auf Feindpanzer. Nach siebenstündigem Gefecht war der Gegner geworfen. Wieder hatte Bix acht Feindpanzer abgeschossen. Sein Panther war in der letzten Phase mit zerschossener Kette liegengeblieben.

„Wenn wir den Panther 1941 gehabt hätten, dann wären wir in einem Zuge bis nach Moskau durchgefahren", meinte einer der Männer, der wie Bix noch dabei gewesen war, als sie mit ihrem relativ lahmen Panzer III gegen die sowjetischen Stahlungetüme gerollt waren.

Am Wald bei Glaznieki und am Straßenkreuz Dzelzgaleskrogs stand Bix mit seinem Panzer in den ersten Novembertagen 1944 im Einsatz. Es gelang ihm – immer im Kampf auf Leben und Tod –, zwölf Feindpanzer abzuschießen. Die Schnelligkeit des eigenen Panzers, das Reaktionsvermögen seiner Besatzung, die nie erlahmende Einsatzbereitschaft jedes einzelnen Mannes und die „Nase" von Bix waren garantierten den Erfolg, der zudem gleichbedeutend mit Überleben war.

Ende Januar 1945 wurde die 4. Panzerdivision aus Kurland in den Raum Danzig verlegt. Nördlich Dirschau stand sie in den nächsten Tagen in schwersten Einsätzen. Als die Kampfwagen fast sämtlich ausgefallen waren, erhielt die Abteilung sechs neue Jagdpanther, die für eine Sturmgeschütz-Brigade vorgesehen waren. In einen dieser vorzüglichen Panzer stieg Hermann Bix. Der Jagdpanzer V war mit seiner Achtacht-Pak L 71 einer der gefährlichsten Panzerknacker.

Mit fünf Jagdpanthern stand Bix weniger später – die Russen hatten Preußisch-Stargard eingenommen – im Einsatz. Als russische Panzer angriffen, schossen die Panzerjäger von Bix die sowjetischen Angriffsspitzen zusammen. Als sie sich verschossen hatten, befahl Bix ihnen, sich etwas weiter abzusetzen. Er blieb allein vorn bei den Grenadieren, denn er hatte noch genügend Munition. Sie sichteten wenig später US-Panzer, die den Russen von den Amerikanern geliefert worden waren. Aus 1.200 Metern Entfernung eröffnete Bix das Feuer. Nach der zweiten Granate brannte einer der Panzer. Dann wurde der zweite abgeschossen. Die Angreifer drehten, und als sie an der Flanke wieder in Sicht kamen, wurden sie von dem herumwuchtenden Panzerjäger anvisiert und abermals zwei abgeschossen. Dann meldete der Ladeschütze, daß sie noch fünf Spreng- und zwanzig Kopfgranaten hätten.

Damit kamen auf Bix' Konto 16 abgeschossene Feindpanzer. Nun war er der erfolgreichste Panzerkommandant der Abteilung. Leutnant Tautorus, sein neuer Kompaniechef, hatte ebenfalls einige Panzer abgeschossen.

Als Kleschau gefallen war, erhielten die Panzermänner Weisung, den Gegenstoß auf diese Stadt zu unterstützen. In kleine Kampfgruppen von jeweils zwei bis drei Wagen gegliedert, fuhren sie dem Feind entgegen. Mit drei Panzerjägern verabschiedete sich Bix von Tautorus. Bix half einem Grenadiermajor beim Gegenstoß, bis er einen Funkspruch erhielt, der ihm sagte, daß der Gegner auf der Hauptstraße nach Danzig mit 20 Panzern angreife und daß er – Bix – ihn zu stoppen hätte. Tautorus sagte ihm wenig später, daß auf dem Gut unterhalb des „Totenkopfes" noch ein Volksgrenadier-Bataillon eingeschlossen sei und Russen dort mit Panzern angriffen.

Mit Einfall der Abenddämmerung und beginnendem Schneetreiben zogen sie zur Befreiung dieses Bataillons los. Flüchtlingstrecks zwangen sie von der Straße hinunter. Sie erreichten die Stelle, wo die beiden Einweiser auf sie warteten. Bix schlich mit den beiden Männern durch den sowjetischen Umklammerungsring zum Gut, und der Kommandeur der Volksgrenadiere zeigte ihm an Hand der Karte, wo die Feindpanzer standen. Zu seinen Panzerjägern zurückgekommen, fuhr Bix wenig später zum „Totenkopf" hinauf. Dort hatte er einen guten Überblick über die feindliche Panzerbereitstellung.

Als es hell wurde, sichteten sie die ersten Feindpanzer. Gleichzeitig eröffneten sie das Feuer. Mehrere Panzer standen in Flammen. Aus den Deckungen rollten weitere T 34 heraus. Sie fuhren wild durcheinander, rammten die Bäume im Park des Gutes. Ein paar versuchten, zum Hinterhang zu kommen, wurden aber von dem dritten Panzerjäger erwischt. Zwanzig Minuten dauerte das Panzerduell. Dann war der Gegner vernichtet oder geflohen. Jubelnd rannten die Grenadiere ins Freie. Neunzehn abgeschossene Feindpanzer wurden gezählt. Im Schußbereich von Bix standen elf zerschossene T 34 und KW I. Die übrigen waren von den beiden Kommandanten Schafferts und Ingel abgeschossen worden.

In den nächsten Tagen mußte die 4. Panzerdivision bis nach Danzig zurückgehen. Nachdem Danzig gefallen war, kämpften die Männer dieser Division auf der Frischen Nehrung weiter. Der Krieg neigte sich seinem Ende entgegen. Auf der Frischen Nehrung ermöglichten die Männer der 4. Panzerdivision die Flucht Tausender Zivilisten. Dort, wo die Sowjets durchzustoßen versuchten, standen auch Bix' Panzerjäger am Strand des Haffs, in den Dünen der Danziger Bucht. Seit dem 20. April 1945 war Bix Fahnenjunker-Oberfeldwebel und Offiziersanwärter, nachdem ihm am 22. März 1945 das Ritterkreuz verliehen worden war.

Nacheinander in acht Riegelstellungen verteidigten er und seine Männer den Strand und die Ausfahrtstelle. Vor der Riegelstellung 9 sah Bix am Morgen des 6. Mai 1945 ein gewaltiges Geschütz auffahren. Es war eines der neuesten großen sowjetischen Sturmgeschütze, das diese Riegelstellung knacken sollte. Bix blieb der Unterlegene. Seine Panzergranaten drangen zehn Zentimeter in die Panzerung dieses Geschützes ein und – blieben stecken. Feldwebel Hofknecht gelang es, diesen Koloß aus der Flanke abzuschießen.

Zwei Tage später, am 8. Mai 1945, erhielten sie Befehl, sich nach Nickelswalde abzusetzen. Von Zivilisten erfuhren sie, daß Deutschland kapituliert hatte. Noch in dieser Nacht kamen sie an Bord einer Kampffähre nach Hela. Hier wurden sie von zwei der letzten Minenräumboote aufgenommen. Sie fuhren westwärts und erreichten am 14. Mai Kiel. Bix kam in englische Gefangenschaft. Der Krieg war zu Ende.

In der Bundeswehr

Hermann Bix war nun einer der Millionen Heimatvertriebenen. Er machte sich daran, im Westen Deutschlands eine neue Existenz aufzubauen und wurde Polizeibeamter. Als Ende 1955 die Bundeswehr aufgestellt wurde, entschloß sich Bix, in seinen alten Beruf zurückzukehren. Am 1. März 1956 nahm er den Dienst als Stabsfeldwebel auf. Zunächst diente er als Prüffeldwebel in der Freiwilligenannahmeorganisation in Köln, danach wurde er als Personalsachbearbeiter und Rechtssachenbearbeiter eingesetzt. Schließlich wählte er als Wehrberatungsoffizier in Köln, Wiesbaden und Düsseldorf junge Freiwillige nach Eignung und Leistung für den Soldatenberuf aus. Am 30. September 1970 schied Hermann Bix als Oberstabsfeldwebel aus dem aktiven Dienst aus. Er verstarb am 31. Juli 1986 in Wiesbaden.

Alfred Burgemeister

Oberst der Wehrmacht
Oberst der Reserve der Bundeswehr

Geb. am 22. Juli 1906 in Perleberg, Kreis Westprignitz
Ritterkreuz: 2. Mai 1945

Bereits im Juli 1945 aus der Kriegsgefangenschaft entlassen, ging Oberst a.D. Alfred Burgemeister nach Schöningen, Kreis Helmstedt, wo er Bekannte hatte, bei denen er wohnen konnte. Hier wollte er zunächst bleiben, um Nachforschungen nach seiner Familie anzustellen, die in oder bei Berlin irgendwo untergebracht war, und von der er keine Nachricht hatte.

Da er eine Beschäftigung nachweisen mußte, verdingte er sich zunächst bei einem Bauern in Schöningen als Landarbeiter. Durch seine Jugenderfahrungen waren ihm die zu verrichtenden Arbeiten nicht fremd. So sahen die Bauern der Schöninger Umgebung, wie ein Oberst der deutschen Wehrmacht beim Erbsenpflücken half. Sie sahen ihn die Sense schwingen, 75-Kilo-Säcke Getreide auf den Speicher wuchten und Kartoffeln roden.

Vom Kartoffelacker weg wurde er dann durch einen Beauftragten der Kreisverwaltung nach Helmstedt geholt. Man beauftragte den ehemaligen Offizier mit der Errichtung eines Flüchtlings-Durchgangslagers.

Auf dem halbzerstörten Flugplatzgelände ging Burgemeister an die Arbeit. Es galt schnell zu handeln, denn baldige Hilfe war nötig. Durch Helmstedt kamen in jenen Tagen Tausende von Flüchtlingen aus der sowjetischen Besatzungszone und aus den Gebieten jenseits von Oder und Neiße. Als Leiter des Flüchtlingslagers war er nun ständig bemüht, das harte Los der heimatlos gewordenen Menschen zu lindern.

Inzwischen hatte Burgemeister auch von seiner Familie aus Berlin Nachricht erhalten. Sie bat ihn, auf jeden Fall dort zu bleiben, wo er war, da Berlin zu unsicher sei.

Als Ende Januar 1946 die Inhaberin eines Gemischtwarenladens einen Schlaganfall erlitt und ihre Tochter an Gelbsucht erkrankte, bat sie ihren Mieter Burgemeister, die Geschäftsführung dieses Betriebes zu übernehmen. So wurde Alfred Burgemeister Einzelhändler. Erfahrungen aus der Jugendzeit befähigten ihn dazu, auch dieses Geschäft sicher zu führen.

In Perleberg, Kreis Westprignitz, war Alfred Burgemeister am 22. Juli 1906 geboren worden. Sein Vater war Gastwirt und betrieb vor dem Ersten Weltkrieg zusätzlich noch eine Landwirtschaft sowie ein Reise- und Fuhrunternehmen. Die Kinder mußten im Hause bereits früh mithelfen, sie gingen mit aufs Feld zur Kartoffelernte und in die Wiesen zum Heumachen.

Als der Vater eingezogen wurde, mußte Alfred als Ältester der Mutter mehr als bisher zur Hand gehen. So lernte er schon früh, zuzupacken.

Ein Onkel, der als Oboist bei der Regimentskapelle des Infanterieregiments 68 in Koblenz diente, weckte Burgemeisters frühes Interesse für Soldaten und Uniformen. Die Kasernen und Übungsplätze seiner Heimatstadt übten auf ihn schon bald eine besondere Anziehungskraft aus.

Nach achtjährigem Volksschulbesuch wurde Burgemeister 1921 kaufmännischer Lehrling bei der Generaldirektion der Perleberger Versicherungs-AG. Über den Jungstahlhelm, dem er angehörte, kam er auch mit politischen Problemen in Berührung.

Nach Beendigung seiner Lehrzeit im Oktober 1923 wurde er Volontär in einem Mühlenbetrieb in Perleberg. Hier interessierte ihn neben dem Kaufmännischen vor allem das Mühlentechnische.

Als Anfang 1924 im Jungstahlhelm bekannt wurde, daß die Möglichkeit bestand, für etwa sechs Monate als Zeitfreiwilliger bei der Reichswehr zu dienen, meldete sich Alfred Burgemeister. Er war schließlich unter den sechs ausgewählten jungen Männern, die einrücken konnten. Als er seinem Vater dies eröffnete, meinte dieser zu Alfreds Überraschung: „Dies ist die erste vernünftige Handlung in deinem Leben."

Am 1. April 1924 trat er beim Ausbildungsbataillon des 9. (Preuß.) Infanterieregiments in Wünsdorf seinen Dienst an. Die Zeit der Ausbildung war hart. Trotzdem machte ihm der Dienst viel Freude. Dazu trug sicher auch die gute sportliche Ausbildung bei, die er schon vor seiner Soldatenzeit bekommen hatte. Kurz vor Abschluß der Dienstzeit, Mitte September 1924, mußten die Zeitfreiwilligen die Uniformen ausziehen und wurden kurzfristig entlassen. Dies hatte seinen besonderen Grund. Der Interalliierten Kontrollkommission war nämlich zu Ohren gekommen, daß in Wünsdorf Zeitfreiwillige ausgebildet wurden, und sie hatte sich zu einer Inspektion angesagt.

Alfred Burgemeister trat in die Landproduktehandlung seines Vaters ein; wenig später begann er bei einer landwirtschaftlichen Genossenschaft, aber seine Gedanken gingen immer wieder nach Wünsdorf zurück. Öfter als je zuvor war er Gast bei den jetzt in Perleberg liegenden zwei Schwadronen des Reiterregiments 4.

Im Jahre 1926 bewarb er sich um seine Wiedereinstellung bei der Reichswehr. Sein Gesuch hatte Erfolg. Allen Schwierigkeiten zum Trotz trat er am 15. April 1926 seinen Dienst in Spandau an, und zwar nicht etwa in einem Ausbildungsbataillon, sondern in einer Feldkompanie.

Er wurde auf eine zwölfjährige Dienstzeit verpflichtet und durchlief die in der Reichswehr übliche Ausbildung. 1929 schloß er mit einer mehrtägigen Prüfung die Unteroffiziersausbildung ab. Nun wurde er Unteroffiziersanwärter. Im Oktober 1930 erhielt er die Beförderung zum Unteroffizier.

Bald darauf wurde er mit dem Auftrag betraut, die Verbindung zu den überall im Lande bestehenden Traditionsverbänden des ehemaligen 4. Garderegiments zu Fuß zu halten und zu festigen. Die Tradition dieses Regiments führte sein Regiment weiter. Besonders beeindruckt war der junge Unteroffizier von den gelegentlichen Besuchen des früheren Chefs der Heeresleitung, Generaloberst von Seeckt, in Spandau-Ruhleben.

Der Rang eines Unteroffiziers war für den wachen Geist des vorwärtsdrängenden Mannes keine Endstation. Er bereitete sich auf eine Speziallaufbahn vor und legte die Prüfung als Rechnungsführer sowie die Oberfeldwebel-Prüfung ab.

Im Januar 1932 kam er als Regimentsschreiber zum Regimentsstab nach Potsdam. Hier wurde bald sein früherer Bataillonskommandeur aus Spandau Regimentskommandeur. Es war Oberst Busch, der spätere Generalfeldmarschall und Armeeführer.

In Potsdam wurde Burgemeister Feldwebel. 1933 heiratete er hier auch. Seine Frau stammte aus Wittenberge an der Elbe.

Als man ihn Anfang 1934 fragte, ob er daran interessiert sei, eine Kurzausbildung und einen anschließenden Offiziers-Auswahl-Lehrgang mitzumachen, überlegte er gemeinsam mit seiner Frau. Er war der Meinung, daß er den Anforderungen nicht völlig gewachsen sei. Aber schließlich faßte er den Mut, der zu einem solchen Schritt nötig ist. Hatte er nicht in achtjähriger Dienstzeit in vielen Kursen und Lehrgängen so viel gelernt, daß sich darauf auch eine Offizierskarriere aufbauen ließ?

Er nahm das Angebot an, bestand die Prüfung und wurde bereits Ende Juni 1934 zum Oberleutnant befördert. Seine Dienstzeit als Offizier begann als Führer eines schweren Maschinengewehrzuges bei der 17. (MG)-Kompanie des Ausbildungsbataillons seines Infanterieregiments 9 in Lübben im Spreewald.

Die Umstellung war nicht leicht, denn nun mußte er einen bespannten schweren Maschinengewehrzug führen und war dazu selber beritten. Wohl hatte er zu

Hause schon auf einem Pferderücken gesessen, aber richtig reiten, das mußte er erst lernen.

Oberst Busch, der sich in die Lage seiner Offiziere hineinzudenken vermochte, versetzte ihn im September 1934 nach Halberstadt. In einer fremden Umgebung war die Umstellung vom Unteroffizier zum Offizier leichter. In Halberstadt war er zunächst Führer des Nachrichtenzuges, dann aber wieder Führer eines Maschinengewehrzuges. Ab Herbst 1935 wurde er Führer der neu aufzustellenden 10. Kompanie des Infanterieregiments 12. Drei Jahre durfte er als Kompaniechef in Halberstadt bleiben. Es sollten die schönsten Jahre seines militärischen Lebens werden.

Ab Herbst 1937 bereitete er sich auf die Wehrkreisprüfung vor, der er sich im Frühjahr 1938 unterziehen mußte. Er bestand und erhielt ab Oktober 1938 seine Kommandierung zur Kriegsakademie nach Berlin. Leider dauerte diese Ausbildung nur ein Jahr, und wenig vorbereitet kam Burgemeister mit Kriegsausbruch direkt in den Generalstabsdienst. Hier war er zunächst Ordonnanzoffizier, dann Ic und schließlich Ib in einem Divisionsstab.

Einige Wochen vor Beginn des Rußlandfeldzuges erfolgte seine Berufung als Ic zu einem im Südabschnitt der Ostfront eingesetzten Generalkommando. Hier gab es harte Auseinandersetzungen mit dem Kommandierenden und die Erkenntnis für Burgemeister, daß er für den Generalstabsdienst doch nicht vollends geeignet sei. Er zog sofort die Konsequenzen, und im Einvernehmen mit seinem Kommandierenden General erfolgte seine Rückversetzung in den Truppendienst.

Im Februar 1942 kam Major Burgemeister als Kommandeur zum II. Bataillon des Infanterieregiments 130 der 45. Infanteriedivision. Diese war eine österreichische Division.

Als die Sommeroffensive in Richtung Stalingrad begann, übernahm er für den erkrankten Regimentskommandeur die Regimentsführung. Der Fall von Stalingrad und der Zusammenbruch des Südabschnittes der Ostfront zog auch die 45. Infanteriedivision mit in den Strudel. Es gab harte und verlustreiche Abwehrkämpfe. Das Regiment wurde stark dezimiert und mußte im Juni 1943 aufgelöst werden.

Über die Führerreserve kam Alfred Burgemeister in den Kubanbrückenkopf und machte die dortigen Rückzugskämpfe mit. Er wurde als Kampfkommandant des Schwarzmeer-Hafens Anapa eingesetzt, um im Oktober 1943 nach Saloniki versetzt zu werden. Hier übernahm er im Januar 1944 als Oberstleutnant die Führung des Infanterieregiments 524 der 297. Infanteriedivision. Die Division war zum Küstenschutz in Albanien eingesetzt. Seine Aufgabe bestand darin, die Verbindungswege offen zu halten. Mit einer aus allen Teilen der Division zusammengestellten Kampfgruppe wehrte er die Überfälle der Partisanen ab.

Im September 1944 wurde die Kampfgruppe Burgemeister aus dem Divisionsverband herausgelöst und in Richtung Belgrad in Marsch gesetzt, um die Besatzung von Belgrad zu verstärken. Als sie Belgrad fast erreicht hatte, hatten sowjetische Truppen diese Stadt bereits in Besitz genommen.

Oberst Burgemeisters neue Aufgabe bestand darin, mit seinem Regiment das Morava-Tal zu sperren, um einen geordneten Rückzug der Griechenland-Armee zu ermöglichen. Er führte diesen Auftrag mit vollstem Einsatz seiner Persönlichkeit aus. Dies allein ließ sein Regiment die harten Kämpfe im Dreiländereck Österreich-Ungarn-Jugoslawien bestehen. Bis in den Raum Klagenfurt hinein hatte das Regiment den Rückzug der gesamten Division zu decken. Ihm und seinen Soldaten ist es zu verdanken, daß alle Teile der Division in Kärnten in britische Internierung kamen und nicht in russische Gefangenschaft gerieten.

Für seinen Einsatz im Morava-Tal und für die Rückzugskämpfe auf die deutsch-österreichische Grenze erhielt Oberst Burgemeister als Kommandeur des Infanterieregiments 524 am 2. Mai 1945 das Ritterkreuz.

Bereits im Juni wurde er nach Deutschland überführt und in einem amerikanischen Lager interniert, aus dem er Mitte Juli nach Schöningen entlassen wurde.

Im Mai 1946 zog auch seine Familie von Berlin nach Schöningen um. Alfred Burgemeister pachtete nun das Unternehmen, das er bereits führte, und war damit Einzelhändler geworden. Da sich zur gleichen Zeit die Einzelhändler des Kreises zusammenschlossen, wurde er Sprecher der Schöninger Einzelhandelskaufleute im Einzelhandelsverband des Kreises Helmstedt. Seine weitere Karriere in diesem Bereich ging über den stellvertretenden Vorsitzenden der Kreisfachgemeinschaft Lebensmittel in den Vorstand des Gesamt-Kreisverbandes und schließlich auch in den Vorstand des Bezirksverbandes Braunschweig. Er trat in dieser Zeit auch dem Schöninger Ortsverband der CDU bei.

Im Jahre 1948 kandidierte er für ein Mandat im Rat der Stadt Schöningen und wurde gewählt. Neben seiner Tätigkeit als Stadtverordneter setzte er sich aber auch als Redner in Versammlungen und Veranstaltungen der CDU ein. Bereits im Bundestagswahlkampf 1949 wirkte er mit, ohne damals daran zu denken, daß er selbst einmal Kandidat für den Bundestag werden könnte.

1952 erfolgte seine Wahl als Kreistagsabgeordneter in den Helmstedter Kreistag. Daneben war er nach wie vor Sprecher seiner Einzelhandelskollegen und gleichzeitig Mitglied des Einzelhandelsbeirats der Industrie- und Handelskammer zu Braunschweig.

Schon 1950 gründete er in Helmstedt eine Notgemeinschaft ehemaliger Berufssoldaten und wirkte auch an der Gründung des Bezirksverbandes und des Niedersächsischen Landesverbandes dieser Notgemeinschaft mit. Es war für ihn eine große Überraschung, als man ihn im Jahre 1953 fragte, ob er sich als Kandidat für die Bundestagswahl zur Verfügung stellen würde. Er stimmte zu, unterlag aber bei der Kandidatenwahl knapp einem Landwirt. Als dieser dann später auf seine Kandidatur verzichtete, kandidierte Alfred Burgemeister an seiner Stelle. Die große

Mehrheit der Wähler seines Wahlkreises, die vorher einen SPD-Abgeordneten in den Bundestag geschickt hatte, schenkte Alfred Burgemeister ihr Vertrauen.

Als er wenige Tage darauf vor seinem Geschäft die Straße fegte, fragte man ihn verwundert, ob eine solche Tätigkeit für einen Bundestagsabgeordneten nicht unter seiner Würde liege. Dies fand der neue Bundestagsabgeordnete nicht, sondern er fegte auch weiterhin regelmäßig die Straße und sah darin keineswegs eine Entwürdigung.

Die ersten vier Jahre im Bundestag dienten einer intensiven Einarbeitung. Die Minister Schmücker und Stücklen hatten im zweiten Bundestag einen „Diskussionskreis Mittelstand" innerhalb der CDU/CSU-Fraktion gebildet. In diesem Kreis wurde auch Oberst a.D. Burgemeister zur Mitarbeit herangezogen.

Als nach der Neuwahl im Jahre 1957 sein Kollege Schmücker mit dem Vorsitz im Arbeitskreis für Wirtschaft und Landwirtschaft betraut und der Kollege Stücklen Vorsitzender des Mittelstands-Ausschusses wurde, übertrug man Burgemeister die Leitung des Diskussionskreises Mittelstand. In dieser Eigenschaft wurde er dann auch in den Vorstand der Fraktion gewählt. Er wurde schließlich einer der bekanntesten Sachkenner für Mittelstandsprobleme und hielt in der ganzen Bundesrepublik Vorträge zu diesem Thema.

Daneben beschäftigte er sich im Bundestag mit der Gesetzgebung im Bereich des Beamtenrechts. An den seither verabschiedeten Novellen zu diesem Gesetz konnte er mit seinen weitreichenden Erfahrungen im soldatischen Bereich gut mitarbeiten und manche Verbesserung durchsetzen.

Seine enorme Arbeitsbelastung brachte es mit sich, daß er im Jahre 1958 sein Einzelhandelsgeschäft aufgeben mußte. Auch seiner Frau war die Weiterführung des Geschäfts aus gesundheitlichen Gründen nicht mehr möglich. Alle seine Aufgaben hatte er nur übernehmen können, weil seine Frau und Lebensgefährtin die Verantwortung für das Geschäft übernommen hatte. Sie hatte wesentlich dazu beigetragen, daß Alfred Burgemeister seine politischen Aufgaben mit ganzer Kraft hatte wahrnehmen können.

In der Bundeswehr

Inzwischen hatte er sich auch um eine Wiederverwendung in der Bundeswehr bemüht. Er wurde nach Prüfung durch den Personal-Gutachterausschuß und mehreren Tests für geeignet befunden, ließ sich zunächst aber bis nach der Bundestagswahl 1957 zurückstellen.

Nach der mit großem Stimmengewinn erfolgten Wiederwahl aber war es ihm unmöglich, seine Wähler zu enttäuschen. So mußte er – obgleich ihn der Beruf eines Bundeswehroffiziers gereizt hätte – beim Personalamt der Bundeswehr um seine Streichung aus der Bewerberliste bitten.

Die niedersächsischen CDU-Abgeordneten wählten ihn zu ihrem Sprecher. Nach dem Tode von Oberkirchenrat Cillien im Jahre 1959 wählten die Mitglieder der Fraktion Alfred Burgemeister zum stellvertretenden Vorsitzenden der Fraktion. So konnte er unter dem damaligen Fraktionsvorsitzenden, Dr. Heinrich Krone, im engsten Führungskreis der Fraktion mitarbeiten.

Nach der Bundestagswahl im Jahre 1961 verzichtete Burgemeister auf eine Wiederwahl als stellvertretender Vorsitzender der Fraktion, um seinem Freund Kurt Schmücker die Übernahme dieser Aufgabe zu ermöglichen. Er selbst blieb weiterhin Vorsitzender des Diskussionskreises Mittelstand und auf der Ebene der Bundespartei stellvertretender Vorsitzender des Mittelstandskreises.

Als 1963 bei der Umbildung der Regierung Kurt Schmücker aus dem Amt des stellvertretenden Vorsitzenden ausschied, wurde Alfred Burgemeister erneut dafür vorgeschlagen. Gleichzeitig bot man ihm jedoch auch den Vorsitz im Arbeitskreis für Wirtschaft, Mittelstand und Landwirtschaft an, und er entschied sich für den letzteren.

Inzwischen hatte er bereits im Jahre 1961 bei der Logistikschule der Bundeswehr in Hamburg eine Reserveübung abgeleistet und war nun Oberst d.R. der Bundeswehr.

Nach der Neuwahl des Bundestages im Jahre 1965 gehörte er als Arbeitskreisvorsitzender wieder dem engeren geschäftsführenden Vorstand der CDU/CSU-Fraktion an und war weiterhin Sprecher der niedersächsischen Abgeordneten.

Alfred Burgemeister, Oberst der Reserve der Bundeswehr, starb am 3. April 1970 in München.

Bruno Dilley

Major der Wehrmacht
Oberst der Bundeswehr

Geb. am 29. August 1913 in Gumbinnen/Ostpreußen
Deutsches Kreuz in Gold: 19. Dezember 1941
Italienische Silberne Tapferkeitsmedaille: 10. Februar 1942
Ritterkreuz: 4. Juni 1942
174. Eichenlaub: 8. Januar 1943

Als sich die Staffel Dilley am frühen Morgen des 1. September 1939 zum Feindflug fertig machte, war es noch finster.

Bruno Dilley hatte Befehl erhalten, mit seiner 3. Staffel des Stukageschwaders 1 die Sprengung der für den deutschen Vorstoß nach Polen hinein wichtigen Weichselbrücke bei Dirschau zu verhindern.

In Elbing startete die Staffel, der Kapitän – wie in allen Übungsflügen vorher – an der Spitze, um 4.30 Uhr zum Einsatz. Der Angriff sollte um 4.45 beginnen.

„Dilley", hatte ihm der Kommodore gesagt, „Sie werden die Sprengleitungen für die von den Polen vorbereitete Sprengung der Brücke an der Südseite des Bahndamms, zwischen Bahnhof und Brücke, treffen und unterbrechen."

Der Kommodore deutete auf die Karte und zeigte auf die beiden großen Büsche, die als Merkpunkte galten.

Jeweils zwei Maschinen starteten nebeneinander und gewannen schnell die richtige Anflughöhe. Noch war kein Schuß gefallen, als sie vor sich die Weichsel erkannten. Es war 4.44 Uhr. Tiefer hinuntergehend, sichtete Dilley die beiden großen Büsche, offenbar gekappte Weidenbäume. Er korrigierte etwas und befahl seinen Begleitstukas, die befohlenen Ziele weiter rückwärts anzugreifen. Unmittelbar danach ging er in den Tiefflug über.

Dichte Nebelfetzen verhüllten immer wieder die beiden Merkzeichen; dennoch gelang es ihm, mit der ersten Bombe des Zweiten Weltkrieges die Zündleitungen zu treffen und den polnischen Versuch, die Brücke zu sprengen, zu verhindern.

Doch die deutschen Truppen, die nun über die Brücke vorstoßen sollten, waren etwas zu weit hinten bereitgestellt worden. Noch ehe die Vorausspitzen die Brücke erreichten, war die Zündleitung von polnischen Pionieren wieder geflickt worden, und mit Donnergetöse ging die Brücke hoch.

Dilley hatte als Staffelkapitän der 3. Staffel der bekannten I. Gruppe des Stukageschwaders 1 – der Insterburger Gruppe – seinen Befehl ausgeführt. Ebenso seine Maschinen, die eine polnische Bereitstellung umgepflügt hatten. Mit seinem Funker und Bordschützen Ernst Kather aus Nürnberg hatte Dilley bereits zu Beginn seines Dienstes als Staffelkapitän eine dauerhafte Freundschaft geknüpft. Bruno Dilley hatte das Glück, mit Kather vom ersten bis zum letzten Feindflug gemeinsam zu starten. Kather überstand ebenso wie Dilley alle Abschüsse und zwei Fluchten durch die russischen Linien.

Der zweite Feindflug war ebenfalls ein Sonderauftrag. Es galt, den Rundfunksender Warschau lahmzulegen. Sie stürzten auf dieses Ziel hinunter, schalteten die beiden Flakstellungen aus und brachten den Sender zum Verstummen. Auf dem Rückflug mußte Dilley wegen Spritmangels notlanden. Es gelang ihm, eine glatte Roll-Landung durchzuführen.

Insgesamt flog die 3. Staffel im Polenfeldzug 24 Einsätze. Und immer war Bruno Dilley dabei. Danach ging es nach Norwegen. Die Kämpfe gegen die britische Flotte im Raum Oslo und Namsos und vor allem der Einsatz im Raum Narvik brachten weitere Erfolge.

Am 1. Mai 1940 wurde die vor Narvik liegende britische Flotte angegriffen. Dilley erwischte einen britischen Transporter. Beim Abdrehen erhielt seine Maschine mehrere Treffer der feindlichen Schiffsflak. Es gelang Dilley, den Einsatzhafen bei Drontheim zu erreichen und zu landen.

Als die I./Stukageschwader 1 am 14. Juni 1940 nach Frankreich verlegte, kam sie während des zweiten Teils des Frankreichfeldzuges zum Einsatz. Es gelang immer wieder, den Heerestruppen den Weg zu bahnen, um sie im Notfall zu unterstützen. Dann begann der Einsatz, der als Luftschlacht um England in die Kriegsgeschichte einging.

Am 13. August begann unter dem Codewort „Adlertag" der verschärfte Luftkrieg gegen Großbritannien, mit dem Ziel, die Luftherrschaft über dem Kanal wie über England zu erreichen, die Hitler als Voraussetzung für das Unternehmen „Seelöwe" – der Landung in Südengland – forderte.

An diesem Tag starteten von der Luftflotte 2 (Generalfeldmarschall Kesselring) und der Luftflotte 3 (Generalfeldmarschall Sperrle) alle einsatzbereiten Kampfflugzeuge, Sturzkampfmaschinen, Jäger und Zerstörer.

Einer jener Verbände, die am „Adlertag" kämpften, war das Stukageschwader 1. Es griff im Kanal einen britischen Schiffsverband an. Mit seiner Staffel stürzte Dilley auf einen Konvoi herunter, der von einer Reihe Sicherungsschiffe umgeben war. Er vernichtete einen der Dampfer und wurde von allen Seiten unter Feuer genommen. Es sah so aus, als würden sie in den Bach fallen. Bruno Dilley forderte seinen Freund auf, sich zum Aussteigen klar zu halten.

„Wir schaffen es, Bruno", rief Kather. „Du wirst sehen, es geht gut!"

Dank seines fliegerischen Könnens ging es gut, und mit 55 Treffern in der Maschine setzte Dilley auf dem Einsatzflughafen auf.

Im Herbst 1940 in den Mittelmeerraum verlegt, startete Dilley am 16. Januar 1941 den ersten Feindflug gegen die waffenstarrende Insel Malta, das „Verdun im Mittelmeer". Es ging gegen La Valetta. Schwerstes Flakfeuer schlug den auf ihr Ziel niederstoßenden Stukas entgegen. Bruno Dilley rief seinen Kameraden zu: „Durchziehen, nichts wie rein!"

Sie warfen ihre Bomben. Hallen gingen in Flammen auf, auf dem Flugfeld stehende britische Jäger explodierten, eine Flak-Batterie wurde durch Volltreffer kampfunfähig gemacht. Eine eigene Maschine wurde getroffen. Sie drehte ab und ging auf dem Wasser nieder. Die beiden Besatzungsmitglieder wurden von einer Seenotmaschine aufgenommen und heimgebracht.

Nachdem der erste massierte Schlag gegen Malta beendet war, wurde die I. Gruppe des Stukageschwaders 1 ab dem 26. März 1941 auf den Balkan verlegt. Im Feldzug gegen Jugoslawien und Griechenland kam es vom ersten Tag an zu schweren Einsätzen. Gleich am 7. April ging es gegen eine jugoslawische Stellung. Bruno Dilley stürzte auf eine Flak herunter und zerschmetterte sie mit dem Volltreffer einer 500-Kilo-Bombe. Er erhielt im Hochziehen einige Treffer von einer anderen Flak-Batterie und mußte mitten in den Bergen notlanden. Es gelang ihm, die Maschine auf einem Hochplateau auf den Bauch zu werfen und sie lebend zu verlassen. Sie bauten die wichtigsten Teile aus, legten eine Sprengladung an und machten sich auf den Rückweg. Genau eine halbe Stunde später explodierte die Sprengladung und zerstörte die Ju 87. Mit seinem Bordfunker schlug sich Dilley zu den eigenen Reihen durch.

Im Mai 1941 ging es nach Afrika. Hier sollte dem Afrikakorps unter General Rommel der Weg nach Osten freigebombt werden. Danach erhielt Dilley – sehr zu seinem Mißfallen – den Auftrag, die allen Stukafliegern bekannte Stukaschule in Wertheim am Main zu übernehmen.

Als Dilley als Gruppenkommandeur wieder ein Frontkommando erhielt und die 3. Staffel – später die I. Gruppe – des Stukageschwaders 2 im Nordabschnitt der Ostfront führte, wurde er am 12. Februar 1942 bei einem Tiefangriff gegen Staraja Russa, bei dem er eine lange russische Nachschubkolonne mit seinen Stukas vernichtete, durch russische Flak abgeschossen. Erneut mußte er jenseits der eigenen Linien niedergehen. Die Landung war sehr hart, in einer Bodenwelle überschlug sich Dilleys Maschine. Bruno Dilley blieb bewußtlos liegen. Oberfeldwebel Kather holte den Freund trotz der drohenden Explosionsgefahr aus der Kabine heraus, und es gelang ihm, seinen „Luftkutscher" wieder fit zu machen. Drei Tage und drei Nächte lang waren sie unterwegs, ehe sie – bereits aufgegeben – die im Kessel von Demjansk stehenden deutschen Soldaten des II. Armeekorps unter General von Brockdorff-Ahlefeldt erreichten. Von hier aus wurden sie mit einer He 111 zur eigenen Gruppe geflogen.

Als er am 4. Juni 1942 das Ritterkreuz erhielt, hatte Bruno Dilley 325 Feindflüge hinter sich gebracht. Seine Erfolgsbilanz konnte sich sehen lassen. Er hatte einen Panzerzug, zwei Kasernen, je ein Munitions- und Tanklager und zwölf Panzer vernichtet, 166 Lastwagen, zwölf Geschütze und mehrere hundert Bunker zerstört. In seiner Staffel standen unter anderen hochdekorierten Fliegern der spätere Träger der Schwerter zum Ritterkreuz mit Eichenlaub Alwin Boerst und der mit den gleichen Auszeichnungen dekorierte Fritz Lang.

„Dilley blieb unser Vorbild", sagte Oberleutnant Boerst, der Staffelkapitän der 3. Staffel des Stukageschwaders 2, der diese Staffel von Dilley übernommen hatte. „Er war ein Kommandeur mit hohem Pflichtgefühl, verbindlich im Wesen und von echt ostpreußischer Kargheit des Wortes. Das hat mit Sicherheit seinen weiteren dienstgradmäßigen Aufstieg behindert. Dies wiederum war für uns alle gut, denn so blieb er seinen Männern der II. Gruppe lange Jahre als Kommandeur erhalten."

Im Winter 1942/43 wurde Bruno Dilley dreimal abgeschossen und kam dreimal mit seinem Funker wieder zur Gruppe zurück, oftmals nach unsäglichen Strapazen. Bei seinem zweiten Absturz konnte er sich für die Lebensrettung durch seinen Funker revanchieren, indem diesmal er Kather aus der brennenden Maschine zog, die wenige Sekunden später explodierte.

Am 8. Januar 1943 wurde Bruno Dilley nach über 600 Feindflügen als 174. deutscher Soldat mit dem Eichenlaub zum Ritterkreuz ausgezeichnet.

Am 16. Oktober 1943 flogen Major Dilley und Oberfeldwebel Kather ihren letzten Einsatz. Dann wurde er auf energisches Eingreifen des Generals der Schlachtflieger, Oberstleutnant Dr. Kupfer, aus der fliegenden Front herausgenommen und zum Kommandeur der Fliegerschule Metz ernannt.

Wo stammte dieser mutige Mann her? Am 29. August 1913 wurde Bruno Dilley in Gumbinnen/Ostpreußen geboren. Er wuchs in dieser ostpreußischen Kreisstadt auf, die als Soldaten- und Garnisonsstadt einen besonders guten Ruf hatte und als kultureller Mittelpunkt des nördlichen Ostpreußens galt.

Gumbinnen war erst im 16. Jahrhundert entstanden und als Dorf mit Kirche ausgelegt, erfuhr der Schüler Dilley im Geschichtsunterricht, der ihm damals nicht so gut gefiel wie die Abenteuer auf der Rominte oder der Pissa, die direkt bei Gumbinnen in die Rominte mündet. Eher gefiel ihm jene Episode, die sich um den Namen der Pissa rankte. Danach soll König Friedrich Wilhelm I. einer Abordnung der Gumbinner Bürgerschaft auf deren Bitte, die Pissa umzubenennen, den Namen „Urinoko" vorgeschlagen haben. Während der Deutschordenszeit gehörte dieses Gebiet zur „Wildnis" und wurde erst nach der Umwandlung des Ordensstaates Preußen in ein weltliches Fürstentum von 1525 bis 1701 zu einem großen Teil mit Litauern besiedelt. König Friedrich Wilhelm I. war es, der von 1722 bis 1725 Gumbinnen als Stadt anlegen ließ. Dazu berief er die Baumeister und Architekten Schultheiß und Unfried, die Gumbinnen zu einer Schatzkammer schöner und kühner Bauten machten. Vom Sitz einer Amtskammer mauserte sich die Stadt zum Sitz der Kriegs- und Domänenkammer und wurde 1860 an die Ost-Eisenbahn angeschlossen.

Nach bestandenem Abitur ging Bruno Dilley im April 1933 zur Ausbildung als Polizeioffizier auf die Polizeischule nach Sensburg. Mehr als alles andere aber interessierte ihn die Segelfliegerschule auf dem 102 Meter hohen Höhenrückengelände. Hier entdeckte er seine Liebe zur Fliegerei.

Gleich nach den ersten Starts zur Vorbereitung auf die Segelflugprüfung A und B spürte er, daß dies sein Element war. Als junger Leutnant der Polizei wechselte er zur Luftwaffe über. Ab Juni 1935 stand er in der Ausbildung zum Flugzeugführer in Magdeburg. Er durchlief alle Stationen der friedensmäßigen Ausbildung, die er am 31. März 1937 beendete.

Als Oberleutnant übernahm er am 1. Mai 1937 die Führung einer Staffel in der I. Gruppe des Stukageschwaders 153 „Immelmann", die er bis zum 30. Juni 1938 führte. Im August 1939 kam Dilley zur Fliegergruppe 10, die ihre Einheiten wenig später dem Stukageschwader 1 übergab, wo Dilley die 3. Staffel als Kapitän übernahm.

Am 1. September 1943 wurde Bruno Dilley zum Major befördert und zum Kommodore des Stukageschwaders 103 (Schlachtgeschwader 103) ernannt, gleichzeitig führte er, wie bereits erwähnt, die Schlachtfliegerschule in Metz/Lothringen. Er hatte bis dahin 650 Feindflüge überstanden, war immer mit seiner Ju 87 geflogen und selbst viermal abgeschossen worden, ohne schwer verwundet zu werden. „Allerdings habe ich auch eine Reihe Kratzer erhalten", sagte er einmal nach dem Krieg.

In der Bundeswehr

Im Jahre 1956 trat Major Bruno Dilley in die Bundesluftwaffe ein. Bereits am 1. August dieses Jahres wurde er zum Oberstleutnant befördert. Als Kommandeur der Fliegerschule A in Landsberg am Lech ging sein sehnlichster Wunsch, wieder fliegen zu können, in Erfüllung. Er schulte – wie viele seiner Kameraden – auf die verschiedensten Düsenflugzeugtypen um und wurde noch mit 48 Jahren Fluglehrer in dieser völlig neuen Dimension der Fliegerei.

Zuletzt war Bruno Dilley Kommandeur im Verteidigungsbereich Reutlingen. Wo immer er auftauchte, war er von den jungen Piloten der Bundesluftwaffe umringt und mußte aus dem reichen Erfahrungsschatz seiner Kriegszeit berichten, die ihn auf allen Kriegsschauplätzen im Einsatz gesehen hatte.

Als Oberst ging er schließlich in den verdienten Ruhestand und kümmerte sich nach wie vor um Piloten, die seinen Rat suchten. Der Ostpreuße war einer der ihren, und er wurde nach wie vor hoch geachtet und verehrt, denn er verkörperte das Urbild eines Fliegers, der von 1939 bis 1945 dem Feind die Stirn geboten hatte, der – in einem so „müden Vogel" wie der Ju 87 – jede Chance, zum Einsatz zu kommen, ergriffen hatte und es damit auf annähernd 700 Feindflüge gebracht hatte, von denen über 650 durch seine Flugbücher bezeugt sind.

Bruno Dilley, einer der tapfersten Soldaten der Stukawaffe, starb am 31. August 1968 in Reutlingen nach einem langen und schweren Leiden. Sein Wunsch, die ostpreußische Heimat noch einmal wiederzusehen, ging nicht in Erfüllung.

Peter Frantz

Major im Generalstab der Wehrmacht
Oberst der Reserve der Bundeswehr

Geb. am 24. Juli 1917 in Leipzig
Deutsches Kreuz in Gold: 31. Januar 1942
Ritterkreuz: 4. Juni 1942
228. Eichenlaub: 14. April 1943
Verwundetenabzeichen in Gold: 8. Oktober 1943

Am 4. Dezember 1936 trat Peter Frantz als Freiwilliger in die III. Abteilung des Artillerieregiments 4, Dresden, ein. Er wurde nach der Beförderung zum Fahnenjunker, Fähnrich und Oberfähnrich am 31. August 1938 zum Leutnant befördert und kam über das Panzerartillerieregiment 74 am 10. November 1939 zur Sturmgeschütz-Batterie 640. Am 20. August 1940 wurde er Ordonnanzoffizier im Regimentsstab des Infanterieregiments „Großdeutschland", mit dem er bereits im Frankreichfeldzug gekämpft hatte. Die Sturmgeschütz-Batterie dieses Regiments, die später zur Sturmgeschütz-Abteilung bzw. -Brigade wurde, wurde seine Heimat.

Mit Beginn des Ostfeldzuges gegen die Sowjetunion standen die Männer des motorisierten Infanterieregiments „Großdeutschland" im Rahmen der Panzergruppe 2 unter Generaloberst Heinz Guderian im Brennpunkt der Durchbruchskämpfe. Nach Überschreiten des Sjem wurde bei Putiwl ein Brückenkopf errichtet. Als der Angriff des Regiments zum Erliegen kam, griff Frantz mit seinem Sturmgeschütz-Zug am 11. September 1941 in den Kampf ein. Er vernichtete die flankierenden Feind-MGs und eine schwere Pak sowie ein Infanteriegeschütz und bereitete so den Durchbruch seines Regiments vor.

Beim Angriff auf Swetschkino am 17. September fuhr Frantz mit seinen Sturmgeschützen Spitze. Er schoß mit ihnen acht Panzer und neun Pak ab und stieß hinter den fliehenden Gegnern her. Er ging bis tief in die Feindstellungen hinein. Wagen gingen in Flammen auf, Munitionsfahrzeuge explodierten, und große

Beute fiel den Männern um Frantz in die Hände, darunter auch die Kriegsakten eines Regiments der Roten Armee.

Bei Upskaja Fati, auf dem Westufer der Upa, vernichteten Frantz' Sturmgeschütze in einem mehrstündigen Gefecht 15 Feindpanzer. Damit hatte sich die Abschußzahl der Batterie auf 46 erhöht. Nach weiteren Erfolgen wurde Oberleutnant Frantz am 31. Januar 1942 mit dem Deutschen Kreuz in Gold ausgezeichnet.

Das Regiment wurde herausgezogen und zur Auffrischung sowie Neuausrüstung nach Deutschland verlegt. Es entstand die Sturmgeschütz-Abteilung „Großdeutschland" unter Führung von Major Schepers. Die drei Batterien führten die Oberleutnante Frantz, Adam und Lemme.

Bei Überschreiten des Tim im Rahmen der neuen deutschen Sommer-Offensive trat die Batterie Frantz zu einer Erkundung gegen eine bewaldete Höhe an. Die Höhe war feindfrei. Weiter verstoßend, zog das I. Bataillon des Infanterieregiments „Großdeutschland" hinterher, wurde von Norden überfallartig beschossen und verlor acht Offiziere. In dieser Situation warf Frantz seine Sturmgeschütze herum und vernichtete den Feind, um Schlimmeres zu verhüten. Für diesen schlachtentscheidenden Einsatz erhielt der junge Offizier das Ritterkreuz.

Auch beim Angriff auf Tschermassowo traten die Sturmgeschütze an, als es der Division nicht gelang, den Ort in Besitz zu nehmen. Diesmal stürmte die gesamte Abteilung und warf den Feind nach Abschuß von 19 Panzern und Vernichtung von 13 Pak sowie zwei Infanteriegeschützen. Am nächsten Tag erfolgte der Angriff auf die Ortschaft. Die stark verteidigte Friedhofshöhe wurde angegangen. Hier geriet das II./Infanterieregiment „Großdeutschland" in einen feindlichen Panzerangriff. Alle drei Batterien der Sturmgeschütz-Abteilung traten an, und bis zum Abend war dieser Panzerangriff durch den Abschuß von 15 weiteren Panzern abgewehrt.

Bei diesen und den folgenden Angriffen war Peter Frantz stets dabei. Am 22. Juni 1942 wurde er zum Hauptmann befördert. Inzwischen war er das dritte Mal verwundet worden, blieb aber bei seiner Abteilung.

Ende November 1942 trat die Division „Großdeutschland" gegen einen Feinddurchbruch bei der Kampfgruppe Lorenz an. Diese war vom Feind in einem Waldstück eingeschlossen worden. Die Rollbahn nach Norden in den Raum Olenin, die als Lebensader der 9. Armee galt, war bedroht.

Bei der Erkundung, an der auch Hauptmann Frantz teilnahm, wurde der Abteilungskommandeur, Hauptmann Adam, der in seinem Kübelwagen vorfuhr, von einem durchgebrochenen Feindpanzer aus 2000 Metern Distanz mit einem Volltreffer vernichtet. Der Kommandeur und sein Fahrer waren sofort tot.

Nun übernahm Hauptmann Frantz die Führung der Abteilung. Diese wurde im Rahmen der Division in den Raum Charkow geführt. Auf dem Weg zur Rollbahn Bjelgorod-Charkow blieb die gesamte Division „Großdeutschland" in tiefen

Schneeverwehungen stecken. Die Sturmgeschütze mußten sowjetische Skiverbände unter Sprenggranaten-Einsatz abweisen und so die Weiterfahrt erzwingen. Charkow wurde erreicht, aber bereits am 14. und 15. Februar 1943 erhielt die Division „Großdeutschland" Befehl, sich aus Charkow abzusetzen. Den Sturmgeschützen oblag es, als Nachhut die Sicherung der Division und des Korps zu übernehmen. Zu ihrem Glück erhielt die Abteilung 20 neue Sturmgeschütze, so daß die Verluste ausgeglichen werden konnten. Die Sturmgeschütze sicherten bis zuletzt den Roten Platz im Zentrum der Stadt.

Die Rote Armee, die seit dem 7. März 1943 zu immer neuen Gegenangriffen auf Charkow angetreten war, verlor allein am vierten Kampftag, als die Sturmgeschütze beiderseits von Ssyrzewo angriffen, 45 sowjetische T 34 und 18 schwere Pak. In der Kubassowskij-Schlucht, bei Kruglik und bei Distr. Tolstoje kam es in der Folgezeit zu weiteren schweren Kämpfen, die bei Achtyrka einen Höhepunkt erreichten und mit der Eroberung einer russischen Artilleriestellung südöstlich von Osero noch einmal einen Glanzpunkt der Verteidigung setzten.

In der Panzerschlacht von Borissowka gelang es Oberleutnant Magold, einem Freund von Peter Frantz, allein 14 russische Panzer abzuschließen, die Ortschaft Stanowoje in Besitz zu nehmen und zu halten.

Als dann 120 Panzer und 80 Lastwagen mit aufgesessenen russischen Schützen im Anmarsch auf Stanowoje gemeldet wurden, ließ Hauptmann Frantz seine Abteilung mit flankierenden Batterie-Angriffen und einem zentralen Durchstoß angreifen.

Die Geschütze feuerten im Salventakt, während immer eine Batterie vorrollte und überschossen werden mußte. Von allen Seiten wurden die Feindpanzer angegriffen. Der vorderste russische Panzerpulk, der den nachfolgenden Einheiten den Weg öffnen sollte, wurde restlos vernichtet. Es waren 18 T 34.

Nunmehr befahl Hauptmann Frantz, den Rest anzugreifen. Er ließ den nachfolgenden zweiten Panzerpulk von drei Seiten umfassen. Wieder wurden die Feindpanzer von den Sturmgeschützen in rasanten Sturmläufen angegangen. Als sich der Feind zurückzog, blieben 43 T 34 auf dem Gefechtsfeld liegen.

Für diese einmalige Leistung, den taktischen Einsatz seiner Abteilung und seinen persönlichen Einsatz, wurde Peter Frantz als 228. Soldaten der Wehrmacht das Eichenlaub zum Ritterkreuz verliehen.

Am 19. März 1943 erfolgte der Angriff gegen Tomarowka. Das Gelände war für Radfahrzeuge unpassierbar, deshalb sollten die Panzer und Sturmgeschütze der Division antreten. Kosytschew wurde im ersten Ansprung genommen. Oberleutnant Spaether führte seine 3. Batterie nach Tomarowka, wo er dem Feind eine weitere Niederlage bereitete. Drei Tage darauf säuberte die gesamte Abteilung das Gelände vor der eigenen Hauptkampflinie, wobei sie eine Reihe Schweigestellungen des Feindes vernichtete.

Am 4. Juli 1943 begann das „Unternehmen Zitadelle". Die Sturmgeschütze durchstießen die erste Feindstellung und erreichten bis zum Abend den Raum Tscherkasskoje. Aber am dritten Angriffstag blieb die im nördlichen Zangenarm stehende Division „Großdeutschland" liegen. Am Ufer der Pena hatte sich der Feind mit eingegrabener Pak, Flammenwerferstellungen, eingegrabenen T 34 und Artillerie in Erdbunkern zur Abwehr eingerichtet.

Beiderseits der Ortschaft Ssyrzewo trat die Division am Morgen des vierten Angriffstages an. Die ersten russischen Panzerangriffe rollten ihr entgegen. Mit jeweils 20 bis 40 Panzern griff die Rote Armee hier in den Kampf ein.

Peter Frantz, seit dem 1. Juni 1943 Major, rollte mit der gesamten Abteilung gegen die Panzer an. Mehrere Stunden lang standen sämtliche Geschütze im Duell mit den russischen T 34. Der Kampf wurde mit aller Verbissenheit geführt. Eine feindliche 7,62 cm-Pak schaltete drei Sturmgeschütze nacheinander aus, ehe es Hauptmann Naether gelang, diese zu vernichten.

Dann drehten die russischen Panzer ab; die Sturmgeschütze rollten hinterher und gewannen mit aufgesessener Infanterie die Höhe 230,1. 35 abgeschossene T 34 und 18 vernichtete schwere Pak war die Erfolgsbilanz der Sturmgeschütze für diesen Tag.

Als wenig später weitere russische Panzerrudel aus Kalinowka und Kruglik gemeldet wurden, trat Major Frantz mit zwei Batterien und Teilen der 2. (Schützenpanzerwagen-)Schwadron an. Sie rollten durch die Kubassowskij-Schlucht und gewannen den wichtigen Punkt 285,5. Von hier aus ging es gegen Kruglik weiter, wo der Feind den eigenen Angriff flankierte. In der kommenden Nacht wurde Kruglik im Handstreich genommen und am folgenden Tag – es war der 11. Juli 1943 – die Sicherung im Raum Nowosselowka und Werchopenje eingerichtet.

Am 11. August standen die Sturmgeschütze am Ostrand von Achtyrka, als sie erneut von russischen Panzern angegriffen wurden. Fünf der Angreifer wurden vernichtet. Auch in den nächsten Tagen rissen die Kämpfe nicht ab, aber nach der Wegnahme einer russischen Artilleriestellung bei Osero am 18. August war dieser Einsatz erfolgreich beendet.

Bei einem russischen Panzerangriff am 4. November 1943 aus der Schlucht bei Krassnyi-Orlik und den Ruinen von Businowataja fuhr Major Frantz mit dem Kommandeursgeschütz, begleitet nur von dem Begleitgeschütz Wachtmeister Brauner, überraschend in ein russisches Panzerrudel hinein, das im Abschnitt der 9. Panzerdivision durchgebrochen war. Die Geschütze konnten sich jedoch in dieses Panzerrudel eingliedern und brachen dann, nach Verlassen eines deckenden Maisfeldes, wieder aus dem Rudel aus, von dem sie mit schnellen Schüssen sieben Feindpanzer erledigten, ehe die erste Gegenwehr erfolge. Im weiteren Verlauf dieses Kampfes gelang es Frantz und Brauner, 16 der 20 Feindpanzer zu vernichten. Der Rest entkam.

Am 16. November wurde erneut ein eingebrochenes Panzerrudel zurückgeworfen. Elf Fahrzeuge wurden abgeschossen. Wenige Tage darauf kämpfte die Brigade, zu der die Abteilung im Namen der allgemeinen Umbenennungen mittlerweile ernannt worden war, gegen einen Verband überschwerer Russenpanzer. 18 KW 1 und T 34 blieben vernichtet liegen. Bei diesem Einsatz war Unteroffizier Bor mit acht abgeschossenen Feindpanzern einer der Erfolgsreichsten, wofür er das Deutsche Kreuz in Gold erhielt.

Am 5. Februar 1944 mußte Peter Frantz seine Brigade verlassen. Er wurde zur Kriegsakademie Hirschberg in Schlesien befohlen. Nach Beendigung dieser Kommandierung wurde er am 1. August 1944 Quartiermeister des XLI. Panzerkorps in Ostpreußen. Von dort wurde er am 18. April 1945 über See in den Raum Berlin befohlen und nahm westlich der Reichshauptstadt an den Endkämpfen teil. Am 2. Mai 1945 geriet er in US-Kriegsgefangenschaft.

In der Bundeswehr

Im Jahre 1960 unternahm Major Peter Frantz die erste große Übung bei der Panzertruppe der Bundeswehr. Sein größter Wunsch war es, noch einmal einen größeren Panzerverband führen zu dürfen.

Am 19. Juli 1962 wurde er nach seiner vierten Wehrübung zum Oberstleutnant d.R. befördert und führte in den folgenden Wehrübungen mehrmals Bataillonsverbände der Panzertruppe. Nach seiner Beförderung zum Oberst d.R. der Bundeswehr ging schließlich sein Wunsch in Erfüllung, als er zum stellvertretenden Kommandeur der Panzer-Lehrbrigade 9 in Munster ernannt wurde.

Immer wieder überraschte Peter Frantz seine Soldaten und Offiziere mit neuen Taktiken und Kampfübungen, in denen diese erfolgreich erprobt wurden. Nach seiner letzten Reserveübung im September 1975 erfolgte die Verabschiedung. Seine Brigade bereitete ihm eine großartige Abschiedsfeier, die mehr als alle Worte zeigte, daß er die Herzen seiner Soldaten bis hin zum Panzerfahrer im Sturm erobert hatte.

Alfred Genz

Major der Wehrmacht
Oberst der Bundeswehr

Geb. am 8. März 1916 in Berlin
Ritterkreuz: 14. Juni 1941

Alfred Erich Hermann Genz wurde als Ältester von fünf Geschwistern am 8. März 1916 in Berlin geboren. Im März 1935 bestand er das Abitur. Er wollte Soldat werden und trat am 1. April 1935 als Fahnenjunker in das Regiment „General Göring" ein. Nach einem Aufruf zur freiwilligen Meldung, der im August desselben Jahres innerhalb des Regiments erlassen wurde, meldete er sich zur Ausbildung im Fallschirmspringen und wurde im September zur neugegliederten 2. Fallschirmjägerkompanie versetzt, die später zum Kern des I. Bataillons des Fallschirmjägerregiments 1 wurde. Kommandeur war Major Bräuer.

Im Jahre 1937 absolvierte Genz die Heereskriegsschule in München und kehrte im Oktober desselben Jahres zum Bataillon zurück. Am 1. Januar 1938 zum Leutnant befördert, wurde er sechs Monate später als Zugführer zum I./Fallschirmjägerregiment 1 versetzt und nahm am Polenfeldzug teil. Am 20. April 1940 wurde er zum Oberleutnant befördert.

Am 10. Mai 1940 sprang Oberleutnant Genz mit seinem Zug im Rahmen der 3. Kompanie des Fallschirmjägerregiments 2 am Rande der Stadt Den Haag ab. Sprungziel war der Behelfsflugplatz Kijkduin. Doch beim Anflug wurde der Pulk durch feindliche Flak und angreifende Feindjäger abgedrängt und geriet durcheinander, so daß die Kompanie in der Nähe von Hoek van Holland abgesetzt wurde.

Nur Oberleutnant Genz landete am vorherbestimmten Platz. Doch zunächst ohne seinen Zug. Denn als der hochgewachsene, sportliche Offizier mitten im

Abwehrfeuer als erster sprang, wurde der ihm folgende Fallschirmjäger getroffen und schwer verwundet, wodurch die Reihe des Sprunges unterbrochen wurde. Die drei Maschinen, die seinen Zug zum Ziel gebracht hatten, mußten ein zweites Mal anfliegen, wenn sie die Männer nicht weitab vom Ziel absetzen wollten. So pendelte Genz allein zur Erde. Er landete wohlbehalten und stand für ganze fünf Minuten dem Gegner allein gegenüber, bis die Maschinen erneut anflogen und seinen Zug absetzten.

Oberleutnant Genz ließ sofort die Waffen aufnehmen und ging zum Angriff auf den Flugplatz vor. Er stürmte an der Spitze seines Zuges. Ein Bunker wurde geknackt, eine MG-Stellung durch Handgranaten vernichtet. Dann streckten die Verteidiger die Waffen. Der Platz war in deutscher Hand, und die für dieses Ziel bestimmte Schwadron der 22. Luftlandedivision unter Rittmeister Pollay konnte unbehelligt landen. Sie übernahm die Gefangenen, und der Zug Genz trug den Angriff befehlsgemäß bis an den Stadtrand von Den Haag vor. Von hier aus wurde Genz mit seinem Zug am Abend des 10. Mai überraschend zum Stab der 22. Luftlandedivision zurückbeordert. Der Flugplatz war wieder verlorengegangen, und die dort gelandeten Teile der 22. Luftlandedivision schlugen sich in zwei Nachtmärschen nach Rotterdam durch. Der Zug Genz bildete dabei die rückwärtige Sicherung für die als Nachhut eingesetzte 3./Fallschirmjägerregiment 2.

Nach diesem ersten Sprungeinsatz, für den Alfred Genz mit den Eisernen Kreuzen Erster und Zweiter Klasse ausgezeichnet wurde, war er vier Monate lang als Führer einer Fallschirmschülerkompanie an der Fallschirmschule Braunschweig tätig. Anschließend wurde er als Chef der 1. Kompanie zum Sturmregiment versetzt und gehörte damit zu dem berühmten Bataillon unter Major Koch, das als „Sturmabteilung Koch" am Albert-Kanal und bei Eben Emael in Belgien gesprungen war.

Im Winter 1940/41 übte Oberleutnant Genz mit seinen Fallschirmjägern Nachtflüge, Verlade- und Landeübungen, Stoßtrupps und alle Techniken, die zu einer großangelegten Operation aus der Luft gehören. Diese Übungen galten der geplanten Landung in England.

Als im März 1941 fast die gesamte Fallschirmtruppe auf dem Truppenübungsplatz Bergen versammelt war, wurde die Kompanie Genz überraschend zur Marine kommandiert. Per Eisenbahn ging es nach Hamburg, wo schon ein Wohnschiff als Quartier bereitstand. Diese Verlegung war natürlich Nahrung für die Gerüchte, die über eine baldige Invasion der britischen Inseln im Umlauf waren. Doch schon wenige Tage später wurde das Kommando wieder rückgängig gemacht. Die Kompanie wurde in den Standort Hildesheim zurückverlegt, wo inzwischen das gesamte XI. Fliegerkorps mit unbekanntem Ziel abgerückt war. Zusammen mit der 2. Kompanie des Sturmregiments Koch ging es im Landmarsch über Prag, Wien und Budapest auf den Balkan nach Tanagra. Dort wartete bereits eine Halbgruppe Ju 52 und die ihnen zugeteilten Lastensegler. Hier erfuhren die beiden Kompanien das Ziel ihres Einsatzes: Kreta.

Die 1. Kompanie mußte einen Zug an die 2. Kompanie abgeben. Dem Rest fiel die Aufgabe zu, mit neun Lastenseglern, also insgesamt 90 Mann, eine hart am südlichen Stadtrand der kretischen Hauptstadt Chania in Stellung liegende englische Flakbatterie auszuschalten und sich dann entweder bis zum Eintreffen des Fallschirmjägerregiments 3 (Heidrich) zu verteidigen oder sich zur 2. Kompanie auf Akrotiri, einer der Sudabucht halbrund vorgelagerten Halbinsel, oder zum Fallschirmjägerregiment 3 durchzuschlagen.

Oberleutnant Genz plante diesen Handstreich bis ins kleinste Detail. Dann gliederte er seine kleine Kampfgruppe in den Kompaniezug mit drei Lastenseglern, den I. Zug unter Oberleutnant Toschka und den II. Zug unter Leutnant Mahrenbach mit ebenfalls je drei Lastenseglern. Seinen Zugführern erläuterte er, wie er sich das Vorgehen im einzelnen dachte: „Der Kompaniezug landet am Rande des südlich der Batterie gelegenen Olivenhains, kämpft die dort erkannten Infanteriestellungen nieder und hindert die dort zeltende Besatzung daran, den in der Feuerstellung liegenden Teilen zu Hilfe zu kommen. Der I. Zug landet unmittelbar in der Batteriefeuerstellung und kämpft diese nieder. Der II. Zug landet an der Kreuzung der von der Hauptstadt nach Süden führenden Straße mit der parallel zur Küste südlich der Stadt zur Sudabucht und zum Hafen führenden Straße, kämpft dort erkannte Infanteriestellungen nieder und sichert nach Norden gegen einen aus der Hauptstadt zu erwartenden Gegenangriff."

Mit Sonnenuntergang des 20. Mai startete die winzige Vorausabteilung. Kurz vor der Insel begann die Schleppmaschine unruhig zu fliegen. Das geballte Flakfeuer stand wie ein Vorhang über Chania. Oberleutnant Genz sah, wie der linke Nachbarsegler plötzlich abriß, dann auch der rechte. Beide Maschinen gingen nach unten. Dann waren plötzlich auch der I. und der II. Zug verschwunden. Er drehte sich um und blickte in die fragenden Gesichter seines Kompanietrupps. Für langes Überlegen blieb keine Zeit, denn eben überflogen sie die Küste der Insel. Unter ihnen detonierten die ersten Flaksalven, MG-Feuer belferte dazwischen.

Oberleutnant Genz erinnert sich: „Plötzlich ertappte ich mich dabei, wie ich die Beine anzog, um sie vor dem von unten kommenden Beschuß zu schützen. Ruhig bleiben! Jetzt konnte ich deutlich die Batterie sehen. Wir waren über dem parallel zur Küste laufenden Gebirge und kurvten nach Norden auf die Stadt ein. Der Lastenseglerführer, Oberleutnant Werner, gleichzeitig Kapitän der Staffel, drehte sich zu mir um.

‚Wo ist die Batterie?' fragte er. Gleichzeitig drückte er so stark an, daß die Höchstgeschwindigkeit überschritten wurde.

Im gleichen Augenblick stieg vor uns die Fontäne einer Bombendetonation empor. Ein Stuka hatte seine Bombe hart an die Batterie gesetzt. So konnte der Flugzeugführer das Ziel auffassen. Kurz davor setzten wir mit ungewohnt hoher Geschwindigkeit auf und standen. Die rechte Tragfläche war gegen einen Baum geknallt.

Um uns wirbelten Splitter der zerkrachenden Fläche und Staub in dicken Wolken. Ich warf die Haube ab und sprang aus der Maschine, die MPi im Hüftanschlag, direkt vor zwei Tommys, die mir ihre Gewehre vor den Leib hielten. Im nächsten Augenblick waren sie niedergekämpft. Als erster deutscher Soldat setzte ich den Fuß auf kretischen Boden.

Da! Auf einmal vor uns, direkt aus der Erde kommend, Gesichter, flache Stahlhelme, Gewehrläufe! Wir liefen einfach drauflos, warfen im Laufen unsere Handgranaten. Es waren zersägte Stahlsprengrohre mit Graukopfzündern, die wir zu Handgranaten umgearbeitet hatten.

Völlig unerwartet kam uns dabei die Besatzung einer der abgerissenen Maschinen mit der Werfergruppe, in der sich auch der Kompaniearzt, Oberarzt Dr. Martin Stehfen, befand, zu Hilfe. An der noch 75 Meter entfernten Geschützstellung wurde erbittert gekämpft. Dort war einer meiner von der Flak angeschossenen Lastensegler mit einer Fläche gegen das Rohr des Geschützes geprallt und mit einer harten Drehung gelandet.

Oberjäger Hahn wurde beim Sprung aus der Maschine sofort tödlich getroffen. Aber die Männer hörten noch seinen letzten Ruf: ‚Los, ran, Jungs!'

Ein Mann dieser Gruppe lieferte dem Gegner ein Handgranatenduell, bevor er hinter die Sandsackumwallung des Geschützes stürmte. Von der Geschützbedienung war keiner mehr am Leben. Von dort aus nahm dieser Fallschirmjäger die anderen Geschütze unter Feuer, um den Zug Toschka zu unterstützen, der mittlerweile ebenfalls herangekommen war. Auch die beiden Gruppen meines Kompaniezuges waren inzwischen an der Batterie. Die zur Erdsicherung eingesetzten Engländer feuerten noch immer. Die zu Bunkern ausgebauten Keller mußten einzeln im Häuserkampf freigekämpft werden.

Die Batterie war genommen. Wir richteten uns sofort zur Rundumverteidigung ein. Weit entfernt, in südwestlicher Richtung, sahen wir das Regiment 3 springen.

Jetzt stießen auch Teile des Zuges Mahrenbach zu uns. Zwei seiner Maschinen waren nicht ganz an der vorgesehenen Stelle gelandet. Leutnant Mahrenbach und der Flugzeugführer waren durch Flakbeschuß schon vor der Landung tot, der stellvertretende Zugführer, Fahnenjunker-Feldwebel Bühl, erblindete. Die Maschine war aus zehn Metern Höhe abgestürzt, und einem Melder war es gelungen, zu mir durchzukommen. Er berichtete, daß die verwundete Besatzung ein Haus an der Straßenkreuzung erreicht hätte.

Hier verteidigte ein einzelner Fallschirmjäger in todesmutigem Einsatz die verwundeten Kameraden. Es war der Gefreite Adolf Pfriemberger.

Die ersten feindlichen Wagen ließ Pfriemberger dicht an die Kreuzung herankommen, dann schmetterte sein Feuerstoß in das Führerhaus. Die folgenden Wagen wurden blockiert, die Besatzungen sprangen ab und griffen beiderseits der Straße an.

Pfriemberger kämpfte Gruppe um Gruppe nieder. Er feuerte, machte Stellungswechsel und schoß wieder. Und das unmöglich erscheinende geschah. Ein einzelner Soldat hielt eine ganze englische Kompanie und dezimierte sie. Er ließ sie nicht zur Entfaltung kommen. Nach einigen vergeblichen Versuchen ging der Rest der Tommys zurück. Pfriemberger wurde mit beiden Eisernen Kreuzen ausgezeichnet.

Ich erspähte einige dicht mit Engländern besetzte Lastwagen; diese etwa 120 Mann sollten die von uns besetzte Batterie entsetzen. Ich mußte sie stoppen."

Weiter heißt es in seinem Gefechtsbericht: „Eine Stunde nach unserer Landung schwebte die Kompanie Altmann über Akrotiri ein. Wir hatten uns noch nicht von dieser Überraschung erholt, als unsere vorgeschobenen Sicherungen den Anmarsch feindlicher Panzer meldeten. Von meinen 70 auf der Insel gelandeten Männern waren zu diesem Zeitpunkt noch 34 kampffähig. Der Weg zur 2. Kompanie, hart an der Stadt vorbei, hätte über steiles Felsgelände geführt – unmöglich! Halten schien ebenso aussichtslos. In dieser Situation bekamen wir Funkverbindung mit dem Regiment 3.

‚Kommen nicht durch nach Chania. Zu uns durchschlagen!'

Es war der einzige Funkspruch, den wir aufnehmen konnten; kurz darauf fiel unser Gerät durch Beschuß aus.

Die Feindpanzer hatten die Batteriestellung fast erreicht, während wir uns durch einen Olivenhain nach Südwesten zurückzogen. Ich hatte mich entschlossen, mich mit der Kompanie zum Regiment 3 durchzuschlagen. Wir erreichten ein Weinfeld und blieben, am Rande sichernd, stehen. In diesem Augenblick preschte ein Lkw voller Soldaten, auf dem Führerhaus ein MG, um eine Straßenbiegung auf uns zu. In einem einzigen Feuerschlag wurden Lkw und Besatzung niedergekämpft.

Weiter ging es in südwestlicher Richtung, doch in einer hundert Meter hinter der Straße gelegenen Olivenpflanzung erhielten wir von zwei Seiten Gewehr- und MG-Feuer. Wir gingen sofort in Deckung. Nur ein an der Westgrenze dieses Haines liegender Oberjäger und sein MG-Schütze II lagen ungedeckt. Sie gruben sich ein. Plötzlich aber blieben sie reglos liegen, und als ich mich zu ihnen vorgearbeitet hatte, sah ich, daß beide durch Kopfschüsse gefallen waren. Wir waren eingeschlossen."

Soweit der persönliche Bericht. Von allen Seiten feuerte der Gegner. Feindliche Spähtrupps drangen in den Hain ein. Die Hitze hatte sich bis ins Unerträgliche gesteigert. Es gab kein Wasser.

„Wir müssen sehen, daß wir Wasser bekommen, Herr Oberleutnant!" wandte sich Oberarzt Stehfen am Abend an den Kompanieführer.

„Stimmt. Dort vorn, ungefähr 150 Meter südwestlich des Haines muß ein Gehöft liegen. Ich brauche zwei Freiwillige."

„Ich werde selbst gehen", meldete sich der Oberarzt, der, wie es beim Sprungeinsatz selbstverständlich war, nicht unter dem Roten Kreuz stand.

„Ich gehe mit, Herr Oberleutnant!" meldete sich Oberjäger Kempke sofort.

Die beiden Männer pirschten sich an das Gehöft heran. Kempke hatte die Spitze übernommen. Als er zwischen den Häusern verschwand, hörte er hinter sich einen Warnruf des Oberarztes. Da sah er auch schon zwei griechische Soldaten, die aus dem ersten Haus herausstürmten und den Oberarzt ansprangen. Kempke riß die Nullacht hoch und schoß. Einer der Griechen fiel, der zweite hatte den Oberarzt angesprungen und kämpfte Mann gegen Mann mit ihm.

Schon wollte Kempke eingreifen, als fünfzig Meter schräg hinter ihm ein MG zu rattern begann und ihm den Rückweg verlegte. Dr. Stehfen überwältigte den Griechen, und beide Männer konnten sich zur Kompanie zurückschlagen, die inzwischen auf achtzig Meter nachgezogen hatte und hinter einem Wegrand in Deckung gegangen war.

„Wir kommen so nicht rein, Herr Oberleutnant!" meldete Kempke.

„Bis nach Einbruch der Dunkelheit bleiben wir hier. Dann stoßen wir nach Süden in die Berge vor", entschied Oberleutnant Genz.

Nach Einbruch der Dunkelheit setzte sich die kleine Kampfgruppe in Bewegung. Oberjäger Kempke und Dr. Stehfen hatten als Spähtrupp wieder freiwillig die Spitze übernommen. Nach eineinhalb Stunden erreichten sie einen tunnelartigen, mit Büschen überwachsenen trockenen Graben. Während sich die erschöpfte Kompanie ausruhte, krochen Stehfen und Kempke weiter vor. Sie erreichten ein Tal mit einer größeren Ortschaft.

„Es wimmelt dort von Tommys, Herr Oberarzt", sagte Kempke, als sie trotz der Dunkelheit die vielen Gegner sahen.

„Zurück zum Haufen, Kempke!"

Als die beiden Späher Oberleutnant Genz melden wollten, krachten ringsum Schüsse. Dreißig Bewaffnete – wie es schien Zivilisten – griffen an. Wenige Feuerstöße und einige Handgranaten ließen sie auseinanderflattern. Nun mußte alles auf eine Karte gesetzt werden, wenn sie nicht eingeschlossen werden wollten.

„Helm ab!" befahl Oberleutnant Genz. „Damit unsere Silhouette nicht gesehen wird", fügte er hinzu, als eine leise, aber vernehmbare Stimme lakonisch „zum Gebet" dazwischengemurmelt hatte.

In Doppelreihe, die Gewehre umgehängt, marschierten die Fallschirmjäger direkt auf die Ortschaft zu. Oberleutnant Genz übernahm die Spitze. Er sah die vielen Kabel, die in das erste Haus hineinführten. Offenbar lag hier ein englischer Stab. Ein Posten, das Gewehr an der Hüfte, tauchte vor dem Oberleutnant auf.

„Stop, who are you?" bellte er in die Finsternis.

Oberleutnant Genz sprach sehr gut Englisch. Und er antwortete auch entsprechend: „Good evening, old chum, I'm Captain Miller, 5th battery of Yorkshire antiaircraft!"

Es entspann sich ein längeres Gespräch, in dessen Verlauf sich Posten und falscher Captain immer lauter unterhielten. Als Oberleutnant Genz seine Männer in Sicherheit wußte, beendete er die Diskussion mit der abschließenden Bemerkung, daß er keine Zeit mehr habe, weil er deutsche Fallschirmjäger suchen müsse.

Jetzt erkannte der Posten den Gegner. Er riß sein Gewehr hoch. Oberleutnant Genz spurtete zurück, der Schuß zischte haarscharf an ihm vorbei. Er erreichte ein Getreidefeld und warf sich neben seiner Kompanie in Deckung. Vier Mann blieben jedoch verschwunden. Sie wurden erst vierzehn Tage später gefunden – von Kretern ermordet, ausgeraubt und verstümmelt.

„Wir müssen zu dieser Bergspitze gehen! Dort muß irgendwo die Quelle des Flüßchens sein, das durch die Ortschaft fließt."

Wenig später erreichte die Kompanie das Gewässer, und die Männer konnten endlich ihren Durst löschen.

Am Flüßchen entlang gingen sie weiter. Als sie eine Brücke überquerten, peitschte MG-Feuer auf sie herunter. Die Fallschirmjäger erwiderten das Feuer und brachten den Gegner zum Schweigen.

Um eine Flußbiegung abzuschneiden, kletterten die Männer einen Hügel hinauf. Doch schon in halber Höhe schlug ihnen Infanteriefeuer entgegen, in das 2-cm-Geschütze einfielen. Ein Fallschirmjäger, der glaubte, es seien eigene Leute, rief die Parole durch die Nacht: „Reichsmarschall!"

Wildes Geschrei antwortete. Das Feuer verstärkte sich. Da kam Oberleutnant Genz eine Idee. „Stop your fire!" brüllte er in das Tohuwabohu. Das Feuer verstummte tatsächlich. In atemlosem Spurt rannten die Fallschirmjäger nach Westen. Als sie den Gegenhang erreichten, schlug ihnen auch hier Feuer entgegen. Wieder rief Oberleutnant Genz den Gegner auf Englisch an, und das Feuer wurde eingestellt.

So gewann die Kompanie Genz die Freiheit. Der alptraumartige Nachtmarsch nahm seinen Fortgang. Die Männer marschierten durch feindliche Ortschaften, mitten durch englische Zeltlager und durch die schluchtenreiche Landschaft. Die Kompanie war am Ende ihrer Kraft. Einige Männer fielen einfach um und blieben liegen. Oberleutnant Genz mußte den Einwänden des Arztes nachgeben. In einem langen flachen Graben an einer Bergnase legten sie sich zu kurzer Ruhe nieder.

Als der Morgen graute, wurde Oberleutnant Genz von einem Posten geweckt: „Herr Oberleutnant, dort drüben sitzen Deutsche!"

Wie ein Blitz kam Genz auf die Füße. „Tatsächlich!" sagte er, als er die Gestalten am Gegenhang in drei Kilometern Entfernung erkannte. „Das sind unsere Kameraden." Immer wieder von englischem MG-Feuer verfolgt, erreichten sie das I./Fallschirmjägerregiment 2 unter Hauptmann von der Heydte. Einer der abenteuerlichsten Einsätze auf Kreta lag hinter ihnen.

Noch auf dem Gefechtsfeld wurde Oberleutnant Alfred Genz am 14. Juni 1941 für diese großartige Leistung mit dem Ritterkreuz des Eisernen Kreuzes ausgezeichnet. Auch der schwerverwundete Oberleutnant Toschka erhielt das Ritterkreuz, und als dritter Mann der Kompanie wurde Oberjäger Kempke mit dem Ritterkreuz ausgezeichnet.

Bis auf eine leichte Splitterverletzung unversehrt von dem Kretaeinsatz zurückgekehrt, erhielt Oberleutnant Genz den Auftrag, bis zur Genesung des schwerverwundeten Kommandeurs, Major Koch, das Bataillon neu aufzustellen und auszubilden. Es hatte die Hälfte seiner Oberjäger und Mannschaften und 17 Offiziere durch Tod sowie vier Offiziere durch Gefangennahme verloren. Im November 1941 konnte Oberleutnant Genz dem inzwischen wiederhergestellten Major Koch das Bataillon einsatzbereit übergeben.

Im Dezember rückte die Einheit zum Einsatz bei Schaikowka im Mittelabschnitt der Ostfront ab. Oberleutnant Genz sollte mit den 150 noch auszubildenden Rekruten Anfang Februar 1942 nachfolgen. Doch als letzter Überlebender seiner Familie – seine beiden Brüder waren auf Kreta gefallen – wurde Genz noch vor Weihnachten nach Groß-Born zur Luftwaffen-Erdkampfschule kommandiert, die dort unter Oberst Heidrich neu eingerichtet wurde. Genz sollte hier die 1. Schülerkompanie führen. Er blieb dort bis Anfang Mai 1942. Am 1. März 1942 war er zum Hauptmann befördert worden.

Als das inzwischen zum Fallschirmjägerregiment 5 erweiterte Bataillon aus dem Fronteinsatz zurückkam, kehrte Genz wieder zu seiner alten Einheit zurück. Als Hauptmann beim Stabe leistete er Oberstleutnant Koch, dem Regimentskommandeur, wertvolle Hilfe, insbesondere bei der Verlegung des Regiments in die Normandie.

Im Juli 1942 machte Hauptmann Genz einen Bataillonskommandeurs-Lehrgang an der Panzertruppenschule mit. Nach der Landung der Alliierten in Nordafrika wurde er zu seinem dort eingesetzten Regiment zurückgerufen. Doch schon im Dezember wurde er unter Berufung auf den noch immer geltenden Befehl zur Familienhaltung wieder zur Erdkampfschule der Luftwaffe versetzt, die in der Zwischenzeit nach La Courtine in Frankreich verlegt worden war. Hauptmann Genz wurde Lehrer für Taktik und leitete gleichzeitig die Zug- und Kompanieführer-Lehrgänge.

Doch für Alfred Genz war das keine Verwendung nach seinem Geschmack. Unablässig versuchte er, wieder zur kämpfenden Truppe versetzt zu werden. Schließlich gelang es ihm, als Kommandeur des aus Überresten des ehemaligen Sturmregiments aufgestellten III./Fallschirmjägerregiment 12 (Oberst Sturm) wieder zum Einsatz zu kommen. Dieser Versetzung war im Sommer 1943 eine zweimonatige Kommandierung als Ordonnanzoffizier zu einem kleinen Spezialstab von General Student vorausgegangen.

Mit seiner Einheit nahm Hauptmann Genz an den Kämpfen um den Landekopf Anzio-Nettuno teil. Südlich von Ardea gelang es seinem Bataillon am 15. und 16. Februar 1944, einen ein Kilometer tiefen Einbruch in die gegnerische Front zu erzielen. Die Spitzen waren sogar bis zur Cognastraße vorgedrungen, wurden aber von Hauptmann Genz in die besser zu verteidigende Cioccaschlucht zurückgenommen. Nur ein Zug stieß an der rechten Flanke als Sicherung bis zum Zackenwald vor, welcher der Bunkerschlucht vorgelagert war, die sich nach Westen und Nordwesten an die Cioccaschlucht anschloß.

Erneut zeichnete sich das Bataillon als Korpsreserve aus, als es den Ort Lanuvio gegen die Angriffe amerikanischer Divisionen verteidigte. Bei diesen Kämpfen wurde Genz leicht verwundet, blieb aber bei der Truppe. Das Bataillon wurde daraufhin im Wehrmachtsbericht ehrenvoll erwähnt.

Hauptmann Genz führte das Bataillon bei den Abwehrkämpfen entlang der Via Cassia bis Juni 1944. Dann wurde er von Generalmajor Trettner, dem Kommandeur der Fallschirmjägerdivision 4, mit der Aufstellung des Feldersatzbataillons dieser Division beauftragt. Von September 1944 bis Januar 1945 führte Alfred Genz, am 1. September 1944 zum Major befördert, das II./Fallschirmjägerregiment 10. Dann ging er als Führer des Fallschirmjägerregiments 29 (der im März 1945 in Italien neu aufgestellten 10. Fallschirmjägerdivision unter Oberst von Hoffmann) noch im März 1945 an die zusammenbrechende Ostfront. Hier nahm er mit seinem Regiment an den Abwehrkämpfen im Raum St. Pölten-Wilhelmsburg teil und wurde anschließend im Rahmen der Absetzbewegungen nach Iglau verlegt, wo er die Kapitulation erlebte.

Zunächst geriet Major Genz in amerikanische Gefangenschaft. Doch dann wurde er mit den im Raum Böhmen-Mähren entwaffneten Teilen der deutschen Wehrmacht am 17. Mai 1945 an die Russen ausgeliefert und blieb bis Ende 1949 in russischer Gefangenschaft, die er ebenso tapfer überstand wie die härtesten Einsätze. Die Gefangenschaft vermochte den Fallschirmjäger Genz nicht zu brechen. Nach seiner Heimkehr arbeitete er zunächst als Dolmetscher, dann ging er als Exportkaufmann zur Industrie, wo er mit großem Erfolg bis April 1956 tätig war.

In der Bundeswehr

Am 26. April 1956 trat Alfred Genz in die neue Bundeswehr ein, die solche aufrechten Charaktere und ausgezeichneten Soldaten notwendig brauchte. Er wurde mit der Aufstellung eines Fallschirmjägerbataillons beauftragt, das er bis zu seiner Versetzung zum NATO-Kommandobereich Alliierte Streitkräfte Europa Mitte (AFCENT) führte. Bevor Genz in das interalliierte Hauptquartier nach Fontainebleau versetzt wurde, absolvierte er von August 1960 bis Februar 1961 den 18. Lehrgang des NATO Defence College mit Erfolg. Dieser Lehrgang diente der

Vorbereitung seiner Tätigkeit im interalliierten Hauptquartier. Er erhielt das Bundesverdienstkreuz I. Klasse am 3. April 1973 und den Ordre National du Merite der Republik Frankreich am 25. Mai 1973.

Oberst der Bundeswehr Alfred Genz starb am 23. April 2000 in Schongau.

Walter Gericke

Oberst der Wehrmacht
Generalmajor der Bundeswehr

Geb. am 23. Dezember 1907 in Bilderlahe/Niedersachsen
Ritterkreuz: 14. Juni 1941
Deutsches Kreuz in Gold: 15. September 1943
585. Eichenlaub: 17. September 1944

Walter Gericke wurde am 23. Dezember 1907 in Bilderlahe, Kreis Marienburg (Hannover), geboren. In Berlin-Steglitz legte er 1928 am Realgymnasium seine Reifeprüfung ab.

Da er den Wunsch hatte, Soldat zu werden, die Reichswehr jedoch keine Offiziersanwärter aufnahm, bewarb sich Gericke bei der Polizei. Bis zu seiner dortigen Aufnahme hörte er an der Universität Berlin während des Wintersemesters 1928/29 im Hinblick auf seinen zukünftigen Beruf juristische und gerichtsmedizinische Vorlesungen.

Am 3. April 1929 ging Walter Gericke als Polizeianwärter an die Polizeischule Brandenburg/Havel. Nach Absolvierung des 20. Offiziersanwärterlehrgangs in Spandau und Potsdam-Eiche erfolgte seine Beförderung zum Leutnant der Landespolizei. Am 31. August 1935 zum Oberleutnant der Landespolizei befördert, wurde Gericke schon einen Monat später mit diesem Dienstgrad in die Luftwaffe übernommen, nachdem er sich freiwillig zu dem Fallschirmjägerbataillon des Regiments „General Göring" gemeldet hatte. Oberleutnant Gericke übernahm eine Kompanie dieses neuaufgestellten Fallschirmjägerbataillons, das unter Befehl von Major Bräuer stand.

Bei Kriegsausbruch, den die inzwischen in der 7. Fliegerdivision unter General Student zusammengefaßten Fallschirmjäger in ihren Friedensstandorten erlebten, brannte auch Walter Gericke darauf, zum Sprungeinsatz zu kommen. Abgesehen von einigen Einsätzen, die im wesentlichen aus Sicherungsaufgaben bestanden, kam es während des Polenfeldzuges jedoch zu keinen größeren Einsätzen.

Erst im April 1940 kam das I./Fallschirmjägerregiment 1 bei dem „Unternehmen Weserübung" – der Besetzung Dänemarks und Norwegens – zum Einsatz. Unter Führung von Hauptmann Erich Walther startete das Bataillon in den frühen Morgenstunden des 9. April 1940 zum ersten Sprungeinsatz.

Hauptmann Gericke, an der Spitze seiner 4. Kompanie, nahm die große Brücke, die die Inseln Falster und Seeland miteinander verbindet, im Handstreich. Damit war der Weg für die deutschen Truppen nach Kopenhagen und von da aus nach Oslo frei.

Vier Wochen später ging es zum zweiten Fallschirmeinsatz. Im Morgengrauen des 10. Mai 1940 sprang Hauptmann Gericke mit seiner 4. Kompanie im Verband des I./Fallschirmjägerregiment 1 an der Eisenbahn- und Straßenbrücke bei Dordrecht. Es gelang, die Straßenbrücke in Besitz zu nehmen, die Eisenbahnbrücke konnte von den Holländern jedoch noch in letzter Sekunde gesprengt werden. Walter Gericke wurde mit dem Eisernen Kreuz I. Klasse ausgezeichnet.

Nach diesem Einsatz kam Hauptmann Gericke zum Stab Fliegerführer Drontheim, der vom Flugplatz Vaernes aus die im Raum Narvik stehenden und noch immer kämpfendem Fallschirmjäger und Gebirgsjäger mit dem nötigen Nachschub zu versorgen hatte.

Als Kommandeur des IV. (schweren) Bataillons des Luftlande-Sturmregiments, dem die Besetzung des Flugplatzes Maleme zur Aufgabe gestellt war, sprang Hauptmann Gericke in den frühen Morgenstunden des 20. Mai 1941 über Kreta ab. Als „Kampfgruppe Gericke" stand das IV. Bataillon östlich des Flugplatzes Maleme beiderseits der Küstenstraße in harten Abwehrkämpfen gegen einen überlegenen Gegner.

Hauptmann Gericke befehligte alle hier eingesetzten Bataillone, nachdem Generalmajor Meindl, der Kommandeur des Sturmregiments, gleich zu Beginn schwer verwundet worden war und Major Stentzler, der die Regimentsführung übernommen hatte, mit seinem Bataillon am Südoststrand der Höhe 107 festlag. Die am 21. Mai im Verband des Ersatzbataillons unter Oberst Ramcke gelandete Kompanie Kiebitz stieß mit der ihr unterstellten Pak zu Hauptmann Gericke vor.

In der folgenden Nacht griffen die Engländer mit Panzern und Lastwagen voller Infanterie die Kampfgruppe Gericke an. Walter Gericke stand im Brennpunkt dieser Kämpfe, und es gelang ihm und seinen Männern, den zahlenmäßig überlegenen Gegner blutig abzuweisen.

Oberst Ramcke, der am 22. Mai in aller Frühe bei der Kampfgruppe eintraf, befahl Gericke: „Sie treten erst zum Angriff an, wenn die weitausholende Umfassung des Gegners durch die Gebirgsjäger wirksam geworden ist. Dann aber stoßen Sie in einem Zuge zum Platanias-Abschnitt vor."

Hauptmann Gericke bereitete alles für diesen entscheidenden Angriff vor, dessen Schwerpunkt bei ihm, beiderseits der Straße, liegen sollte.

In der Nacht blieb er vorn bei seinen Fallschirmjägern, und als er erkannte, daß der Gegner am Morgen des 23. Mai weich wurde, trat er aus eigener Initiative zum Angriff an. Durch das zerklüftete Gelände stieß die Kampfgruppe Gericke bis zu der feindlichen Artilleriestellung auf der Höhe vor, die das Vorgehen der Fallschirmjäger empfindlich gestört hatte. Im Sturmangriff fielen drei Geschütze in die Hand der Kampfgruppe. Damit wurde auch die Wirkung dieser Batterie auf den Flugplatz Maleme endgültig ausgeschaltet.

Am Platanias-Abschnitt mit seinen terrassenförmig ansteigenden Weinbergen blieb die Kampfgruppe Gericke liegen. Die Brücke lag unter Feindfeuer, der Bachgrund war dicht vermint. Hauptmann Gericke ließ die schweren Waffen nachziehen. Die Feind-Batterie, die die Brücke unter Feuer hielt, wurde im Artillerieduell ausgeschaltet, und am anderen Morgen trat die Kampfgruppe abermals an.

Im Schwerpunkt dieses Angriffs stand Oberleutnant Horst Trebes mit dem III./Luftlande-Sturmregiment. Er trug den Angriff durch Platanias und noch über das Dorf Aig-Marino hinaus vor. In der Nacht zum 25. Mai konnte die Kampfgruppe Gericke die Verbindung zur Kampfgruppe Heidrich herstellen, die vor Galatas lag.

Hier blieb der deutsche Angriff zum zweiten Mal vor einer starken Verteidigungslinie des Gegners liegen. Zwischen die Kampfgruppen Stentzler und Gericke schob sich nun die Kampfgruppe unter Hauptmann Schmitz.

An der Uferstraße vorgehend, konnte die Kampfgruppe Gericke schnell an Boden gewinnen. Als Oberst Ramcke – der mittlerweile den Befehl über das Luftlande-Sturmregiment übernommen hatte – bei der Kampfgruppe Gericke eintraf, war der Gegner wieder ins Laufen gekommen.

„Wir müssen ihm auf den Hacken bleiben, Herr Oberst", drängte Hauptmann Gericke.

„Gut, Gericke, weiter ran!"

Die Kampfgruppe stieß bis zu den Höhen westlich Chania vor, wo ihr ein riesiges englisches Zeltlager in die Hand fiel. 80 verwundete deutsche Fallschirmjäger, die hier in einer Felsgrotte lagen, begrüßten ihre Befreier stürmisch. Am 27. Mai stieß die Kampfgruppe Gericke bis zum Ostrand von Chania durch und besetzte auch die Höhen der Halbinsel Akrotiri. Um 15.30 Uhr fiel die Zitadelle von Chania. Mit dem Fall dieses Hauptstützpunktes war das Schicksal Kretas besiegelt – ein Sieg, an dem auch die Kampfgruppe Gericke Anteil hatte. Ihr Kommandeur wurde am 14. Juni 1941 mit dem Ritterkreuz des Eisernen Kreuzes ausgezeichnet.

Als am 19. Juli 1941 die Ritterkreuzträger des Kretaeinsatzes im Führerhauptquartier versammelt waren, bemerkte Hitler General Student gegenüber: „Kreta hat bewiesen, daß die Tage der Fallschirmtruppe vorüber sind! Die Fallschirmwaffe ist eben eine reine Überraschungswaffe." Das war faktisch das Todesurteil für die deutsche Fallschirmtruppe.

Im Zuge der nun folgenden Erdeinsätze der Fallschirmtruppe erlebte Walter Gericke den Einsatz seines Bataillons im Raum Stalino und in den Sümpfen des Wolchowkessels. Auf dem Fallschirmjägerfriedhof von Lipowik ruhten nun die meisten jener tapferen Männer des Bataillons Gericke, die Holland und Kreta überlebt hatten. Nach Rückkehr in die Heimat wurde Gericke, inzwischen zum Major befördert, Kommandeur des Lehrbataillons der Fallschirmtruppe.

Im Frühjahr 1043 wurde die 1. Fallschirmjägerdivision – die ehemalige 7. Fliegerdivision – aus dem Mittelabschnitt der Ostfront herausgelöst. Die 2. Fallschirmjägerdivision wurde unter General Ramcke neu aufgestellt. So verfügte General Student im Sommer 1943, zum ersten Mal seit dem Kretaeinsatz, wieder über alle Fallschirmjägereinheiten, die ihm im XI. Fliegerkorps unterstellt waren. Dieses Korps wurde im Juni 1943 als operative Reserve des Oberkommandos der Wehrmacht (OKW) in Südfrankreich bereitgestellt; das Generalkommando lag in Nimes. Damit hatte das OKW mit 30.000 Fallschirmjägern die stärkste und zugleich beweglichste Reserve, die ihm jemals zur Verfügung stand.

Diese wurde am 26. Juli 1943 von Hitler persönlich in Marsch gesetzt. Hitler hatte General Student nach Rastenburg zitiert: „Ich habe Sie und Ihre Fallschirmer für eine sehr wichtige Aufgabe ausersehen. Gehen Sie so schnell wie möglich mit allen verfügbaren Fallschirmtruppen nach Rom. Sie sind mir dafür verantwortlich, daß Rom gehalten wird. Sonst sind unsere Truppen auf Sizilien und in Süditalien abgeschnitten."

Innerhalb weniger Tage landeten 20.000 Fallschirmjäger auf dem Flugfeld Pratica di Mare, darunter auch das II./Fallschirmjägerregiment 6 unter Major Gericke. Wenig später ließ Generaloberst Student Major Gericke, der mit seinem Bataillon zum Schutz der Flugplätze von Foggia eingesetzt war, in sein Hauptquartier nach Frascati rufen.

„Gericke", sagte der Generaloberst, „ich habe für Sie und Ihr Bataillon eine Sonderaufgabe. Geheime Reichssache! Wir müssen damit rechnen, daß Italien über kurz oder lang aus dem Krieg ausscheidet und an die Seite der Alliierten tritt. Es gilt, die Gefahren, die daraus für die deutsche Wehrmacht in Italien und für Deutschland selbst entstehen können, abzuwehren. Sie erhalten von mir daher folgenden Auftrag: Im Falle der Kapitulation Italiens heben Sie mit ihrem Bataillon im Sprungeinsatz das italienische Hauptquartier in Monte Rotondo aus und legen damit den gesamten Führungsapparat der italienischen Wehrmacht lahm. Bei diesem Auftrag sind Sie ganz auf sich allein gestellt. Unterstützung vor dem Sprung oder während des Kampfes kann Ihnen aus Geheimhaltungsgründen nicht gewährt werden."

Es war Walter Gericke „nicht besonders wohl zumute", als er diesen Auftrag bekam. Er fuhr nach Foggia zurück und befahl für sein Bataillon Einsatzbereitschaft. Er selbst studierte die Karte, auf der die Lage des italienischen Hauptquartiers nordöstlich Rom verzeichnet war. Es war ein 160 Meter hoher Hügel, gespickt mit Betonbunkern, Deckungsgräben, Straßensperren und Panzerhindernissen. Darüber hinaus waren rundum Feldgeschütze und Flakbatterien eingebaut.

Der Einsatzbefehl erreichte das Bataillon am 8. September. Am 9. September um 6.30 Uhr starteten 52 Ju 52 zum Flug nach Rom. Als sich der Pulk Monte Rotondo näherte, traten bereits die ersten Ausfälle durch Flakfeuer ein. Zu allem Unglück wurde noch ein Teil des Bataillons falsch abgesetzt; einzelne Gruppen landeten bis zu vier Kilometer weit vom Einsatzziel entfernt.

Dennoch stürmten die richtig abgesetzten Kompanien den Monte Rotondo. In erbitterten Kämpfen drangen die Fallschirmjäger tief in das italienische Verteidigungssystem ein. Walter Gericke griff mit der Spitze seines Bataillons das Kastell an, in dem die Führungsabteilung der Italiener vermutet wurde. Im gleichen Ansturm wurde die Großfunkstelle angegriffen.

Aus dem Kastell schlug den Fallschirmjägern wütendes Feuer der italienischen Verteidiger entgegen. In einzelnen Sprüngen arbeitete sich das Bataillon vor, stürmte schließlich das Kastell und nahm allein hier 15 Offiziere und 200 Soldaten gefangen.

Doch General Roatta, der Generalstabschef des italienischen Heeres, war nicht unter den Gefangenen. Er hatte rechtzeitig das Weite gesucht und wartete zu dieser Zeit schon in Pescara auf den Flug zu den Alliierten. Insgesamt ergaben sich der Kampfgruppe Gericke 2.500 Italiener, darunter 100 Offiziere.

Am Nachmittag wurde die Lage brenzlig, als italienische Verstärkung am Monte Rotondo eintraf, zu deren Unterstützung noch eine in Rom stationierte italienische Panzerdivision vorging. Vom Gegner eingeschlossen, bekam Gericke am Nachmittag die Nachricht, daß ein Parlamentär des Fallschirmkorps wegen des Abzugs seines Bataillons bereits mit den Italienern verhandelt habe. Dabei war erreicht worden, daß dem Bataillon Gericke für den Morgen des 10. September freier Abzug unter Waffen gewährt wurde.

Der Bataillonsadjutant übermittelte Major Gericke den Inhalt der Abmachung. Sie lautete: „Zum Abschluß der Kämpfe in und um Monte Rotondo ist im Einvernehmen mit dem italienischen Heereskommando und dem deutschen Oberbefehlshaber Süd, Generalfeldmarschall Kesselring, folgendes vereinbart worden: Nach gegenseitiger Auslieferung der Gefangenen, Verwundeten, sämtlicher Waffen und Geräte, Sicherstellung der Fallschirme und Bergung der Gefallenen ist der Kampfgruppe Gericke freier Abzug nach Norden zu gewähren. Alle italienischen Behörden und Militärdienststellen haben die Kampfgruppe ungehindert passieren zu lassen und bürgen für deren Schutz und Sicherheit."

Der Gefechtslärm, der noch immer nicht ganz verstummt war, legte sich nun. Aber in den frühen Morgenstunden des 10. September flackerte er wieder auf. Von Westen und Nordwesten war starkes MG-Feuer zu hören.

Die Lage wurde kritisch, als die Masse der italienischen Gefangenen auszubrechen begann. Die Posten im Westen wurden von den Italienern überwältigt. Einem Feldwebel gelang es, das Bataillon zu alarmieren. Sofort ließ Walter Gericke die MGs in Stellung bringen; der Angriff der Italiener wurde abgewehrt. Ein italienischer Hauptmann lief – ein Bettuch schwenkend – auf seine Landsleute zu und klärte sie darüber auf, daß ein Waffenstillstand geschlossen worden sei.

Der ganze Vormittag des 10. September verging in lastender Ungewißheit, bis die Übergabe von Monte Rotondo an den italienischen Kommandanten erfolgen konnte. Walter Gericke hat diesen Vorgang schriftlich festgehalten: „Die Kampfgruppe Gericke hat auf die Vereinbarung mit dem italienischen Heereskommando und dem Oberbefehlshaber Süd, Generalfeldmarschall Kesselring, am 10. September 1943, 17 Uhr, die in Monte Rotondo befindlichen italienischen Truppen aus der Gefangenschaft entlassen, Verwundete ausgeliefert und am 11. September 1943 um 9.30 Uhr die Stadt Monte Rotondo mit allen Einrichtungen und Gerätschaften der Behörden sowie sämtliche Waffen der italienischen Truppen an den Colonello Giuseppe Angelini übergeben. Die Kampfgruppe hat freien Abzug mit voller Ausrüstung und Waffen in die Gegend von Rom."

In der Sorge um seine vermißten Fallschirmjäger traf Walter Gericke mit dem italienischen Obersten noch ein weiteres Abkommen, in dem sich der Oberst verpflichtete, nach den noch vermißten deutschen Fallschirmjägern zu forschen und die im italienischen Lazarett von Monte Rotondo zurückgelassenen zehn schwerverwundeten deutschen Fallschirmjäger zu betreuen und sie im Falle ihrer Transportfähigkeit in ein deutsches Lazarett in Rom schaffen zu lassen.

Das Bataillon Gericke fand schnell Anschluß an die deutschen Verbände um Rom, wo sich die 2. Fallschirmjägerdivision inzwischen bis an die südlichen Vorstädte herangekämpft hatte. Noch am gleichen Tag kapitulierten die italienischen Truppen in und um Rom.

Walter Gericke wurde für seinen Fallschirmeinsatz, der mit dazu beigetragen hatte, den Kampfgeist der Italiener zu brechen und ein allgemeines Gemetzel zwischen Deutschen und Italienern zu verhindern, am 15. September 1943 mit dem Deutschem Kreuz in Gold ausgezeichnet.

Als Anfang Januar 1944 im Raum Perugia aus dem Sturmregiment und Teilen der Fallschirmjägerregimenter 2 und 6 die 4. Fallschirmjägerdivision aufgestellt und Oberst i.G. Heinrich Trettner mit deren Führung beauftragt wurde, übernahm Major Gericke das Fallschirmjägerregiment 11 als Kommandeur.

Schon am 18. Januar wurde bei den Regimentern 10, 11 und 12 jeweils ein Alarmbataillon aufgestellt. Diese Alarmbataillone sollten für den Fall einer feindlichen Landung hinter Cassino-Front als Eingreifreserve bereitstehen.

Am 22. Januar landete das VI. US-Korps bei Anzio-Nettuno. Unter Führung von Major Gericke wurden die drei Alarmbataillone als „Kampfgruppe Gericke" nach Aprilia in Marsch gesetzt, um im Zusammenwirken mit anderen deutschen Einheiten den Landekopf einzuengen und den schnellen Vorstoß des Gegners über die Albaner Berge hinweg auf die Via Casilina und nach Rom zu verhindern.

General Lucas, der drei Wochen nach der Landung durch General Lucien Truscott (bis dahin Kommandeur der 3. US-Division) ersetzt wurde, brachte innerhalb von vierzehn Tagen 18.000 Fahrzeuge in den Brückenkopf, dazu 380 Panzer – dies alles für eine Streitmacht von 70.000 Mann.

Diese Anhäufung von Fahrzeugen veranlaßte Churchill zu dem sarkastischem Kommentar: „Wir müssen eine große Überlegenheit an Chauffeuren haben. Ich bin schockiert, daß der Feind aber mehr Infanterie hat als wir."

Als sich Major Gericke drei Tage vor der alliierten Landung beim Korpsstab von General Schlemmer in Grottaferata meldete, erhielt er für seine Einsatzgruppe folgenden Auftrag: „Kampfgruppe verbleibt im Raum Isola Farnese und betreibt weiterhin Ausbildung, um den Zusammenhalt der neu zusammengetretenen Einheiten zu festigen. An eine Auffüllung der Munitions- und Betriebsstoffbestände ist erst am 22. Januar zu denken, da alles für die 10. Armee benötigt wird."

Major Gericke fuhr nach Isola Farnese zurück. Hier erreichte ihn am 22. Januar um 5.30 Uhr der Einsatzbefehl des Korpsstabes: „Alarm! Feind ist beiderseits Nettuno gelandet. Ein Bataillon sofort im Kfz-Marsch nach Albano. Kampfgruppenkommandeur voraus!"

Das Bataillon Hauptmann Hauber (vom Sturmregiment) wurde ausgerüstet und um 9.00 Uhr – vier Stunden nach der erfolgten Landung der Alliierten – nach Albano in Marsch gesetzt. Major Gericke fuhr sofort zum Korpsstab, wo er um 7.30 Uhr eintraf. Hier erfuhr er: „Feind ist in den frühen Morgenstunden beiderseits Nettuno gelandet. Das zum Küstenschutz eingesetzte II./Grenadierregiment 71 konnte ihm nur mit schwachen Kräften entgegentreten und wurde zurückgeworfen. Angaben über Ausdehnung der alliierten Landungen liegen nicht vor."

Im Verlauf des 22. Januar wurden alle Truppen im Raum Rom alarmiert und, um eine einheitliche Kampfführung zu erreichen, der „Kampfgruppe Gericke" unterstellt. Bis dahin hatte der Gegner, der auf dem Küstenstreifen zwischen Casare S. Lorenza und Torre Astura gelandet war, mit seinen Voraustruppen die Bahnstation Campo di Carne und die Ortschaft Borgomontelle erreicht.

Major Gericke wartete nicht erst die Versammlung aller Einheiten seiner Kampfgruppe ab, sondern ließ alle größeren Straßen durch die nacheinander eintreffenden Einheiten sperren, um dem Gegner die Möglichkeit eines schnellen und motorisierten Vormarsches sowie von Panzerstößen zu nehmen. Am meisten gefährdet erschienen die Straßen Nettuno-Aprilia und La Fossa-Ardea. Bis zum Mittag trafen fast alle Einheiten der Kampfgruppe im Einsatzraum ein. Als letzte kam um 17.30 Uhr das Bataillon Major Kleye vom Regiment 11.

Unmittelbar darauf erschien auch General Gräser, der Kommandeur der 3. Panzergrenadierdivision, auf dem Kampfgruppengefechtsstand, einem massiven

Steinhaus in Albano. Der General richtete seinen Gefechtsstand im Erdgeschoß ein, Major Gericke zog ins Obergeschoß.

Um 19.05 Uhr ging ein Befehl des Korps ein: „Schwacher Feind wurde beim Vorgehen auf Ardea durch Troßeinheiten des II./Grenadierregiment 71 abgewehrt. Stadt Ardea befindet sich noch in unserer Hand. Kampfgruppe Gericke besetzt Ardea und La Fossa mit einem Bataillon und hält beide Ortschaften."

Major Gericke setzte hierzu das Bataillon Hauber ein. Der Einschließungsring um die alliierten Truppen zog sich mehr und mehr zusammen. Weitere Kräfte wurden – so wie sie eintrafen – der Kampfgruppe Gericke unterstellt.

Am 26. Januar – der Gegner hatte noch immer keine Anstalten zu dem erwarteten Großangriff getroffen – wurde die 4. Fallschirmjägerdivision in den Küstenabschnitt eingeschoben. Der Landekopf der Alliierten war entschärft, eine starke Abwehrfront stand.

Generaloberst Mackensen, Oberbefehlshaber der Heeresgruppe C, ließ zum Gegenangriff antreten. In der Nacht zum 8. Februar stürmte die Kampfgruppe Gericke gemeinsam mit zwei Regimentern der 65. Infanteriedivision gegen die britischen Stellungen bei Carroceto. Von Westen aus konnte sich die Kampfgruppe Gericke an die stark verteidigte Höhe 80 und den Bahnhof von Carroceto heranschieben.

General Schlemm, Kommandierender General des I. Fallschirmkorps, erschien am 9. Februar auf Gerickes Gefechtsstand. Aber erst als Major Gericke am 10. Februar gegen 8.30 Uhr dem Bataillon Kleye befahl, nach Norden auszuholen und den Gegner in die Flanke zu packen und zu werfen, gelang der Angriff. Die Höhe 80 wurde nach blutigem Kampf genommen. Major Kleye fiel.

Als zur gleichen Zeit die 3. Panzergrenadierdivision in Carroceto eindrang, befahl General Schlemm, unbedingt die Verbindung mit der Division herzustellen. Oberleutnant Weiß, der Führer der 2. Kompanie des Bataillons Kleye, raffte eine Stoßgruppe von 60 Mann zusammen und kämpfte den Gegner nieder, der sich in einer Häusergruppe nordwestlich des Bahnhofes festgesetzt hatte. 80 Gegner streckten die Waffen. Nach dem Sturm auf den Bahnhof konnte er 100 Schotten gefangennehmen. Jetzt versuchte es der Gegner mit einem Panzerangriff. Die Stoßgruppe Weiß wurde auseinandergerissen. Mit zwölf Männern verteidigte sich Oberleutnant Weiß im Keller des Bahnhofs und hielt das Bahnhofsgelände.

Noch einmal schien sich das Kriegsglück gegen die Kampfgruppe Gericke zu stellen, als 80 Schotten, die sich auf einer Höhe nördlich des Bahnhofs eingenistet hatten, durch das Feuer ihrer eigenen Artillerie von dort verjagt wurden und auf den Bahnhof zustürmten. Mit neun Männern warf sich Oberleutnant Weiß den Angreifern entgegen und konnten sie gefangennehmen.

Der Bahnhof Carroceto und die Höhe 80 waren somit in deutscher Hand. Doch dieser Erfolg wurde mit dem Verlust von vier Offizieren und 287 Mann an Toten und Verwundeten bezahlt, den allein das Bataillon Kleye erlitten hatte.

In den folgenden Tagen stand die Kampfgruppe Gericke immer wieder im Brennpunkt der Kampfhandlungen. Aber trotz kleinerer Erfolge mußte der am 16. Februar 1944 begonnene Hauptangriff zur Beseitigung des alliierten Brückenkopfes am 18. Februar abgebrochen werden.

Beim Großangriff am 29. Februar, der auf direkten Befehl Hitlers unternommen wurde, trat die Kampfgruppe Gericke ebenfalls mit an. Aber auch dieser Angriff blieb liegen. Am Nachmittag des 1. März wurde er eingestellt.

Im nun folgenden Kampf um die Albaner Berge und den Weg nach Rom zeichnete sich die Kampfgruppe Gericke immer wieder aus. Major Gericke, der wieder Fallschirmjägerregiment 11 führte, stand mit seinen Männern an den Brennpunkten dieses Kampfes. Als General Truscott am 26. Mai mit der 34. amerikanischen Division und der 1. US-Panzerdivision antrat, war es das I. Fallschirmkorps mit der 4. Fallschirmjägerdivision, der 65. Infanteriedivision und der 3. Panzergrenadierdivision, das den Gegner aufhielt.

Schon zwei Tage vorher war die 34. amerikanische Division südlich von Velletri auf das Fallschirmjägerregiment 12 gestoßen. Major Timm, der das „Sturmregiment" übernommen hatte, schlug den Gegner zurück. Am 28. Mai stellte die 1. amerikanische Panzerdivision ihren Angriff ein. Sie hatte 37 Panzer verloren.

Erst als die 36. US-Division bei Lanuvio und Campoleone in die Flanke des I. Fallschirmkorps stieß, brach die deutsche Front in den Albaner Bergen zusammen. Mit den anderen Verbänden der Fallschirmjägerdivision 4 kämpfte sich auch das Regiment Gericke in Richtung Rom zurück. Am 4. Juni marschierte die 4. Fallschirmjägerdivision als letzte deutsche Nachhut auf dem Weg nach Norden durch Rom.

Für seinen vorbildlichen persönlichen Einsatz und für die taktisch sowie technisch einwandfreie Führung seiner Kampfgruppe und des Regiments 11 im Kampf um das Vorfeld von Rom wurde Major Walter Gericke am 17. September 1944 als 585. Soldat der Wehrmacht mit dem Eichenlaub zum Ritterkreuz ausgezeichnet.

Kurze Zeit später übernahm er die Führerschule des I. Fallschirmkorps in Italien und wurde zum Oberstleutnant befördert. In dieser Schule wurden die Offiziere der Fallschirmtruppe bis hinauf zum Regimentskommandeur ausgebildet.

Noch einmal sollte Walter Gericke als Kommandeur deutscher Fallschirmjäger von sich reden machen. Zum Oberst befördert, übernahm er im Januar 1945 die neu aufgestellte 21. Fallschirmjägerdivision als Kommandeur.

Die Division war bei Leeuwarden zum Küstenschutz Hollands eingesetzt. Erst gegen Kriegsschluß kam es zu Rückzugskämpfen zwischen Weser und Ems. Südlich von Wilhelmshaven, bei Varel, kapitulierte Oberst Gericke mit seiner Division am 8. Mai 1945.

Anschließend wurde der vorbildliche Offizier und Soldat von den Engländern als Kommandeur des Reservationsgebietes um Jever eingesetzt. Mit dieser Geste brachte der Gegner seine Hochachtung vor ihm zum Ausdruck. In diesem Bereich passierten keinerlei Disziplinlosigkeiten.

Während dieser Zeit erwarb sich Walter Gericke in Vorbereitung auf seinen Beruf als Volontär in einem Textilkaufhaus die notwendigen kaufmännischen und Branchenkenntnisse. Doch die Entlassung aus dem Militärdienst ließ auf sich warten. Im März 1946 wurde er zunächst in das Generalslager Zedelgem bei Brüssel verlegt. Erst am 9. November 1946 wurde er aus dem Sennelager in die britische Besatzungszone entlassen, mit der Auflage, dieselbe nicht zu verlassen.

Walter Gericke setzte seine Volontärszeit bei derselben Firma fort, denn er konnte noch immer nicht zu seiner Frau und seinen zwei Kindern zurückkehren, die kurz vor dem Einmarsch der Russen von Stendal aus nach Alsfeld in Hessen, das in der amerikanischen Besatzungszone lag, geflüchtet waren. Erst im Juni 1947 erlaubte die britische Militärregierung die Übersiedlung zu seiner Familie nach Alsfeld.

Hier widmete er sich dem erwählten Beruf in einer Kleiderfabrik. Darüber hinaus arbeitete er mit am Wiederaufbau. Unter seiner Leitung erstellte die „Gemeinnützige Bau- und Siedlungsgenossenschaft Alsfeld", deren Vorsitzender er war, über 300 Wohneinheiten. Bei den hessischen Kommunalwahlen 1952 wurde Walter Gericke Stadtverordneter seiner neuen Heimatstadt und versah sein Amt als Stadtrat im Magistrat der Stadt.

Auch seine Soldaten vergaß Walter Gericke nicht. Im „Bund ehemaliger deutscher Fallschirmjäger" wurde er 1953 zum 2. Bundesleiter gewählt und übernahm zudem die Schriftleitung der monatlich erscheinenden Zeitschrift „Der deutsche Fallschirmjäger". Viele fundierte Beiträge aus der Kriegsgeschichte stammen aus seiner Feder. Im Jahre 1955 wurde Walter Gericke – er hatte ein Jahr zuvor sein Arbeitsverhältnis gelöst – zum 1. Vorsitzenden des „Bundes ehemaliger deutscher Fallschirmjäger" gewählt.

In der Bundeswehr

Am 1. April 1956 trat Walter Gericke als Oberst in die Bundeswehr ein. Er bekam den Auftrag, eine Fallschirmjägerschule aufzubauen. Die jetzige Luftlande- und Lufttransportschule in Altenstadt/Schongau ist sein Werk.

Am 12. September 1961 wurde Walter Gericke zum Brigadegeneral befördert und übernahm am 1. Oktober 1962 die 1. Luftlandedivision der Bundeswehr als Kommandeur. In dieser Dienststellung wurde er am 25. September 1963 zum Generalmajor befördert. Er erhielt das Große Bundesverdienstkreuz.

Walter Gericke verstarb am 19. Oktober 1991 in Alsfeld/Hessen.

Martin Harlinghausen

Generalleutnant der Wehrmacht
Generalleutnant der Bundeswehr

Geb. am 17. Januar 1902 in Rheda/Westfalen
Spanienkreuz in Gold mit Schwertern und Brillanten: Dezember 1938
Ritterkreuz: 4. Mai 1940
Goldenes Fliegerabzeichen mit Brillanten: Dezember 1940
8. Eichenlaub: 30. Januar 1941
Verwundetenabzeichen: Februar 1942
Deutsches Kreuz in Gold: Dezember 1942

Major i.G. Harlinghausen ging mit langen Schritten auf seine Maschine zu, die Kommandantenmaschine der Führungskette. Die Klappe der Einstiegsluke hing herab, und der Major kletterte nach oben.

Die zweimotorigen Heinkel-Bomber vom Typ He 111 waren startklar. Die Motoren der Bomber liefen bereits warm.

„Morgen, Robert!" begrüßte Harlinghausen seinen Flugzeugführer, Hauptmann Robert Kowalewski, der ebenfalls zum Stab des X. Fliegerkorps gehörte.

„Morgen, Martin!"

Ein Fernaufklärer hatte am Morgen dieses 3. November 1940 einen britischen Geleitzug gesichtet. Nach der Meldung der FW 200 „Condor" steuerten die britischen Schiffe, von Norden kommend, einen Hafen an der Südostküste Englands an. Ihnen galt der Angriff der Bomber.

„Fertig, Herr Major!" erklang die Stimme des Hauptmanns nun dienstlich.

Harlinghausen hob die Hand. Die Bremsklötze wurden weggezogen. Der Motor heulte auf, und die Maschine rollte zum Startwagen, der an der Südostecke des Rollfeldes stand. Die beiden anderen Maschinen folgten nach. Hauptmann Kowalewski tat die üblichen Handgriffe: Landeklappen ausfahren, Luftschraube verstellen. Seine Linke drehte am Trimmrad.

Die Startfahne ging hoch. Der Pilot schob den Regler nach vorn, das Flugzeug setzte sich in Bewegung, rollte über die Startbahn. Das Spornrad löste sich vom Boden, langsam kam das Leitwerk hoch. Als das Steuer weich wurde, hob Kowalewski ab.

Die Zeit verging. Inzwischen hatte sich der Kampfverband gesammelt. Zweimal rief Major Harlinghausen die Maschinen, die sofort antworteten. Die am südlichsten fliegende Kette sah den Konvoi zuerst. Die Schiffe liefen mit Generalkurs West. Der Angriff konnte beginnen.

„Aus der Sonne heraus anfliegen, Robert!"

Die Maschine legte sich in eine Kurve, flog einige Zeit nach Süden, wendete dann um fast 180 Grad und kam nun aus der Sonne heraus auf die größer und größer werdenden Schiffe zu. Hauptmann Kowalewski drückte etwas tiefer. Sein Blick wanderte vom Variometer zum Höhenmesser.

„Den zweiten Frachter, der uns die Breitseite zeigt, nehmen wir. Noch etwas vorhalten!" rief sich der Major selbst zu. „Noch tiefer!"

Die Daumen des Bombenschützen lagen auf den beiden roten Knöpfen.

„Jetzt!" befahl Harlinghausen.

Ein Ruck ging durch die Maschine, als Unteroffizier Schmitz die Auslöseknöpfe drückte und beide Bomben an den geöffneten Klappen vorbei aus dem Bombenschacht rutschten. Sofort zog Kowalewski die He 111 hoch. Granaten krachten nahe bei der Maschine auseinander, blieben dann aber hinter ihnen zurück. Steil ging es empor, und als die Flakgranaten nachkamen, legte Kowalewski die Maschine in eine scharfe Kurve. Die Sprengwölkchen blieben hinter ihnen zurück.

Beide Bomben trafen das Schiff. Zwei Detonationswolken stoben empor. Dicker schwarzer Rauch quoll über dem Frachter auf, und dann schlugen Flammen aus dem Qualm heraus.

„Frachter sinkt!" rief der Schütze in der Bodenwanne. „Er geht unter!"

In der Drehung warf Major Harlinghausen einen Blick zurück. Er sah, daß sich das Schiff bereits hart auf die Seite gelegt hatte. Plötzlich rollte es herum. Der mennigrote Kiel wurde sichtbar.

Am Abend des 3. November 1940 meldete das Oberkommando der Wehrmacht: „An der britischen Ostküste versenkte ein Kampfflugzeug ein Handelsschiff von 6.000 Tonnen. Damit hat der Kommandant dieses Flugzeuges, Major im Generalstab Harlinghausen, sein 20. Handelsschiff und mit ihm eine Gesamttonnage von über 100.000 BRT vernichtet."

Nach diesem großen Erfolg wurde dem jungen Fliegeroffizier am 30. Januar 1941 als achtem Soldaten der deutschen Wehrmacht das Eichenlaub zum Ritterkreuz verliehen. Harlinghausen hatte sich so mit an die Spitze der deutschen Flieger gesetzt und war nach Mölders, Galland und Wick der vierte Flieger, der das Eichenlaub trug. Dabei hatte er seine soldatische Laufbahn bei einer ganz anderen Waffe begonnen...

Am 17. Januar 1902 wurde Martin Harlinghausen in Rheda/Westfalen geboren. Nach vier Jahren Grundschule besuchte er das humanistische Gymnasium in Gütersloh. Im Jahre 1922 legte er das Abitur ab, um anschließend ein Semester Jura an der Universität Göttingen zu studieren.

Im April 1923 trat Harlinghausen in die Reichsmarine ein. Vier Jahre später wurde er zum Leutnant zur See befördert und tat ein halbes Jahr als Schnellboot-Kommandant in der I. Schnellboot-Flottille Dienst. Dann kam er als Wachoffizier zur I. Torpedoboot-Flottille. Hier wurde er im Jahre 1929 zum Oberleutnant zur See befördert.

Als Oberleutnant Harlinghausen 1931 von dieser Waffe abging, besaß er die Qualifikation zum Torpedoboot-Kommandanten. Aber er trat 1931 in eine neue Ausbildung ein, und zwar als Flugzeugführer und Beobachter bei der Marine. Am 1. Oktober 1933 erfolgte seine Versetzung zur Luftwaffe, die damals noch in den Anfängen steckte. Er wurde Staffelkapitän der 1. Seetafel und am 1. Juli 1934 zum Hauptmann befördert.

Drei Monate darauf erhielt Harlinghausen ein Kommando für ein Jahr als Referent und anschließend für weitere zwei Jahre als Gruppenleiter in der 3. (Ausbildungs-)Abteilung des Generalstabs der Luftwaffe im Reichsluftfahrtministerium (RLM). Als Gruppenleiter bearbeitete Hauptmann Harlinghausen die gesamte Grundausbildung in der Luftwaffe. Neben der Tätigkeit im RLM unterzog er sich von 1935 bis 1937 der Generalstabsausbildung an der Luftkriegsakademie in Berlin-Gatow.

Im Oktober 1937 erhielt er wieder ein Truppenkommando, und zwar als Staffelkapitän einer Mehrzweckstaffel, die Fernaufklärung, Bomben- und Torpedoflüge durchzuführen hatte.

Im Dezember 1937 wurde Harlinghausen Kommandeur der berühmten AS 88 in der Legion Condor, die an der Seite der nationalspanischen Truppen im spanischen Bürgerkrieg kämpfte. Die Staffel hatte an der spanischen Ostküste Einsätze im Bomben- und Torpedowurf zu fliegen. Der Kommandeur flog jeden der Angriffe mit. Es ging abwechselnd gegen Land- und Seeziele.

Am 1. August 1938 wurde Harlinghausen Major. Als er im Dezember 1938 wieder nach Deutschland zurückkehrte, trug er die höchste Tapferkeitsauszeichnung, die an Teilnehmer des Spanienkrieges verliehen wurde: das Spanienkreuz in Gold mit Schwertern und Brillanten.

Nach einem Weihnachts- und Neujahrsurlaub absolvierte er den Abschlußlehrgang auf der Luftkriegsakademie in Gatow und wurde in den Generalstab der Luftwaffe übernommen.

Der hochgewachsene Offizier, auf dem schwankenden Deck eines Schiffes ebenso zu Hause wie in der Kanzel eines Bombers, hatte sich nicht nur durch Tapferkeit, sondern auch durch Klugheit und taktisches Können einen Namen gemacht. Er wurde am 1. April 1939 Ia beim Luftflottenkommando 2 in Braunschweig.

Kurz nach Kriegsbeginn wurde Harlinghausen im September 1939 Chef des Generalstabes des neugebildeten X. Fliegerkorps, dessen Kommandierender General Generalleutnant Hans Ferdinand Geisler war.

Hauptaufgabe dieses Fliegerkorps war es zunächst, den Luftkrieg gegen England über See durchzuführen. Sitz des Stabsquartiers war Blankenese.

Bis Anfang April 1940 griffen die wenigen Kampfflugzeuge über der Nordsee englische Schiffe an oder flogen zur englischen Ostküste und bombardierten Hafenanlagen. Von der Deutschen Bucht aus stiegen die Maschinen des Kampfgeschwaders 26 – vorerst nur mit der He 111 – unter Kommodore Oberst Hans Siburg zum Flug über die Nordsee auf. Zu den He 111 kam bald die erste Staffel Ju 88 des Kampfgeschwaders 30 hinzu. Die Staffel wurde von Oberleutnant Storp geführt.

Wie Martin Harlinghausen kamen auch Oberst Siburg und fast alle anderen Offiziere aus der Marine. Görings Grundsatz „Alles was fliegt, gehört mir" hatte sich durchgesetzt.

Mitte März 1940 wurde das X. Fliegerkorps mit der Durchführung aller Luftmaßnahmen während der Operation „Weserübung" – der Besetzung Norwegens und Dänemarks – beauftragt und zog nach Hamburg ins Hotel „Esplanade" um. Alle Luftwaffenverbände für das Unternehmen „Weserübung" wurden von Generalleutnant Geisler geführt. Major i.G. Harlinghausen oblag es als Chef des Generalstabes, den gesamten Einsatz in allen Einzelheiten vorzubereiten und seine Durchführung sicherzustellen.

Am 6. April erhielten die Kommandeure im Hotel „Esplanade" von Generalleutnant Geisler die genauen Einsatzbefehle für „Weserübung".

In Zusammenarbeit der Armeegruppe Falkenhorst und der Marinegruppe Nord mußte Major Harlinghausen alle Maßnahmen auf die See- und Landkriegsoperationen abstimmen. Bis zum 15. April 1940 unmittelbar dem Oberbefehlshaber der Luftwaffe unterstellt, wurde das X. Fliegerkorps nunmehr der Luftflotte 5 zugeteilt.

Major Harlinghausen wurde zum Fliegerführer Drontheim ernannt. Die Bekämpfung der englischen Landungsunternehmen bei Andalsnes, Namsos und Narvik war seine Aufgabe. Er befehligte die Operationen der Kampfflieger. Ein englischer Kreuzer wurde versenkt, ein weiterer Kreuzer schwer getroffen. Truppentransporter und gelandete Truppen wurden mit Bomben angegriffen.

Auch hier beteiligte sich Major Harlinghausen selbst am Kampf. Wie er bereits im Einsatz gegen England die ersten Dampfer versenkt hatte, so flog er auch in Norwegen die schweren Einsätze gegen die flakgespickten englischen Kriegsschiffe mit und gab den einzelnen Besatzungen ein persönliches Beispiel.

Als am 3. Mai 1940 starke Feindkräfte nördlich von Narvik angriffen, wurde sie von den Kampfflugzeugen des Fliegerführers Drontheim zerschlagen. Am 4. Mai 1940 erhielt Major i.G. Harlinghausen das Ritterkreuz des Eisernen Kreuzes. Er hatte mit seinen Fliegerkräften einen schlachtentscheidenden Beitrag beim Kampf um Norwegen geleistet.

Nach Beendigung des Feldzuges kehrte Martin Harlinghausen als Chef des

Stabes zum X. Fliegerkorps zurück. Von Juli bis Dezember 1940 flog er immer wieder gefährliche Einsätze, obgleich er das als Chef des Stabes nicht zu tun brauchte. Seine verantwortungsvolle Tätigkeit im Stab forderte ohnehin den Einsatz seiner ganzen Persönlichkeit.

So oft ein Unternehmen besonderen fliegerischen Einsatz erforderte, war er als Kommandant der Führungskette mit dabei. Nach dem zwanzigsten von ihm versenkten Schiff erhielt er im Dezember 1940 von Reichsmarschall Göring das Goldene Fliegerabzeichen mit Brillanten, eine nur ganz selten verliehene Auszeichnung.

Noch im Dezember 1940 war das X. Fliegerkorps ins Mittelmeer nach Sizilien verlegt worden. Sein Auftrag lautete: „Bekämpfung der englischen Geleitzüge im Mittelmeer, der englischen Zufuhr durch den Suezkanal und Behinderung des Vormarsches der englischen Armee in Libyen." Später kam hinzu: „Schutz der Seetransporte für das Afrikakorps von Italien nach Tripolis."

Wieder ergaben sich Situationen, in denen der Major als Kommandant einer Maschine fliegen mußte. Im Hotel „Domenico" im berühmten sizilianischen Seebad Taormina befand sich das Stabsquartier, von dem aus General der Flieger Geisler seine Verbände einsetzte.

Da Angriffe gegen den Suezkanal besonders wichtig waren – der Großteil des britischen Nachschubs für die Armee in Afrika ging durch diese Wasserstraße – schlug Major Harlinghausen dem Kommandierenden General vor, eine Gruppe des Kampfgeschwaders 26 nach Bengasi zu verlegen und von dort aus gegen den Suezkanal starten zu lassen.

General Geisler stimmte zu, und so flog die II./Kampfgeschwader 26 unter Ritterkreuzträger Major Bertram mit vierzehn Maschinen vom Flugplatz Comiso in Richtung Libyen. Selbstverständlich flog auch Harlinghausen mit nach Bengasi.

Bei der Landung auf dem Flugplatz Bengasi fielen drei Maschinen durch Zusammenstoß aus. Drei weitere flogen als Kampfaufklärer in Richtung Suezkanal, und acht Maschinen standen zum Angriff bereit.

Am Nachmittag des 17. Januar traf in Bengasi eine Aufklärermeldung ein. Man hatte einen Geleitzug gesichtet, der südlich des Kanals auf Nordkurs lief.

„Meine Herren", instruierte Harlinghausen die acht wartenden Kommandanten, „wir gehen die Sache folgendermaßen an: Während vier Maschinen, in jeweils halbstündigem Abstand startend, von Norden nach Süden den Kanal abfliegen, machen die vier anderen Maschinen das gleiche von Süden nach Norden. Das gibt die Gewähr, daß wir den Geleitzug auch finden."

„Es sind 1.100 Kilometer von Bengasi bis zum Suezkanal, Herr Major", warf einer der Kommandanten ein.

Der Chef des Stabes nickte. „Ja, das heißt, daß er außerhalb unserer Reichweite liegt, wenn wir nicht sparsam fliegen. Achten sie also auf günstige Motorendrehzahl und beste Propellereinstellung, dann haben Sie eine Chance, diesen

Auftrag auszuführen und wieder zurückzukommen. Ich selber", beendete der Major die Besprechung, „werde die Führung des Angriffs übernehmen."

„Noch eines", warf Dr. Hermann, der Meteorologe des Korps, ein. „Sie werden auf dem Rückweg schätzungsweise sechzig Stundenkilometer Gegenwind haben. Am besten gleichen Sie dieses Hindernis durch einen Rückflug in günstiger Volldruckhöhe von 4.000 Metern aus."

Wenig später starteten die ersten Maschinen. Hinter dem Knüppel der Führer-He 111 saß wie immer Hauptmann Robert Kowalewski, der auch bei der Versenkung des zwanzigsten Dampfers dabeigewesen war und dafür am 24. November 1940 das Ritterkreuz erhalten hatte.

Vier Stunden lang flog die Führer-He 111 nach Osten und drehte dann nach Süden ein. Suez, der südliche Endpunkt des Kanals, wurde erreicht. Hier legte Hauptmann Kowalewski die Maschine auf Nordkurs. Sie flogen jetzt genau über dem Kanal.

„Dort – der Große Bittersee", machte der Major seinen Kameraden aufmerksam. „Wir umkurven ihn und gehen dann weiter nach Norden."

Aber so sehr sie auch suchten, sie fanden kein Schiff. Wie leergefegt lag die blinkende Nabelschnur des Kanals unter ihnen.

„Ausweichziele angreifen!" befahl Harlinghausen schließlich den anderen Maschinen. „Wir fliegen bis Port Said hinauf, Robert", wandte er sich wenig später an seinen Flugzeugführer. Aber auch in Port Said war kein Ziel zu entdecken.

„Nun müssen wir an den Rückflug denken", mahnte Kowalewski.

„Noch einmal nach Süden!" entschied Harlinghausen trocken. Auch diesmal war nichts zu entdecken. Bis auf die Fähre von Ismailia, die gebombt wurde. Schon tauchte der Große Bittersee wieder auf, und hier sahen sie endlich den Konvoi, der am Ufer angelegt hatte, weil er bei Nacht den Kanal nicht durchfahren konnte.

„Wir greifen den großen Dampfer voraus an!" Wenig später fielen die Bomben und – gingen fehl.

Nun mußte der Rückflug angetreten werden. Er wurde zu einer Zerreißprobe für die Besatzung der He 111. Als sie in 4.000 Metern Höhe angekommen waren, herrschte dort ein Sturm von mindestens 120 Stundenkilometern. Doch die Männer in der Maschine konnten dies nicht feststellen. Martin Harlinghausen rechnete mit höchstens viereinhalb Stunden Rückflugzeit. Als bereits fünf Stunden vergangen waren, wurde es den vier Männern in der He 111 doch mulmig. Nach fünfeinhalb Stunden war immer noch kein Ziel zu erkennen.

„Wir müssen runter, Martin!" meinte der Flugzeugführer.

Der Major nickte zustimmend. „Mit Bauchlandung", meinte er. „Wir wissen nicht, wie holprig es unten ist. Laß die ‚Beine' lieber drin – nicht ausfahren!"

Hauptmann Robert Kowalewski, eines der Asse des X. Fliegerkorps, setzte die Maschine sicher mit einer Bauchlandung auf der brettebenen Wüste auf. Der

Heinkel-Bomber wurde in Brand gesetzt, und die vier Männer machten sich auf den Weg. Bis Bengasi waren es noch 280 Kilometer, wie sich später herausstellte.

Das Wrack der He 111 wurde am anderen Morgen durch Suchflugzeuge gefunden. Weitere Suchflugzeuge stiegen auf. Erst nachdem die vier Flieger drei Tage durch die Wüste marschiert und schon stark erschöpft waren, fand Oberleutnant Werner Kaupisch sie in der vierten Nacht. Er setzte seine He 111 neben ihnen zur Landung auf. Kaupischs Maschine war als einzige heil wieder in Bengasi gelandet. Kaupisch hatte den starken Wind in großer Höhe bemerkt und war, sehr niedrig fliegend und sich dicht über der Küste haltend, zurückgekommen. Alle anderen Maschinen mußten in der Wüste notlanden. Drei Besatzungen waren in britische Gefangenschaft geraten.

So endete der erste Einsatz auf afrikanischem Boden für Major Harlinghausen. Zur Auszeichnung mit dem Eichenlaub zum Ritterkreuz flog Martin Harlinghausen nach Berlin. Hier erfuhr er am selben Tag – dem 30. Januar 1941 –, daß er zum Oberstleutnant befördert worden sei.

Mitte Februar, als das Generalkommando des Deutschen Afrikakorps (DAK) sich konstituierte, wurde Oberstleutnant i.G. Martin Harlinghausen Verbindungsoffizier des X. Fliegerkorps und Einsatzführer für die vom X. Fliegerkorps fallweise nach Afrika abgestellten Fliegereinheiten. In Tripolis traf er mit Generalleutnant Rommel zusammen. Doch es kam zu keiner längeren Zusammenarbeit mit dem DAK, denn bald wurde Martin Harlinghausen wieder zu anderer Verwendung zurückberufen.

Der Oberbefehlshaber der Luftwaffe hatte am 20. Februar 1941 den neuen Dienstposten des „Fliegerführers Afrika" ins Leben gerufen, der mit Generalmajor Stefan Fröhlich besetzt wurde. Nach Eintreffen von Generalmajor Fröhlich auf dem Flugplatz in Sirte Ende Februar 1941 wurde Martin Harlinghausen zum „Fliegerführer Atlantik" ernannt.

Erneut galt es, feindliche Seeziele im Atlantik und im Kanal zu bekämpfen. Hier unterstand Harlinghausen auch das Kampfgeschwader 40, das vorher dem Befehlshaber der U-Boote (BdU), Admiral Dönitz, zu Fernaufklärungszwecken zugeteilt war. Das Kampfgeschwader 40 war mit den weitreichenden FW 200 „Condor" ausgerüstet.

Mit den Maschinen des Kampfgeschwaders 40 führte Oberstleutnant Harlinghausen nunmehr Fernaufklärung durch mit dem Ziel, feindliche Geleitzüge zu erfassen und die U-Boote an sie heranzuführen. Der Fliegerführer Atlantik arbeitete daher eng mit dem Stab des BdU zusammen.

Im Februar 1942 wurde Oberstleutnant Harlinghausen bei einem Flug über England verwundet und mußte sein Kommando abgeben. Er erhielt das Verwundetenabzeichen. Er wurde Bevollmächtigter für die Lufttorpedowaffe und stellte im Sommer 1942 das erste Torpedogeschwader der Luftwaffe auf. Die Torpedoflieger erzielten bei der Bekämpfung von Geleitzügen große Erfolge.

Am 1. Juli 1942 wurde Martin Harlinghausen Oberst und nach der alliierten Landung am 8. November 1942 in Nordwestafrika „Fliegerführer Tunesien“. Zum dritten Mal kehrte er auf den afrikanischen Kriegsschauplatz zurück. Mit seinen Fliegerverbänden ergriff Oberst Harlinghausen Besitz von den beiden Brückenköpfen Tunis und Bizerta. Die ersten Teile des Fallschirmjägerregiments 5 (Oberstleutnant Koch) trafen am 11. November ein. Als erste Bodentruppe stand Oberst Harlinghausen bereits am 10. November die Kompanie Sauer zur Verfügung.

Mit dem am 11. November auf dem Flugplatz von Bizerta landenden „Feldbataillon Tunis“ hatte der Fliegerführer Tunesien eine zweite stärkere Bodentruppe zur Hand. Am 12. November erschien die Vorausabteilung des Fallschirmjägerregiments 5 unter Führung von Hauptmann Gerhart Schirmer mit Teilen der 3. und 9. Kompanie.

Mit den Hauptleuten Sauer, Schirmer und Knoche (letzterer war mit seinem Bataillonsstab und Teilen der 10. und 12. Kompanie am Morgen des 13. November in La Marsa gelandet) legte Oberst Harlinghausen am Mittag des 13. November die Marschroute fest.

Den Fallschirmjägern unter Hauptmann Wilhelm Knoche gelang es, die Franzosen zur Räumung des gesamten Medjerdatales zu zwingen. Die beiden Brückenköpfe Djedeida und Tebourba besetzten sie kampflos. Lediglich Medjez el Bab – den „Schlüssel zum Tor nach Tunis“ – gaben die Franzosen nicht frei.

Am 14. November landete General der Panzertruppe Walther K. Nehring mit seinem Ia, Major i.G. Moll, und seinen Begleitoffizier, Leutnant Sell, in La Marsa zur ersten Erkundung. Der General, der bereits das Deutsche Afrikakorps geführt hatte, war mit der Führung des in Tunesien neugebildeten XC. Armeekorps beauftragt worden. Oberst Harlinghausen meldete ihm, daß die Besetzung von Tunis aus der Luft ohne französische Gegenwehr erfolgt sei und die notwendigen Maßnahmen zur Sicherung von Stadt, Hafen und Flugplätzen durchgeführt worden seien.

Am 1. Dezember 1942 wurde Martin Harlinghausen zum Generalmajor befördert. In Zusammenarbeit mit den Heerestruppen übernahm er die Luftverteidigung und die Bekämpfung der Erdziele an der Front. Immer wieder gelang es seinen Fliegern, vor allem denen der Jagdgeschwader 53 und 77, den Gegner wirksam zu bekämpfen.

Am 22. Januar 1943 wurde Generalmajor Harlinghausen durch General der Flieger Seidemann abgelöst. Harlinghausen sollte als kommandierender General das II. Fliegerkorps übernehmen. Die Verbände dieses Korps lagen auf Sizilien, Sardinien und in Unter-Italien. Als es Mitte Juli 1943 zu ernsten Differenzen mit der Luftwaffenführung über die Kriegführung im Mittelmeer kam, wurde Generalmajor Harlinghausen abgelöst.

Am 1. Dezember 1944 wurde er zum Generalleutnant befördert und Ende

April 1945 Befehlshaber des Luftwaffenkommandos West. Am 8. Mai 1945 geriet er in amerikanische Gefangenschaft.

In der Bundeswehr

Am 1. August 1957 stellte sich Martin Harlinghausen der deutschen Bundeswehr zur Verfügung. Von 1957 bis 1961 war er Kommandierender General der Luftwaffengruppe Nord in Münster. Am 1. Juli 1959 wurde er Generalleutnant, und am 31. Dezember 1961 ging er auf eigenen Antrag in Pension. Der Träger des Großen Bundesverdienstkreuzes verstarb am 22. März 1986 in Gütersloh/Westfalen.

Wolfgang Hartelt

Oberfähnrich der Wehrmacht
Oberst der Bundeswehr

Geb. am 28. November 1924 in Breslau
Ritterkreuz: 23. Februar 1945

„Berlin, 28. März 1945. Der Führer verlieh das Ritterkreuz des Eisernen Kreuzes an Oberfähnrich Wolfgang Hartelt, Zugführer in einem Fallschirm-Panzerregiment. Oberfähnrich Hartelt übernahm nach Verwundung seines Kompanieführers die Führung der Einheit und zeichnete sich mehrmals als besonders tapferer und kaltblütiger Soldat aus. Am 25. Januar 1945 führte er mit fünf ‚Panthern' die Nachhut der Division, als diese in der Marschbewegung von 25 feindlichen Panzern T 34 angegriffen wurde. Aus eigenem Entschluß griff der Oberfähnrich den fünffach überlegenen Feind an und vernichtete an der Spitze seiner Kompanie sämtliche angreifenden Panzer. Damit erhöhte sich die Zahl der unter seiner Führung abgeschossenen Feindpanzer auf 59, von denen er persönlich 17 abschoß."

Als das Deutsche Nachrichtenbüro am 28. März 1945 diese Meldung verbreitete, war Oberfähnrich Hartelt schon nicht mehr an der Front. In einem erbitterten Duell mit einem 70-Tonnen-Panzer vom Typ „Josef Stalin" war sein Panzer vernichtet worden. Seine Besatzung hatte ihn aus dem brennenden Stahlberg noch lebend bergen können.

Wolfgang Hartelt wurde am 28. November 1924 in Breslau geboren. Im Februar 1942 wurde er zum Reichsarbeitsdienst eingezogen. Nach Ableistung seiner Dienstzeit meldete er sich als Offizierbewerber zur Panzertruppe. Er wurde im Februar 1943 zum Panzerregiment 2 nach Erfurt einberufen, wo er seine Ausbildung erhielt. Im Dezember 1943 kam er mit der I. Abteilung des Panzerregiments

2 nach Südrußland. Das Regiment unterstand der 16. Panzerdivision. Als Fahnenjunker-Unteroffizier sowie Richt- und Ladeschütze fuhr er die Angriffe seines Regiments mit.

Von März bis Mitte September 1944 war Hartelt zur Waffenschule Wischau in Mähren kommandiert. Von dort aus ging er als Oberfähnrich zur Fallschirm-Panzerdivision „Hermann Göring" und wurde mit der Führung eines Zuges beauftragt.

Mit Beginn der russischen Großoffensive an der Ostfront am 12. Januar 1945 wurde die Division als „Feuerwehr" in einer Eilverlegung in den Raum Litzmannstadt geworfen. Die folgenden Kämpfe gegen den zahlenmäßig weit überlegenen Gegner wurden in Form eines wandernden Kessels geführt. Ziel des Panzerregiments war es, für den Einsatz der Infanteriedivisionen Zeit zu gewinnen. Auch den vielen Ziviltrecks, die nach Westen strömten, wurde durch diesen zähen Widerstand die Möglichkeit gegeben, sich in Sicherheit zu bringen.

Oberfähnrich Hartelt war gerade zwanzig Jahre alt, als er im Januar 1945 die Führung der Kompanie übernahm. Von nun an kämpften die Panzer seiner Einheit entweder als Nachhut oder an der Spitze des Panzerregiments. Hartelt erzielte Abschuß um Abschuß und wurde mit dem Eisernen Kreuz I. Klasse ausgezeichnet.

„Hartelt, Sie haben Auftrag, die Nachhut der Division zu bilden. Mit den Ihnen verbliebenen fünf Panzern müssen Sie den Feind vier Stunden aufhalten."

Hauptmann Joachim Renz, der Führer der I./Panzerregiment, war soeben vom Regimentsgefechtsstand zurückgekommen, wo Oberst von Heydebreck, der Kommandeur des Fallschirm-Panzerregiments 1, die Rückzugsbewegungen und den neuen Verteidigungsraum umrissen hatte.

Der Abend des 24. Januar 1945 zog herauf. Dort, wo der Gegner liegen mußte, leuchteten immer wieder die Abschüsse einer Batterie Katjuschas auf. Ununterbrochen röhrten die Raketensalven herüber und schlugen weiter rechts, vielleicht zwei Kilometer entfernt, in die deutschen Stellungen. Hauptmann Renz hatte die Abteilung alarmiert. Die letzten Panzer rollten los. Zurück blieben nur fünf Panther, die hinter den Häusern am östlichen Ortsausgang und hinter einer dort verlaufenden Hecke in Deckung gegangen waren.

Der Oberfähnrich ging zu seinem Panther, rutschte durch das Luk, stülpte den Kopfhörer mit Kehlkopfmikrophon über und rief seine Panther, die scharf nach dem Gegner Ausschau hielten. Die ersten drei hatten nichts gesehen. Dann aber meldete Oberfeldwebel Amrein in seiner knappen Art: „‚Sperber' an ‚Geier': Kettengeräusch aus Südosten näherkommend."

„Wie viele, Amrein?"

„Höchstens fünf, Herr Oberfähnrich!"

„Danke, ich komme sofort!"

Der Panther setzte sich in Bewegung. Mit einer harten Wendung auf einer Kette gewann er die Straße nach Osten, rollte hundert Meter auf ihr entlang und rasselte dann durch den Straßengraben in Richtung auf eine Waldspitze, in der der Standort von „Sperber" war.

Durch sein Glas versuchte der Oberfähnrich etwas zu erkennen, bis er im fahlen Mondlicht den Panzer von Oberfeldwebel Amrein ausmachen konnte. Amrein meldete: „Jetzt ist alles ruhig, Herr Oberfähnrich, aber vorhin..."

Hartelt winkte schnell ab, denn eben war das Röhren von Panzermotoren und das Gerassel von Ketten deutlich zu hören.

„Auf Position bleiben. ‚Sperber' und ‚Geier' greifen Feindpanzer an."

„Soll ich nach rechts rübermachen, Herr Oberfähnrich?"

„Ja, bis zum Waldrand vorstoßen, dann nach Norden eindrehen. Aber passen Sie auf, daß Sie uns nicht den Hintern wegschießen!"

Der Befehlspanzer schob sich in nördlicher Richtung vor. Sie fuhren durch eine Senke, deren oberer Rand von verfilztem Buschwerk überwuchert war, das durch den Schnee zu einer dichten Mauer geworden war.

Nach 300 Metern ließ Hartelt seinen Fahrer nach rechts einschlagen, und der Panther kroch langsam an der Flanke der Senke hoch. Oben drückte er die Mauer aus Buschwerk und Schnee beiseite, und im gleichen Augenblick sah Hartelt die Feindpanzer. Hintereinander, knapp fünfhundert Meter vor ihnen, hielten sie direkt auf das Dorf zu.

„Gefechtsbereitschaft!" befahl er. Das Luk knallte zu. Durch das schußsichere Kinonglas peilte der Oberfähnrich die Lage. „Wir nehmen den vordersten, Perth. Entfernung fünfhundert, dreizehn Uhr! – Feuer!"

Die Langrohrkanone des Panther spuckte einen meterlangen roten Feuerstrahl. Die Granate zischte zum Gegner, der das Pech hatte, ihr seine Breitseite zu bieten. Sie traf im Heck des T 34. Sekunden später war er eine lodernde Fackel.

Automatisch rammte Ladeschütze Zittau die nächste Granate in den Verschluß. Der Turm beschrieb eine kleine Drehung nach links. Richtschütze Perth hatte schon den nächsten T 34 im Visier. Schuß und – Treffer! Dieser Panzer blieb mit Kettenschaden liegen.

Die beiden anderen T 34 hatten inzwischen die Situation erkannt und für sich genutzt. Sie machten Hartelt die Hölle heiß. Haarscharf von dem Befehlspanzer jaulten ihre Granaten in die Nacht.

Alle fünf Panzer wurden abgeschossen. Die fünf Panther gingen zur Verfolgung über. Dreimal stießen sie auf russische Spähtrupps. Mit MG-Feuer und Sprenggranaten wurden die Russen in die Flucht gejagt. Durch den raffiniert gelenkten Einsatz seiner Panzer, durch dauernde Rochaden und Kursänderungen, täuschte der Oberfähnrich eine ganze Panther-Abteilung vor. Die Russen fielen darauf herein und versuchten gar nicht mehr, etwas zu unternehmen.

Drei, vier Stunden vergingen. Als sich nichts mehr rührte, befahl Hartelt seine Panzer ins Dorf zurück. Diese sammelten sich hinter dem Kompaniegefechtsstand. Sprit wurde getankt und die letzte Munition gefaßt.

Als sie fertig waren, gab Hartelt einen kurzen Lagebericht: „Wir müssen schnellstens Anschluß an die Division finden, damit uns der Iwan nicht abschneidet. Die Panzergeräusche, die wir in der letzten Stunde im Nord- und Südosten gehört haben, deuten auf eine umfassende Zangenbewegung des Gegners hin."

Der Oberfähnrich setzte sich an die Spitze. Im aufkommenden Morgengrauen zeichneten sich die Bäume als dunkle Silhouetten ab. Fünf Panzer rollten durch das Niemandsland.

Der Oberfähnrich stand im offenen Turmluk. Die Spuren der Panzer des Regiments zeichneten sich deutlich im Schnee ab. Vor Hartelt tauchte eine Ortschaft auf. „‚Geier' an alle: In der Waldbürste halblinks voraus sammeln!"

Die Panther rollten in das schmale Wäldchen hinein. Sie zwängten sich durch die Baumlücken. Kleine Stämme wurden niedergewalzt. Als der Befehlspanzer den jenseitigen Waldrand erreicht hatte, ließ der Oberfähnrich halten. Es hob sein Glas.

„Nichts zu erkennen. Scheint feindfrei zu sein."

„Gefährlich, Herr Oberfähnrich! Wir sollten die Ortschaft umgehen."

„Geht nicht, Mündelein. Bei den vorliegenden Geländeverhältnissen ist das nicht möglich."

Oberfähnrich Hartelt hatte plötzlich das Gefühl einer unmittelbar bevorstehenden Gefahr. „‚Falke', Marschrichtung nach links. ‚Bussard', nach rechts! Die übrigen auf der Straße. Wir stoßen mit erhöhtem Tempo durch."

Die einzelnen Panzer bestätigten; die beiden Marschsicherungspanzer rollten zu den angegebenen Positionen.

Die Panther fuhren an. Schnell kamen die Motoren auf volle Drehzahl. Schon verließ Hartels Wagen den deckenden Wald und rollte auf die Straße zu.

Im gleichen Augenblick schien das ganze Dorf achthundert Meter vor ihnen Feuer zu spucken. Flammen peitschten hinter Deckungen, Hecken, Hausecken und Misthaufen hervor. Granaten heulten den Panzern entgegen. Die fünf Panther stoben nach allen Seiten auseinander.

„Russische Panzer im Dorf vor uns. Deckung suchen. Wir richten uns zur Rundumverteidigung ein!"

Ohne daß es eines weiteren Befehls bedurft hätte, jagte Unteroffizier Klöppfer mit seinem ‚Geier' zu einem niedrigen Schuppen. Panzergranaten jaulten über das deckungslose Gelände zwischen den fünf Panthern und dem Dorf.

„Entfernung achthundert. Elf Uhr – Feuer!"

Der T 34, der eben hinter einer niedrigen Kate hervorpreschte und direkt auf den Befehlspanzer zuhielt, wurde in die rechte Kette getroffen. Er blieb liegen, eröffnete aber trotzdem das Feuer auf den „Geier". Schon der zweite Schuß rauschte unmittelbar über dessen Turm und ließ die Kate am Dorfrand in Fetzen fliegen. Flammen leckten an den Trümmern hoch. Das Panzerduell war in vollem Gange.

„Mindestens 25 T 34, Jungens! Reinhalten! Die schaffen wir!"

Drei T 34 schossen sich auf den Schuppen ein, hinter dem der Befehlspanzer in Deckung gegangen war. In dem Augenblick, als der Panther scharf herumzog und einer der Gegner ins Visier wanderte, drückte Richtschütze Perth die Abfeuerung. Mit einem blaffenden Feuerschlag blieb der Verfolger liegen. Den zweiten erwischte der „Falke". Schon standen sieben brennende T 34 auf der freien Plaine vor dem Dorf.

Die fünf Panther kämpften verbissen. Im Feuerhagel des Gegners wechselten sie ständig ihr Position. Dank ihrer überlegenen Geschwindigkeit konnten sie sich immer wieder aus dem Feuerbereich des Gegners absetzen und die größere Reichweite der Kampfwagenkanonen ihrer Panther gegen die T 34 ausspielen.

Eine Stunde tobte der Kampf. Zwanzig T 34 standen vernichtet um das Dorf herum, einige brennend, andere mit zerschmetterten Luks, aus denen schwarzer Qualm wölkte. Das Kampffeld war übersät mit zerschossenen Ketten und Ausrüstungsteilen, die im Kampf aus ihren Halterungen gerissen worden waren. Nur noch fünf oder sechs Feindpanzer feuerten.

„Angriff!" befahl Oberfähnrich Hartelt.

Die fünf Panther rollten erneut vor. Feuernd und rochierend arbeiteten sie sich an den Gegner heran. Eine Granate schmetterte mit gewaltigem Getöse gegen die Seitenschürze des „Geier", daß der Stahlkasten nur so dröhnte. Gleich darauf feuerte ein T 34 aus hundert Metern Entfernung auf den Befehlspanzer. Hartelt sah dem Gegner genau in die Mündung. Der Einschlag traf haarscharf gegen die Seitenrundung des Turmes und prallte wirkungslos ab. Endlich waren auch die letzten Gegner kampfunfähig.

Die fünf Panther hatten den eisernen Riegel der Russen durchbrochen. 25 Feindpanzer waren auf der Strecke geblieben. Am Nachmittag des 25. Januar erreichten die fünf Panther – mit nur noch wenigen Schuß Panzermunition – die Division.

„Sofort zum Regimentskommandeur, Hartelt!" empfing Hauptmann Renz den Oberfähnrich. Hartelt meldete sich wenige Minuten später bei Oberst von Heydebreck zurück.

„Hartelt, vor zwei Stunden haben wir einen russischen Feindlagebericht aufgefangen. Er berichtete über einen Panzerkampf mit unserer Nachhut. Die Nachhut waren Sie. Ich gratuliere Ihnen zum Abschuß von 25 russischen T 34!"

„Gehorsamsten Dank, Herr Oberst!"

„Wie viele Panzer haben Sie selbst vernichtet, Hartelt?"

„Sieben, Herr Oberst!"

„Damit haben sie jetzt 17 Panzer auf Ihrer Abschußliste. Außerdem haben Sie die Division vor schweren Angriffen des Gegners bewahrt und ihr das Einrichten in der neuen Verteidigungslinie ermöglicht. Das, lieber Hartelt, ist für Sie das Ritterkreuz."

Wolfgang Hartelt war sich überhaupt nicht bewußt, etwas Besonderes geleistet zu haben. Aber alle Offiziere des Panzerregiments waren sich darüber einig, daß dieser Erfolg einer der größten war, den das Regiment je zu verzeichnen hatte.

Die Abwehrkämpfe gingen mit unverminderter Härte weiter. Nach wie vor führte Oberfähnrich Hartelt seine Kompanie mit Erfolg. Bis zu jenem Tag im Frühjahr 1945...

In der Morgenfrühe des 20. März bekam Hartelt den Auftrag, mit seiner Kompanie einen bestimmten Abschnitt zu halten. Unmittelbar danach griffen die Sowjets an. Neben ihren T 34 setzten sie hier auch überschwere Panzer vom Typ „Josef Stalin" ein. Diese Kampfwagen, den deutschen Panthern an Panzerung und Reichweite überlegen, rollten in starker Übermacht auf die deutschen Stellungen zu.

Oberfähnrich Hartelt warf sich ihnen entgegen. Schon beim ersten Duell wurde sein Panther bewegungsunfähig geschossen. Aber die Kanone war noch intakt. Wolfgang Hartelt wollte nicht aufgeben. Er konnte noch einen der Angreifer vernichten, bevor ein „Josef Stalin" mit einem Volltreffer den Benzintank des „Geier" zerschoß.

Wolfgang Hartelt spürte nur einen dumpfen Schlag. Als er den Benzingestank roch, gab er den Befehl zum Ausbooten. Rings um ihn krachte es. Ein harter Schlag in die Seite ließ ihn bewußtlos zurückfallen.

Von seiner Besatzung konnte er im letzten Moment aus dem lichterloh brennenden Panzer gerettet werden. Schwerverwundet wurde Hartelt in dem nach Westen weiterwandernden Kessel mitgeschleppt, bis sich die Division freigekämpft hatte und er ins Lazarett gebracht werden konnte.

In der Bundeswehr

Wolfgang Hartelt trat am 2. Januar 1956 als Leutnant in die Bundeswehr ein und diente zwei Jahre lang als Ordonnanzoffizier. 1958 wurde er Kompaniechef der 4. Kompanie des Panzerlehrbataillons in Munster, dessen stellvertretender Bataillonskommandeur er 1961 wurde. Von 1963 bis 1966 war er Inspektionschef an der Heeresoffiziersschule III in München. Eine fünfjährige Verwendung als Kommandeur des Panzerbataillons 144 in Koblenz schloß sich an. 1971 ging Hartelt als Heeresverbindungsoffizier an die US-Infanterieschule in Fort Knox/USA, von wo er 1975 zurückkehrte, um stellvertretender Kommandeur der Panzerbrigade 36 in Bad Mergentheim zu werden. Seine letzte Verwendung war die des Kommandeurs des Verteidigungsbezirkskommandos 61 in Augsburg. Am 31. März 1984 schied Hartelt als Oberst aus der Bundeswehr aus. Er war damit der letzte Ritterkreuzträger, der die Bundeswehr verließ.

Erich Hartmann

Major der Wehrmacht
Oberst der Bundeswehr

Geb. am 19. April 1922 in Weissach bei Stuttgart
Ritterkreuz: 29. Oktober 1943
420. Eichenlaub: 2. März 1944
75. Schwerter: 2. Juli 1944
18. Brillanten: 25. August 1944

Bereits in seinen ersten Kinderjahren wurde das Interesse Hartmanns an der Fliegerei geweckt. Seine Mutter, Elisabeth Hartmann, hatte 1929 den Pilotenschein erworben, und im folgenden Jahr verfügte die Familie über eine Zweisitzer-Maschine. Im Jahre 1936 gründete Elisabeth Hartmann in Weil im Schönbuch einen Segelflieger-Club. Hier begann die fliegerische Laufbahn Hartmanns, der nacheinander alle Flugscheine errang und bereits in jungen Jahren Segelfluglehrer in der Flieger-HJ wurde.

„Segelfliegen war ein wunderschöner Sport, man wurde im wahrsten Sinne des Wortes ein Vogelmensch", bekannte Hartmann später.

Am 15. Oktober 1940, ein halbes Jahr nachdem er die Reifeprüfung abgelegt hatte, trat er in das Flieger-Ausbildungsregiment 10 in Neukuhren ein. Er durchlief der Reihe nach die obligatorischen Ausbildungskurse und absolvierte am 5. März 1941 auf der Luftkriegsschule 2 zu Berlin den ersten militärischen Ausbildungsflug. Mit dem ersten Alleinflug am 14. Oktober dieses Jahres war seine fliegerische Ausbildung abgeschlossen. Auf der Jagdfliegerschule Zerbst wurde er am 31. März 1942 zum Leutnant befördert. Hier flog er das erste Mal die Me 109.

Nach seiner Versetzung zur Jagdergänzungsgruppe Ost in Gleiwitz dauerte es nicht mehr lange bis zu seinem ersten Einsatz. Bei seinem Verlegungsflug nach Maikop im Südabschnitt der Ostfront, wo er am 8. Oktober 1942 eintraf und sich beim Jagdgeschwader 52 meldete, machte er die Bekanntschaft mit Oberstleutnant Hrabak, der bereits das Ritterkreuz trug.

Als Rottenflieger bei Feldwebel „Paule“ Rossmann, seit dem 19. März 1942 Ritterkreuzträger und Inhaber des Abschußrekords mit 80 Gegnern, startete Hartmann am 14. Oktober zum ersten Einsatz. Seine Maschine war die moderne Me 109 G 14. Er kam zu keinem Erfolg, mußte dafür aber mit stehender Luftschraube landen, weil der Sprit alle war. Das brachte ihm drei Tage Bodendienst ein.

Am 5. November erzielte er im Kampf mit einem russischen IL-2-Schlachtflieger – kurz „Schlächter“ genannt – seinen ersten Luftsieg. Danach mußte er wegen einer Erkrankung für vier volle Wochen ins Lazarett nach Pjatigorsk. So konnte er seinen zweiten Luftsieg erst am 27. Februar 1943 erzielen. Nunmehr war er Rottenflieger bei Oberleutnant Krupinski, dessen Flugbuch 70 Abschüsse aufwies.

Walter Krupinskis erster Eindruck von Hartmann war: „So ein junges Gesicht!“ Er nannte den jungen Hartmann „Bubi“, und mit diesem Spitznamen wurde er bis zu seinem Tode von seinen Freunden gerufen.

Nacheinander konnte Hartmann mehrere Feindjäger abschießen und wurde nach dem fünften Abschuß mit dem Eisernen Kreuz II. Klasse ausgezeichnet. Am 30. April erhielt er nach drei weiteren Abschüssen das Eiserne Kreuz I. Klasse, und bis zum 25. Mai kamen sechs weitere Luftsiege hinzu. Am 5. Juli schoß der junge Leutnant bei vier Einsätzen fünf LaGG-5 ab, und zwei Tage darauf zwei weitere. Bis zum 1. August 1943 hatte sich sein Konto auf 46 bestätigte Abschüsse erhöht; den 50. Luftsieg erzielte er am 3. August im Luftraum über Charkow.

Der Eichenlaubträger Hauptmann Günther Rall, Hartmanns neuer Gruppenkommandeur, übergab ihm nach dem Tode von Leutnant Korts die 9. Staffel seiner III./Jagdgeschwader 52. Von nun an ging es bei fünf bis sechs Starts pro Tag rasant aufwärts. Bereits am 5. August errang „Bubi“ seinen 60. Luftsieg. Am 17. August waren es 80, und Ende September hatte er seine Erfolgsbilanz auf 115 Luftsiege heraufgeschraubt. Nach 150 Siegen erhielt Hartmann am 29. Oktober 1943 das Ritterkreuz.

Inzwischen war er bei den Landsern der Südfront als „Teufel des Südens“ bekannt. Die Sowjet-Luftwaffe hatte dem Sieger im Kampf gegen Hartmann eine Prämie von 10.000 Rubel versprochen. Aber keiner der sowjetischen Jäger wollte es mit ihm aufnehmen, denn von einem Treffen mit dem „schwarzen Teufel“ gab es keine Rückkehr mehr.

Das Kriegstagebuch der 9. Staffel vermerkt über den Zeitraum vom 10. Januar bis zum 22. Februar 1944: „Erfolgreichster Flugzeugführer des Geschwaders war Leutnant Hartmann. Einmal schoß er an einem Tage fünf, an einem anderen sechs Gegner im Luftkampf vom Himmel. Am 2. März 1944 erhielt er das 420. Eichenlaub zum Ritterkreuz.“

Als die zur Ordensverleihung anstehenden zwölf Anwärter auf das Eichenlaub vor Hitler standen, war Hartmann unter ihnen. Es war unmittelbar vor seinem 22. Geburtstag. Bereits seit dem 1. März 1944 war er Oberleutnant.

Am 18. März war er bereits wieder beim Geschwader. An seinem ersten Einsatztag erzielte Hartmann weitere fünf Luftsiege. Seine Staffel verlegte wenig später nach Roman in Rumänien. Von dort ging es weiter zur Krim. Von Zarnesti aus startete die 9./Jagdgeschwader 52 zu ihren Angriffen gegen die Rote Luftwaffe. 21 weitere Feindflieger wurden von ihm vom 10. April bis zum 10. Mai vom Himmel heruntergeschossen.

Seine Staffel verlegte nach Chersones und von dort abermals nach Roman, von woher sie gekommen war. Bis zum 30. Juni 1944 hatte er 247 Gegner abgeschossen. Am 1. Juli erzielte er seinen 250. Luftsieg. Zwei Tage später erhielt er die Nachricht aus dem Oberkommando der Luftwaffe (OKL) und dem Führerhauptquartier (FHQu), daß er am Vortag als 75. deutscher Soldat die Schwerter zum Ritterkreuz mit Eichenlaub erhalten habe.

Am 3. August stand „Bubi" Hartmann Hitler ein zweites Mal gegenüber. Bis zum 22. August waren 32 weitere Feindflugzeuge seinen Kanonensalven zum Opfer gefallen. Damit lag er mit 282 Abschüssen dicht hinter seinem Freund Hauptmann Barkhorn. Am 23. August startete er zu drei Einsätzen, wobei er acht Gegner im Luftkampf besiegte und damit Barkhorn hinter sich zurückließ. Am folgenden Tag startete er zweimal und kehrte mehrfach wackelnd zum Horst zurück. Bei der ersten Landung waren es sechs, bei der zweiten fünf Gegner, die er besiegt hatte; damit hatte er seinen 291. bis 301. Gegner abgeschossen.

Am 25. August erhielt er die Nachricht, daß der Führer ihn als 18. deutschen Soldaten mit den Brillanten zum Ritterkreuz mit Eichenlaub und Schwertern ausgezeichnet habe. Ein drittes Mal stand er vor Hitler. Dieser lud ihn zu einem Gespräch ein, bei dem Hartmann aus sich herausging und erklärte, daß die Jagdfliegerausbildung mit 60 allgemeinen Flugstunden, davon lediglich 20 auf der Me 109, nur Todeskandidaten produziere und daß die Jagdflieger nicht genügend ausgebildet würden.

Am 1. September wurde er zum Hauptmann befördert. Er flog zum Geschwader zurück und erhielt am nächsten Tag zehn Tage Heiratsurlaub. In Bad Wiessee heiratete er seine Jugendliebe Uschi. Seine beiden Trauzeugen waren die Hauptleute Barkhorn und Batz.

Im Oktober zum Verband zurückgekehrt, führte Hauptmann Hartmann zeitweise die 4./Jagdgeschwader 52 und dann vertretungsweise auch die II. Gruppe. Bis zum Jahresende hatte er seinen Rekord auf 331 Flugzeuge heraufgeschraubt.

Als es in Ungarn brannte, wurde er von einem Speziallehrgang abberufen und zum Geschwader zurückbefohlen. Am 27. Februar schoß er hier seinen 346. Gegner ab. In den folgenden Wochen kamen weitere hinzu, und am 8. Mai 1945, dem letzten Kriegstag, fiel über Brünn eine Jak 11 als sein 352. Gegner vom Himmel.

Bei Kriegsende war Hartmann zum Major befördert. Er geriet in russische Gefangenschaft. Wie sein Geschwaderkommodore Hermann Graf hätte er mit seiner eigenen Maschine ausfliegen können, wofür er sogar einen Marschbefehl erhielt. Er lehnte indes ab und bezahlte diese Großmut mit zehnjähriger sowjetischer Gefangenschaft. Das Angebot, als Sowjetspitzel zu dienen, wofür er früher entlassen worden wäre, nahm er ebenfalls nicht an.

Als er im Jahre 1955 – nur noch 100 Pfund wiegend – heimkam, holte er mit seiner Frau Ursula die kirchliche Trauung nach.

In der Bundeswehr

Sein ehemaliger Kommandeur Dieter Hrabak, nunmehr General der Bundeswehr, bat ihn, in die Bundesluftwaffe einzutreten. Er wurde am 1. Dezember 1956 als Major eingestellt und sollte es – trotz eines sich vor ihm auftürmenden Berges an Widerständen – zum Oberst und Kommodore des Jagdgeschwaders 71 „Richthofen" bringen.

Diese Widerstände rührten vor allem daher, daß Hartmann, zur F 104 „Starfighter" befragt, die er in den USA kennengelernt und geflogen hatte, seinem Vorgesetzten General Kammhuber, dem Inspekteur der Luftwaffe, erklärte, daß die Beschaffung dieser Maschine aufgeschoben werden müsse, um größere Verluste zu verhindern. Sein Kernsatz dazu: „Herr General, wir dürfen keine Flugzeuge kaufen, die wir nicht beherrschen können!"

Die oberste deutsche Luftwaffenführung entschied anders. Die Folge davon war, daß über 100 F 104 „Starfighter" abstürzten und über 80 deutsche Piloten dabei ums Leben kamen.

„Wenn wir den Starfighter fliegen, brauchen wir keinen Krieg, um unsere Piloten umzubringen", lauteten die Kommentare der alten Flieger.

Gegen Erich Hartmann aber, der die Wahrheit ausgesprochen hatte, erhob sich eine großangelegte Kampagne von Intrigen und Diffamierungen. Er wurde von seinem Kommando als Kommodore des Jagdgeschwaders 71 abgelöst und ins Abseits gestellt. Der erfolgreichste Flieger der Welt, ein Ritter ohne Furcht und Tadel, der selbst Hitler gegenüber nicht mit seiner Überzeugung hinter dem Berg gehalten hatte, mußte 1970 „auf eigenen Wunsch" als Oberst aus dem aktiven Dienst ausscheiden.

Um sich zu rehabilitieren, war er gezwungen, vier Prozesse zu führen, die er alle gewann. Eine Rehabilitierung blieb ihm dennoch versagt. Die alten Jagdflieger kommentierten dies mit den Worten: „Der Dank des Vaterlandes ist ein hinkender Esel, der die verdienten Soldaten niemals erreicht."

Die Autoren Raymond F. Toliver und Trevor J. Constable des berühmten Buches „Holt Hartmann vom Himmel" brachten dieses Dilemma auf den für alle anderen Katastrophen ebenfalls gültigen Nenner: „Kleine Leute, mit großen Aufgaben betraut, von denen sie nichts verstanden, haben versucht, der Karriere dieses tadellosen, weltweit anerkannten Fliegers zu schaden. Sie schafften dies auch."

Erich Hartmann verkörperte alle Anlagen und Kenntnisse, die einen guten Vorgesetzten ausmachen. Hinzu kamen seine Integrität und Wahrheitsliebe, alles Eigenschaften, die in der Bundesrepublik Deutschland anscheinend nicht mehr gefragt sind.

Am 20. September 1993 wurde Erich Hartmann in Weil im Schönbuch zur „Großen Armee" abberufen. Viele seiner ehemaligen Kameraden trugen ihn zu Grabe, unter ihnen die Generale Rall, Krupinski und Obleser. Auch Vertreter der beiden Jagdgeschwader 73 und 71 der Bundeswehr ließen sich es nicht nehmen, diesem einmaligen Flieger das letzte Geleit zu geben und so zu demonstrieren, daß wenigstens sie die Entscheidung der obersten Bundeswehr-Hierarchie gegen Hartmann nicht mittrugen.

Otto Kretschmer

Fregattenkapitän der Wehrmacht
Flottillenadmiral der Bundeswehr

Geb. am 1. Mai 1912 in Heidau, Kreis Liegnitz/Niederschlesien
Ritterkreuz: 4. August 1940
6. Eichenlaub: 4. November 1940
5. Schwerter: 26. Dezember 1941

Karl Dönitz äußerte sich als Oberbefehlshaber der U-Boot-Waffe wie folgt über Fregattenkapitän Otto Kretschmer: „Er war ein hervorragender U-Boot-Kommandant und besaß eine selten erlebte Kaltblütigkeit. Er erfaßte schnell eine taktische Situation, erkannte die beste Möglichkeit, sie auszunutzen und führte dann seinen Angriff mit großer Ruhe, Zähigkeit und Können durch.

Als ich am 4. November 1940 seine Funkmeldung über das Geschehen im Kampf gegen die beiden britischen Hilfskreuzer ‚Laurentic' und ‚Patroklus' erhielt, beantragte ich sofort telefonisch im FHQu das Eichenlaub zum Ritterkreuz für ihn. Es wurde Kretschmer noch am selben Tage durch Funkspruch verliehen. Ich freute mich für ihn und wußte, daß auf seinem draußen in See stehenden Boot jeder Soldat stolz darauf war und durch die schnelle Anerkennung der Leistung dieses Bootes neuen Ansporn erhielt. Er gehörte zu jenen Kommandanten wie Prien, Herbert-Emil Schultze, Schepke, Endraß, Liebe, Lüth, Frauenheim, Wohlfahrt, Oehrn, Jenisch und anderen gleich tapferen Männern, die alle eine gründliche Friedensausbildung erhalten hatten und sich bereits in den ersten Kriegsmonaten bewährten. Sie warfen sich mit Wagemut, Können und Umsicht in diesen Kampf gegen die britischen Seeverbindungen.

In oftmals nur kurzen Unternehmungen errangen sie, einzeln in den ihnen zugewiesenen Angriffsräumen oder gemeinsam in den Geleitzugschlachten kämpfend, große Erfolge. Sie fühlten sich als Könige auf dem Meer und der gegnerischen Abwehr überlegen. Wie sehr dies der Fall war, zeigten vor allem

Kretschmers Kriegstagebuch-Eintragungen über Einzelkämpfe und Geleitzugschlachten."

Otto Kretschmer wurde am 1. Mai 1912 in Heidau in Schlesien geboren. Bereits auf der Schule galt Kretschmer als sprachbegabt. Diese Begabung sowie sein Interesse an den Naturwissenschaften hatte der junge Schüler von seinem Vater geerbt.

Der junge Kretschmer studierte in England unter Professor Schopp, der am Exeter College lehrte. In diesen acht Monaten in Exeter lernte er die Sprache des Landes so intensiv, daß er zwei Jahre darauf die Marine-Dolmetscherprüfung in Englisch mit Auszeichnung bestand.

Im Jahre 1930 trat Kretschmer als Seekadett in die damalige Reichsmarine ein. 1934 wurde er zum Leutnant zur See befördert und kam 1936 zur U-Boot-Waffe, wo er sich bald als hervorragender Torpedoschütze erwies.

Er wurde Kommandantenschüler und Wachoffizier. Am 1. Dezember 1936 erhielt er den Posten des II. Wachoffiziers auf U 35, einem Boot des Typs VII A, das am 3. November 1936 von Kapitänleutnant Ewerth in Dienst gestellt worden war. Mit diesem Boot führte er die Übungsfahrten in der Ostsee durch.

Am 1. Oktober 1937 übernahm Otto Kretschmer U 23, ein Boot des Typs II B, als Kommandant und fuhr während der Manöver in den Jahren 1938 und 1939 einige aufsehenerregende Scheinangriffe.

Als die U-Boote ab dem 17. August 1939 ihre Stützpunkte verließen, um sich auf Gefechtsposition zu begeben, war auch U 23 dabei. Sein Ziel war die englische Küste vor der Humber-Mündung. An Stelle der Torpedos hatte das Boot jedoch Magnetminen geladen.

Kretschmers Auftrag lautete: „Humber-Mündung erreichen, in sie eindringen und das Gebiet mit Minen spicken!" In Unterwasserfahrt arbeitete sich U 23 an jene Bojen heran, welche die Einfahrt in den Humber-Fluß markierten und den Weg zum britischen Kriegshafen Hull zeigten. Doch sein Boot wurde zurückbefohlen.

Drei Tage später wurde Oberleutnant zur See Kretschmer zum Führer der Unterseeboote (FdU) befohlen. Dönitz fragte ihn, wie lange er brauche, um das Boot seeklar zu machen. Kretschmer erwiderte: „Zwölf Stunden."

Am nächsten Morgen, der Kalender zeigte den 8. September 1939, lief U 23 aus. Es hatte – wieder einmal – Minen geladen und nahm Kurs auf die schottische Küste. Nach Einbruch der Dunkelheit am 11. September lief U 23 mit kleiner Fahrt, auf Sehrohrtiefe eingependelt, in die Bucht von Firth of Forth hinein. Es gelangte unangefochten in das vorgeschriebene Minengebiet und legte seine „tödlichen Teufelseier", um sofort kehrt zu machen und dieses gefährliche Gewässer zu verlassen.

Am 1. Oktober lief U 23 zu seiner dritten Minenunternehmung aus. Nach drei Tagen erreichte das Boot das Zielgebiet, lief durch die Fair-Island-Passage zwischen den Shetlands und den Orkneys hindurch und wollte von Westen her in den Pentland Firth eindringen. Wie sich später herausstellte, war diese Einfahrt nach Scapa Flow, dem großen britischen Kriegshafen, stark bewacht und gesichert.

Mit vorgeflutetem Boot lief Kretschmer zum Eingang des Pentland Firth. Plötzlich sichteten sie überall voraus kleine Lichter, die auf dem Wasser zu tanzen schienen. Es waren Fischerboote. Inmitten dieser vielen Boote schwamm ein Schiff. Darauf drehte Kretschmer zum Angriff ein, mußte aber feststellen, daß es nur ein „winziger Kolcher“ war.

Kretschmer tauchte mit U 23 auf und setzte dem Dampfer einen Schuß vor den Bug, um ihn dann mit der Klappbuchse anzumorsen. Der Kapitän der „Glen Farg“ erhöhte die Fahrt des Schiffes und funkte auf dem internationalen 60-Meter-Band.

Kretschmer ließ dem Flüchtenden einige Salven hinterhersenden, was dazu führte, daß der Dampfer stoppte und die Besatzung in die Boote ging.

Aus einer Distanz von nur 600 Metern traf der Torpedo den Kolcher mittschiffs. Brennend sank er. U 23 hatte den ersten Versenkungserfolg erzielt. Es waren zwar nur 876 Bruttoregistertonnen (BRT), aber damit war der Anfang gemacht.

Auf der nächsten Feindfahrt, wieder mit einem Minenunternehmen gekoppelt, versenkte U 23 am 7. Dezember die 2.400 BRT große „Scotia“, einen Dänen, der mit Banngut nach England unterwegs war. Zwei Tage darauf traf es die nur 1.339 BRT große „Magnus“. Das war die Ausbeute dieser Feindfahrt.

Während der letzten Feindfahrt im Jahr 1939 kam U 23 noch auf die 4.101 BRT große „Deptford“ zum Schuß, die nach einem Zweierfächer sank. Als Kretschmer auf ein weiteres Ziel eindrehen ließ, um dieses, da es sehr klein erschien, mit der 2-cm-Bordkanone zu beschießen, wurde das Boot von einem heranrauschenden Zerstörer unter Wasser gedrückt.

Am frühen Morgen des 11. Januar war für U 23 der erste Tag der neuen Schießzeit 1940 gekommen. Es sollte noch bis zum Nachmittag dauern, ehe das Boot, vor der Inganes-Bay stehend, in der Bucht zwei ankernde Zerstörer erkannte und dahinter einen großen Schatten – einen Öltanker.

Als ein weiterer, bis dahin nicht gesicherter Zerstörer die Bucht verließ, mußte sich auch U 23 absetzen. Dabei stieß das Boot weiter draußen auf einen kleinen Dampfer. Es war die 1.150 BRT große „Fredville“, ein Norweger, der mit einem Torpedo versenkt wurde.

Wieder zur Bucht zurücklaufend, versuchte Kretschmer, sich an den beiden Zerstörern vorbeizuschleichen. Da dies nicht gelang, setzte er in der Nacht zum Durchlaufen zwischen den beiden Bewachern hindurch an. Mit kleiner Fahrt beider Diesel glitt das Boot zwischen den Zerstörern durch. Die beiden „Aale“ gingen am Tanker hoch. Ein fürchterliches Krachen und Bersten folgte. Unangefochten kamen sie erneut an den beiden Zerstörern vorbei. Dann stob eine grellweiße Feuerwand in die Höhe, die zunächst den Tanker und anschließend die gesamte Breite der Bucht erfaßte.

Der Tanker „Danmark" hatte eine Benzinladung an Bord, die auslief und in Flammen geriet. Das Schiff verbrannte. Damit hatte U 23 erstmals nach den vielen kleinen Kolchern ein Schiff von 10.517 BRT versenkt, das dazu noch „Edelwild" war, wie man in U-Boot-Kreisen die Tanker nannte.

Auf den nächsten Feindfahrten suchte U 23 nach einem Kriegsschiff. Kretschmer „kroch" mit seinem U-Boot in viele Buchten hinein. Am 24. Januar 1940 bekam U 23 in der Nordsee wieder einen Dampfer in Sicht. Es war die 1.085 BRT große „Varild", die mit einem Torpedo versenkt wurde. Am 18. Februar stand das Boot in seinem Operationsgebiet. Hier versenkte es um 2.30 Uhr die 1.375 BRT große „Daring". Vier Tage später kam U 23 vor Copinsay auf den Orkneys auf die 4.496 BRT große „Loch Maddy" zum Schuß. Dieser britische Dampfer sank wenige Minuten nach dem Treffer. U 23 trat den Rückmarsch an.

Ende April erreichte Kretschmer ein Funkspruch des Befehlshabers der Unterseeboote (BdU): „Auf Befehl des Oberbefehlshabers übernehmen Sie das Kommando des für die Kriegsmarine im letzten Fertigungsstadium befindlichen Neubaues U 99."

Mit U 99 erhielt Kretschmer ein Boot des Typs VII B, dessen Besatzung, einschließlich Kommandant, 44 Mann stark war. Am 30. April 1940 ging Otto Kretschmer an Bord. Er trug bereits die Kolbenringe eines Kapitänleutnants, als er mit U 99 das erste Mal ablegte und die Einfahrzeit absolvierte. Die Geschwindigkeitsprobe ergab, daß U 99 mit beiden Dieseln 17 Knoten Fahrt machte. Das Probetauchen und die Trimmversuche verliefen erfolgreich. Beim Torpedoschießen traten keine Versager auf, und auch das Übungsschießen mit den Flakwaffen und der 8,8-cm-Bordkanone klappte tadellos.

Am frühen Morgen des 17. Juni lief U 99 zur ersten Feindfahrt aus. Das Boot führte zwölf Torpedos mit und hatte Proviant für eine sechswöchige Einsatzzeit an Bord. Es ging durch den Nord-Ostsee-Kanal und dann durch die Elbmündung in die Nordsee. Auf dem Marsch ins Operationsgebiet geriet U 99 in den Sicherungsbereich des deutschen Schlachtkreuzers „Scharnhorst". Es wurde für ein Feindboot gehalten und versehentlich mit Bomben belegt. Die durch die Fliegerbomben angerichteten Schäden konnten mit Bordmitteln nicht behoben werden. Es ging also nach Wilhelmshaven zurück.

Nach dreitägiger Reparatur lief U 99 abermals aus. Auf direktem Weg ging es durch die Nordsee und im Überwassermarsch zur Fair-Island-Passage. Unbehelligt erreichte das Boot den Nordatlantik, passierte den Nordkanal zwischen Großbritannien und dem Norden Islands und stand am 5. Juli 1940 im Operationsgebiet, der Passierstrecke der Halifax-England-Geleitzüge. Um 12.00 Uhr wurde ein Dampfer gesichtet, der Zickzack-Kurs lief. Das Boot ging auf Sehrohrtiefe hinunter und drehte auf den Kurs des Dampfers ein. Um 12.51 Uhr erfolgte ein Einzelschuß aus Rohr I. Der „Aal" detonierte mittschiffs. Die 2.053 BRT große „Magog" brach in zwei Teile auseinander. In den beiden nächsten Tagen wurden noch zwei Dampfer versenkt.

Von Geleitzerstörern wurde U 99 mehrmals kräftig durchgeschüttelt. Loses Gut wirbelte durch den Bugraum. Die Sauerstoffanlage fiel aus, und die Männer mußten durch das „Flottenatmungsgerät" atmen, das die verbrauchte Luft reinigte.

Am 10. Juli wurden Mastspitzen gesichtet. Sie verrieten einen Frachter, der in langen Zickzackschlägen langsam dahinschipperte. Der Torpedo traf ihn vor dem vorderen Mast. Die Besatzung fierte die Rettungskutter und verließ das Schiff, das nach einigen Dutzend Schüssen der Bugkanone eine halbe Stunde später, um seine eigene Achse herumrollend, auf Tiefe ging. Im Lloyds Register war das Schiff mit 4.596 BRT verzeichnet.

Am 12. Juli um 2.06 Uhr wurde der griechische Dampfer „Ia" mit einem Einzelschuß versenkt. Das Schiff hatte 4.860 BRT. Bis zum Abend lief U 99 durch die See, ohne auch nur eine Mastspitze zu sichten. Danach wurde ein Dampfer gemeldet, und Kretschmer sprintete auf die Brücke. Er beschloß, das kleine Schiff mit einigen Schüssen seiner Achtacht zu versenken und die Torpedos für ein größeres Schiff aufzusparen. U 99 lief dicht an den Dampfer heran, und aus etwa 300 Metern Distanz fiel der Stopschuß aus der Bordkanone. Es dauerte nur wenige Minuten, bis die Besatzung des Schiffes in die Boote ging. An eines der Boote heranlaufend, stellten die Männer auf dem Turm von U 99 fest, daß es mit sieben – Frauen besetzt war. Einer der wenigen Männer an Bord dieses Rettungsbootes war der Kapitän des Schiffes. Er rief zum U-Boot-Turm hinauf, daß der Name seines Schiffes „Merisaar" laute. Es hatte eine Verdrängung von 2.135 BRT und war ein estnischer Frachter.

Am 15. Juli entdeckte U 99 an der Südspitze von Irland ein abgeblendet fahrendes Schiff, das mit großer Fahrt dem Ärmelkanal entgegenlief. Kretschmer entschloß sich, einen der vier noch vorhandenen Torpedos anzulegen. Der Torpedo traf mittschiffs. Das Schiff stoppte und funkte wie wild. Erst als die Besatzung das Schiff verlassen hatte, ließ Kretschmer das Feuer mit der Bugkanone eröffnen. Die „Budoxia" erhielt über 50 Treffer, darunter 20 Phosphorgranaten, doch diese zeigen keine besondere Wirkung. Also mußte ein zweiter Torpedo verschossen werden. Dieser traf das Achterschiff, das auseinandergerissen wurde. Die „Budoxia", ein Schiff von 2.018 BRT, sank.

Am nächsten Morgen um 2.03 Uhr beschoß U 99 einen Dampfer, der von Süden her in Richtung England lief. Die beiden letzten Torpedos liefen. Sie trafen vorn am Bug und ins Achterschiff. Auch dieser Dampfer setzte einen Notruf ab. Es war die 4.434 BRT große „Woodbury", ein Brite, der nach wenigen Minuten sank.

Als Otto Kretschmer sah, daß zwischen den Wrackteilen des Schiffes einige Flöße mit Schiffbrüchigen schaukelten, ließ er an die Flöße herangehen und alle überflüssigen Schlafdecken und einige Flaschen Rum an sie verteilen. Danach drehte U 99 ab und meldete über Funk, daß alle „Aale" verschossen seien. Am

Nachmittag kam die Antwort des BdU: „An Kommandant U 99: Sofort französischen Hafen Lorient anlaufen.“ Damit war U 99 eines der ersten Boote, die in diesen später so berühmten Stützpunkt einliefen.

Bereits am 24. Juli 1940 stand U 99 wieder in See. Am späten Abend des 27. Juli entdeckte die Brückenwache einen großen Schatten. Ein Schiff, das drei Meilen querab von U 99 auf gleichem Kurs durch die See lief. Es war ein schneller, großer Einzelfahrer.

Mit Höchstgeschwindigkeit „knüppelte“ das Boot einen Vorsprung heraus. Um 5.57 Uhr erfolgte der Fächerschuß auf den 12.000-Tonner, wie der Kommandant ihn eingeschätzt hatte. Aus etwa 2.200 Metern geschossen, detonierte ein Torpedo unter dem Heck des Dampfers, der schlagartig mit der Fahrt heruntergingund einen SOS-Ruf sandte. Es handelte sich um die „Auckland Star“, ein modernes Motorschiff mit 13.212 BRT, die nach Hilfe rief, gleichzeitig aber mit ihrer Heckkanone das Feuer eröffnete.

U 99 lief im Unterwassermarsch näher an den Schiffsriesen heran. Der zweite Torpedo schlug genau zwischen Brücke und Schornstein ein. Die „Auckland Star“ aber sank noch immer nicht. Der dritte Torpedo traf etwa die gleiche Stelle wie sein Vorläufer. Diesmal hob sich der Bug des Schiffes, dann drehte es sich herum und verschwand um 7.35 Uhr von der Wasseroberfläche.

In der folgenden Nacht wurde ein abgeblendetes Feindschiff gesichtet, das Zickzack-Kurs lief, also verdächtig war. Es lief mit so hoher Geschwindigkeit, daß U 99 nur mit äußerster Kraft folgen konnte. Es war die 7.336 BRT große „Clan Menzies“, ein Brite, dem um 2.15 Uhr des 29. Juli der erste Torpedo angetragen wurde. Der „Aal“, aus etwa 3.000 Metern geschossen, ging achtern vorbei. Der zweite Torpedo traf den Dampfer mittschiffs. Dieses funkte, es wurde von einem deutschen U-Boot angegriffen. Erst nach geraumer Zeit holte die „Clan Menzies“ weit über und ging auf Tiefe, so daß das von U 99 losgesandte Boot mit dem Sprengkommando wieder zurückkehren konnte.

Wenige Minuten vor Mitternacht, in der Nacht zum 31. Juli, wurde die 5.475 BRT große „Jamaica Progress“ gesichtet. Um 1.38 Uhr schoß Kretschmer einen Torpedo, der das Schiff ins Heck traf. Die „Jamaica Progress“ erbat über Funk Hilfe. Wenig später tauchte ein Sunderland-Flugboot auf, und U 99 ging sofort in den Keller. Erst nach dem Wiederauftauchen erhielt die „Jamaica Progress“ den tödlichen Torpedo. Um 13.24 Uhr fiel der nächste Torpedoschuß, der erneut einem Frachter galt. Die „Jersey City“, 6.322 BRT, wurde getroffen. Einige Explosionen in ihrem Innern beschleunigten ihren Untergang. Und wieder wurde U 99 von einer Sunderland unter Wasser gedrückt.

In den späten Nachmittagstunden trat ein Konvoi aus dem Dunst heraus. Kretschmer hielt auf einen großen Tanker zu. Um 2.51 Uhr des 2. August fiel der Torpedoschuß. Der „Aal“ schlug in Höhe des Maschinenraumes ein. Das Heck des Tankers, der 10.981 BRT großen „Strinda“, sackte weg. 46 Minuten später fiel der zweite Einzelschuß auf einen kleineren Tanker. Er riß der „Lucerna", einem britischen Motortanker von 6.556 BRT, das Vorschiff weg. Kretschmer war mitten in den Geleitzug HX 60 hineingelaufen. Um 4.27 Uhr wurde ein dritter Tanker beschossen. Der Treffer mittschiffs ließ die 8.016 BRT große „Alexia", einen britischen Motortanker, in Flammen aufgehen. Das Schiff sackte in der Mitte weg. Insgesamt hatte Kretschmer auf diese drei Tanker vier Torpedos geschossen, von denen einer versagt hatte.

Das Boot war „verschossen" und lief nach Lorient zurück, das es am 8. August erreichte. Am ausgefahrenen Sehrohr flatterten sieben Versenkungswimpel. Am 4. August 1940 erhielt Kretschmer noch auf See das Ritterkreuz des Eisernen Kreuzes.

Am Nachmittag des 1. September lief U 99 zu seiner nächsten Feindfahrt aus. Ziel war wieder die „U-Boot-Allee", jener Seestreifen, in dem die deutschen U-Boote mit Sicherheit auf feindliche Geleitzüge stoßen würden.

Am 4. September kam ein kleiner Frachter in Sicht. Kretschmer lief zum Artilleriegefecht heran und stoppte den Frachter durch eine Schuß vor den Bug. Es war – so der Notruf, den der Funker noch morste – die 1.074 BRT große „Luimneach". Brennend ging sie auf Tiefe.

Erst am 8. September wurde wieder ein Geleitzug gesichtet, der westwärts ging. U 99 bemühte sich, Fühlung zu halten. Doch es wurde von Zerstörern entdeckt und unter Wasser gedrückt. Nach dem Auftauchen hatte es eine gute Schußdistanz von nur 600 Metern auf einen großen, tief im Wasser liegenden Frachter, die es dann noch auf 500 Meter verkürzte. Der Torpedo lief in unregelmäßigen Schleifen durch das Wasser, durchbrach einige Male die Wasseroberfläche und ging an dem Frachter vorbei. Nach einem weiteren ungeklärten Fehlschuß ließ Kretschmer auf 200 Meter herangehen. Auch der dritte Torpedo verschwand spurlos in der See. Einer der „Aale" mußte aber zufällig die 2.468 BRT große „Albione" am Ende der Kolonne getroffen haben, denn dieses Schiff sank.

Am 15. September, nach vier Tagen ohne jede Sichtmeldung, kam westlich von Rockall Bank ein schneller, Zickzack-Kurs laufender Einzelfahrer in Sicht. Der aus 2.700 Metern geschossene „Aal" ging vorbei.

Am 16. September um 2.41 Uhr kam das Boot auf die ebenfalls nur 1.327 BRT große „Lotos" zum Schuß. Das Schiff sank keine Minute nach dem Treffer, der es auseinanderriß.

Am Morgen des 17. September wurde die 2.372 BRT große „Crown Arun" angegriffen. Der ins Achterschiff einschlagende Torpedo ließ sie nicht sinken. Sie mußte mit Artillerie vernichtet werden.

In der Nacht des 21. September sichtete die Brückenwache Schatten. Die Horchpeilung erbrachte den untrüglichen Beweis, daß sie an den von Kapitänleutnant Prien gemeldeten HX-Geleitzug herangekommen waren. Wenig später wurde ein zweites U-Boot gesichtet, Priens U 47. Beide Boote gingen näher an den Konvoi heran. Um 3.12 Uhr gab U 99 einen Einzelschuß ab, und die „Invershannon", ein moderner britischer Motortanker, wurde getroffen. Das Vorschiff des Tankers sackte sofort weg. Da keine Zerstörerabwehr erfolgte, schob sich U 99, nachdem der Tanker beinahe ganz verschwunden war, an der Flanke des Konvois nach vorn. Kretschmer ließ aus 800 Metern auf einen tiefliegenden Frachter schießen. Die „Baron Blythswood" wurde getroffen. Es war ein Schiff mit 3.668 BRT, dessen Munition explodierte und das Schiff in Fetzen riß. 40 Sekunden nach dem Treffer war nichts mehr von von ihm zu sehen. Die „Invershannon" sank ebenfalls, womit weitere 9.154 BRT auf das Versenkungskonto von U 99 kamen. Um 4.47 Uhr schoß U 99 einen dritten Torpedo aus etwa 900 Metern Entfernung auf die „Elmbank", die SOS funkte. Nach mehreren Salven Artilleriefeuer an dem sich auch U 47 beteiligte, mußte schließlich noch ein zweiter Torpedo geschossen werden. Mit sieben Versenkungswimpeln am ausgefahrenen Luftzielrohr lief U 99 in Lorient ein.

Am 14. Oktober lief U 99 eine Stunde nach Mitternacht wieder aus. Auf dieser erfolgreichen Fahrt sollte Otto Kretschmer weitere sieben Schiffe mit insgesamt 31.172 BRT versenken und zwei lahmschießen. U 99 wurde daraufhin zum Hauptliegeplatz befohlen und dort von BdU empfangen. Kretschmer meldete dem BdU sein Boot von der Feindfahrt zurück. Auch diesmal war seine Taktik „ein Schiff – ein Torpedo" erfolgreich geblieben.

Das Boot lief schon in den ersten Novembertagen erneut aus und begann die neue Schießzeit am 3. November um 21.40 Uhr mit der Versenkung der 5.376 BRT großen „Casanare". Wenige Stunden später kam Kretschmer fast gleichzeitig auf zwei „riesige Pötte" zum Schuß: den Hilfskreuzer „Laurentic" mit 18.724 BRT und die 11.314 BRT große „Patroclus". Die „Laurentic" eröffnete das Feuer auf U 99, ehe sie noch einen zweiten Treffer erhielt, der unter dem Heck detonierte. Auf 250 Meter heranschließend, schoß Kretschmer noch einen dritten „Aal"; dieser traf genau in den Maschinenraum des Hilfskreuzers.

Inzwischen war auch die „Patroclus" in Sicht gekommen und erhielt ihren ersten Torpedo, aus nur 300 Metern geschossen, ins Heck. Ein zweiter „Aal" vergrößerte das Loch auf Scheunentorbreite. Allerdings schwamm die „Patroclus" auf leeren Holzfässern und war dadurch fast unsinkbar. Auch sie eröffnete das Feuer auf des U-Boot. Die ersten Schüsse lagen dicht bei U 99, das sich absetzen mußte. Als Kretschmer den Standort der „Casanare" ansteuern ließ, war dieses Schiff bereits gesunken.

Sunderland-Flugboote drückten U 99 unter Wasser. Kretschmer ließ im Unterwassermarsch die Rohre nachladen. Um 2.00 Uhr ließ er wieder auftauchen, mußte aber vor heranbrausenden Zerstörern wieder unter Wasser verschwinden. Nach einigen Minuten ließ Kretschmer abermals auftauchen und die beiden angeschossenen Hilfskreuzer ansteuern.

Es ging zunächst gegen die „Laurentic". Der nächste Torpedo traf ihr Heck und riß das Achterschiff weg. Die dort gelagerten Wasserbomben explodierten. Der Bug des Schiffes hob sich, dann jagte das, was von der „Laurentic" noch übrig geblieben war, in die Tiefe.

„Nun zur ‚Patroclus' zurück!" befahl der Kommandant. Der dritte Torpedo traf die „Patroclus" mittschiffs, der vierte ins Vorschiff, der fünfte wieder mittschiffs. Erst nach dem sechsten Treffer zerbrach der Hilfskreuzer in zwei Teile und sank.

Kretschmer ließ eine Erfolgsmeldung senden. Mit diesen drei Versenkungen, die sich zusammen auf 35.414 BRT bezifferten, hatte auch Kretschmer die 200.000-BRT-Grenze überschritten. Am 4. November wurde ihm als sechstem deutschen Soldaten das Eichenlaub zum Ritterkreuz verliehen.

Am 27. November 1940 machte U 99 erneut die Leinen los. Bei stürmischer See bahnte sich das Boot seinen Weg ins Operationsgebiet. Es war unmöglich, die befohlene Marschfahrt einzuhalten. Das Boot machte nur noch halbe Fahrt und wurde bei diesem Seegang immer wieder unter Wasser gedrückt.

Am Morgen des 2. Dezember wurde ein riesiger Schatten gesichtet, auf den das Boot zusteuerte. Kretschmer ließ einen Torpedo schießen und ging sofort in den Keller. Ein Zerstörer, der dieses große Schiff geleitet hatte, überlief das Boot, warf jedoch keine Wasserbomben. Da die Schrauben des Dampfers nicht mehr gehorcht werden konnten, mußte er wohl liegengeblieben sein.

Der Kommandant ließ auftauchen. Der Gegner bemerkte ihn sofort und schoß eine Reihe roter Leuchtkugeln. Es dauerte einige Minuten, ehe das U-Boot eine günstige Schußposition erreicht hatte. Der Torpedo traf unterhalb der Brücke, und Oberfunkmaat Kassel fing den SOS-Ruf des Riesen auf. Es war der 16.402 BRT große Hilfskreuzer „Forfar", der nach insgesamt vier Fangschüssen um 6.57 Uhr sank.

Um 20.50 Uhr an diesem 2. Dezember traf ein Torpedo die 4.276 BRT große „Samnanger", und am nächsten Vormittag wurde der britische Motortanker „Conch" mit 8.376 BRT versenkt. Dieses Schiff war durch U 47 getroffen worden und lag gestoppt auf der See, ehe es von U 95 fünf Fangschüsse erhielt und schließlich von U 99 versenkt wurde.

Am 7. Dezember wurde dann als letztes Schiff während dieser Feindfahrt der niederländische Dampfer „Farmsum" mit 5.237 BRT, der im Geleitzug OB 252 s mitlief, versenkt. Vier Versenkungen hatte diese Feindfahrt gebracht, darunter die eines großen Hilfskreuzers.

Am 22. Februar 1941 lief U 99 zu seiner letzten Feindfahrt aus. Der BdU hatte Kretschmer ein neues Landkommando angeboten, aber der „schweigsame Otto" wollte weiter fahren.

Das Boot lief am 25. Februar durch den St. Georg-Kanal zwischen Irland und Wales und stand wenig später im Operationsgebiet. Im selben Raum, nördlich an den Streifen von U 99 angrenzend, verlief das Operationsgebiet von U 47. Am frühen Morgen des 26. Februar meldete Prien eine Geleitzug. U 47 wurde durch eine Sunderland abgedrängt.

U 99 operierte zwei Tage auf diesen Konvoi, fand ihn aber nicht. Am 28. Februar trafen sich U 47 und U 99 nahe dem Geleitzug. Prien berichtete Kretschmer, daß er kurz vorher auch Schepke mit U 100 getroffen habe. Damit standen die drei großen Asse der U-Boot-Waffe in engster Nachbarschaft am Feind. Die Wachen sahen den Konvoi vorbeiziehen. Zwei Zerstörer drehten aus ihrem Kurs heraus, und einer davon nahm direkten Kurs auf U 99, so daß schnellstens getaucht wurde.

Als das Boot am Abend wieder auftauchte, sichtete die Brückenwache drei im Sinken begriffene Frachtschiffe, die – das wurde erst im nachhinein bekannt – am Morgen von deutschen Kampfflugzeugen Focke Wulf FW 200 bombardiert worden waren.

Am 4. März 1941 ließ der BdU einen Suchstreifen bilden, der sich südlich von Island, quer zum erwarteten Geleitzug, formierte. Darin standen U 47, U 95, U 99 und U 100.

U 47 gab am 6. März schließlich eine Sichtmeldung. Es handelte sich um den OB 293, einen von England in die USA gehenden Konvoi. Kretschmer sichtete zunächst nur drei Zerstörer, die Steuerbordsicherung fuhren. Zwei Stunden darauf tauchte ein Nachzügler auf, das britische Walfang-Mutterschiff „Terje Viken" mit 20.638 BRT. Der erste Torpedo traf, und Kretschmer konzentrierte sich sofort auf ein zweites in Sicht gekommenes Schiff, den britischen Motortanker „Athelbach" mit 6.568 BRT. Der erste Torpedo stoppte den Tanker. Die Beschießung durch die Bordkanone fruchtete allerdings nicht, so daß ein zweiter Torpedo nötig wurde.

Nun kehrte U 99 zu dem Walfang-Mutterschiff zurück. Es wurde nicht mehr gefunden, und Kretschmer war der Überzeugung, daß er es versenkt habe. Die an der vermeintlichen Untergangsstelle der „Terje Viken" liegenden beiden britischen Zerstörer, die offenbar Schiffbrüchige bargen, wehrten ein Näherkommen von U 99 ab. (Die „Terje Viken" war nicht gesunken. Sie wurde am 14. März von drei britischen Zerstörern und einer Korvette versenkt, da an ein Einschleppen nicht mehr zu denken war. Das Schiff war torpediert worden, und diese Torpedierung hatte letztlich doch zu seinem Ende geführt.)

Zwei Korvetten der Begleitsicherung, „Camellia" und „Arbutus", jagten U 99 noch einige Zeit. Erst am 16. März kam das Boot – bei der Bekämpfung des Geleitzuges HX 112 – wieder zu Erfolgen. Als erstes sank das niederländische Motorschiff „Almkerk" mit 6.810 BRT, danach der Motortanker „Ferm" mit 6.593 BRT. Noch am selben Tag konnte Kretschmer nacheinander den Motortanker „Beduin" mit 8.136 BRT, den Dampftanker „Venetia" mit 5.728 BRT, den 7.375 BRT großen kanadischen Dampfer „J. B. White" und am nächsten Morgen die „Korshamn" mit 6.673 BRT versenken. Der britische Motortanker „Franche Comte", mit 9.314 BRT ein Riese, wurde torpediert. Damit hatte U 99 binnen 24 Stunden des 16. und 17. März 1941 sechs Schiffe mit insgesamt 41.315 BRT versenkt und ein Schiff mit 9.314 BRT torpediert. Mit einer Ausnahme (U 110 unter Lemp) hatte es den Geleitzug HX 112 im Alleingang dezimiert.

Als Otto Kretschmer verschossen hatte, steuerte er sein Boot durch zwei Bewacher hindurch in Richtung der Läusebänke und entkam so seinen Verfolgern. U 100 war durch schwere Wasserbombenschäden um 3.00 Uhr des 17. März jedoch zum Auftauchen gezwungen worden und wurde versenkt.

Unmittelbar nach der Versenkung von U 100 meldete der Asdic-Mann auf dem Zerstörer „Walker", der von Commander MacIntyre befehligt wurde, ein weiteres U-Boot. Der Commander wollte nicht glauben, daß zwei Boote in unmittelbarer Nachbarschaft stehen könnten, aber First-Lieutenant J.C. Langton, der Asdic-Offizier, bestätigte: „Der Kontakt ist definitiv ein U-Boot." Es war U 99.

Die Wasserbombenracks eröffneten das Feuer auf diesen neuen Gegner. Als die „Walker" drehte, um einen neuen Angriff einzuleiten, kam von der „Vanoc", dem Boot, das U 100 gerammt und zum Sinken gebracht hatte, eine Warnung: „U-Boot, hinter Ihnen aufgetaucht!"

Die Geschützbedienung eröffnete das Feuer. Auf der Brücke von U 99 blitzte der Lichtschein einer Signallampe auf: „Wir sinken!"

„Der Gegner ist kampfunfähig. Wir versuchen, das Boot zu kapern!" befahl Commander MacIntyre und ließ das Feuer stoppen.

Die Besatzung von U 99 ging von Bord. Als letzter verließ Kapitänleutnant Kretschmer das Boot, das wenig später auf Tiefe ging und seinen Leitenden Ingenieur mit sich nahm. Hier der Ablauf aus der Sicht von U 99:

Obersteuermann Petersen, der um 3.00 Uhr die „Hundswache" übernommen hatte, sichtete um 3.10 Uhr einen Zerstörer, der an Steuerbord querab stand. U 99 tauchte und erhielt Wasserbomben, die das Boot genau mit ihrer Hauptdruckwelle trafen. Die Beleuchtung fiel aus. Der zweite Fächerwurf lag ebenfalls dicht beim Boot. Ein Wassereinbruch im Bugraum ließ U 99 wie einen Fahrstuhl durchsacken. Als es bereits 180 Meter Tiefe erreicht hatte, fielen beide E-Maschinen aus. Wenn jetzt nicht angeblasen worden wäre, wäre das Boot auf Tiefe gezogen und schließlich unter dem übermächtig werdenden Wasserdruck auseinandergebrochen.

Otto Kretschmer befahl „Preßluft auf alle Tanks!" Erst bei 216 m Wassertiefe konnte das Boot zum Stehen gebracht werden, ehe es an die Wasseroberfläche zurückglitt, wo es sich aber nicht mehr halten ließ und die Wasseroberfläche durchbrach.

Kretschmer rief im Vorbeilaufen Funkmaat Stohrer zu, einen Funkspruch an den BdU zu senden: „Wasserbomben – Wasserbomben!"

Als Kretschmer auf dem Turm war, sah er zwei Feindzerstörer dicht beim Boot stehen. Er befahl den zweiten Funkspruch: „Zwei Zerstörer! – Wasserbomben! – 53.000 BRT. – Kretschmer."

Das Feuer veranlaßte Kretschmer, die Besatzung an der feindabgewandten Seite von Bord gehen zu lassen. Als letzte standen er, der I. Wachoffizier Oberleutnant zur See von Knebel-Döberitz und der Leitende Ingenieur Oberleutnant Schröder auf dem Boot.

Der Zerstörer, der sie bis dahin beschossen hatte, stellte das Feuer ein. „Petersen, morsen Sie den Zerstörer an", befahl Kretschmer und diktierte: „C an C (Commander an Commander). Please pick up my men drifting towards you in the water. I am sinking."

Als Kretschmer sah, daß auf der „Walker" Kutter gefiert wurden, war ihm klar, daß der Gegner U 99 zu kapern versuchen würde. Oberleutnant Schröder erbot sich, die Entlüftungszelle der Tauchzelle eins zu öffnen. Auf diese Weise mußte das Boot durch das offene Kombüsenluk absaufen.

„Drehen Sie nur langsam auf, Schröder, damit Sie rechtzeitig rauskönnen!" rief Kretschmer dem Kameraden zu. Der Leitende Ingenieur verschwand im Boot. Sie hörten das Zischen der Preßluft, und dann sahen sie, wie U 99 rasch wegsackte.

„Viel zu viel, Schröder!" rief Kretschmer durch das Turmluk. „Raus, Mann, schnellstens raus!" Da sackte U 99 auch schon blitzschnell weg und nahm den Leitenden Ingenieur mit in die Tiefe.

U 99 und U 100 wurden vom BdU noch tagelang dazu aufgefordert, Standort, Zustand der Boote und Erfolge zu melden. Aber die beiden Boote blieben für immer stumm...

Während seiner Kriegsgefangenschaft in England und Kanada gelang es Otto Kretschmer immer wieder, dem BdU über die Gefangenenpost an Verwandte und Freunde verschlüsselte Mitteilungen zukommen zu lassen. Er wurde zum Korvettenkapitän und schließlich zum Fregattenkapitän befördert. Es war das erste Mal in der Geschichte der deutschen Wehrmacht, daß zwei Dienstgrade in der Gefangenschaft verliehen wurden.

Am 26. Dezember 1941 erhielt er als fünfter deutscher Soldat die Schwerter zum Ritterkreuz mit Eichenlaub.

Nach sechs Jahren der Gefangenschaft bestanden im Jahre 1948 englischerseits „keine politischen Bedenken mehr" gegen seine Entlassung.

In der Bundeswehr

Am 1. Dezember 1955 trat Otto Kretschmer in die Bundesmarine ein. Er durchlief den 2. Offizierslehrgang in Sonthofen, bevor er Prüfgruppenleiter bei der Annahmeorganisation der Bundeswehr wurde, um am 16. Juni 1956 als Fregattenkapitän das Aufbaukommando des 1. Geleitgeschwaders zu übernehmen. Am 3. Januar 1957 wurde er Kommandeur des Geschwaders, um Mitte Oktober in den USA einen Lehrgang in „Amphibischer Kriegführung" zu absolvieren.

Ab dem 1. März 1958 diente er als Admiralstabsoffizier beim Kommando der

Flotte und erhielt am 12. Dezember dieses Jahres seine Beförderung zum Kapitän zur See, nachdem er einen Monat vorher Kommandeur der Amphibischen Streitkräfte und zugleich Kommandeur der U-Boote geworden war.

Nach seiner Kommandierung zum 24. Lehrgang des NATO Defence College in Paris vom 28. August 1963 bis zum 7. Februar 1964 ging er als Chef des Stabes zum Befehlshaber der Seestreitkräfte Nordsee, um vom Mai 1965 bis März 1969 als Dienstältester Deutscher Offizier (ab dem 15. Juni 1965 als Kommandeur Chef des Stabes) beim NATO-Kommando COMNAVBALTAP (Befehlshaber Alliierte Seestreitkräfte Ostseezugänge) zu dienen. Hier wurde er am 15. Dezember 1965 zum Flottillenadmiral befördert.

Am 30. September 1970 ging Otto Kretschmer nach einjähriger Tätigkeit als Chef des Amtes für Militärkunde der Bundeswehr in den Ruhestand. Er verstarb am 5. August 1998 im bayerischen Straubing.

Walter Krupinski

Hauptmann der Wehrmacht
Generalleutnant der Bundeswehr

Geb. am 11. November 1920 in Domnau, Kreis Friedland/Ostpreußen
Deutsches Kreuz in Gold: 27. Oktober 1942
Ritterkreuz: 29. Oktober 1942
415. Eichenlaub: 2. März 1944
Verwundetenabzeichen in Gold

Am 11. November 1920 wurde Walter Krupinski in Domnau, Kreis Friedland/Ostpreußen, geboren. Im Jahre 1939 legte er sein Abitur in Braunsberg/Ostpreußen ab.

Am 1. Oktober 1939 trat er in die Luftwaffe ein und wurde am 1. Februar 1941 als Leutnant zum Jagdgeschwader 52 versetzt, das vom Kanal aus nach England flog. Damit kam Krupinski als einer der Jüngsten der bekannten Jagdflieger zum Einsatz.

Von ihm selber wissen wir, daß er als Arbeitsmann im Reichsarbeitsdienst in Dirschau an der Weichsel (auf der deutschen Seite des Flusses) diente und am frühen Morgen des 1. September 1939 den deutschen Pionieren zusah, wie sie über die Brücke stürmten und die Kampfhandlungen gegen Polen eröffneten.

„Eine Stunde später waren wir dabei, die Trümmer wegzuräumen. Mit meinen 15 Kameraden hatte ich nur ein Gesprächsthema: ‚Werden wir noch rechtzeitig vor Kriegsende aus dem Arbeitsdienst entlassen, um mit dabei zu sein?'„

Sie waren mit dabei, und das für lange und gefahrvolle Jahre...

Ab Mitte Juni 1941 – zwei Jahre nach diesen Gedanken – stand Krupinski als Leutnant im Einsatz an der Ostfront. Luftsieg um Luftsieg arbeitete er sich Schritt für Schritt in der Abschuß-Skala des Geschwaders nach oben. Zuerst als Rottenflieger, dann als Jäger in freier Jagd. Als Flugzeugführer in der 6./Jagdgeschwader 52 schoß er im Jahre 1942 über der Ostfront 66 Gegner ab. Am 29. Oktober dieses Jahres erhielt er nach seinem 53. Luftsieg das Ritterkreuz.

Zähigkeit und Ausdauer hatten diese Abschußzahlen möglich gemacht. Er war immer dabei, wenn es darum ging, russische Bomber von ihren wichtigsten Einsatzzielen – Straßenkreuzungen, Bahnstationen und Truppenverschiebungen – fernzuhalten, oder den Kameraden von Heer die tückischen IL-2-Schlachtflugzeuge, Schlächter genannt, vom Leibe zu halten.

Zu Jahresende wurde er verwundet und kehrte erst Anfang März 1943 zum Geschwader zurück, um nunmehr als Oberleutnant die 7. Staffel zu übernehmen, die er über Jahre hinweg in Rußland führen sollte.

In oftmals an Dramatik nicht mehr zu übertreffenden Einsätzen erzielte er mehr und mehr Luftsiege, bis hin zu jenem denkwürdigen 5. Juli 1943, einem der unvergeßlichen Großkampftage.

Mehrere Male gegen eine vielfache Übermacht startend und kämpfend, errang er an diesem Tag seinen 80. bis 90. Luftsieg, wodurch er mit elf Tagessiegen einer der erfolgreichsten Jäger überhaupt wurde. Mehrfach geriet er an diesem Tage in schwierigste Situationen, aus denen er jedoch durch seinen „Katschmarek" sowie den Stabsschwarm herausgehauen wurde.

Seine nicht weniger erfolgreichen Kameraden im Geschwader, Barkhorn, Batz und Hartmann, flogen oftmals an seiner Seite. So war Hartmann in seiner ersten Einsatzzeit Krupinskis Rottenflieger.

Sie alle mochten den zwar etwas wortkargen, aber dennoch zu Streichen aller Art aufgelegten Kameraden gern. Was sie ganz besonders an ihm bewunderten, war sein Einsatzwille.

Am 2. März 1944 erhielt Krupinski als 415. deutscher Soldat das Eichenlaub zum Ritterkreuz; auf seinem Konto standen zu dieser Zeit bereits 177 Luftsiege. Am 1. Mai 1944 erfolgte seine Beförderung zum Hauptmann.

Alle waren traurig, als er dann die II./Jagdgeschwader 11 in der Reichsverteidigung übernehmen mußte und diese bis September 1944 führte.

Von diesem Zeitpunkt an bis März 1945 führte er die III./Jagdgeschwader 26, jenes Geschwaders von „Pips" Priller, das seit seines Bestehens im Westen eingesetzt war.

Wie im Osten kämpfte Krupinski auch am Himmel über dem Reich mit eiserner Härte und Disziplin. Weitere Abschüsse folgten, ehe er abermals im Luftkampf verwundet wurde und ins Lazarett mußte. Bis dahin hatte er 197 Luftsiege errungen.

Am 1. April 1945 folgte er einem Ruf Adolf Gallands in den Jagdverband 44 Galland, der mit der Me 262 ausgerüstet war, um mit diesem neuen revolutionären Flugzeug die letzten großen Angriffe zu fliegen. „Es war einfach phantastisch, mit einer Maschine von solcher Geschwindigkeit zu fliegen", schwärmte Krupinski rückblickend.

Er erzielte allerdings keinen weiteren Luftsieg mehr, so daß es bei 197 vernichteten Flugzeugen bei gezählten 1.100 Feindflügen blieb.

Seine letzten Worte zum Kriegsende waren: „Am 5. Mai 1945 sprengten wir auf dem Fliegerhorst Salzburg 20 Düsenjäger des ‚Jagdverbandes Galland' mittels Handgranaten. Meine Kameraden und ich waren also nicht zu spät gekommen zu diesem Krieg, von dem wir an jenem 1. September 1939 dachten, daß er ein gerechter Krieg wäre."

In der Bundeswehr

Walter Krupinski trat am 17. November 1955 als Major in die Bundeswehr ein. Er wurde am 1. Juli 1966 zum Brigadegeneral befördert und diente als Geschwaderkommodore. Am 24. September 1969 wurde er Generalmajor, am 28. Oktober 1974 wurde er zum Kommandierenden General der Luftflotte der Bundeswehr ernannt und am 9. Juli 1975 zum Generalleutnant befördert.

Während seiner Bundeswehr-Dienstzeit wurde er mit dem Bundesverdienstkreuz I. Klasse ausgezeichnet. Seine Verabschiedung erfolgte am 9. November 1976.

Friedrich Lang

Major der Wehrmacht
Oberst der Bundeswehr

Geb. am 12. Januar 1915 in Mährisch-Trübau/Sudetenland
Ritterkreuz: 23. November 1941
148. Eichenlaub: 21. November 1942
74. Schwerter: 2. Juli 1944

Friedrich Lang war vom ersten bis zum letzten Kriegsjahr als Sturzkampfflieger im Einsatz und absolvierte nicht weniger als 1.008 Kampfeinsätze. Er wurde niemals abgeschossen, noch mußte er notlanden oder mit dem Fallschirm abspringen.

Dies lag nicht zuletzt daran, daß er jeden einzelnen Flug fliegerisch wie navigatorisch vorbereitete. Was befähigte ihn zu einer solchen akribischen Vorarbeit, die dieses phänomenale Ergebnis seiner Erfolge brachte?

Als Sohn eines Gymnasialprofessors geboren, wuchs er in Linz an der Donau auf, um sodann nach Czernowitz überzusiedeln, wo sein Vater am Gymnasium das Schülerheim leitete. Hier legte er 1932 sein Abitur ab.

Seit 1927 trat seine Neigung zur Fliegerei zum Vorschein, als er die ersten Flugmodelle baute. Seinen ersten Flug erlebte er in einer zweimotorigen Farman-Goliath, einem ungefügen Doppeldecker.

An der Czernowitzer Universität studierte er vier Semester Physik und Mathematik. Am 1. Oktober 1934 erfüllte sich dann sein Traum, als er auf der Technischen Hochschule zu Breslau Flugzeugbau studieren konnte. Am 17. April 1935 erhielt er die deutsche Staatsbürgerschaft und konnte im Sommer 1935 beim DLV Breslau seinen ersten Flugzeugführerschein machen.

Als Soldat zog Lang im Oktober 1935 zur 9./Infanterieregiment 28 nach Neustadt in Oberschlesien, „wo ich gehen und grüßen lernte", wie er später schmunzelnd berichtete.

Als er zum Bodenpersonal des Kampfgeschwaders 153 nach Merseburg versetzt wurde, war er unglücklich. Erst seine Kommandierung zur Luftkriegsschule nach Dresden zur weiteren fliegerischen Ausbildung versöhnte ihn wieder mit seinem Geschick.

Auf der Kampffliegerschule in Lechfeld wurde er am 1. Januar 1938 Leutnant. Er wurde auf verschiedenen Typen ausgebildet, so auch auf der Do 23, der Ju 52 und der He 46. „Alles lahme Vögel", wie er sagte.

Doch dann kam für alle Leutnants eine Anordnung, die ihn elektrisierte: „Alle Lehrgangsteilnehmer, die sich als Kampfflieger gemeldet haben, werden Sturzkampfflieger."

Auch Friedrich Lang war dabei und kam Anfang Juli 1938 zur 1./Stukageschwader 163 „Immelmann" unter Oberleutnant Hitschhold. Gruppenkommandeur war Major Dinort. Beide wurden im Verlaufe des Zweiten Weltkrieges erfolgreiche Stukaflieger.

Auf der offenen He 123 wurden die jungen Offiziere ausgebildet. Die Ju 87 wurde schließlich ihr Flugzeug und sollte es lange Jahre bleiben.

Die erste große Übung einer Sturzkampfgruppe sollte am 15. August 1939 auf dem Übungsplatz Neuhammer stattfinden. Es wurde ein tiefschwarzer Tag, denn die junge Stukawaffe verlor bei dieser Übung 13 Besatzungen.

Ihren ersten Einsatz während des Polenfeldzuges flogen die Stukaflieger auf den polnischen Flugplatz Krakau. In der Kesselschlacht bei Kutno und vor allem im Sturzangriff gegen die sich tapfer verteidigende polnische Festung Modlin kam es zu weiteren Verlusten, denn die polnische Flak schoß gut. Hier erhielt Leutnant Lang das Eiserne Kreuz II. Klasse.

Über den Frankreichfeldzug hier ein kurzer Überblick aus Friedrich Langs Kriegstagebuch: „Am 10. Mai 1940: Von Golzheim aus Angriff auf Kasernenanlagen neben dem Fort Eben Emael. An diesem Tage fliegen die Gruppe (und ich) sechs Angriffe. Keine Feindjäger.

Deshalb am nächsten Tage recht sorgloser Flug im Raume Tirlemont und hier überraschender Angriff durch viele Jäger (Hurricanes) im ganzen Raum.

Ich habe die Bomben geworfen und suche den Raum und die Gegend unter mir ab. Beim Rundblick über den Himmel vor mir im engen Verband acht Hurricanes, etwa 200 Meter entfernt. Ich bleibe hinter ihnen und verdrücke mich in einer Haufenwolke.

Hier gab es die ersten Ausfälle, weil entgegen den Ausbildungsrichtlinien geflogen wurde. Tote, Verwundete und Vermißte.

Im Raume Sedan, Arras französische Panzerbereitstellungen bei St. Quentin zerschlagen.

Über 100 Ju 87 beim Angriff auf die Zitadelle von Calais. Kurbelei mit britischen Jägern über Dünkirchen. Bombenangriff auf feindliche Schiffe und dann volle Deckung hinter schwarzen Qualmwolken aus den Öltanks."

Beim weiteren Kampf in Frankreich wurde Lang am Rücken verwundet. Wieder wurden einige Ju 87 an- und abgeschossen. Am folgenden Tag mußte Friedrich Lang ins Lazarett.

Als er zum Verband zurückkam – seit Juni war er Oberleutnant –, war der Frankreichfeldzug beendet. Lang trug nun das Eiserne Kreuz I. Klasse.

Während des Balkanfeldzuges und beim Kampf in Griechenland war Friedrich Lang dabei, als der Rupelpaß für die Infanterie geknackt wurde. Der Kampf des Heeres wurde mit allen Mitteln unterstützt. Dann aber kam Kreta!

Am 22. Mai 1941 griff die I./Stukageschwader 2 in sechsmaligen Einsatz Teile der britischen Mittelmeerflotte an. Oberleutnant Lang, nun Technischer Offizier der II. Gruppe, gelangen einige Tage darauf zwei schwere Treffer auf zwei britische Zerstörer.

Der Ostfeldzug wurde von Flugplätzen zwischen Warschau und Ostpreußen aus begonnen. Mit der Gruppe Hitschhold ging es gegen Bialystok, Wilna und Witebsk. Es folgten die Sturzangriffe auf den russischen Kriegshafen von Kronstadt, den die Russenflak in einer bisher noch nicht erlebten Konzentration verteidigte.

Als es darum ging, die Kesselschlacht von Wjasma-Briansk einzuleiten, startete Oberleutnant Lang bereits als Kapitän der 1. Staffel. Kurze Zeit vor ihrer Rückverlegung ins Reich, wo die Staffel zum Einsatz in Afrika umgerüstet werden sollte, erhielt Friedrich Lang nach über 300 Einsätzen das Ritterkreuz.

Im Januar 1942 wurde die Staffel doch nicht wie vorgesehen nach Afrika verlegt, sondern es ging wieder zurück in die Sowjetunion. Dort galt es, die Abwehrkräfte des Heeres im Wolchowraum, vor allem aber den eisernen Widerstand der deutschen Soldaten in den Kesseln von Demjansk und Cholm nach besten Kräften zu unterstützen. Hier gelang es der Staffel, einen russischen Panzerzug zu vernichten.

Im März 1942 ging es zurück nach Thalerhof bei Graz. Hier wurde aufgefrischt, und im Juni 1942 erhielt Friedrich Lang seine Hauptmann-Schulterstücke.

Wieder nach Rußland zurückgekehrt, ging es darum, den Sturm der 6. Armee auf Stalingrad zu unterstützen. Von Woronesch aus, wo die deutsche Sommeroffensive begann, ging es nach Rostow; im Großen Donbogen und vor allem bei Kalatsch wurden russische Truppenansammlungen vernichtet.

Der endgültige Vorstoß zur Wolga brachte Hauptmann Lang seinen 600. Einsatz. Das war laut Flugbuch am 23. August 1942.

Als die Staffel Ende Oktober vor Stalingrad lag, traf die Ablösung für Hauptmann Lang ein. Es war Oberleutnant Hans-Ulrich Rudel.

Hauptmann Lang wurde Fliegerverbindungsoffizier der Luftflotte 4 zum AOK 17, das im Raum des großen Kuban-Brückenkopfes im Kampf stand. Hier erhielt er das Eichenlaub zum Ritterkreuz.

Das Stukageschwader 2 wurde zu dieser Zeit von Oberstleutnant Hozzel an

Major Dr. Kupfer übergeben. Seinem Einfluß war es zu verdanken, daß Langs Gesuch zugestimmt wurde und er zu seinem Geschwader zurückkehren konnte.

In dieser Zeit begann die Umrüstung von der Ju 87 auf die FW 190. Hinzu kam die Umbenennung der Stukageschwader in Schlachtgeschwader.

Von April bis Juni 1943 kämpfte das Geschwader gegen die Anstrengungen des russischen Nachschubwesens, denn ebenso wie die deutsche Führung bereitete auch die russische Führung im Kursker Bogen eine Großoffensive vor.

Seit dem 1. April 1943 war Lang Kommandeur der I./Schlachtgeschwader 1 (wie die Benennung des Stukageschwaders 2 nunmehr lautete). Brückenbekämpfung, wie die Vernichtung der wichtigen Eisenbahnbrücke über den Tim, 100 Kilometer östlich von Kursk, wurde unter Jagdschutz geflogen. Die Gruppe flog noch die Ju 87. Im Sturzangriff wurde die Brücke vernichtet.

Des weiteren ging es gegen Nachschubzüge und Truppensammlungen tief im Hinterland. Zu den besonderen Zielen zählten die Bahnhöfe von Nowossil östlich von Kursk und jener von Kursk selber. Am frühen Morgen erfolgte der Angriff auf diesen Bahnhof, unmittelbar vor Beginn des Unternehmens Zitadelle. Dieser Angriff war der letzte nach der alten Sturzkampftaktik ausgeführte, wobei die Ju 87-Verbände Ziele weit im Hinterland des Feindes angriffen. Die folgenden Einsätze dienten durchweg der Unterstützung des Heeres.

Westlich der Bahnlinie Orel–Kursk lagen während dieser Großoffensive des Heeres die zu bekämpfenden Hauptziele. Die Gruppe Lang flog jeden Tag etwa sechs Angriffe je Mann. Besonders wichtig wurden diese Unterstützungsangriffe, als die Rote Armee zu ihren gewaltigen Gegenstößen antrat. Nunmehr galt es, insbesondere die Feindartillerie, Panzer, Truppenkolonnen, Versorgungsgeleite und andere Schwerpunkte zu bekämpfen.

Die Gruppe Lang wurde zur Abwehr eines russischen Panzerangriffs östlich von Karatschew dem Kommodore direkt unterstellt. In dieser Phase des Kampfes zeichnete sich Oberleutnant Egbert Jaeckel besonders aus, der bereits als Leutnant am 14. Mai 1942 das Ritterkreuz errungen hatte. Jaeckel wurde am 17. Juli 1943 abgeschossen (und nachträglich zum Hauptmann befördert).

Die Angriffe in den Räumen südöstlich und nördlich von Briansk wurden nach dem Ende der Kursker Offensive fortgesetzt. Vom Flugplatz Setschinskaja flogen Lang und seine Männer gegen Werfer- und Stalinorgel-Stellungen der Russen. Ein russischer Panzerangriff am Ostrand des Flugplatzes mit Unterstützung von neun Martin-Bombern endete für den Angreifer in einem Fiasko. Alle neun Bomber wurden von den im Alarmstart losgeflogenen FW 190 abgeschossen.

Mit der Verlegung auf den Flugplatz von Bobruisk kam es zu immerwährenden Duellen mit russischen Flugzeugen. Nach einem abgehörten und entschlüsselten Funkspruch wurden in einem Wäldchen eine Reihe schwerer Geschütze der Russen vernichtet.

Mitte November wurde die Gruppe Lang von Bobruisk nach Wilna verlegt, um in den Januartagen des Jahres 1944 nach Polotzk zu gehen. Danach ging es auf Orscha zurück, von wo aus der Kampf um Witebsk aufgenommen wurden.

Am 7. Mai 1944 flog Friedrich Lang seinen eintausendsten Einsatz. Nach 1.007 Einsätzen übergab er – seit geraumer Zeit bereits Major – die Gruppe an Hauptmann Karl Schrepfer, während Oberstleutnant Gustav Preßler das Geschwader an Major Peter Gasmann übergab.

Gemeinsam flogen Preßler und Lang am 1. Mai 1944 mit einer Ju 52 nach Deutschland. Dort übernahm Major Lang das Schlachtflieger-Schulgeschwader 101 in Wischau bei Brünn.

Als Oberst Rudel verwundet worden war, übernahm Lang am 9. Februar 1945 vertretungsweise das Schlachtgeschwader 2 „Immelmann“. Sein erster Einsatz am 13. Februar 1945 war zugleich auch sein letzter Flug während des Krieges, da sich seine FW 190 nach der Landung überschlug.

In der Bundeswehr

Nach Kriegsende schlug sich Major Lang zunächst als Maurer durch. Später besuchte er die Bauschule und war bis 1955 in Bremen als Ingenieur für Wohnbau tätig.

Am 1. Januar 1956 trat er in die Bundeswehr ein und war von 1960 bis 1963 Kommandeur der Truppenschule der Luftwaffe. 1961 wurde er zum Oberst befördert. Von 1967 bis zu seiner Pensionierung im Jahre 1971 diente er als Kommandeur im Verteidigungsbezirk 22, Hannover.

Heinz-Georg Lemm

Oberst der Wehrmacht
Generalleutnant der Bundeswehr

Geb. am 1. Juni 1919 in Schwerin
Deutsches Kreuz in Gold: 19. Dezember 1941
Ritterkreuz: 14. April 1943
525. Eichenlaub: 11. Juli 1944
137. Schwerter: 15. März 1945

Am 1. Juni 1919 geboren, besuchte Lemm das Gymnasium Fridericianum in Schwerin. Als im Jahre 1935 die Reichswehr offiziell in die Wehrmacht übergeleitet wurde, entschloß er sich, Soldat zu werden. 1936 trat er nach Ableistung seines Arbeitsdienstes in das Rostocker Infanterieregiment 27 ein, das aus dem alten Reichswehr-Regiment 5 hervorgegangen war.

Nach der Grundausbildung ging Lemm zur Kriegsschule nach München, um als Leutnant in das Rostocker Regiment zurückzukehren. Hier wurde er Führer des Reiterzuges.

Mit Kriegsausbruch befand sich die 12. Infanteriedivision, zu der das Infanterieregiment 27 gehörte, auf dem Weg nach Ostpreußen. Mit seinem Verband stieß Lemm auf dem linken Flügel der Kavalleriebrigade über den Narew und den Bug bis in den Raum östlich von Warschau vor. Während dieser Zeit ritt Leutnant Lemm 15 Spähtrupps. Mit einer einzigen Reitergruppe stieß er dabei einmal acht Kilometer vor der Spitze des Regiments den weichenden polnischen Verbänden nach. Dabei griff er den zurückhängenden Teil des Gegners an, wurde dabei aber seinerseits aus dem Rücken beschossen. Sie kamen heil zurück. Lediglich Lemms Feldflasche war zerschossen worden.

Die 12. Infanteriedivision verlegte nach dem Polenfeldzug in den Westraum. Hier mußte Lemm seinen Reiterzug abgeben und wurde Bataillonsadjutant.

Am 10. Mai 1940, mit Beginn des Frankreichfeldzuges, stürmte die 12. Infanteriedivision durch die Ardennen zur Maas. Beim Übergang über diesen Fluß kam es zu den ersten Gefechten. Am 16. Mai kämpfte die Division bei Philippeville an der Maginot-Linie. Hier errang der Divisionskommandeur Generalmajor Walter von Seydlitz-Kurzbach am 15. August das Ritterkreuz.

Leutnant Lemm kämpfte sich mit dem III./Infanterieregiment 27 durch dichtes Waldgelände an die Betonbunker heran. Es kam in der Dunkelheit zum Kampf Mann gegen Mann. Lemm erhielt einen Bajonettstich durch die Kartentasche. Der Vierkanter wurde abgelenkt und traf eine Rippe. Lemm mußte nach Marche ins Lazarett. Hier büchste er nach Versorgung der Wunde wieder aus und eilte zur Truppe zurück, die er bei La Bassée erreichte, als sie gerade den Kessel um Lille schloß. Hier stieß Lemm auch zum ersten Mal auf Engländer. „Eisenharte Burschen, tapfer und zäh", wie Lemm meinte.

Der Übergang über die Somme und den Sommekanal blieb wegen des hartnäckigen britischen Widerstands liegen.

Es kam zum Kampf gegen britische Elitetruppen. Als Lemm sich plötzlich einem Tommy gegenübersah, der sein Gewehr auf ihn gerichtet hatte, blickten sie einander einige Sekunden an. Dann warf der Engländer seine Knarre weg, stand auf und fragte: „Where is the prisoner camp?" Sie griffen zu den Zigaretten und gaben einander Feuer. Damit war Lemm ein drittes Mal einer kritischen Situation entronnen.

Die Verfolgungskämpfe im Raum südlich der Loire führten die 12. Infanteriedivision bis in die Vendee. Sie hatten sich hier gegen französische Kolonialtruppen aus Cochinchina und Spahi-Einheiten durchzusetzen.

Im Frankreich-Feldzug erhielt Heinz-Georg Lemm das Eiserne Kreuz I. Klasse, das Verwundetenabzeichen und das Infanterie-Sturmabzeichen.

Am frühen Morgen des 22. Juni trat die 12. Infanteriedivision gegen russische Grenztruppen an. Das nun Füsilierregiment 27 genannte Infanterieregiment 27 stand am 11. Juli in einem Gefecht, das General Lemm bis in alle Details beschrieb: „Die Russen hatten sich in ihren Feldbefestigungen eingegraben. Meter um Meter arbeiteten wir uns an das feindliche Grabensystem heran. Dies hier war der Eckpfeiler der russischen Feldstellung, der von einer Anhöhe begrenzt wurde. Einer meiner Züge band durch sein Feuer den Gegner, wir anderen arbeiteten uns kriechend Meter um Meter vor, bis wir die Einbruchsentfernung erreicht hatten. Unser Hornist – das gab es noch in Rußland – blies das Angriffssignal: ‚Kartoffelsupp – Kartoffelsupp!' Wir erreichten die Kuppe. Als ich in das erste Grabenstück sprang, stand ich einem Russen Auge in Auge gegenüber. Ich kam nicht mehr zum Schuß, konnte aber seine Waffe zur Seite drücken. Die russische Stellung wurde genommen. Ein Bluterguß an der Schulter war das Andenken an den russischen Kolbenschlag."

Der Angriff rollte weiter. Hunderte Kilometer wurden in der russischen Weite zurückgelegt. Als die Kompanie unter Oberleutnant Lemm beim Durchqueren eines Waldstückes auf Feindpanzer stieß, wurden zwei russische KW II durch gezieltes Artilleriefeuer vernichtet.

An einem Wintermorgen im Oktober griff das Füsilierregiment 27 Krutiki an. Das I. Bataillon überrannte eine russische Grabenstellung, dann eine Werferstellung. Lemms Kompanie machte 50 Gefangene und nahm eine Stellung mit zwei 7,62-cm-Pak.

Der Feind riegelte jedoch hinter den Spitzen des Regiments ab, und die beiden Spitzen-Kompanien standen fünf Kilometer tief allein im Feindgebiet. Die Russen versuchten, diese kleine Gruppe in heftigen Gegenangriffen zu vernichten. Es kam zu schweren Nahkämpfen. Lemm war es gelungen, zum Divisionskommandeur durchzukommen, der ihm baldige Entsetzung zusicherte.

Als diese nicht stattfand, stürmten die Füsiliere, durch Minenfelder laufend, vom flankierenden Gegner beschossen, aber durch ein einsetzendes Schneegestöber unterstützt, über die Russen hinweg und erreichten die eigenen Linien.

Am Ufer des Seligersees kann es noch einmal zu schweren Winterkämpfen. Die Quelle der Wolga wurde erreicht. Es folgten die Kämpfe in der „Festung Demjansk". Hier war das II. Armeekorps unter General Graf von Brockdorff-Ahlefeldt von russischen Kräften eingeschlossen worden.

Heinz-Georg Lemm wurde mit einer Kampfgruppe in Bataillonsstärke eingesetzt und immer wieder von schweren russischen Angriffen in Regiments- und Brigadestärke berannt. Zum Teil griffen die Russen auf Skiern an. In weiten Wellen glitten sie über die freien Schneeflächen und rannten gegen die MG-Stellungen der Füsiliere an. Ihre Verluste waren fürchterlich.

Da die eigene Front nur dünn besetzt war, gelang den Angreifern der eine oder andere örtliche Einbruch, der von Oberleutnant Lemm mit seinen Füsilieren sofort im Gegenstoß bereinigt wurde. Einmal erlebte das Bataillon Lemm ein Feindunternehmen, das ebenso kühn wie wahnwitzig war. Bei Nacht flogen die Russen eine Fallschirmjäger-Brigade ein uns setzte sie ohne Fallschirm aus fünf bis sechs Metern Höhe in den tiefen Schnee hinein ab. Es war die Brigade Tarassow, ein Bewährungsverband, der hier verheizt wurde. Oberst Tarassow wurde bei dem Versuch, zu seiner Brigade zu gelangen, gefangengenommen.

Die „Feuerwehr Lemm" wurde bei vielen Regimenten eingesetzt, wenn es dort brannte. Die Namen Osterhold, Steglich und Lemm wurden so etwas wie Markenzeichen für Einsatzfreude und Stehereigenschaften. (Die drei Genannten hatte später in der Bundeswehr wichtige Positionen inne.)

Am 17. Februar 1943 wurde das Kennwort „Ziethen" ausgegeben, mit dem die Räumung des Kessels in die Wege geleitet wurde. Nach zehntägigem Marsch und Kampf war am 27. Februar 1943 der letzte deutsche Soldat in Sicherheit.

Auf der Höhe von Staraja Russa wurde das Bataillon Lemm angehalten, und Lemm, inzwischen zum Hauptmann befördert und Kommandeur des I./Füsilierregiment 27, wurde mit seinen Männern zum Schwerpunkt eines russischen Angriffs südlich von Staraja Russa geworfen. Hier erlebten sie den Masseneinsatz russischer Panzer. Ihre Rettung wurde die Heeres-Sturmgeschützabteilung unter

Hauptmann Hegele. Im Zusammenwirken beider Verbände wurden die Gegenstöße geführt. Lemm saß immer auf dem vordersten Geschütz von Hauptmann Hegele. Es gelang, die verlorengegangenen Stellungen zurückzugewinnen. Binnen dreier Tage vernichteten Lemms Füsiliere 46 Feindpanzer mit Nahkampfmitteln.

Als das Bataillon Lemm nur noch etwa 80 Kämpfer zählte, wurde es herausgezogen. Als Lemm den Regimentsgefechtsstand erreichte, erfuhr er, daß die Russen die soeben von ihm verlassene und den Nachfolgern übergebene Hauptkampflinie überrollt hatten.

Wieder mußte das Bataillon Lemm – durch einige Gruppen Regimentsfüsiliere verstärkt – zurück. Hauptmann Hegele war ebenfalls wieder zur Stelle. Gemeinsam griffen sie an, der Gegner wurde geworfen und die alte Frontlinie hergestellt. Fünf Panzer wurden abgeschossen, 320 Gefangene gemacht. Die Russen griffen hier nicht mehr an.

Am 1. April 1943 erhielt Heinz-Georg Lemm seine Beförderung zum Major. Er sollte nun zur Generalstabsausbildung abkommandiert werden. Als dann aber der bewährte Regimentskommandeur Oberst Josef Stuppi ausfiel, übernahm Lemm, erst 23 Jahre alt, das Regiment und rollte mit ihm in den Raum Newel. Dort war der Feind aus dem Raum Welikije Luki in breiter Front angetreten. Im Abschnitt der 290. Infanteriedivision wurden sie eingesetzt. Es gelang ein erster Gegenangriff durch dichtes Waldgebiet. Weihnachten feierte das Regiment in Newel.

Im Januar 1944 – das Regiment war nach Bereinigung der Lage bei Newel zur Division zurückgekehrt – wurde die 12. Infanteriedivision östlich von Polozk, hart westlich von Witebsk, eingesetzt. Hier mußte um jeden Meter Boden eisern gerungen werden. Unmittelbar vor einem russischen Großangriff gegen diese Stellung tauchte überraschend der spätere Generalfeldmarschall Walter Model beim Regiment auf. Der Feldmarschall sagte dem Major: „Nehmen Sie meine Anwesenheit in Ihrem Abschnitt als Zeichen dafür, daß es hier in Kürze zu schweren Kämpfen kommen wird."

Die „Modelsche Nase" sollte sich wieder einmal bewähren. Mit vielfach überlegenen Kräften griff die Rote Armee an. Im „Lemmwald" lagen die Gegner einander auf Handgranaten-Wurfweite gegenüber. Hier wurde nur gekrochen, gerobbt und gesprungen, von Postenstand zu Postenstand. Der Führer des III./Füsilierregiment 27, Hauptmann Ripcke, meldete dem Regimentsführer: „Der Iwan sitzt auf dem Dach meines Bunkers. Aber sonst geht es uns gut." (Werner Ripcke erhielt als Kommandeur des I./Grenadierregiment 89 am 22. Dezember 1944 das Ritterkreuz.)

Feldwebel Klischat erhielt hier das Ritterkreuz.

Noch während dieser Kämpfe kam der neue Regimentskommandeur Oberstleutnant Gerhard Engel zum Regiment. Major Lemm erhielt Erholungsurlaub, um anschließend ein Regiment in einer Luftwaffen-Felddivision zu übernehmen. Er bat jedoch darum, sein altes Bataillon übernehmen zu dürfen. Er erhielt es zurück.

Im Abschnitt Mogilew, bei Tschaussy und im Pronja-Brückenkopf, stand Major Lemm mit seinem Bataillon im Einsatz. Hier erlebte er den Großangriff der Russen am 22. Juni 1944 zum Durchbruch durch die Heeresgruppe Mitte. Kurz zuvor waren alle Panzerverbände abgezogen worden, weil „dort kein Einbruch der Russen erfolgen wird".

Der russische Großangriff führte auch bei der 12. Infanteriedivision binnen weniger Stunden zu tiefen Einbrüchen. 24 Stunden später mußte sie zurückgehen.

In den nächsten drei Tagen führte Major Lemm die Nachhut und kämpfte sich langsam auf Mogilew zurück. Russische Angriffe wurden gestoppt, Restverbände, die versprengt waren, aufgenommen.

Die Division hatte Befehl, den „Festen Platz Mogilew" zu verteidigen. Dort gab es keine Munition und keine Verteidigungsstellungen. Zudem waren viele Verwundete auf engstem Raum zusammengedrängt. Der Divisionskommandeur konnte sich nicht dazu durchringen, den Befehl der Obersten Führung zu ignorieren. Es waren Oberstleutnant Engel und die Majore Lemm und Osterhold, die auf eigene Faust handelten.

Sie traten in der folgenden Nacht in mehreren Kampfgruppen, unterstützt durch Teile der Divisionstruppen, zum Durchbruch an. Kämpfend und marschierend ging es über die Beresina zurück. Russische Stellungen auf dem Westufer des Flusses wurden überwunden. Sie hatten es geschafft.

Lemm mußte sich wenig später beim Armeeführer General von Tippelskirch melden, der erfahren hatte, daß die 12. Infanteriedivision ohne Befehl aus Mogilew ausgebrochen war. Das Führerhauptquartier habe eine kriegsgerichtliche Untersuchung des Falles angeordnet.

Nach der Meldung und der Schilderung der Fakten sagte Lemms alter Regimentskommandeur von Tippelskirch: „Ihr Entschluß war in dieser Situation der einzig richtige. Sie und Ihre Kameraden haben viele Verwundete und Versprengte aus diesem Kessel gerettet." Für diesen Einsatz erhielt Major Lemm das Eichenlaub zum Ritterkreuz.

Nahe Minsk wurde die Kampfgruppe Lemm-Osterhold, die nur noch 600 Mann hatte, erneut eingeschlossen. Sie konnte jedoch nach Süden durchbrechen und Baranowitschi erreichen. Dort der 12. Panzerdivision unterstellt, gelang es ihr, im Gegenangriff auf Bobruisk die Reste der dort eingeschlossenen 9. Armee freizuschlagen. Mitte Juli 1944 wurde die 12. Infanteriedivision nach Westpreußen verlegt, um aufzufrischen und neu auszurüsten.

Unter Führung von Oberst Engel ging die 12. Volksgrenadierdivision im Großraum Aachen in den Einsatz. Das Füsilierregiment 27, von Major Lemm geführt, kämpfte die feindbesetzten Städte Stolberg und Eschweiler frei. Anfang November mußte Lemm mit einer Reihe Verwundungen ins Lazarett und kehrte, den linken Arm noch in der Schlinge tragend, Anfang Dezember zur Truppe zurück. Hier wurden die Majore Lemm und Osterhold zu Oberstleutnanten befördert.

Am 16. Dezember 1944 trat die 12. Volksgrenadierdivision zur Ardennenoffensive an. Über ihren Durchbruch hinweg rollten die Truppen der 6. SS-Panzerarmee in den Kampf, deren Flanke nach Norden die 12. Volksgrenadierdivision anschließend zu sichern hatte. Mit Alarmverbänden versuchte Lemm, den Feind zu stoppen. Danach wurde er auf Befehl von Generalfeldmarschall Model Heeresgruppenreserve.

Hinter der Reichsgrenze an der Roer stand das Regiment Lemm nun wieder im Verband der eigenen Division. Als Ende Februar 1945 der amerikanische Großangriff begann, wurde nördlich von Düren vorerst gehalten. Ein Nachtangriff der 104. US-Division unter General Terry MacAllen brach schließlich durch. Bei dem Versuch, Verbindung zu einem Nachbarverband aufzunehmen, geriet Lemm in einen US-Angriff. Sein Ordonnanzoffizier Oberleutnant Beil fiel, Lemm wurde verwundet und geriet in Gefangenschaft.

In der Bundeswehr

Als Oberst Lemm aufgefordert wurde, in die Bundeswehr einzutreten, war er der Überzeugung, daß ein neuer Krieg auf deutschem Boden unter allen Umständen verhindert werden müßte. Den Weg dazu sah er „im Aufbau einer glaubwürdigen Verteidigung durch eine Armee, die gut ausgebildet, gut gerüstet und befähigt ist, die neuesten technischen Mittel unserer Zeit zu nutzen. Eine Armee also, die weiß, daß die Freiheit verteidigenswert ist, daß es nicht nur Rechte in einem Staatswesen gibt, sondern daß dieses auch Pflichten und Opfer einfordern kann. Eine sich so verstehende Armee, eingebettet in ein festes Bündnis gleichgesinnter freiheitlicher Staaten, wird das Risiko eines jeden potentiellen Angreifers derart hochschrauben, daß der Friede gesichert wird."

Im Jahr 1958 trat Heinz-Georg Lemm in die Bundeswehr ein. Er begann seinen Dienst als Oberst an der Infanterieschule Hammelburg. Ins Verteidigungsministerium berufen, war er dort drei Jahre lang Referatsleiter in der Personalabteilung.

1962 wurde er Kommandeur einer Panzergrenadier-Brigade, und am 29. April 1963 beförderte man ihn zum Brigadegeneral. Ab 1965 übernahm Lemm das Kommando der Heeres-Offiziersschule in München. Nach einer Zwischenverwendung wurde er erneut im Ministerium, sodann als stellvertretender Kommandeur und ab Herbst 1970 schließlich als Kommandeur einer Panzerdivision eingesetzt.

Am 1. April 1974 wurde Lemm als Chef des Truppenamtes Köln zum Generalleutnant ernannt. Bis zu seiner Pensionierung am 30. September 1979 wurden ihm noch verschiedene Ehrungen zuteil, so das Große Bundesverdienstkreuz mit Schulterband des Verdienstordens der Bundesrepublik Deutschland sowie der Legion of Merit der USA.

Am 17. November 1994 starb Heinz-Georg Lemm in Ruppichteroth bei Köln.

Erich Lepkowski

Oberleutnant der Wehrmacht
Oberstleutnant der Bundeswehr

Geb. am 17. September 1919 in Giesen, Kreis Treuburg/Ostpreußen
Deutsches Kreuz in Gold: 25. Dezember 1943
Ritterkreuz: 8. August 1944

Erich Lepkowski wurde am 17. September 1917 in Giesen im Kreis Treuburg in Ostpreußen geboren. Da er Arbeitsdienstführer werden wollte, meldete er sich zum RAD. Als sein Vater erkrankte, kehrte er zum elterlichen Hof zurück, um diesen zu übernehmen.

Mit Kriegsbeginn zur Luftnachrichtentruppe eingezogen, sah er sich dort schon bald nicht mehr richtig eingesetzt und meldete sich nach dem Westfeldzug freiwillig zur Fallschirmtruppe. Er kam zum Fallschirmjägerregiment 2 unter Oberst Sturm. Sein Bataillonskommandeur zu dieser Zeit war Major Kroh.

Als das Regiment am 20. März 1941 nach Bulgarien verlegt wurde, um bei der Fallschirmlandung auf der Insel Lemnos eingesetzt zu werden, war Lepkowski dabei. Am 25. April wurde das Fallschirmjägerregiment 2 nach Larissa verlegt. Es sollte beim Sprungeinsatz am Kanal von Korinth dabei sein und die wichtige Brücke über den Kanal im Handstreich erobern, damit die deutschen Truppen über dieselbe hinweg auf den Peloponnes gelangen konnten. Als Funktruppführer errang er hier das Eiserne Kreuz II. Klasse.

Beim Kreta-Einsatz gehörte er jener Kampfgruppe an, die unter Oberst Sturm Stadt und Flugplatz Rethymnon angreifen und in Besitz nehmen sollte. Am 20. Mai 1941 um 13.30 Uhr startete das Regiment in der zweiten Welle. Der Feind war also durch die bereits seit dem frühen Morgen stattfindenden Sprungeinsätze gewarnt. Lepkowskis Kompanie, in der er als Funktruppführer eingesetzt war, sprang als erste. Ein Teil seiner Kameraden wurde bereits in den Schirmen hängend erschossen. Der größte Teil der Kampfgruppe aber war bis zu sieben Kilometer vom Einsatzziel entfernt, zudem in gebirgigem Gelände, abgesetzt worden.

Es gelang Lepkowski, mit seinen Männern etwa 200 Meter Boden zu gewinnen, ehe er durch einen Unterschenkelschuß verwundet und von britischen Sanitätern geborgen wurde. In der Nacht entkam er hinkend aus dem Auffanglager und schlug sich zu seiner eigenen Kompanie durch, wo er erneut versorgt wurde.

Am nächsten Morgen wurde er bei einem Stoßtrupp-Unternehmen gegen den berüchtigten Weinberg östlich des Flugplatzes ein zweites Mal gefangen genommen, um diesmal durch einen kampfkräftigen Stoßtrupp unter Major Kroh befreit zu werden, der noch weitere 55 Fallschirmjäger herausholte.

Lepkowski machte die folgenden Tage als Funktruppführer mit. Als er mit Oberleutnant Rosenberg einen Stoßtrupp lief, wurde er ein zweites Mal gefangen genommen. Er stellte sich aber so schwer verwundet, daß der Tommy ihn liegen ließ, so daß er schon am Abend seinen „Verein" wiedersah.

Wegen Tapferkeit vor dem Feind wurde Erich Lepkowski noch als Gefreiter mit dem Eisernen Kreuz I. Klasse ausgezeichnet.

Ende November 1941 erreichte das Fallschirmjägerregiment 2 Stalino. Hier begann der Einsatz in der russischen Eishölle am Mius. Die Ortschaften Woroschilowka, Iwanowka und Petropawlowka wurden zu Brennpunkten eines erbitterten Ringens. Erich Lepkowski erinnert sich: „Die ersten sechs Wochen wurden für uns zu einem einzigem Alptraum. Wir hatten die Ortschaft Woroschilowka vom 63. Bataillon des Schwarzhemdenregiments der Italiener übernommen."

Als hier die Rote Armee am 18. Januar 1942 angriff, leitete Lepkowski von seinem Gefechtsstand aus das eigene Artilleriefeuer. Zusätzlich half er als Schütze II eines MG mit, den russischen Angriff abzuschlagen.

Am nächsten Tag wurden die Schwarzhemden abgelöst, und Lepkowski blieb an dieser Stelle mit seinen beiden Funkern Stock und Schmauder zurück, um Funkmeldungen durchzugeben. Lepkowski: „Als die Russen mit schweren MG, die sie auf Schlitten nach vorn gebracht hatten, nach Woroschilowka hineinschossen, forderte ich Sperrfeuer an, das auch nach meinen Weisungen erfolgte. Am 23. Januar 1942 begann der sowjetische Großangriff. Laufend mußten wir unsere Meldungen aus Woroschilowka durchtasten. Hauptmann Schirmer und Major Pietzonka standen mit ihrer Truppe abwehrbereit. Als wir dann – auf einer kleinen Kuppe gut getarnt liegend – die Italiener aus dem Dorf zurückgehen sahen, die ihre MG und Pak einfach im Stich ließen, versuchte ich sie zu halten. Sie reagierten nicht darauf, sondern liefen teilweise mitten in das russische MG-Feuer hinein.

‚Wir müssen abhauen und unser Gerät sprengen!' rief ich meinen beiden Kameraden zu, denn die Russen waren mit ihren Spitzen bereits bis auf 80 Meter herangekommen. Schmauder und Stock schossen gleichzeitig. Gleich darauf hörte ich einen seltsamen Einschlag, dann Schmauders Schrei: ‚Es hat Stock erwischt!'

‚Abhauen!' rief ich den beiden zu und unterstützte Stock von der einen Seite, während Schmauder die andere nahm."

Als sie die letzten zurückgehenden Italiener erreichten, nahmen diese sich Stocks an. Schmauder und Lepkowski sicherten ihren Rückzug durch schnelle Feuerstöße aus der MPi. Sie erreichten nach zwei Zwischenstops die eigenen Linien, aus denen ihnen bereits in der letzten Phase Feuerschutz gegeben worden war.

Oberjäger Lepkowski meldete Hauptmann Schirmer und Major Pietzonka. Dann ging er zu den Italienern hinüber, um Stock abzuholen. Doch von diesem war keine Spur mehr zu finden. Niemand wollte ihn gesehen haben. Trotz stundenlanger Suche im Niemandsland wurde er nicht mehr gefunden.

Wenig später erkrankte Lepkowski an einem schweren Magen- und Darmkatarrh und mußte zum Hauptverbandsplatz gefahren werden, von wo aus er am 5. Februar 1942 zur Truppe zurückkehrte. Bis zum 6. März lagen die Fallschirmjäger in Petropawlowka. Lepkowski kam wieder zu seiner 4. Kompanie und wurde von Hauptmann Schirmer zum Deutschen Kreuz in Gold eingereicht. Diese Auszeichnung erreichte ihn allerdings zunächst nicht.

Im März lag das I./Fallschirmjägerregiment 2 in Stalino. Am 28. wurde verladen und der Rückmarsch in die Heimat angetreten. Aber schon in Tossno wurde wieder ausgeladen, und am 15. April kam Lepkowski zum Nachrichtenzug nach Lipowik. Dort wurde er drei Tage später durch einen Artilleriesplitter am Auge verwundet.

Am 21. April kehrte er zur Kompanie – diesmal war es die 5./Fallschirmjägerregiment 2 unter Oberleutnant Ewald – zurück. Hier begann seine Aufgabe als „Spähtruppführer vom Dienst". Es ging stets tief in das sumpfige Gebiet des Wolchow hinein. Spähtrupp folgte auf Spähtrupp. Aus den Feuergefechten mit den Gegnern kamen sie stets heil zurück. Als Lepkowski einmal hinter die feindlichen Linien vorstieß, konnte er einen russischen Stoßtrupp in Stärke von 15 Mann und einem Offizier einkassieren und dabei einen Rotarmisten mit zurückbringen, der wertvolle Aussagen machte. Major Pietzonka reichte ihn das zweite Mal zum Deutschen Kreuz in Gold ein, wieder vergebens. Am 1. Juni 1942 wurde Lepkowski wegen Tapferkeit vor dem Feind zum Oberfeldwebel befördert.

Am 21. Juni 1942 wurde das Fallschirmjägerregiment 2 aus der Front herausgelöst. Am 28. Oktober 1942 verlegte es nach Mourmelon le Grand zur weiteren Ausbildung. Von hier aus sollte es im Lufttransport nach Afrika verlegt werden. Am 5. Mai 1943 landeten die Maschinen dieses Transportfluges in Rom. Von dort ging es sofort nach dem Auftanken weiter nach Capodichino südlich von Neapel. Aber noch in der Luft wurde der letzte Teil des Transportes zurückbefohlen. Die Heeresgruppe Afrika stand bereits kurz vor der Kapitulation.

Ende Juli 1943 startete das II./Fallschirmjägerregiment 2 und mit ihm die gesamte 2. Fallschirmjägerdivision unter General Ramcke zum Flug in den Raum

Rom. Am 9. September wurde mit der Entwaffnung und Gefangennahme der italienischen Truppen begonnen, die am Vortage vom Achsenbündnis abgefallen waren. Am 4. Oktober 1943 wurde Lepkowski nach Civitavecchia zum Oberbefehlshaber der Fallschirmarmee, General Student, befohlen. Dort erhielt er seine Beförderung zum Leutnant durch den Oberbefehlshaber persönlich.

Am 26. November 1943 trafen Lepkowski und seine 5./Fallschirmjägerregiment 2 in Shitomir ein. Hier nahm Major Pietzonka die Regimentsführung wahr. Sein Regiment sollte am 30. November 1943 die Stellungen eines SS-Verbandes bei Kirowograd übernehmen. Am 19. Dezember 1943 eroberten die Fallschirmjäger Perwomaisk und richteten sich auf den umliegenden Höhen ein. Ein russischer Panzerangriff wurde von Leutnant Lepkowski mit drei ihm unterstellten Sturmgeschützen abgewiesen. Vier russische Panzer wurden abgeschossen. Als die Russen die Höhe 167 eroberten, wurde Leutnant Lepkowski befohlen, sie zurückzugewinnen, was auch gelang.

Am 25. Dezember erhielt Erich Lepkowski das Deutsche Kreuz in Gold. Zwei Tage darauf wurde die 5./Fallschirmjägerregiment 2 in Stärke von 45 Mann zur Höhe 159,9 befohlen, um dort die 6. Kompanie abzulösen. Diese Höhe wurde Tag und Nacht von russischem Trommelfeuer überschüttet. Im Morgengrauen des 5. Januar 1944 griffen die Russen mitten im Feuer ihrer eigenen Artillerie an. Fünfmal wurden sie abgewiesen. Am nächsten Morgen traten sie mit Panzerunterstützung erneut an. Zwei Panzer rollten auf Minen, drei weitere wurden mit Tellerminen ausgeschaltet, doch das war noch nicht alles, denn Minuten später rollte die zweite Welle heran. Die mit wildem Brüllen angreifenden Russen wurden durch das Feuer der wenigen MG 42 zu Boden geworfen.

Nun sparten die Sowjets die Höhe aus und rollten beiderseits derselben mit starken Panzerkräften vorbei. Als die Verbindung der 5. Kompanie zum Bataillon abbrach, wurde ein Melder geschickt, der – zurückgekehrt – Lepkowski meldete, daß das Bataillon vom Feind bereits zurückgedrängt worden sei.

Lepkowski ließ die Höhe räumen und ging in Richtung Bataillonsgefechtsstand zurück. Unterwegs fand er einige Versprengte, die er in seine Kompanie eingliederte. In der Nacht stießen sie mitten in eine russische Einheit hinein und schossen sich einen Weg hindurch frei.

Als sie die Brücke über den Ingulez erreichten, flog diese vor ihren Augen in die Luft. Die Fallschirmjäger hangelten sich über die Brückentrümmer zurück und stießen wenig später auf Oberleutnant Ewald. Oberstleutnant Kroh, der Regimentskommandeur, forderte einen Bericht an, um Lepkowski zum Ritterkreuz einzureichen.

Die dezimierte 2. Fallschirmjägerdivision wurde schließlich herausgezogen und nach Deutschland zurückgeführt, um in Köln-Wahn aufgefrischt zu werden und im Westen zu einem neuen Einsatz zu gelangen.

In der Nacht zum 5. August 1944 erlebte Erich Lepkowski mit seiner Kompanie, von einigen Pak unterstützt, seinen ersten Einsatz zwischen der Aulne und dem Brest-Nantes-Kanal. Hier stoppte er einen US-Panzerangriff und schoß sieben „Sherman"-Panzer ab.

Zur gleichen Zeit stand das Fallschirmjägerregiment 7 unter Oberst Pietzonka in erbitterten Gefechten bei Huelgoat. Hier fielen über 130 deutsche Fallschirmjäger den französischen Maquisards in die Hände.

General Ramcke befahl nach dem Abwehrerfolg gegen die 6. US-Panzerdivision seiner Division, sich in die Festung Brest zurückzuziehen. Er wurde durch die Oberste Führung zum Festungskommandanten und Oberst Kroh zum Kommandeur der 2. Fallschirmjägerdivision ernannt.

In den nächsten Tagen wurde die Verteidigung organisiert. Dann traf ein aus den Händen der Maquisards entkommener Fallschirmjäger in Brest ein, der sich hierher durchgeschlagen hatte und Meldung über seine 130 Kameraden machte. Oberst Kroh setzte sich sofort mit General Ramcke in Verbindung und schlug einen Handstreich gegen Huelgoat zur Befreiung der Kameraden vor. Als möglichen Führer dieses Kommandos nannte er den Leutnant Lepkowski. Lepkowski wurde gerufen, und Oberst Kroh teilte ihm die Absicht der Divisionsführung mit, die Kameraden zu befreien. Er fragte ihn, ob er sich dies zutrauen würde. Der Ostpreuße bejahte und erhielt seine Anweisungen.

Die Gefangenen befanden sich inzwischen in Braspart, 60 Kilometer hinter den feindlichen Linien. Um dorthin zu gelangen, mußte der Stoßtrupp die Front des VIII. US-Korps durchstoßen, das Brest umklammert hielt. Am Abend stand der Spähtrupp bereit, und als die Festungsartillerie das Feuer in einem entfernten Abschnitt eröffnete, gelang es Lepkowski, unbemerkt die US-Linien zu durchbrechen und in einem sagenhaften Raid durch sechs kleine Dörfer Braspart zu erreichen, dort in einer Schule 113 Kameraden zu befreien und mit diesen denselben Weg – erneut durch die Feinddörfer und die US-Linien – Brest zu erreichen.

Am 8. August 1944 überreichte General Ramcke dem Leutnant das Ritterkreuz, das ihm allerdings noch für seinen letzten Rußlandeinsatz verliehen worden war, und reichte ihn persönlich zum Eichenlaub ein. General Student hatte diesen Antrag bereits befürwortet.

Während des letzten Einsatzes am Nordrand von St. Pierre wurde Oberleutnant Lepkowski – der von General Ramcke persönlich befördert worden war – schwer verwundet. Eine Einsatzgruppe fand ihn, und da er allem Anschein nach tot war, wurde er zu anderen Toten in eine Grube gelegt.

Hier fand Stabsarzt Dr. Marquard seinen Freund und stellte fest, daß er noch lebte. Er ließ ihn sofort herausholen und ins Lazarett im Maschinestollen bringen. Fünf Tage lag Lepkowski dort, dann fiel Brest und er wurde von US-Sanitätern weitergepflegt.

Ein Jahr später stellten die Ärzte fest, daß dem in US-Kriegsgefangenschaft geratenen Oberleutnant ein winziger Granatsplitter in die linke Herzkammer eingedrungen und dort stecken geblieben war. Der Splitter wurde entfernt und Lepkowski als zu 60 Prozent schwerkriegsbeschädigt aus der Gefangenschaft entlassen.

Auf der Insel Fehmarn baute er sich eine Existenz auf. Schritt für Schritt kämpfte er gegen seine schweren körperlichen Schäden an. Als er sich das erste Mal nach Kriegsende wieder einen Fallschirm umschnallte und aus 2.000 Metern Höhe absprang, hatte er es geschafft. Bald darauf erwarb er das Silberne und Goldene Fallschirmleistungsabzeichen.

In der Bundeswehr

Am 1. April 1960 trat er als Oberleutnant in die Bundeswehr ein. Wenig später wurde er zum Hauptmann befördert. Er bildete junge Bundeswehrsoldaten im Fallschirmspringen aus, um mit ihnen gemeinsam eine Reihe aufsehenerregender Rekorde zu erzielen. Bei seinem 497. Fallschirmabsprung öffnete sich sein Schirm nicht vollständig, er stürzte ab und verletzte sich schwer.

Später, bei der nachfolgenden Deutschen Meisterschaft der Fallschirmspringer in Lüneburg, konnte Erich Lepkowski mitteilen: „500. Fallschirmabsprung ausgeführt!"

In der Bundeswehr war er zunächst stellvertretender Standortältester in Braunschweig. Am 1. Januar 1961 kam er zum Stab der 1. Luftlandedivision und wurde einige Zeit später Ausbildungs- und Sportleiter im Fallschirmjägerbataillon 313 in Wildeshausen.

Am 20. Juli 1962 erhielt er seine Beförderung zum Hauptmann, um erst acht Jahre danach Major zu werden. Er war kein bequemer Untergebener seiner Führung und setzte sich mehrfach gegen diese durch. Dennoch erhielt er am 1. Oktober 1973 seine Beförderung zum Oberstleutnant. Am 31. Dezember 1974 wurde er pensioniert und starb im Jahr darauf am 31. Juli 1975 in Saarbrücken.

Gerhard Matzky

General der Infanterie der Wehrmacht
Generalleutnant der Bundeswehr

Geb. am 19. März 1894 in Küstrin/
Brandenburg
Ritterkreuz: 5. April 1944

Als Sohn eines Offiziers am 19. März 1894 in Küstrin geboren, besuchte der junge Matzky das humanistische Gymnasium zu Breslau. Nach dem Abitur trat er 1912 in das IV. Bataillon des Infanterieregiments 63 in Oppeln ein. Das Offiziersexamen legte er mit „allerhöchster Belobigung" ab.

Als junger Leutnant, als Zug- und Kompanieführer sowie als Ordonnanzoffizier stand er im Ersten Weltkrieg zwei Jahre im Westen im Einsatz, bevor er an der Somme zum dritten Mal – diesmal schwer – verwundet wurde. Nach seiner Wiederherstellung kehrte er zum Stab der 3. schlesischen Landwehr-Division zurück.

Nach dem Krieg diente er im Oberschlesischen Grenzschutz und ab 1921 in der Reichswehr. Er bestand die Führergehilfenausbildung – wie die Generalstabsausbildung auf Grund des Versailler Diktats genannt wurde – mit „sehr gut" und gehörte zu den zehn Offizieren, die von den angetretenen 70 in den Generalstab übernommen wurden.

Er diente zunächst in der Operationsabteilung und studierte dann sechs Semester Staatswissenschaft und Geschichte. Als Hauptmann war er einige Zeit Mitglied der deutschen militärischen Kommission bei den Genfer Abrüstungsverhandlungen.

Am 1. Oktober 1930 erhielt er ein Truppenkommando als Kompaniechef bei den Ortelsburger Jägern in Ostpreußen. Zwei Jahre darauf wurde er erneut ins Reichswehrministerium berufen, wo er in der Wehrmachtsabteilung tätig war. In dieser Zeit besuchte er auch Moskau. 1934 kam er zum Generalkommando VII nach München. Ein Jahr später wurde er in die Wehrmacht-Akademie versetzt. Im Herbst 1936 wurde er Oberstleutnant und als Erster Generalstabsoffizier (Ia) des Gruppenkommandos I General von Rundstedt unterstellt. Zwei Jahre war er in dieser Dienststellung tätig, ehe er als Militärattaché nach Japan ging. Diese Verwendung verdankte er dem damaligen Chef des Generalstabes, General Beck.

In Tokio erlebte Matzky seine schönste und erinnerungsreichste Zeit als Offizier der Wehrmacht. Reisen in die Mandschurei, zur Chinesischen Mauer und zum Fudschijama gehörten mit dazu. Hier machte er sich nicht nur in der deutschen Kolonie, sondern auch im japanischen Generalstab einen Namen.

Anfang Januar 1941 kehrte Matzky nach Deutschland zurück, um als Oberst und Quartiermeister IV in den Generalstab zu gehen. Hier unterstanden ihm neben anderen Stellen auch die Abteilungen „Fremde Heere West" und „Fremde Heere Ost".

Ende Dezember 1942 erbat Generalmajor Matzky ein Frontkommando und erhielt im Januar 1943 die Ernennung zum Kommandeur der 21. Infanteriedivision, die im Wolchowraum in schweren Kämpfen stand. Sie war einer der 24 Verbände der 18. Armee unter Generaloberst Lindemann und gehörte zum XXVIII. Armeekorps.

Mit seiner Division erlebte Generalmajor Matzky die Schlacht um Ssinjawino. In der dritten Phase dieser Schlacht gelang es der Division, den Feind im Sumpfgebiet von Karbusselij zurückzuwerfen. Am 1. April 1943 erfolgte Matzkys Beförderung zum Generalleutnant. Mit seiner Division stand er in den folgenden Wochen im Zentrum des Abwehrkampfes im Südteil der Leningradstellung an der Newa. Im August löste sie die 11. Infanteriedivision auf den Höhen von Ssinjawino ab und erlebte die mörderischen Kämpfe um diesen beherrschenden Höhenzug. Bei ihr drang keiner der vielen Angriffe durch.

Bis zum 22. Januar 1944 hielt die Division am Wolchow allen russischen Großangriffen stand. Danach begann der Rückzug nach Südwesten. General Matzky oblag die schwierige Aufgabe, die zurückgehenden sechs Divisionen des XXVIII. Armeekorps aus einem 200 Kilometer breiten Abwehrraum in die „Pantherstellung" zurückzuführen. Dies gelang ihm durch Ruhe, Entschlußkraft und persönliches Eingreifen.

In den schwer umkämpften Abwehrstellungen um Pleskau war die 21. Infanteriedivision der Turm in der Schlacht. Sie wurde im Wehrmachtsbericht genannt, und General Matzky erhielt für diese Führungsleistung am 5. April 1944 das Ritterkreuz.

Im Juli 1944 übernahm er das XXVI. Armeekorps, und am 1. September 1944 erfolgte seine Beförderung zum General der Infanterie. Bis Kriegsende führte der General seine Truppen. Er hielt es für seine und seiner Soldaten wichtigste Aufgabe, die nach Westen strömenden ostdeutschen Flüchtlingstrecks zu sichern.

Am 23. Mai 1945 geriet General Matzky in britische Kriegsgefangenschaft. In fünf Lagern wurde er zum Lagerführer gewählt. Er trat auch für den letzten seiner Soldaten mit seiner ganzen Person ein. Am 29. Februar 1948 wurde er in die Freiheit entlassen.

In der Bundeswehr

Daß auch die Besatzungsmacht auf solche Männer nicht verzichten konnte, schien klar. Im Sommer 1950 baten ihn die Amerikaner, die Stellung eines „German Liaison Directors" zu übernehmen. General Matzky sagte zu, nachdem er sich mit seinen noch in Landsberg gefangengehaltenen Vorgesetzten beraten hatte. Sie waren der Überzeugung, daß er in dieser Stellung viel für die deutschen Soldaten tun könne.

Von Oktober 1950 bis Juni 1951 diente Matzky in dieser Verbindungsstellung. Der oftmals angefeindete Labor Service diente vor allem auch bei der Beladung der „Rosinenbomber", die die Luftbrücke Berlin aufrechterhielten, um nur eine seiner vielen wichtigen Aufgaben zu nennen.

Dazu General a.D., Matzky im Gespräch zum Autor: „Der deutsche Labor Service hat durch seine Zuverlässigkeit und ehrliche Arbeit praktisch unendlich mehr für die Verständigung zwischen Amerika und Deutschland bewirkt als viele schöne politische Reden und Zeitungsartikel, die doch nicht mehr als nur Papier waren."

Am 5. Juli 1951 wurde General Matzky Inspekteur des Bundesgrenzschutzes, den er aufbaute und fast fünf Jahre lang führte.

Am 1. Juli 1956 wurde General Matzky zum Bundesminister für Verteidigung abgeordnet. Im März 1957 billigte das Bundeskabinett die Berufung des damals 63 Jahre alten Generals als Generalleutnant zum kommandierenden General des I. Korps in Münster. Drei Jahre lang leitete er die Geschicke des I. Korps.

Als ihn eine Münstersche Zeitung Ende 1957 fragte, welche Pläne er für das neue Jahr 1958 habe, erklärte er: „Eine Truppe ist kein Rechenexempel, keine in die Praxis umgesetzte ‚Stärke- und Ausrüstungsnachweisung', sondern ein organisch wachsendes Lebewesen, eine Gemeinschaft von Menschen, die als Soldaten ihrem Volk und Staat dienen.

Ein Lebewesen gedeiht nur in der ihm anvertrauten Umwelt, so auch der Soldat nur in dem ihm vertrauten und ihm vertrauenden Staat und Volk. Darum erachte ich es auch im Jahre 1958 als eine meiner Hauptaufgaben, der jungen Bundeswehr Vertrauen zu schaffen. Dies nicht nur innerhalb der Truppe, sondern durch Wiederbelebung aller Eigenschaften, die Inbegriff jedes echten Soldatentums sind: Gehorsam, Pflichttreue, Verantwortungsfreude, Tapferkeit, Ritterlichkeit, Wahrheitsliebe und Gerechtigkeit. Darüber hinaus soll und muß es meine

Aufgabe sein, vor allem im Volk das Vertrauen zur Truppe wieder zu erwecken, ohne das der Soldat zum landfremden Landsknecht wird.

Unter diesen Voraussetzungen wird die junge deutsche Bundeswehr auch das Vertrauen ihrer NATO-Partner gewinnen, um mit ihnen gemeinsam das große Ziel erreichen zu können: Wahrung des Friedens!"

Am Freitag, dem 28. Februar 1960, wurde Generalleutnant Gerhard Matzky wegen Erreichung der Altersgrenze in Münster feierlich verabschiedet. Bundesverteidigungsminister Franz Josef Strauß überreichte dem scheidenden General das große Bundesverdienstkreuz mit Stern des Verdienstordens der Bundesrepublik Deutschland. Der Generalinspekteur der Bundeswehr, General Heusinger, und der Generalinspekteur des Heeres sprachen dem scheidenden General Dank und Anerkennung für das von ihm in 48jähriger Tätigkeit als Soldat und Offizier Geleistete aus.

Erstmals nach Ende des Zweiten Weltkrieges wurde bei dieser Verabschiedung der Große Zapfenstreich wieder aufgeführt. Das Heeresmusikkorps unter Oberleutnant Hagen gestaltete diese Darbietung zu einer ergreifenden Ovation für den scheidenden General.

Gerhard Matzky verstarb am 9. Juni 1983 in Bad Godesberg.

Alfred Müller

Oberstleutnant der Wehrmacht
Brigadegeneral der Bundeswehr

Geb. am 23. November 1915 in Kaltensondheim, Kreis Kitzingen/Unterfranken
Ritterkreuz: 20. Februar 1943
354. Eichenlaub: 15. Dezember 1943
Orden „Michael der Tapfere" (Rumänien): 28. Januar 1944

Am 1. April 1935 trat Alfred Müller als Offiziersanwärter in das Artillerieregiment 74 in München ein. Er durchlief die Ausbildung und wurde am 20. April 1937 Leutnant, um ab 1. Oktober 1938 als Adjutant des Artillerieregiments 74 (mot.) in Wien Dienst zu tun.

Nach kurzem Einsatz im Artillerie-Lehrregiment 2 (mot.) in Jüterbog wurde er am 1. Mai 1940 mit der Aufstellung der Sturmgeschütz-Batterie 666 als deren Chef beauftragt.

Ab dem 5. November 1941 wurde er als Hörsaalleiter für Offiziere in der II. Abteilung des Artillerie-Lehrregiments 2 (mot.) eingesetzt, am 7. Juni 1942 zum Chef der Sturmgeschütz-Lehrbatterie 901 ernannt und mit dieser zum Einsatz an die Ostfront verlegt. Ihre Aufgabe sollte es sein, zusammen mit den bereitstehenden Kräften unter General Hoth Stalingrad zu entsetzen. Im Blitztransport wurde die Batterie in den Großen Donbogen verlegt. Doch der Entsatzversuch war bereits gescheitert.

Im Raume Starobjelsk, vor allem bei Nowo Strelzowka, kam es zu erbitterten Kämpfen, während derer die Batterie dem II. Bataillon des Infanterielehrregiments 901 unterstellt wurde. Die ersten T 34- und die schwereren KW 1-Panzer wurden hier von der Batterie abgeschossen, und am 23. Januar 1943 meldete Hauptmann Müller: „Starker Panzerangriff auf Saporoshje nach Westen; ich bin zum Gegenstoß angetreten!"

Mit seinen Sturmgeschützen befreite er die eingeschlossene Kampfgruppe aus der Umklammerung durch den Feind.

Ein weiterer Feindvorstoß aus Toschkowka, den die Sowjets in der Absicht führten, die Rollbahn zu gewinnen, wurde zum Stehen gebracht. Es gelang den wenigen Sturmgeschützen mehrmals, den Feind so lange zu stoppen, bis Entsatz durch die Infanterie herangekommen war. Diese Einsätze waren für Hauptmann Müller das Ritterkreuz.

Nach Übernahme der Sturmgeschütz-Abteilung 191 griff diese bei Noworossijsk ab dem 1. April 1943 in den Kampf ein. Es galt, in Gegenangriffen und eigenen Vorstößen die im Kubangebiet angetretene Rote Armee immer wieder zu stoppen, um das geordnete Zurückgehen der deutschen Kräfte zu ermöglichen. In diesen Einsätzen konnte die Brigade 95 Panzer vernichten, darunter eine Reihe der schweren 12,2-cm-Sturmhaubitzen der Russen. Mehrmals wurde die Nennung des Kommandeurs und der nunmehr in Brigade umbenannten Abteilung im Wehrmachtsbericht beantragt, ohne daß sie erfolgt wäre.

Die Abwehrkämpfe an der Landenge von Perekop und bei Kertsch wurden von der Brigade aus ihren Brückenköpfen Eltingen und Bulganak geführt. Es ging darum, das V. Armeekorps bei der Zerschlagung eines russischen Brückenkopfes tatkräftig zu unterstützen. Daß dieses geschehen konnte, lag nicht zuletzt an der Sturmgeschützbrigade 191. Alfred Müller, seit dem 26. Dezember 1943 Major, erhielt nach diesen Kämpfen das Eichenlaub zum Ritterkreuz.

Das in diesem Großraum führende Armeeoberkommando 17 übermittelte am 23. Mai 1944 an die Heeresgruppe Südukraine: „Die Sturmgeschützbrigade 191 hat in den Kämpfen auf der Krim vom 10. April bis zum 13. Mai 1944 ihren 445. Panzer abgeschossen und erneut ihre hervorragende Tapferkeit und Einsatzfreudigkeit unter Beweis gestellt. Nennung in Presse und Rundfunk wird beantragt."

Am 1. Juli 1944 wurde Major Müller Kommandeur des Taktischen Lehrstabes an der Sturmgeschützschule Burg, um einen Monat später zum Kommandeur dieser Schule ernannt zu werden. Am 10. April 1945 wurde aus der Sturmgeschützschule Burg und weiteren Teilen der Sturmartillerie die „Kampfgruppe Burg" zusammengestellt, die unter dem Kommando von Major Müller am 13. April 1945 antrat. Nördlich Magdeburg reihte sie sich in die Verteidigungsfront ein. Sie unterstand dem Kampfkommandanten von Magdeburg, Generalleutnant Adolf Raegener.

Die Sturmgeschütz-Abteilung „Schill" unter Major Nebel griff als erstes einen US-Brückenkopf südlich von Magdeburg an und schoß diesen mit Sprenggranaten am Morgen des 14. April zusammen. Damit war diese Gefahr für Magdeburg beseitigt.

Als nächstes Angriffsziel wies General Wenck, der Oberbefehlshaber der 12. Armee, den Sturmgeschützen Müllers den zweiten US-Brückenkopf bei Barby zu. Im nächtlichen Feuerkampf erwiesen sich die Sturmgeschütze als voll durchschlagskräftig. Es gelang jedoch trotz Hilfe der Division „Scharnhorst" der 12. Armee nicht, den Brückenkopf ganz zu eliminieren.

Major Alfred Müller, einer der erfahrensten Sturmgeschütz-Kommandeure, ergriff in diesen Tagen immer neue Maßnahmen, um seinen Kampfverband aufzustocken. Alles, was fuhr, wurde in die „Kampfgruppe Burg" eingegliedert. So wuchs diese binnen weniger Tage auf Divisionsstärke an. Am 20. April nahm Oberst i.G. Reichhelm, Chef des Stabes der 12. Armee, Kontakt zu Müller auf und bat diesen zu einer Meldung ins Hauptquartier der 12. Armee in die Pionierschule Rosslau. Major Müller fuhr dorthin und unterstellte sich der 12. Armee.

Noch am selben Tage gab Walther Wenck die Beförderung des Kampfgruppenkommandanten zum Oberstleutnant bekannt und reichte den tapferen Offizier gleichzeitig beim Oberkommando Nord zur Beförderung zum Oberst ein, die Müller jedoch bis Kriegsende nicht mehr erreichte.

Gleichzeitig erhielt Oberstleutnant Müller Weisung, nach Osten einzuschwenken und mit der 12. Armee die nächsten Aufgaben durchzuführen. Dazu Alfred Müller: „Diese für derartig zusammengewürfelte Truppenteile in jenem Zeitraum so schwierige Aktion, die ja auch einen Einsatz gegen die Russen bedeutete, verlief reibungslos. Sie zeigte mir, daß auch in einer derartig ungewöhnlichen Situation die Truppe solche Befehle exakt ausführte."

Sobald die Teile der nunmehr „Division Schill" genannten Kampfgruppe Burg im Raume Belzig eintrafen, wurden sie neben der Division „Theodor Körner" im Raume ostwärts Belzig zur Abwehr sowjetischer Angriffe eingesetzt.

Major Peter Nebel, Ritterkreuzträger seit dem 27. März 1942, der die Sturmgeschütz-Brigade „Schill" führte, erhielt von Oberstleutnant Müller Weisung, in den nächsten Tagen als Kern einer Stoßgruppe in den Feind hineinzurollen und in Richtung Potsdam vorzustoßen, um die Korpsgruppe Potsdam aufzunehmen.

Als die Division „Schill" am Morgen des 21. April die Höhe von Niemegk erreichte, fand sie dort Anschluß an Teile der Division „Theodor Körner", deren Jägerbataillon rechts der Division „Schill" bei Treuenbrietzen lag.

Bei den Jägern brachen an diesem Tage fünf Feindpanzer durch. Weitere folgten, bis sich der Pulk auf zwölf Panzer vergrößert hatte. Sie wurden von aufgesessenen und nachfolgenden Rotarmisten begleitet.

Dieser Panzerpulk rollte in Richtung Wittenberg vor. Um ihn am Erreichen dieses Zieles zu hindern, setzte Oberstleutnant Müller die Sturmgeschütze erneut an. Noch in der Nacht rollte Major Nebel mit seinen Geschützen vor. In einem dramatischen Nachtgefecht wurden alle zwölf Feindpanzer abgeschossen.

Dieses entscheidende Eingreifen rettete auch das Hauptquartier der 12. Armee in Roßlau, das allerdings am Abend des 21. von der Pionierkaserne in Roßlau zur Medewitzer Hütte, 22 Kilometer ostwärts von Zerbst, verlegt wurde. Die Rote Armee drehte daraufhin vor dieser Division ab und schloß Potsdam ein.

Der Angriff direkt nach Osten begann für die Division „Schill" am frühen Morgen des 28. April. „Sturmgeschütze marsch!" befahl Major Nebel. Die Sturmgeschütz-Brigade setzte sich in Bewegung und bildete zugleich den vorderen Stoßkeil der linken Flanke *und* den Flankenschutz nach Norden.

Als die ersten russischen Panzer auftauchten, wurde Gefechtsbereitschaft befohlen. Die feindliche Kampfgruppe wurde mit einem geballten Feuerschlag zur Seite gefegt. Es ging weiter, und die Sowjets flohen vor diesem stählernen Stoßkeil auseinander. Dörfer und Ortschaften wurden befreit. Der elektrisierende Ruf „Sturmgeschütze vor!" zeigte wieder seine Wirkung. Rechts von der Division „Schill" stürmte die Division „Ulrich von Hutten" in Richtung auf die noch mit 6.000 Kranken belegten Beelitzer Heilstätten vor. Während die Division „Hutten" die Heilstätten befreite, schwenkte die Division „Schill" nach Potsdam ein. Ein Funkspruch der 12. Armee wurde an die dortigen Verteidiger gesandt: „XX. Armeekorps hat Ferch erreicht. Mit allen Mitteln Verbindung aufnehmen und zur 12. Armee durchstoßen."

Generalleutnant Reymann handelte sofort. Er befahl seinen 20.000 Kämpfern, sich zum Ausbruch bereitzustellen. General Wenck erteilte ihm am Nachmittag dieses Tages Befehl, über Alt Geltow durchzubrechen, den sowjetischen Einschließungsring zu zerschlagen und sich mit der Division „Schill" zu vereinigen.

Diese wurde von Oberstleutnant Müller den ausbrechenden Gruppen durch den Wald entgegengeführt. Die Sturmgeschütze Nebels konnten die in den Schneisen aufgefahrenen russischen Panzer aus der linken Flanke packen und sie nacheinander abschießen. Damit war der Durchbruch Reymanns gesichert. Die ersten Gruppen seiner Männer erreichten die Sturmgeschütze. Dann trafen Generalleutnant Reymann und Oberstleutnant Müller aufeinander. Sie reichten sich stumm die Hände, und während der General zur Meldung bei der 12. Armee weiterfuhr, wurden die Teile der Korpsgruppe Potsdam ebenfalls der Division „Schill" unterstellt.

Als einer der letzten Verbände der 12. Armee erreichte die Division „Schill" am 4. Mai 1945 zwischen Jerichow und Ferchland die Elbe. Sie hatte die Verzögerungsgefechte mit dem nachdrängenden Feind erfolgreich geführt und den Rückzug der 12. Armee sowie die Flucht der Zivilbevölkerung ermöglicht. Am frühen Nachmittag des 7. Mai sprengten die Sturmgeschützmänner ihre Geschütze, überquerten auf Booten und Flößen die Elbe und gingen dort in die US-Kriegsgefangenschaft.

Am 14. Juli 1945 wurde Oberstleutnant Müller aus der Gefangenschaft entlassen.

In der Bundeswehr

Am 1. Februar 1956 trat Alfred Müller mit seinem alten Dienstgrad als Oberstleutnant in die Bundeswehr ein und wurde zum Leiter der Prüfstelle für Offizierbewerber in der Annahmestelle Köln ernannt.

Nach einem Lehrgang für Brigadeführer an der Führungsakademie der Bundeswehr wurde er zunächst stellvertretender Kommandeur, dann am 1. April 1964 Kommandeur der Panzerbrigade 33.

Seit dem 20. Juli 1961 Oberst, wurde er 1968 Kommandeur der Panzerlehrbrigade 9 in Munster. Am 17. April 1969 erhielt er seine Ernennung zum Brigadegeneral. Zwei Jahre darauf wurde er zum Kommandeur der Kampftruppenschule II in Munster ernannt. Am 31. März 1975 wurde er in den Ruhestand versetzt.

Alfred Müller, Inhaber des Bundesverdienstkreuzes I. Klasse, starb am 2. Juli 1997 im westfälischen Münster.

Josef Quirin Prentl

Major der Wehrmacht
Oberst der Bundeswehr

Geb. am 14. Oktober 1916 in Fürstätt bei Rosenheim/Bayern
Ritterkreuz: 21. Oktober 1942
Deutsches Kreuz in Gold: 20. August 1944
851. Eichenlaub: 28. April 1945

Nach seiner Arbeitsdienstzeit von zwei Monaten in Bad Aibling trat Prentl am 4. Dezember 1936 als Fahnenjunker in die Luftkriegsschule Wildpark-Werder ein. Am 1. Mai 1937 wurde er zur fliegerischen Ausbildung an die Luftkriegsschule Berlin-Gatow kommandiert. Dort erfolgte seine Übernahme in die Fliegerabwehrtruppe, der weitere Kommandierungen, u.a. zu zwei Lehrgängen an der Luftkriegsschule Wildpark-Werder, folgten. Am 8. November 1938 wurde er zum Leutnant befördert.

Am 15. November dieses Jahres wurde er Batterieoffizier in der III. Abteilung des Flakregiments 29. Seit dem 15. März 1940 war er Adjutant der III. Abteilung. Am 1. August 1940 wurde er zum Oberleutnant befördert. Im Ostfeldzug war er Chef der 3. Batterie der Reserveflakabteilung 391, die als Flak-Großbatterie im Raume Brest (Frankreich) 56 Abschüsse erzielte.

Im März 1942 wurde er mit seiner Batterie nach Woronesch verlegt und griff dort in das Kampfgeschehen auf dem russischen Kriegsschauplatz ein. An den Brennpunkten der Ostfront erlebte er den Erdkampfeinsatz der Flak aus unmittelbarer Nähe. Beim Vorstoß zum Don und beim Kampf um den Brückenkopf Woronesch sah man die Flak in sagenhaften Einsätzen. Am 24. und 25. Juli 1942 schoß Oberleutnant Prentl mit seiner Batterie im beweglichen Einsatz 25 Panzer und drei Flugzeuge ab. An der letzten Kanone selbst als Geschützführer stehend, schoß er persönlich 18 Feindpanzer ab. Damit hatte er mit seiner Batterie einen schlachtentscheidenden feindlichen Durchbruch verhindert, wofür er das Ritterkreuz erhielt.

Im Januar 1943 übernahm Oberleutnant Prentl im Raume Starobjelsk die dort eingeschlossene Flak-Kampfgruppe und führte diese in einem vier Wochen andauernden zähen opferreichen Ringen über eine Distanz von 320 Kilometern über Isjum nach Charkow zurück. Dabei wurden zwölf Feindpanzer abgeschossen und 41 Pak sowie 32 Geschütze vernichtet. Am 1. Februar 1943 wurde Prentl Hauptmann.

Im September nahm Prentl mit einer weiteren Kampfgruppe an der Niederschlagung des Badoglio-Putsches in Italien teil. Auch hier gelang es ihm, nach der Vernichtung von fünf Panzern, sechs Pak und neun Geschützen die Lage zu entspannen. Zudem gelang es ihm, einen General und 2.000 italienische Soldaten gefangenzunehmen.

Im Landekopf Nettuno zeichnete er sich wiederum als Kampfgruppenführer aus. An dieser schweren Front mit einem Gegner, der in bezug auf Soldaten und Waffen um ein Vielfaches überlegen war, konnte „Sepp" Prentl seine überragenden Führungsqualitäten erneut unter Beweis stellen.

Seine Kampfgruppe focht gegen einen Verband, der hochmotiviert und völlig ausgeruht in den Kampf ging. Dennoch waren diese Soldaten dem Einsatzwillen und der kämpferischen Überlegenheit von Prentls Truppe nicht gewachsen. Sie büßten in diesem Raum 40 Panzer ein. Eine Reihe Infanterieangriffe, teilweise in Regimentsstärke, wurde abgewiesen. Im Wehrmachtsbericht wurde der Einsatz seiner Kampfgruppe gewürdigt.

Im Anschluß an diese Kämpfe folgte Prentl einem Befehl ins Führerhauptquartier, um Hitler persönlich Bericht zu erstatten. Prentl nahm kein Blatt vor den Mund und trug Hitler alle Sorgen und Nöte eines Frontkommandeurs schonungslos vor. Hitler versprach die Abstellung der Mängel.

Während der folgenden Rückzugskämpfe nach Mittelitalien stellte die Kampfgruppe Prentl abermals die Nachhut, wobei sie nicht weniger als 20 Feindpanzer abschoß und in vier Gefechten den Feind, der mindestens Bataillonsstärke besaß, abwies.

Im Februar sowie im März 1944 wurde Prentl zum Eichenlaub eingereicht. Dazu hieß es von der Fronttruppe: „Vortragsbemerkung für den Reichsmarschall. Zu anliegender Anregung auf Verleihung des Eichenlaubes zum Ritterkreuz für Major Josef Prentl, Kommandeur Flakregiment 116 (mot.), wird befürwortende Stellungnahme vorgeschlagen.

Major Prentl hat durch höchste persönliche Tapferkeit seine Einheit zu besonderen Erfolgen geführt und insbesondere auch im Brückenkopf Heiligenbeil so entscheidende Erfolge erzielt, die es notwendig sein lassen, ihn mit dieser hohen Auszeichnung zu belohnen."

Dazu bemerkte der Oberbefehlshaber der Luftwaffe, Reichsmarschall Hermann Göring: „Der anliegenden Anregung auf Verleihung des Eichenlaubes zum Ritterkreuz des Eisernen Kreuzes an Major Sepp Prentl, Kommandeur Flakregiment 116 (mot.), stimme ich zu und bitte, diesem tapferen Offizier, der insbesondere während der Kämpfe im Brückenkopf Heiligenbeil entscheidende Erfolge erzielen konnte, mit dieser hohen Auszeichnung zu beleihen."

Diese Zustimmung Görings bezog sich jedoch nicht auf die beiden erwähnten Vorschläge aus dem Jahre 1944, sondern bereits auf den dritten Vorschlag, der auf Grund eines neuen Einsatzes gemacht wurde und der an dieser Stelle nachgetragen werden soll.

Josef Prentl, seit dem 31. Oktober 1944 Major, hatte am 18. Februar 1945 das Regiment 116 (mot.) der 18. Flak-Division übernommen. Bei Heiligenbeil bewährte er sich noch einmal auf das Höchste. Auf engem Raum eingeschlossen, konnte er den überraschend bei Eisenberg vordringenden sieben Feindpanzern nur die 3,7-cm-Flak entgegensetzen. Aber seine Kanoniere griffen zur Panzerfaust und schossen vier der Kolosse ab, während es der „Dreisieben" gelang, drei der Panzer auf Distanzen bis zu 20 Metern durch gezielte Schüsse kampfunfähig zu machen.

Die weiteren Kämpfe erwiesen sich als äußerst hart und verlustreich; dennoch gelang es dem Flak-Regiment 116 unter Major Prentl, binnen sechs Wochen im Kessel von Heiligenbeil 41 Flugzeuge der Sowjets, 86 Panzer und 31 Pak zu vernichten. Damit hatte er ein weiteres Mal einen schlachtentscheidenden Erfolg errungen, der ihm am 28. April 1945 als 851. Soldaten der Wehrmacht endgültig das Eichenlaub brachte.

Generalmajor Günther Sachs, Kommandeur der 18. Flak-Division, reichte seinen erfolgreichen Regimentskommandeur zum Eichenlaub ein. Und diesmal ging der Vorschlag, wie bereits dargestellt, durch. (Generalmajor Sachs hatte am 24. Januar 1945 selbst das Ritterkreuz erhalten.) Bereits am 17. März 1945 wurde Prentl in der Ergänzung zum Wehrmachtbericht genannt.

Am 8. Mai 1945 gelang es dem Flakregiment 116, mit dem letzten Geleitzug Ostpreußen zu verlassen. Doch das Schiff wurde durch russische Schlacht- und Torpedoflugzeuge versenkt. Sepp Prentl und sein Stab aber konnten gerettet werden.

In der Bundeswehr

Am 24. April 1956 trat Major Prentl in die Bundeswehr ein, nachdem er bereits seit dem Jahre 1953 als Gutachter in der Dienststelle Blank tätig gewesen war.

Zunächst diente er als Taktiklehrer an der Flugabwehrschule in Flensburg, dann wurde er im Oktober 1956 Kommandeur des Gebirgs-Flugabwehr-Artilleriebataillons 104 in Mittenwald (dem späteren Flugabwehrbataillon 10) und trat am 1. Oktober 1959 als Inspizient für den Aufbau der Fliegerabwehr ins Truppenamt Köln ein.

Am 20. Juni 1959 wurde er zum Oberstleutnant befördert. Im Oktober 1962 wurde er Korps-Flugabwehr-Kommandeur in Ulm, wenig später Kommandeur der Gebirgsjägerbrigade 22 in Mittenwald. Am 22. Januar 1970 erfolgte seine Beförderung zum Oberst. Nach einer Verwendung als Kommandeur des Verteidigungsbezirks 65, Oberbayern, wurde er am 1. Oktober 1974 aus dem aktiven Wehrdienst entlassen. In den Jahren 1974 bis 1978 war er Mitglied des Bayerischen Landtages für die CSU.

Josef Quirin Prentl starb am 16. Juli 1994 in Mittenwald.

Günther Rall

Major der Wehrmacht
Generalleutnant der Bundeswehr

Geb. am 10. März 1918 in Gaggenau, Kreis Rastatt/Baden
Deutsches Kreuz in Gold: 15. Dezember 1941
Ritterkreuz: 3. September 1942
134. Eichenlaub: 26. Oktober 1942
34. Schwerter: 12. September 1943

Günther Rall, am 10. März 1918 in Gaggenau/Baden geboren, gehörte bereits als Knabe zum Christlichen Verein Junger Männer und war als Pfadfinder – wie sich seine alten Schulfreunde zu erinnern wußten – einer der besten.

Nach Ablegung der Reifeprüfung trat er – eben achtzehn Jahre alt geworden – als Offiziersanwärter ins Heer ein. An eine Fliegerkarriere dachte er zu dieser Zeit noch nicht. Er wollte Infanterieoffizier werden.

Erst als er ein Jahr später auf der Kriegsschule zu Dresden mit einem neu gewonnenen Freund vertraut wurde, der Fliegeroffizier werden wollte und in Dresden die Luftkriegsschule besuchte, erwachte Ralls Interesse an dieser Sparte des Soldatenseins. So wurde ihm das Fliegen als aufregendes Abenteuer nahegebracht. Rall über diese Zeit: „Ich war nur ein Stoppelhopser, ein Marschierer, also Infanterist, und als solcher hatte ich mich früh an den Dreck der Erde zu gewöhnen. Das Fliegen aber schien Zukunft zu haben. Es brachte einen gleichzeitig aus dem Dreck heraus. So sagte ich mir: ‚Fliegen wäre doch auch für mich das richtige.' Ich bat um meine Versetzung zur Luftwaffe und erhielt sie tatsächlich."

Im Frühjahr trat Rall in die Flugzeugführerschule Neu-Dieburg ein. Er durchlief bis zum Sommer 1939 alle Ausbildungsgänge und bestand seine Flugzeugführerprüfung.

Daraus folgte seine Versetzung zur Jagdfliegerschule nach Werneuchen, nördlich von Berlin. Aus dieser Schule kamen alle Fliegerasse der ersten Stunde. Hier wurde Günther Lützow, der in Spanien die ersten fünf Luftsiege errungen hatte, sein Ausbildungsleiter.

Nach seiner Versetzung zur II. Gruppe des Jagdgeschwaders 52 war Rall dort der jüngste Offizier des gesamten Geschwaders, das Patrouillenflüge entlang der deutsch-französischen Grenze durchführte. Nach einiger Zeit wurde er zur III. Gruppe des Geschwaders versetzt und kam als Flugzeugführer zur 8. Staffel.

Von ihrem Liegeplatz in Mannheim aus wurde die III. Gruppe im Rahmen des Frankreichfeldzuges eingesetzt. Am 18. Mai erzielte Rall seinen ersten Abschußerfolg, als es darum ging, einen deutschen Höhenaufklärer aufzunehmen und sicher zurückzugeleiten. Zwölf Curtiss P-36 standen den deutschen Jägern plötzlich im Luftduell gegenüber. Rall schoß eine dieser US-Maschinen, die an Frankreich geliefert worden waren, nach kurzem Luftduell ab.

Im Juli, als die Luftwaffe bereits über den Kanal nach England flog, wurde Rall die Führung der 8. Staffel übertragen. „Jetzt hatten wir es täglich mit den schnellen Spitfires zu tun“, meinte Rall. „Besonders negativ wirkte sich der Befehl, möglichst dicht an die zu sichernden Bomber heranzugehen, für uns alle aus. Das war für solche Einsätze mörderisch langsam. Man hätte genausogut unsere Jäger auf der Erde verbrennen können. Die Spitfires stürzten sich immer mit einem Höhenvorteil auf uns und schossen uns zusammen. Diese erbitterten Kämpfe versetzten dem Geschwader schwere Schläge. Die III. Gruppe des Jagdgeschwaders 52 verlor auf diese Art und Weise rasch hintereinander ihren Kommandeur und zwei Staffelführer. Es waren die guten Männer Oberleutnant Ehrlich von unserer 8. Staffel und andere. So wurden nach vier Einsätzen über England in unserer Gruppe die Offiziere knapp.“

Diesen Mißstand hatten Rall und andere aufgezeigt, ohne daß von der engen Bindung an die „lahmen Krähen“ der Stukas abgegangen worden wäre.

Durch die anhaltend hohen Verluste blieb es nicht aus, daß auch Rall mit 21 Jahren Staffelführer wurde. Er blieb bei der Staffel, bis diese im Oktober zurückgezogen wurde, weil sie „abgeflogen“ war und zu viele Verluste erlitten hatte.

Danach ging es nicht mehr an den Kanal zurück. Stattdessen verlegte die Gruppe nach Wien, um von dort aus nach Bukarest weiterzustarten und den Schutz der Ölanlagen von Ploesti zu übernehmen. Ralls Spezialaufgabe war der Schutz des Hafens Konstanza und der dortigen Raffinerien.

Am 20. Mai 1941 war Ralls Staffel dabei, als es darum ging, die deutschen Kampfflugzeuge, die Kreta bombardierten, und die Ju 52-Transporter, die die Fallschirmjäger ans Ziel brachten, zu schützen. Rall hierzu: „Der Kampf um Kreta war schrecklich, sogar aus der Luft gesehen. Hier fanden einige der blutigsten Kämpfe des gesamten Zweiten Weltkrieges statt. Wir wurden auch zum Abwurf der dringend benötigten Behälter mit Munition, Versorgungsgütern, Verbandmaterialien und Waffen eingesetzt.“

Nach Ende dieses zehntägigen Einsatzes wurde Rall mit seiner Staffel über

Athen nach Rumänien zurückverlegt. Hier trafen die neuen Baumuster der Me 109 F ein, die mit einem neuen Motor und abgerundeten Tragflächenenden ausgestattet waren. Nach einer Schnelleinweisung wurde die Staffel am 23. Juni 1941 – der Rußlandfeldzug hatte gerade begonnen – in den Raum Konstanza geleitet. Es galt, jene russischen Verbände zu stoppen, die die wichtigsten Raffinerien Rumäniens dem Erdboden gleichmachen wollten.

Ein provisorischer Jägerstützpunkt wurde aufgebaut, und der Kampf am Südabschnitt der deutschen Ostfront setzte ein. Es gelang der 8. Staffel Ralls, in den nächsten fünf Tagen 50 russische Bomber abzuschießen, bevor diese ihre gefährliche Bombenlast abwerfen konnten.

Kurz darauf – der deutsche Vorstoß im Süden der Ostfront hatte sich beschleunigt – wurde Rall mit seinen Männern dem Vorstoß des Heeres in Richtung Krim hinterhergejagt. In der Schlacht um Rostow kam es zu einer Serie von Erfolgen für die Jagdflieger, und Rall brachte seine Abschußbilanz auf 36 Luftsiege.

Er war sicher, daß er bald die 50 vollmachen würde, aber der 28. November 1941 sollte ihn eines Besseren belehren. Auf dem Rückflug zum eigenen Feldflugplatz wurde er von einigen russischen Ratas angegriffen. Obgleich es beinahe dunkel war, nahm er den Kampf auf und schoß gleich im ersten Anflug einen dieser Gegner ab. Dabei verfolgte er fasziniert den Absturz dieser Rata, die einen Feuerschweif hinter sich herzog wie ein Komet. Rall: „Ich war durch den Aufschlagbrand geblendet. Ein zweiter Russe hatte sich hinter mich gehängt und zerschoß mir den Motor. Ich versuchte eine Bauchlandung zu machen, kam aber mit zu hoher Landegeschwindigkeit herunter und setzte – im Dunkeln war dies nicht mehr erkennbar – dicht bei einem Geländeeinschnitt auf. Meine Maschine prallte vom Boden ab und wurde in die Luft geschleudert, um dann erneut hinunterzustürzen, genau gegen den jenseitigen, fast senkrechten Abhang dieser Schlucht. Mein Kopf schlug hart gegen das Instrumentenbrett, ich wurde bewußtlos."

Deutsche Soldaten, die diesen Luftkampf gesehen hatten, bargen ihn aus der Maschine, und Rall wachte im Feldlazarett wieder auf. Er konnte seine Beine nicht mehr bewegen. Im Bukarester Hauptlazarett wurde ihm dann eröffnet, daß sein Rückgrat an drei Stellen gebrochen sei. Vielleicht könne er später wieder gehen, aber mit dem Fliegen sei es für immer vorbei.

Neun Monate lang kämpfte Rall gegen diese Verletzung. Dann konnte er tatsächlich wieder gehen. Aber er wollte fliegen! Ein Freund, der in der Jagdfliegerschule Wien eine leitende Position innehatte – Rall war seit einigen Monaten Patient in der Wiener Universitätsklinik, wo er auch seine spätere Frau Hertha kennenlernte, die dort als Ärztin tätig war – erlaubte ihm einige Starts mit einem alten Doppeldecker, die erfolgreich verliefen.

Sofort meldete sich Rall als „gesund" zu seiner alten Einheit zurück und reiste Anfang August 1942 nach Taganrog, wo diese eingesetzt war. Hier stellte er fest, daß seine alten Kameraden ihm inzwischen 40 bis 60 Abschüsse voraus waren.

In den nächsten Tagen schoß er mindestens einen Gegner täglich ab. Er war wie in einem Rausch. Zum einen konnte er wieder fliegen, und zum anderen siegte er auch wieder. Nach seinem 65. Luftsieg – inzwischen war er zum Oberstleutnant befördert worden – erhielt er am 3. September 1942 das Ritterkreuz. Danach ging die Siegesserie weiter. Drei Monate nach seiner Rückkehr zum Geschwader hatte er auf seinem Erfolgskonto 101 Luftsiege zu verzeichnen und wurde am 26. Oktober 1942 als 134. Soldat mit dem Eichenlaub ausgezeichnet.

Zur Entgegennahme des Eichenlaubs wurde er ins Führerhauptquartier befohlen. Anschließend erhielt er Heimaturlaub und heiratete seine Verlobte, die ihn in Wien betreut hatte und mit der ihn eine innige Liebe verband.

In der Folgezeit stieg der Stern dieses jungen Fliegeroffiziers hoch empor. Mehrfach wurde er abgeschossen, konnte aber jedes Mal notlanden, ohne weiter blessiert zu werden. Einmal mußte er auch mit dem Fallschirm aussteigen, ohne daß Schlimmeres passiert wäre. Er hatte anscheinend eine Glücksfee neben sich, die nach dem ersten schweren Schlag, der ihn fast für immer zum Krüppel gemacht hätte, stets bei ihm war und keine weitere Verletzung zuließ.

Rall kämpfte weiter. Im April 1943 wurde er zum Kommandeur der III./Jagdgeschwader 52 ernannt, und am 29. August schoß er seinen 200. Gegner ab. Damit hatte er die Spitzengruppe erreicht. In den folgenden Wochen startete er immer wieder an der Spitze seiner Gruppe zu Feindflügen – oftmals vier bis fünf an einem Tag. So blieb es nicht aus, daß er bis zum 29. November seinen 250. Gegner vom Himmel herunterholte. Zweieinhalb Monate vorher hatte er am 12. September 1943 als 34. deutscher Soldat die Schwerter zum Ritterkreuz mit Eichenlaub erhalten. Es schien nur noch eine Frage der Zeit, wann er die Brillanten erhalten würde.

Am 29. November nannte der Wehrmachtbericht zum zweiten Mal (nach dem 30. August) den Namen dieses großen Jagdfliegers: „In Luftkämpfen wurden am gestrigen Tage bei zwei eigenen Verlusten 49 Sowjetflugzeuge vernichtet. Major Rall, Gruppenkommandeur in einem Jagdgeschwader, errang am 28. November an der Ostfront seinen 250. Luftsieg." Die „Faschistenkrähen", wie die russische Propaganda die deutschen Jäger nannte, hatten wieder einmal zugeschlagen.

Die Siegesserie setzte sich fort, und bis zum März 1944, als er seine III. Gruppe des Jagdgeschwaders 52 verlassen mußte, hatte Rall 275 Abschüsse bei nur 621 Feindflügen erzielt. Das war eines der besten Ergebnisse in der gesamten Jagdwaffe.

Anschließend ging Rall als Kommandeur der II. Gruppe des Jagdgeschwaders 11 zur Reichsverteidigung. Diese speziell für Höheneinsätze ausgerüstete Gruppe war dafür ausgebildet, die Geleitjäger der US-Bomberströme, die in großen Höhen flogen, zu vernichten und dadurch den schwereren deutschen Jägern den direkten Angriff auf die Bomberströme zu ermöglichen.

Mit diesem Verband erzielte Rall eine Reihe Abschüsse, von denen allerdings nur drei anerkannt wurden.

Als er am 12. Mai 1944 zu einem dieser Höheneinsätze startete und einen Bomberverband angriff, tauchte eine P 47 auf und erwischte ihn schon nach wenigen Feuerstößen. Dabei wurde ihm bei einem Treffer der linke Daumen weggerissen. Seine Maschine wurde schwer getroffen, und Rall mußte mit dem Fallschirm aussteigen. Er landete auf einem Acker. Im Lazarett wurde er versorgt, erlitt aber eine Diphtherie-Infektion, durch die er von Mai bis November nicht einsatzfähig war. Als er entlassen wurde, meldete er sich zum Jagdverband 44 unter Generalleutnant Galland und übernahm die Verbandsführerschule.

Im März 1945 wurde er zum Kommodore des Jagdgeschwaders 300 ernannt. Er führte diesen Rammjägerverband bis Kriegsende.

Rall hatte während des Krieges 800 Einsätze geflogen, von denen 600 zu Luftkämpfen führten. Aus diesen ging er 275mal als Sieger hervor.

In der Bundeswehr

Bis zum Jahre 1953 arbeitete Rall bei der Firma Siemens, danach wurde er Assistent des Direktors des berühmten Internats in Salem, das zu jener Zeit von Prinz Georg Wilhelm von Hannover geleitet wurde.

Zu dieser Zeit waren beispielsweise Steinhoff und Hrabak bereits im Amt Blank tätig, um mit der Aufstellung der Bundeswehr sofort in führende Stellungen der Luftwaffe aufzurücken.

Günther Rall trat am 1. Januar 1956 in die Bundesluftwaffe ein. Er wurde auf der T 33 in Landsberg ausgebildet, danach durchlief er die Schießausbildung auf der F 84, um sodann zum Luftwaffenstützpunkt Luke in Arizona versetzt zu werden.

1958 wurde er dem Inspekteur der Jagdbomber, General Kuhlmey, zugeteilt und von diesem gefragt, ob er die F 104 fliegen wolle. So kehrte er 1958 in die USA zurück, um im März des folgenden Jahres durch Generalleutnant Kammhuber in den Projektstab berufen zu werden, in dem das neue Waffensystem der Bundesluftwaffe erprobt wurde.

Als Oberst ging er im April 1966 nach Wahn bei Köln, um dort Inspekteur der fliegenden Verbände zu werden. Am 26. September 1966 wurde er Brigadegeneral, am 15. November 1967 Generalmajor und am 1. Oktober 1970 Generalleutnant. Er ist Inhaber des Großen Bundesverdienstkreuzes und des amerikanischen Legion of Merit.

Seine Pensionierung erfolgte am 30. September 1975.

Friedrich Ruge

Vizeadmiral der Wehrmacht
Vizeadmiral der Bundeswehr

Geb. am 24. Dezember 1894 in Leipzig
Ritterkreuz: 21. Oktober 1940

Am 5. März 1956 wurde Vizeadmiral a.D. Friedrich Ruge von dem damaligen Verteidigungsminister Theodor Blank zum obersten Chef der Bundesmarine ernannt. Damit wurde ein Mann an die Spitze der aufzubauenden Marine gestellt, der alle Voraussetzungen dafür mitbrachte, daß diese aus dem Nichts heraus, innerlich gesund und nach außen kampfkräftig, geschaffen werden konnte. Die Bundesmarine mußte imstande sein, die ihr im Rahmen der NATO zufallenden Aufgaben zu lösen.

Konteradmiral a.D. Gerhard Wagner, Ruges Stellvertreter, beschrieb Ruges Tätigkeit mit folgenden Worten: „In der Überzeugung, daß ohne eine Sicherung der Seeflanke im Norden und ohne die Verbindung zu den überseeischen Verbündeten die Verteidigung Deutschlands und ganz Europas zum Mißerfolg verurteilt sei, setzte er sich in klarem Verantwortungsbewußtsein, energisch und unverdrossen gegen mancherlei Widerstände dafür ein, daß der Marine der ihr von der Aufgabe her gebührende Platz innerhalb der Bundeswehr zuerkannt wurde. Durch zahlreiche Reisen an die Marinestandorte suchte er seinen persönlichen Einfluß auf Offiziere, Unteroffiziere und Mannschaften geltend zu machen, um seine Auffassung selbstverständlicher Pflichterfüllung, zeitgemäßer Menschenführung und moderner Waffenverwendung innerhalb der Marine durchzusetzen.

Die Verbindung zu den Marinen fremder Mächte pflegte er mit besonderer Sorgfalt und verschaffte sich durch Auslandsreisen ein umfassendes Bild von ihrer Entwicklung und ihren Methoden, um diese Erkenntnisse auch in der Bundesmarine anzuwenden.

Das Urteil über seine Tätigkeit als erster Inspekteur der Bundesmarine mag die Geschichte sprechen. Heute steht jedoch schon fest, daß der Name Ruge mit der Entstehung und Entwicklung der Bundesmarine aufs engste verknüpft ist."

Die Vorfahren von Friedrich Oskar Ruge stammen aus Niedersachsen. Seine Wiege stand jedoch in Leipzig, wo er am 24. Dezember 1894 als Sohn eines Gymnasialprofessors geboren wurde. Er besuchte das humanistische Gymnasium und hatte zuerst den Wunsch, Paläontologie zu studieren. Ein Onkel, der Marinearzt war, verstand es aber, ihn so für die Seefahrt zu interessieren, daß er nach dem Abitur am 1. April 1914 als Seekadett in die Kaiserliche Marine eintrat. Die ersten Bordkommandos hatte er auf Linienschiffen und Kreuzern in der Nord- und Ostsee. Im Juli 1916 wurde er zum Leutnant zur See ernannt und war bis Kriegsende als Wachoffizier auf einem Boot der 2. Torpedo-Flottille eingesetzt. So machte er das Oesel-Unternehmen mit. Im Einsatz im Ärmelkanal errang er das Eiserne Kreuz I. Klasse. Das Ende seines Torpedobootes erlebte er in Scapa Flow, wo sich am 21. Juni 1919 die deutsche Flotte unter Admiral Reuter selbst versenkte. Bis Anfang 1920 blieb Ruge in England in Gefangenschaft.

Seit dem Sommer 1920 mit Ruth Greeff – seiner Jugendliebe – verheiratet, wohnte er in den zwanziger Jahren in Kiel. Er wurde in die Reichswehr übernommen und erhielt mehrere Kommandos, hauptsächlich in der Minenentwicklung und Minensuche. Er wurde Kommandant und Flottillenchef. Zwei Jahre lang war er dienstlich Hörer an der Technischen Hochschule in Berlin. Daneben betrieb er ein intensives Sprachstudium und bestand die Dolmetscherexamina in Englisch und Italienisch. Ferner eignete er sich noch schwedische und spanische Sprachkenntnisse an. Französisch hatte er in der Schule gelernt, Türkisch während seiner Zeit als Fähnrich.

Der karge Sold, den er als junger Offizier erhielt, war nicht genug, um seine Reise- und Wanderlust zu stillen. Immerhin: Kurz nach der Inflation wanderte er mit seiner Frau, mit nur fünf Mark in der Tasche, vierzehn Tage lang durch Süddeutschland. Nach seinen Worten war dies eine der schönsten Ferienzeiten, die er jemals erlebte.

Dann folgten Auslandsreisen auf deutschen Kriegsschiffen. Es ging zunächst in das nördliche Europa. 1926 reiste er für einen Monat in die USA, 1929 nach England, 1935 ins westliche Mittelmeer, 1939 nach Italien. Er hatte großes Interesse an Geschichte und Geographie, an englischer Literatur und an der Photographie. Daneben verfaßte er zahlreiche Artikel, Geschichten und heitere Schnurren für Zeitungen und Zeitschriften.

Im Jahre 1937 wurde Ruge als Fregattenkapitän Führer der Minensuchboote. In dieser Eigenschaft ging er – am 1. Januar 1939 zum Kapitän zur See befördert – in den Polenfeldzug und errang hier die Spange zum Eisernen Kreuz I. Klasse.

Unmittelbar darauf erhielt er die Ernennung zum Kommodore, zu einem Dienstgrad also, den damals Kapitäne zur See erhielten, die als Seebefehlshaber eine Admiralsstelle innehatten. Er war seit Oktober Führer der Minensuchboote West, in welcher Stellung ihm die Minensuchverbände in der Nordsee unterstanden. Im Februar 1941 wurden ihm als Befehlshaber der Sicherung West (BSW) in Paris auch alle Vorposten- und Sicherungsverbände unterstellt. Am 21. Oktober 1940 erhielt er das Ritterkreuz des Eisernen Kreuzes. Als BSW koordinierte und befehligte er das Minensuchen, die Geleitfahrten und die U-Jagd. Das Hauptereignis während dieser Zeit war der Marsch der Schlachtschiffe von Brest an Dover vorbei in die Nordsee. Am 1. April 1942 wurde er Konteradmiral. Im Februar 1943 ging Ruge, seit dem 1. Februar 1943 Vizeadmiral, nach Italien. Zunächst arbeitete er als Leiter des Sonderstabes für Geleitfragen im Mittelmeer, dem die Tunesiengeleite anvertraut waren. Im Mai, als das Ende in Tunesien gekommen war, löste er Vizeadmiral Meedsen-Bohlken als Befehlshaber des deutschen Marinekommandos Italien ab.

Im November 1943 wurde er als Admiral beim Stabe nach dem Westen zu Feldmarschall Rommel kommandiert. Rommel war im November 1943 zum Oberbefehlshaber der Heeresgruppe B ernannt worden. Admiral Ruge hatte hier an maßgeblicher Stelle die Vorbereitungen zur Abwehr einer Invasion zu treffen. Aus dieser Zusammenarbeit erwuchs ein persönliches Vertrauensverhältnis zwischen ihm und Rommel. Auch hier hatte Ruge wieder eine wichtige, wenn auch nicht maßgebende Position inne.

Von November 1944 bis Kriegsende war er der Chef des Amtes für Kriegsschiffsbau im Oberkommando der Kriegsmarine in Berlin.

In der Bundeswehr

Ruge wurde bis Ende 1946 in Belgien und Munsterlager gefangengehalten, ehe er entlassen wurde. Zunächst arbeitete er in Cuxhaven in einem Übersetzungsbüro, um sich und seine Familie zu ernähren. Darüber hinaus wußte er seine enormen Sprachkenntnisse und pädagogischen Fähigkeiten auch als Lehrer zu nutzen. So in Volkshochschulen und bei der Zollgrenzdienstschule. Seine Lehrbücher verfaßte er selber. Englische Soldaten und Offiziere lernten bei ihm Deutsch.

Im April 1949 folgte er einem Ruf der US-Navy zur Teilnahme an einer marinehistorischen Arbeitsgruppe deutscher Admirale in Bremerhaven, der er bis zu ihrer Auflösung Ende 1952 angehörte. Hier stellte er seine vielseitigen Erfahrungen und Fähigkeiten zur Verfügung.

Gleichzeitig war er aber auch Mitarbeiter der Segelzeitschrift „Yacht“, der „Nordseezeitung“ und der „Bremer Nachrichten“. 1951 veröffentlichte er sein bekanntes Werk „Entscheidung im Pazifik". Drei Jahre später machte er mit einem neuen Werk von sich reden: „Der Seekrieg 1939–1945". Dieses Buch wurde ins Französische, Englische, Spanische und Russische übersetzt.

Von 1952 bis 1954 war Ruge parteiloser Stadtrat im Rate der Stadt Cuxhaven. Seit 1950 war er bereits Vorsitzender des Verbandes deutscher Soldaten in Cuxhaven.

Im Jahre 1953 wurde er zum Vorstandsmitglied der Gesellschaft für Wehrkunde ernannt und in den Vorstand des deutschen Marinebundes gewählt. Damit nicht genug, übernahm er ab 1954 auch die Mitarbeit an der Zeitschrift „Leinen los".

Ende 1954 zog er nach Tübingen um, da er den Großteil seiner Arbeit in Süddeutschland zu verrichten hatte. Schließlich gelang ihm mit „Rommel und die Invasion" 1959 ein vielbeachtetes Werk über die Vorbereitung der Abwehr der Invasion.

Mit seinem Büchlein „Ottern und Drachen" schrieb er sich auch in die Herzen der Jugend hinein und erwies sich als Humorist von Rang. Mit der Schrift „Seemacht und Sicherheit" leistete er einen wichtigen programmatischen Beitrag zur Verteidigungspolitik der Bundesrepublik. Seine Broschüre „Politik, Militär, Bündnis", die im Jahre 1963 herauskam, ist ein mit Sachkenntnis und Fingerspitzengefühl gestaltetes Werk. Für das von Wolfgang von Raven herausgegebene Buch „Armee gegen den Krieg" verfaßte Vizeadmiral Ruge ein Kapitel mit der Überschrift „Die Seeflanke" über die Bundesmarine in Ost- und Nordsee, in dem er auf die Bedeutung dieser deutschen Seegebiete als „Tor zum Atlantik" hinwies. Der Admiral erinnert hier daran, daß die Sowjets bereits im Mai 1945 die dänische Insel Bornholm besetzten und sich auch auf der deutschen Insel Fehmarn einrichten wollten, um die Grenzen der sowjetisch besetzten Zone so weit nach Westen vorzuschieben wie eben möglich. Der Admiral dazu: „Durch die Annexion der nördlichen Hälfte von Ostpreußen mit den Häfen Königsberg und Pillau haben sich die Russen eine bessere Position an der Ostsee geschaffen, als sie sie jemals zuvor besessen haben. Solange aber die Ostseeausgänge nicht in ihrer Hand sind, nützen ihnen die in der Ostsee stationierten Kräfte wenig für einen Angriff auf die westlichen Seeverbindungen."

Über die Bedeutung der Ostseeausgänge führte Ruge weiter aus: „Diese Zusammenhänge machen die besondere Bedeutung der Ostseezugänge als strategische Position Nummer Eins in Nordwesteuropa sehr deutlich. Es ist deshalb damit zu rechnen, daß in einem Ernstfall die Sowjets versuchen werden, sich schnell in den Besitz der Meerengen zu setzen, wahrscheinlich durch eine kombinierte Land- und See-Operation."

Als die Bundesrepublik nach dem Koreakrieg in die NATO – ein Bündnis von Mächten, die um ein Weltmeer herum gruppiert sind – aufgenommen wurde, weil ohne sie die Kräfte zur Verteidigung Mitteleuropas nicht ausreichten, lag es an ihr, im „Kalten Krieg" die Ostsee als ein „Meer der Freiheit" zu erhalten. Vizeadmiral Ruge formuliert das, was im Kriegsfalle zu tun ist, folgendermaßen: „Im Ernstfall sind die Ostseeausgänge so wirkungsvoll zu verteidigen, daß es den sowjetischen Seestreitkräften verwehrt bleibt, Zutritt zur Nordsee und damit zum Atlantik zu gewinnen. Ferner müssen einige leichte Kräfte imstande sein, gegen den sowjetischen Seeverkehr in der Ostsee zu wirken, denn die sowjetischen Heere sind bei Operationen nach Westen erheblich auf Nachschub über See angewiesen. Es ist erkennbar, daß man diesen Nachschub mit vielen kleinen Schiffen in einer Art von ‚Ameisenverkehr' längs der Küste nach Westen führen will."

Aus diesen Tatsachen ergaben sich folgende Forderungen der NATO beim Aufbau deutscher Seestreitkräfte: „Erstens muß die Bundesmarine fähig sein, an der eigentlichen Verteidigung der Meerengen mitzuwirken; zweitens sollte sie in der Lage sein, gegen Verbände, die durchbrechen oder landen wollen, sowie gegen den Nachschubverkehr zu operieren; drittens muß der eigene Nachschub durch die Nordsee durch Marineverbände gesichert werden können."

Alle diese Aufgaben stellten sich Vizeadmiral Ruge, der bereits bei den Vorüberlegungen zur Schaffung eines deutschen Beitrages zur Europäischen Verteidigungsgemeinschaft zu Rate gezogen worden war. Als diese im letzten Augenblick scheiterte, wurde er zu den Vorbereitungen zur Schaffung der Bundesmarine im Rahmen der NATO herangezogen.

Mit seiner Einberufung zur Bundesmarine hatte sich Vizeadmiral Ruge nun offiziell mit den Problemen zu befassen, die ihn auch vorher schon beschäftigt hatten. Er mußte eine Marine schaffen, die den neuen Anforderungen gewachsen war. Am 1. Juni 1957 wurde er Inspekteur der Bundesmarine. Fünf Jahre lang prägte Vizeadmiral Ruge die neue deutsche Marine nach seinen Vorstellungen. Innerhalb der Grenzen, die die politische Führung vorschrieb, wurde die Bundesmarine seine Schöpfung und er ihr geistiger Vater.

Daß der ranghöchste deutsche Marineoffizier dabei auch ein mit mehreren Büchern hervorgetretener Theoretiker war, traf sich gut. Zwischen dem, was er wollte und dem, was er tun mußte, klaffte keine Lücke, standen keine unüberbrückbaren Gegensätze.

In seiner militärischen Laufbahn war er im Ersten und im Zweiten Weltkrieg immer ein Mann des Küstenvorfeldes gewesen, ein Offizier, der hauptsächlich in der Kategorie kleinerer und schneller Fahrzeuge dachte. Und damit verkörperte er auch gleichzeitig die wichtigsten Aufgaben der Bundesmarine, der ja – als verlängertem Arm der großen Seemächte – vor allem der Schutz der Ostsee und der Ostseezugänge zugewiesen worden war.

Vizeadmiral Ruge kümmerte sich aber nicht allein um die militärische Ausbildung und den technischen Aufbau der jungen Streitkräfte, sondern auch um die Erziehung der Soldaten im Geiste der freiheitlichen Demokratie. Mit seinen Fähigkeiten und seiner Haltung als fachlicher und menschlicher Führer der Marine wurde er zum Vorbild für alle. Sein Ziel war es von vornherein, Offiziere mit guter Allgemeinbildung und solider technischer Ausbildung zu erziehen und den Unteroffiziersstand als Ganzes zu heben.

Am 30. September 1961 schied Vizeadmiral Ruge aus dem Amt als Inspekteur der Bundesmarine. Mit einer Flottenparade auf der Kieler Förde verabschiedete sich die Marine von ihrem obersten Chef. Sein Nachfolger wurde Konteradmiral Karl Adolf Zenker.

Als sich Vizeadmiral Ruge am 28. September 1961 in der Villa Hammerschmidt offiziell von Bundespräsident Lübke und Bundeskanzler Adenauer verabschiedete, überreichte ihm der Bundespräsident das Große Verdienstkreuz mit Schulterband und Stern des Verdienstordens der Bundesrepublik Deutschland.

Ruhestand, das hieß für den 66jährigen „Vater der jungen Streitkräfte" jedoch nicht Untätigkeit. Im Gegenteil! Ruge, der als „Literat im blauen Rock" internationalen Ruf genoß, verlängerte die Reihe seiner Werke noch um einige Titel. Er ging – wie er selbst sagte – „an der Schreibmaschine vor Anker".

Sein Grundsatz, daß auch der Pensionär, solange er dazu noch in der Lage ist, sein Können und seine Erfahrung weiterhin in den Dienst der Gemeinschaft stellen und damit einen Beitrag zur Sicherung der Zukunft leisten solle, fand durch sein eigenes Verhalten die praktische Bestätigung. Einen Tag nach seinem Ausscheiden aus dem aktiven Dienst übernahm er den ihm bereits vorher angetragenen Vorsitz des Arbeitskreises für Wehrforschung. Die philosophische Fakultät der Universität Tübingen übertrug ihm einen Lehrauftrag, in dessen Erfüllung er für mehrere Semester Vorlesungen über „Politik und Militär – Struktur und Strategie der NATO" hielt. Weitere Vorlesungen waren: „Strategie, Rüstung und Abrüstung nach 1945" und „Probleme der Strategie".

Als Präsident des Verbandes der Reservisten der Bundeswehr wurde er vor allem zum Vorbild für die deutsche Jugend, die ihren Wehrdienst abgeleistet hatte. Während der drei Jahre seiner Tätigkeit in diesem Verbande stieg die Zahl der Mitglieder von 5.000 auf 25.000.

Als der Admiral auf der außerordentlichen Delegiertentagung im Juli 1965 in Bad Godesberg nach dreijähriger Amtszeit zurücktrat, wurde er von der Versammlung zum Ehrenpräsidenten gewählt und mit der Ehrennadel des Verbandes in Gold ausgezeichnet.

Vizeadmiral Ruge begründete auf dieser Tagung seinen Rücktritt: „Mein fortgeschrittenes Alter und die wissenschaftliche Tätigkeit als Lehrbeauftragter des Lehrstuhles für Wehrpolitik an der Universität Tübingen gestatten mir nicht, die verantwortungsvolle Tätigkeit als Präsident weiter auszuüben."

Gleichzeitig wünschte er seinem Nachfolger, Brigadegeneral Konrad Stephanus, Glück und Erfolg für seine Arbeit.

Als Präses des „Arbeitskreises für Wehrforschung" war er noch lange tätig.

Durch ausgedehnte Vortragsreisen in die USA wie durch publizistische Aktivitäten schuf er sich ein neues Betätigungsfeld, das ihn voll in Anspruch nahm.

Das Porträt des Soldaten Ruge wäre jedoch ohne eine Charakterisierung des Menschen Ruge nicht vollständig. Wie Konteradmiral Gerhard Wagner diesen sah, schilderte er in einem Brief an den Autor folgendermaßen: „Die ganze Persönlichkeit von Ruge ist geprägt durch praktischen Sinn und einen gesunden Blick für das Wesentliche, der ihn bei dem großen Einfallsreichtum, der ihm eigen ist, die richtige Lösungen finden läßt und ihn zu praktischen Improvisationen befähigt. Gepaart sind diese Eigenschaften mit unermüdlichem Fleiß, der ihn jede Stunde des Tages in starker Konzentration gewinnbringend ausnutzen läßt. Eine ausgeprägte Energie, die sich nötigenfalls in furchtloser Zivilcourage äußert, kommt hinzu. Diese Energie hat ihn auch mancherlei gesundheitliche Störungen, die ihm früher zu schaffen machten, durch konsequente Gegenmaßnahmen überwinden lassen. So ließ er es sich auch trotz zu starker Belastung durch den Dienst nicht nehmen, regelmäßig größere Wanderungen zu machen.

Hervorzuheben ist daneben noch seine Schlagfertigkeit, seine Freude an treffenden Formulierungen und seine gewandte Feder als Schriftsteller. Alles in allem ist er eine Persönlichkeit, die durch konzentrierte Anwendung ihrer vielseitigen Gaben Großes geleistet und in ihrem Lebenskreise – sowohl im Inland als auch im Ausland – Achtung und Anerkennung gefunden hat.

Seine Verdienste um den Aufbau der Bundesmarine aus dem Nichts sind unumstritten.

In den Zeiten ziviler Bestätigung hat er seinen ganzen Einfluß dafür eingesetzt, die soldatischen Kräfte außerhalb der aktiven Streitkräfte und weitere Bevölkerungskreise, insbesondere die Jugend, im Sinne eines gesunden Vaterlandsgefühls zu aktivieren, sie zu pflichtbewußten Staatsbürgern zu erziehen und ihre Einsatzbereitschaft für die Abwehr der Gefahren, die der westlichen Welt in Gegenwart und Zukunft drohen, zu stärken."

Bei dieser Einstellung des Admirals verwundert es auch nicht, daß er den Ende 1963 auftauchenden Problemen der Territorialreserve gegenüber sehr aufgeschlossen war. Er sagte dazu: „Die Aufstellung der Bundeswehr diente dem Ziele, das deutsche Volk in seiner Substanz in Freiheit zu erhalten. Ihre volle Wirkung kann sie aber nur in Verbindung mit einer starken Territorialverteidigung und einer guten Zivilverteidigung ausüben.

Von diesem Ziel sind wir noch weit entfernt. Viele Faktoren beeinträchtigen zur Zeit die Verteidigung der Bundesrepublik. Daraus ergibt sich für die Bundesregierung, daß sie alles irgend Mögliche tun muß, um ihre äußere und innere Verteidigung in Ordnung zu bringen.

Die konventionellen Streitkräfte in Mitteleuropa sind noch erheblich unter dem als Minimum angesehenen Stand von 30 aktiven Divisionen. Es ist aber für die Bundesrepublik lebenswichtig, daß die konventionellen Streitkräfte in Mitteleuropa wesentlich verstärkt werden. Weitere Divisionen aufzustellen würde nicht nur sehr teuer werden, sondern bedürfte auch einer umfangreichen Infrastruktur. Zweckmäßiger erscheint, das vorhandene Potential an ausgebildeten Reservisten aller Dienstgrade auszunutzen. Mehrere Wege sind möglich und werden zum Teil auch schon gegangen:

a) Einzelne Reservisten werden zu Übungen bei den aktiven Truppenteilen einberufen.
b) Einzelne Reserve-Einheiten werden mobmäßig vorübergehend aufgestellt.
c) Eine Art ‚aktiver Reserve' wird in der Territorialreserve aufgestellt.
d) Reservisten bilden örtliche Kameradschaften und Arbeitsgruppen, in denen sie militärisch weitergebildet werden.
e) Reservisten bilden örtlich kleine Kampfeinheiten, ähnlich wie bei der Territorialreserve, aber einfacher organisiert.

Man erhielte damit eine Truppe, aufgebaut auf dem Prinzip kürzester Wege und enger kameradschaftliche Verbundenheit, schnell alarmbereit und innerlich einigermaßen fest.

Die Mitglieder des Verbandes der Reservisten der Bundeswehr haben sich freiwillig zur Verfügung gestellt, am Aufbau einer solchen Reserve mitzuarbeiten. Damit haben sie gezeigt, daß sie gewillt sind, sich für die Verteidigung der Bundesrepublik über das befohlene Mindestmaß hinaus einzusetzen."

Neben dem Großen Bundesverdienstkreuz mit Schulterband und Stern des Verdienstordens der Bundesrepublik Deutschland war Ruge auch Inhaber des US-amerikanischen Order of Merit.

Vizeadmiral der Bundeswehr Friedrich Ruge starb am 3. Juli 1985 in Tübingen.

Peter Sauerbruch

Oberstleutnant der Wehrmacht
Gutachter des Amtes Blank

Geb. am 5. Juni 1913 in Zürich
Ritterkreuz: 5. Januar 1943
Deutsches Kreuz in Gold: 30. Dezember 1944

Peter Sauerbruch wurde am 5. Juni 1913 in Zürich geboren. Dort war sein Vater – der berühmte Chirurg Ernst Ferdinand Sauerbruch – Direktor der chirurgischen Klinik und Poliklinik des Kantonsspitals Zürich. Im November 1918 übersiedelte die Familie mit dem fünfjährigen Peter und seinen drei Geschwistern nach München. Sie gerieten damals mitten in die Wirren der Revolution.

In München besuchte Peter Sauerbruch bis zum Frühjahr 1928 das humanistische Theresien-Gymnasium. Danach übersiedelte die Familie Sauerbruch nach Berlin. Peter besuchte das Gymnasium in Berlin-Zehlendorf. Im Frühjahr 1932 legte er sein Abitur ab, um wenige Tage darauf in das Reiterregiment 17 in Bamberg einzutreten.

Die Rekrutenausbildung erhielt er beim Reiterregiment 14 in Ludwigslust. In Bamberg wurde er zum Unteroffizier ausgebildet. Anschließend wurde er zur Kavallerieschule Hannover kommandiert. Hier lernte er die Elite der deutschen Militärreiterei kennen. Seine Beförderung zum Leutnant erfolgte im Herbst 1934.

Als Truppenoffizier, Abteilungs- und Regimentsadjutant diente Sauerbruch bis zum Jahre 1939, ehe er als Oberleutnant und Abteilungsadjutant mit der Aufklärungsabteilung (mot.) der 27. Infanteriedivision in den Polenfeldzug ging.

Im Frankreichfeldzug führte er die Reiterschwadron seiner Abteilung als Chef. Mit seiner Schwadron wurde er als Voraustruppe vor der Division eingesetzt. Dabei zeichnete er sich mehrfach aus und erhielt das Eiserne Kreuz I. Klasse. Seine Beförderung zum Rittmeister fiel ebenfalls in diese Zeit.

Nach Ende des Westfeldzuges kam er als Ordonnanzoffizier zur 2. Armee, die der von ihm hochverehrte Feldmarschall Freiherr von Weichs führte. Im Jahre 1941 nahm er am Generalstabslehrgang teil und wurde anschließend als Rittmeister und Ordonnanzoffizier zum Chef des Generalstabes des Heeres kommandiert.

Im Mai 1942 ging er als Ib zur 14. Panzerdivision, die zu diesem Zeitpunkt in der Kesselschlacht südlich Charkow im Einsatz stand und von Generalleutnant Kühn geführt wurde. Die anschließenden Verfolgungskämpfe zum unteren Don sowie die Verfolgung des Feindes durch die Kalmückensteppe stellten Rittmeister Sauerbruch vor viele neue Probleme als Ib. Beim Frontbegradigungsunternehmen „Fridericus II." mußte Sauerbruch den wegen Krankheit in die Heimat geschickten Ia vertreten.

Am 3. August 1942 stieß die Division in nordöstlicher Richtung an Kotelnikowo vorbei und erreichte am Abend dieses Tages Axai. Das Kradschützen-Bataillon 64 nahm am folgenden Tage den Flugplatz von Axai in Besitz. Der nächste Tag sah die Division im Marsch nach Norden auf Stalingrad. Hier blieb sie, von drei Seiten vom Feind eingeschlossen, liegen.

Am 9. Oktober 1942 wurde die Division der 6. Armee (General Paulus) unterstellt und machte die Schlacht in den Ruinen der Fabrikstadt „Krassnyj Oktjabr" mit.

Kurz darauf wurden die beweglichen Teile der 14. Panzerdivision zur Verstärkung der von rumänischen Divisionen unzureichend gedeckten Nordfront eingesetzt. Dort befand sich auch Sauerbruch bis zum 18. November 1942, als er wegen einer schweren Gelbsucht ins Lazarett mußte. Als in diesem Lazarett die ersten Meldungen über die Annäherung der Sowjets von Süden eintrafen, hielt es Sauerbruch nicht mehr dort. Er fuhr sofort nach Nishnij Petrowskij, wo sich der Divisions-Nachrichtenführer befand. Er stellte sich Oberst Schmid, dem Kommandeur des Panzergrenadierregiments 108, zur Verfügung, der ebenfalls erkrankt war, und bat ihn, eine Kampfgruppe aufzustellen, mit dem Ziel, den Abtransport der Verwundeten aus den Lazaretten und aller Versorgungsgüter der Division auf das Westufer des Don zu gewährleisten sowie die Voraussetzung für die Bildung einer neuen Abwehrfront und darüber hinaus die günstigste Ausgangslage zum Durchstoß auf die eingeschlossene Truppe in Stalingrad zu schaffen.

Am 22. Januar sprach Hauptmann Sauerbruch über die noch intakte Fernsprechverbindung mit der 6. Armee in Iljewka, zwölf Kilometer südostwärts von Kalatsch. Er erfuhr, daß die Russen die Don-Brücke bei Kalatsch bereits in ihre Hand gebracht hatten und inzwischen mit einem Panzerkeil auf Ssovietskij vorstießen.

Hauptmann Sauerbruch betrieb hier den Ausbau der günstigsten Stellungen. Zwischen Gromoslawka und Ljabitschew wurde ein Verteidigungsriegel aufgebaut. Einige Einsatzpanzer der 24. Panzerdivision, die aus den Werkstätten zurückkamen, wurden der Kampfgruppe unterstellt.

Am frühen Morgen des 24. November setzte Hauptmann Sauerbruch eine kleine Kampfgruppe unter Oberleutnant Fessmann als Nachhut ein, als die Armee das Zurückgehen auf den Brückenkopf Loshki befahl. Neben Peter Sauerbruch war es hier Fritz Fessmann, der spätere Träger der Schwerter zum Ritterkreuz mit Eichenlaub, der die Lage rettete.

Im Laufe des 24. November gelang es Sauerbruch auch, zu Oberst Wenck Verbindung aufzunehmen. Von Nishnij Tschirskaja aus orientierte Hauptmann Sauerbruch den Oberst über die Lage. Walter Wenck genehmigte ein Ausweichen der Gruppe Schmid auf den Brückenkopf Tzschöckell. Gerade noch rechtzeitig konnte die Kampfgruppe herausgelöst werden.

Am 25. November fiel auch Oberst Schmid aus. Die Kampfgruppe wurde Oberst Tzschöckell unterstellt. Hauptmann Sauerbruch trat als Ia zu ihm. Er führte in der Folgezeit die Kampfgruppe. Am 1. Dezember gab Oberst Tzschöckell den Befehl über die Kampfgruppe ab, und Sauerbruch übernahm sie nun auch offiziell.

Am selben Abend griffen die Sowjets überraschend mit starken Kräften am linken Flügel der Kampfgruppe an und überrollten diesen mit ihren Panzern. Nur der Einbruch der Nacht verhinderte eine restlose Vernichtung des linken Flügels, der sich ohne Gerät und schwere Waffen in einen Wald zurückgezogen hatte.

Hauptmann Sauerbruch ergriff die Initiative. Er wußte, daß nur ein Angriff von Süden, auf die Flanke des tief in den linken Flügel eingebrochenen Feindes, die Lage noch retten konnte. Mit den letzten Reserven und seinem Stabe setzte er diesen Angriff an. Als er dorthin eilte, mußte er feststellen, daß sich die Truppe in Panikstimmung befand. Entschlossen und hart durchgreifend verhinderte er den Ausbruch der Panik. Er führte die Männer unter Ausnutzung des von Süden angesetzten Flankenstoßes im richtigen Augenblick wieder in die alten Stellungen vor. Die Lage war gerettet. Als die Russen auch auf dem rechten Flügel antraten und die Front der Kampfgruppe durchbrachen, gelang es Sauerbruch, auch hier die Lage zu stabilisieren.

Dies war das letzte Angriffsunternehmen im Brückenkopf. Gegen den Willen vieler Offiziere, die zur Aufgabe des Brückenkopfes drängten, meldete Hauptmann Sauerbruch Oberst Adam, dem Adjutanten des Armeeoberkommandos 6, seine Bereitschaft, diesen weiter zu halten.

Zwölf Tage hielt die Kampfgruppe Sauerbruch dem Druck des Gegners stand. Am 13. Dezember griffen die Sowjets Rytschow an und nahmen diese Ortschaft unter Einsatz von 60 Panzern in Besitz. Die geschlagene deutsche Besatzung floh, von den Russen verfolgt, in den Brückenkopf Sauerbruch. Durch den Einsatz einer Ruhekompanie konnte Hauptmann Sauerbruch diesen Angriff abschlagen. Zwei Tage darauf wurde ein weiterer Angriff abgewiesen. Als er schließlich den

Befehl erhielt, sich über die Don-Brücke abzusetzen, entschloß er sich, alle motorisierten Teile geleitzugartig – die Verwundeten-Lkws in der Mitte – auf der vom Feind bereits gesperrten Straße aus dem Brückenkopf zurückzuziehen. Auch dieses Wagnis gelang. Lediglich zwei Lkws wurden von den Sowjets in Brand geschossen.

Mit Morgengrauen des 16. Dezember lag seine Kampfgruppe am Tschir verteidigungsbereit. Wenig später erkrankte Sauerbruch. Er kam ins Lazarett Nowotscherkassk. Anfang Januar 1943 wurde er nach Berlin verlegt. Hier lag er bis zu seiner Ausheilung Ende März im Lazarett. Am 5. Januar 1943 erhielt Peter Sauerbruch für seine Leistung bei Stalingrad das Ritterkreuz des Eisernen Kreuzes.

Im Mai 1943 wurde er, inzwischen zum Major befördert, Ic der 2. Panzerarmee. In dieser Dienststellung blieb er sechs Monate und erlebte während dieser Zeit einen der schwersten Einsätze: das Unternehmen „Zitadelle".

Am 12. Oktober 1943 erhielt er die Nachricht, daß seinem Vater, der inzwischen Generalarzt der Reserve geworden war, das Ritterkreuz zum Kriegsverdienstkreuz verliehen worden war. Er telegrafierte ihm seine Glückwünsche.

Ende 1943 erfolgte seine Kommandierung als Heeres-Generalstabsoffizier zum General der Schlachtflieger. Eine Beinverletzung behinderte ihn vorübergehend, so daß er abgelöst und ins Allgemeine Heeresamt versetzt wurde.

Zwei Monate später wurde Major Sauerbruch Ia der 4. Panzerdivision. Mit dieser Division erlebte er die Wiedereinnahme der eingeschlossenen Stadt Kowel unter General Dietrich von Saucken. Nach dem Durchbruch der Heeresgruppe Mitte bei Minsk, in wochenlanger beweglicher Kampfführung zur Deckung der zurückgehenden Infanterieverbände, errang Sauerbruch das Deutsche Kreuz in Gold am 30. Dezember 1944.

Im Dezember 1944 wurde er Ia der 1. Panzerarmee. Bis Kriegsende versah er dieses Amt. Er konnte sich vor der russischen Kriegsgefangenschaft retten, indem er die Moldau durchschwamm. Bis Ende 1947 blieb Peter Sauerbruch in verschiedenen Lagern in Gefangenschaft. Auch zu den Nürnberger Prozessen holte man ihn. Er saß längere Zeit in Einzelhaft, weil er nicht bereit war, gegen seinen alten Oberbefehlshaber, Freiherrn von Weichs, auszusagen.

In der Bundeswehr

Im April 1952 wurde Sauerbruch vom Amt Blank für den Aufbau der Europäischen Verteidigungsgemeinschaft angefordert. Bis zum Jahre 1954 war er als Gutachter bei den Verhandlungen des Amtes Blank in Paris tätig. Er amtierte als sogenannter „Chef de file" für das Heer. Seine Aufgabe bestand darin, mit einer kleinen Gruppe Generalstabsoffiziere in Verhandlungen mit den entsprechenden „Chefs de file" der Franzosen, Belgier, Italiener, Holländer die Vorstellungen des

Amtes Blank für den Aufbau der Europäischen Verteidigungsgemeinschaft durchzusetzen. Eine Tätigkeit, die neben militärischen Kenntnissen viel diplomatisches Geschick und auch Behutsamkeit wegen der großen Ressentiments der ehemaligen Gegner erforderte.

Auf eigenen Wunsch kehrte er im Jahre 1954 in die Mobil Oil AG zurück. Er war einer der wenigen, die von sich aus einen solchen Entschluß faßten. Dabei bewegte ihn nicht etwa eine finanzielle Besserstellung zur Rückkehr in die Industrie – er hatte sich ja auch dem Amt Blank zur Verfügung gestellt. Mit Übernahme des Gesamtverkaufs wurde Peter Sauerbruch im Jahre 1957 Prokurist der Mobil Oil AG und ein Jahr später bereits Direktionsmitglied. Später wurde er in den Vorstand des Unternehmens berufen. Damit hatte der Generalstabsoffizier von einst auch in der Wirtschaft eine Position erreicht, die ihm ein freies eigenverantwortliches Arbeiten ermöglichte. Seine Devise lautete: „Was uns Menschen nach dem Kriege fehlt, ist die Demut, oder das Maß, je nachdem, ob man es christlich oder philosophisch ausdrücken will.“

Gerhart Schirmer

Oberstleutnant der Wehrmacht
Oberst der Bundeswehr

Geb. am 9. Januar 1913 in Chemnitz/Sachsen
Ehrenpokal für besondere Leistungen im Luftkrieg: 20. Mai 1940
Ritterkreuz: 14. Juni 1941
Deutsches Kreuz in Gold: 10. Mai 1943
657. Eichenlaub: 18. November 1944

Als Oberst Gerhart Schirmer im Herbst 1960 in Mourmelon-le-Grand eintraf, um die zum ersten Mal nach dem Zweiten Weltkrieg auf einem französischen Truppenübungsplatz stattfindende Ausbildung deutscher Truppen zu überwachen, erreichte ihn am Samstag, dem 19. November, ein Anruf aus Moskau. Es war der Chefredakteur der „Prawda", mit dem es zu folgendem Frage- und Antwortspiel kam:

Prawda: „Wie ist Ihre Truppe, die 25. Fallschirmjägerbrigade, in Frankreich aufgenommen worden?"

Schirmer: „Es hat keine Schwierigkeiten gegeben."

Prawda: „Warum tragen Sie in Frankreich Ihre Kriegsauszeichnungen?"

Schirmer: „Auch in Deutschland tragen alle Offiziere – Franzosen, Engländer, Amerikaner und Russen – ihre Kriegsauszeichnungen."

Prawda: „Ist es nicht ein Unterschied, ob Sie oder die französischen, amerikanischen oder russischen Offiziere ihre Auszeichnungen tragen?"

Schirmer: „Ich sehe keinen Unterschied."

Prawda: „Ist Ihr Lebenslauf bekannt?"

Schirmer: „Jawohl, ich habe nichts zu verheimlichen."

Prawda: „Warum haben Sie im Zweiten Weltkrieg gegen die Sowjetunion gekämpft?"

Schirmer: „Ich war Soldat und habe meine Pflicht getan, wie zum Beispiel auch jeder russische Soldat."

Prawda: „Warum sind Sie nach dem Kriege in der Sowjetunion verurteilt worden?"

Diesmal antwortete Oberst Schirmer in russischer Sprache, um nicht mißverstanden zu werden. Er stellte eine Gegenfrage: „Kennen Sie die Ossoweja Soweschtschanija des MGB?" (Die sogenannte allgemeine Verfügung des sowjetischen Staatssicherheitsdienstes, nach der ohne Gerichtsverfahren und Urteil eine Strafe verfügt werden konnte. Nach dieser Verfügung wurde Schirmer zu 25 Jahren Zwangsarbeit verurteilt, weil er „während des Krieges unbefugt sowjetischen Boden betreten" habe.)

Prawda: „Ja, ich kenne sie."

Schirmer (lapidar): „Wot!" („Na, sehen Sie!")

Damit war das Telefongespräch beendet. Es gelang den Sowjets nicht, dem Obersten der Bundeswehr Gerhart Schirmer etwas am Zeug zu flicken. Dieser Mann, der 1956 nach fast elfjähriger Kriegsgefangenschaft nach Deutschland zurückgekehrt war, baute im Jahre 1957 die Fallschirmjägerbrigade 25 in Esslingen auf. Mit drei Offizieren und einigen Unteroffizieren ging Oberst Schirmer ans Werk. Als er im Dezember 1962 die Brigade an Oberstleutnant Pestke übergab, war sie ein voll ausgerüsteter, homogener Kampfverband.

Gerhart Schirmer wurde am 9. Januar 1913 in Chemnitz in Sachsen geboren. Nach dem Abitur im März 1932 trat er in die sächsische Landespolizeischule Meißen ein. Nach Abschluß der Grundausbildung besuchte er zwei Jahre lang die Polizeioffiziersschulen in Dresden und München und wurde am 1. Oktober 1934 zum Leutnant der Polizei befördert.

Am 1. September 1935 trat Schirmer zur Luftwaffe über und wurde in Schleißheim bei München zum Flugzeugführer ausgebildet. In den Jahren 1936/37 diente er als Staffelkapitän einer technischen Staffel an der Flugzeugführerschule Oldenburg, wo er am 1. Oktober 1937 zum Oberleutnant befördert wurde.

Bis April 1939 war er Staffelkapitän einer Ausbildungsstaffel des Fliegerausbildungsregiments Quedlinburg. Bereits seit einiger Zeit hatte der junge Offizier die Entwicklung der Fallschirmtruppe verfolgt. Am 1. Mai 1939 trat er zu dieser Truppengattung über. In Stendal übernahm Gerhart Schirmer die 6. Kompanie des Fallschirmjägerregiments 2 unter Oberst Sturm.

Beim Einsatz des II. Bataillons des Fallschirmjägerregiments 2 nahm auch die 6. Kompanie im September 1939 kurz vor Kriegsbeginn an der Luftlandung in Zipser Neudorf in der Slowakei teil. Von dort aus wurde Oberleutnant Schirmer mit der 5. und 6. Kompanie nach Deblin-Irena geflogen, wo die beiden Kompanien einen Brückenkopf an der Weichsel bildeten und hielten. Nach Beendigung des Polenfeldzuges ging es zurück nach Stendal, von wo aus das II. Bataillon nach Tangermünde verlegt wurde. Am Morgen des 10. Mai 1940 startete die 6. Kompanie unter Schirmer zur ersten großen Luftlandeoperation der Kriegsgeschichte, dem Sprung in die Festung Holland. Einsatzziel war der Flugplatz von Katwijk bei Valkenburg, der durch das niederländische III./Infanterieregiment 4 gesichert wurde.

Die Kompanie wurde am Flugplatzrand abgesetzt. Der Kampf dauerte eine halbe Stunde. Wo der Gegner seine Bunker und Erdstellungen verteidigte, stürmte der drahtige Oberleutnant vor und riß seine Fallschirmjäger mit.

Als das Infanterieregiment 47 der 22. Luftlande-Division unter Oberst Heyser eine halbe Stunde später zur Landung ansetzte, war der Gegner von einer einzigen deutschen Fallschirmjägerkompanie bereits überwunden.

Dennoch erlebten die landenden Infanteristen eine böse Überraschung. In dem weichen Boden sackten die schweren Ju 52 ein und konnten nicht mehr starten. Oberst Heyser entschloß sich, den Platz zu verteidigen. Die Fallschirmkompanie Schirmer wurde ihm unterstellt. In schweren Kämpfen gegen einen zahlenmäßig hoch überlegenen Gegner gelang es, den Platz zu halten und die Angreifer abzuweisen. Besonderen Anteil an diesem Abwehrerfolg hatte Schirmer, dessen Kompanie starke Kräfte des holländischen I. Armeekorps binden konnte.

Für diese Leistung in Führung und persönlichem Einsatz wurde Oberleutnant Schirmer mit beiden Eisernen Kreuzen und dem Ehrenpokal der Luftwaffe für besondere Leistungen im Luftkrieg ausgezeichnet.

Am 1. August 1940 wurde Schirmer Hauptmann. Wenige Monate später heiratete er. Die Flitterwochen waren nur kurz, denn vierzehn Tage nach der Hochzeit, am 1. März 1941, wurde das II./Fallschirmjägerregiment 2 nach Lovdiv in Bulgarien verlegt. Von hier aus sollte das „Detachement Süssmann" (General Süssmann war Kommandeur der 7. Fliegerdivision) am 1. April die Insel Lemnos besetzen. Es wurde befürchtet, daß General Wilson, der Befehlshaber der britischen Expeditionsstreitmacht, diese Insel als Stützpunkt verwenden würde.

Dieses Unternehmen wurde jedoch abgeblasen. Statt dessen fanden sich das I. und das II. Bataillon des Fallschirmjägerregiments 2 am Abend des 25. April in Larissa wieder. Die Funkhorchabteilung Südost hatte englische Funksprüche aufgenommen, nach denen das englische Expeditionskorps auf seinem Rückzug im Kanal von Korinth mit Sprengstoff beladene Prähme versenken und so den Kanal blockieren wollte.

Am Morgen des 26. April 1941 starteten die Männer des Fallschirmjägerregiments 2 zum Absprung über Korinth. Die 6. Kompanie landete unmittelbar beim Gegner südlich des Kanals in einer Talsenke. Hauptmann Schirmer kämpfte sich mit seiner Kompanie durch die englischen Stellungen. Die Kompanie hatte gerade gesammelt, als eine gewaltige Detonation erfolgte und über der Kanalbrücke eine riesige Rauchsäule in den Himmel stieg.

Zwar war es dem mit Lastenseglern abgesetzten Pionierzug gelungen, die Sprengladungen unter der Brücke zu entfernen, aber während die Fallschirmjäger eine der letzten noch feuernden englischen Flakstellungen angriffen, wurde die herausgerissene Sprengladung von einer krepierenden Flakgranate zur Detonation gebracht. Die Brücke und die darauf befindlichen Fallschirmjäger flogen in die Luft.

Hauptmann Schirmer gelang es, den Gegner weiter nach Süden zurückzuschlagen. Gegen Mittag erreichte er den Flugplatz von Korinth und nahm ihn in Besitz. In diesem Augenblick, als der Gegner weich wurde, befahl Oberst Sturm Hauptmann Schirmer zu sich. Schirmer hatte nach der Verwundung des Bataillonskommandeurs das II. Bataillon übernommen. Mit Beutekraftwagen motorisiert, war die „Kampfgruppe Schirmer" in der Lage, den Gegner zu verfolgen, und Oberst Sturm gab dem jungen Hauptmann den Befehl dazu: „Sie verfolgen den Gegner in Richtung Argos und Nauplia!"

Es begann der unvergeßliche „Argonautenanzug der Kampfgruppe Schirmer". In ständigem Nahkampf, an der Spitze Hauptmann Schirmer, blieb die Kampfgruppe dem Gegner im Nacken. In kühnem Handstreich wurden Argos und Nauplia genommen.

Die Gefangennahme des Oberbefehlshabers der griechischen Peloponnes-Armee war die Krönung dieses Erfolges. Für diesen Einsatz wurde Hauptmann Schirmer am 14. Juni 1941 mit dem Ritterkreuz des Eisernen Kreuzes ausgezeichnet.

Knapp einen Monat später sprang Hauptmann Schirmer als Kommandeur des II. Bataillons des Fallschirmjägerregiments 2 im Kretaeinsatz. Das Bataillon wurde Oberst Bräuer, dem Kommandeur des Fallschirmjägerregiments 1, unterstellt und sprang bei Heraklion. Südwestlich der Stadt, nahe dem Bataillon Schulz niedergehend, sollte Hauptmann Schirmer dem durch die Stadt zum Hafen Heraklion vorstoßenden Bataillon Schulz dem Rücken decken. Dieser Auftrag wurde erfüllt.

Nach dem Kretaeinsatz ging es zur Auffrischung und Ergänzung zurück in die Friedensstandorte. Am 15. Dezember 1941 ging Hauptmann Schirmer im Rahmen des Regiments 2 zum Einsatz im Südabschnitt der Ostfront an den Mius. In der klirrenden Kälte dieses Winters kam es zu harten Stellungskämpfen mit dem Gegner. Täglich belegte dieser die Stellungen der Fallschirmjäger mit schwerem Artillerie- und Granatwerferfeuer.

Als die Russen am Freitag, dem 23. Januar 1942, den Frontabschnitt der Fallschirmjäger angriffen, war es Oberjäger Lepkowski, der Hauptmann Schirmer und Major Pietzonka laufend die Feindlage durchgab und das Abwehrfeuer lenkte. Nur so konnte der russische Angriff erfolgreich abgewehrt werden. Eine Woche später ging Hauptmann Schirmer mit zwei Zügen auf Woroschilowka vor. Es gelang zwar, in das Dorf einzudringen, doch wenige Stunden später mußten sich die Fallschirmjäger vor den in Regimentsstärke angreifenden Russen wieder zurückzuziehen. Immer wieder gingen Stoßtrupps vor und knackten Feindbunker. Die Gegenwehr der Russen, mit starkem Artilleriefeuer vor jedem Angriff, wurde abgewiesen. Hauptmann Schirmer war immer an den Brennpunkten des

Kampfes zu finden. Im April 1942 wurden die Fallschirmjäger aus der Front herausgezogen und zur Auffrischung in die Heimat verlegt.

Am 11. November 1942 starteten auf den italienischen Flugplätzen bei Neapel und Trapani 40 Ju 52 und nahmen Kurs auf Nordafrika. Sie flogen das neu aufgestellte Fallschirmjägerregiment 5 unter Major Koch zum ersten Einsatz, gegen den in der Operation „Torch" gelandeten Feind.

Als Führer der Vorausabteilung des Regiments saß Hauptmann Schirmer in einer der ersten Maschinen. Sie landeten auf dem Flughafen von Tunis, El Aouina, der unmittelbar nach der alliierten Landung in Nordafrika, am 9. November 1942, auf Befehl von Oberst Harlinghausen, dem „Fliegerführer Tunis", besetzt worden war.

Hauptmann Schirmer stieß über Tebourba bis zum Medjerda vor, überschritt diesen Fluß und bildete bei Medjez el Bab und Djedeida Brückenköpfe. Die Stellungskämpfe im Medjerdatal begannen, die zu den wohl härtesten des gesamten Afrikakrieges wurden. In der vier Tage dauernden Schlacht um Tebourba zeichneten sich die Einheiten des Fallschirmjägerregiments 5 immer wieder aus. Es kam zu monatelangen Stellungskämpfen. Als Major Koch verwundet ausfiel, übernahm Hauptmann Schirmer am 1. März 1943 das Regiment, das noch bis zum 10. Mai mit vorbildlichem Einsatz kämpfte.

Männer wie Oberfeldwebel Schäfer, der die „Kaktusfarm" verteidigte und mit seinen Fallschirmjägern 37 feindliche Panzer vernichtete, oder Feldwebel Arent, der mit zwei MG einen Brückenkopf hielt, oder Oberleutnant Schuster – sie alle waren in ihrem beispielhaften Einsatz die Felsen in der Brandung und empfingen ihre Impulse von Gerhart Schirmer.

So stellten auch hier in Tunesien deutsche Fallschirmjäger unerschütterlichen Kampfgeist und furchtlose Opferbereitschaft unter Beweis. Schließlich mußten sich auch diese harten Kämpfer der zehnfachen Überlegenheit des Gegners an Waffen, Munition und Soldaten beugen. In letzter Sekunde gelang es den Resten des Fallschirmjägerregiments 5, Afrika zu verlassen.

Für diesen Einsatz wurde Gerhart Schirmer, der am 1. April 1943 zum Major befördert worden war, mit dem Deutschen Kreuz in Gold ausgezeichnet.

Ab Juni 1943 übernahm Major Schirmer die Aufgabe, aus den Resten des aus Tunis geretteten Personals ein neues Bataillon aufzustellen. Dieses kam im September des Jahres in Italien zum Einsatz, als das deutsch-italienische Bündnis zerbrach. Bis zum November 1943 blieb es als Wachbataillon in Rom und wurde später zum Bahnschutz auf der Strecke Florenz–Rom eingesetzt.

Im November verlegte das Bataillon Schirmer im Rahmen der 2. Fallschirmjägerdivision unter General Ramcke nach Rußland. Es ging nach Shitomir. Die Stadt, die von den Russen besetzt war, wurde zurückerobert. Der Angriff auf Kiew begann, aber die 2. Fallschirmjägerdivision blieb liegen.

Am 1. Januar 1944 wurde Gerhart Schirmer zum Oberstleutnant befördert. In diesem Monat wurde sein Bataillon aus der Hauptkampflinie herausgezogen. Schirmer bekam den Auftrag, aus dem Stamm seines Bataillons das Fallschirmjägerregiment 16 zu bilden. Im Mai 1944 stand das Regiment mit vier vollen Bataillonen. Im Juni wurde es als einziges deutsches Fallschirmjägerregiment in voller Stärke im Nachtsprung ausgebildet. Am 7. Juli 1944 verladen, wurde es in einem Luftlandeunternehmen in die vom Gegner eingeschlossene Festung Wilna geflogen.

In den harten Kämpfen bei Wilna bewies dieses Regiment unter der Führung Schirmers seine Schlagkraft. Immer wieder wurden Angriffe der Sowjets abgeschlagen; Panzervernichtungstrupps dezimierten die vorprellenden russischen Panzerverbände, und in ihren Kampfstellungen hielten die Fallschirmjäger allen überlegenen Feindangriffen stand.

Von der 6. Panzerdivision unterstützt, gelang dem Regiment Ende Juli 1944 der Durchbruch nach Westen. Die Kämpfe bei Kauen (Kaunas) stellten Oberstleutnant Schirmer noch einmal vor eine schwierige Aufgabe. Nächtelang ohne Schlaf, ständig gezwungen, umzudisponieren, bedrohte Stellungen verstärkend, gelang es Schirmer, sein Regiment über die Wilnabrücken zurückzubringen, ehe er den Befehl zur Sprengung derselben gab.

Zwischen Schloßberg und Wilkowischken in Ostpreußen verteidigte das Regiment Schirmer von August bis Oktober 1944 seine Stellungen. Mit gewaltiger Anstrengung, in massierten Einsätzen gingen die sowjetischen Divisionen gegen die Stellungen der Fallschirmjäger an. Doch diese hielten ihren Abschnitt unerschütterlich.

Für diesen Einsatz und für seine vorbildliche Regimentsführung wurde Oberstleutnant Schirmer am 18. November 1944 als 657. Soldat der deutschen Wehrmacht mit dem Eichenlaub zum Ritterkreuz ausgezeichnet.

Ende Oktober wurde das Fallschirmjägerregiment 16 (Ost) aus der Ostpreußen-Schutzstellung herausgezogen und zur Bildung des Memelbrückenkopfes Kukernese bei Tilsit eingesetzt. Nur wenige Tage darauf, am 7. November 1944, wurde Schirmer an der Front verhaftet und nach Berlin geschafft. Man brachte ihn mit dem Attentatsversuch vom 20. Juli 1944 in Verbindung, weil ein Graf Stauffenberg in seinem Regiment gewesen war. Es dauerte seine Zeit, bis sich herausstellte, daß Oberstleutnant Schirmer unbeteiligt war. Im Januar 1945 wurde er wieder auf freien Fuß gesetzt.

Von Februar bis März 1945 war Gerhart Schirmer als Berater für Fragen der Luftlandeabwehr im Stab der Heeresgruppe von Feldmarschall Model tätig. Ab 1. März trat er als Ia zum Stabe der 10. Fallschirmjägerdivision. In dieser Eigenschaft nahm er an den Rückzugskämpfen der Division von der Oder bis nach Berlin teil.

Zum Ende des Krieges geriet er im Raum Berlin in sowjetische Gefangenschaft. Bis zum 12. Januar 1956, fast elf Jahre lang, lebte Gerhart Schirmer in dem berüchtigten Arbeitslager Workuta in Sibirien, ehe für ihn die Stunde der Freiheit schlug.

In der Bundeswehr

Noch im gleichen Jahr, am 1. Dezember 1956, trat Gerhart Schirmer als Oberstleutnant in die Bundeswehr ein. Er wurde Kommandeur des Fallschirmjägerbataillons 29. Am 15. Mai 1957 übernahm er als Kommandeur die Aufgabe, die Fallschirmjägerbrigade 25 aus dem Nichts zu schaffen, die er bis zum 30. Oktober 1962 führte. Am 31. März 1959 wurde er Oberst.

Mit Teilen seiner Brigade führte Oberst Schirmer in Mourmelon-le-Grand die ersten deutschen Übungen in Frankreich durch. Im Dezember 1962 übergab er die Brigade seinem Nachfolger, Oberstleutnant Pestke, und übernahm das 2. Heeresfliegerkorps als Kommandeur. Damit war er Kommandeur aller deutschen Heeresflieger.

In seiner Rede anläßlich der Übergabe seiner Brigade an seinen Nachfolger sprach Oberst Schirmer unter anderem einen Satz, der für seinen gesamten Lebenslauf bezeichnend ist: „Es ist die Aufgabe des Soldaten, an dem Platz zu wirken, an den ihn der Befehl stellt.“

Johannes Steinhoff

Oberst der Wehrmacht
General der Bundeswehr

Geb. am 15. September 1913 in Bottendorf/Sachsen
Ritterkreuz: 30. August 1941
115. Eichenlaub: 2. September 1942
82. Schwerter: 28. Juli 1944

Johannes Steinhoff war eine der großen Führungspersönlichkeiten der deutschen Luftwaffe. Von Beginn des Zweiten Weltkrieges an bis zu dessen Ende war er im Einsatz. Er flog alle Typen vom „lahmen" Doppeldecker bis zur pfeilschnellen Me 262.

Zunächst wollte er allerdings kein Flieger werden. Sein Interesse richtete sich auf Sprachstudien und Geschichtskunde. Zwei Jahre lang studierte er an der Universität Jena Philologie. 1934 entschloß er sich, in die Marine einzutreten. Nach zwei Jahren aber wußte er, daß dies ein Fehler gewesen war. Er bewarb sich bei der Luftwaffe, wo er die Ausbildung zum Jägerpiloten in der alten friedensmäßigen Breite durchlief.

Mit Ausbruch des Zweiten Weltkrieges war er – 26jährig – bereits Staffelkapitän der 10. Staffel des Jagdgeschwaders 26, die im Westen, an der Kanalküste, im Einsatz stand. Im Januar 1940 wurde er Kapitän der 4. Staffel des Jagdgeschwaders 52, und zwei Jahre darauf war er Kommandeur der II. Gruppe dieses Geschwaders.

In der Luftschlacht um England errang Steinhoff seine ersten Erfolge, danach kämpfte er in Nordafrika und später in Rußland. Im Mittelmeerraum errang er eine Reihe Luftsiege. Nach 35 solcher Siege erhielt er am 30. August 1941 das Ritterkreuz.

Am Himmel über der Sowjetunion konnte Steinhoff binnen 13 Monaten die Zahl seiner Abschüsse auf 101 erhöhen, was für ihn das Eichenlaub bedeutete.

Als Johannes Steinhoff nach 167 Luftsiegen die Schwerter zum Ritterkreuz mit Eichenlaub erhielt, hatte er unter Beweis gestellt, daß er einer der Besten war.

In seinem Werk „Die Straße von Messina" berichtet Johannes Steinhoff über seine Einsätze auf afrikanischem Boden, auf Sizilien und über dem Mittelmeer packend und anschaulich.

In Italien führte er das ruhmreiche Jagdgeschwader 77, dessen Kommodore er Ende März 1943 geworden war.

Im Dezember 1944 wurde er als Oberst Kommodore des Düsen-Jagdgeschwaders 7. Es war als erster Verband der Luftwaffe mit der Me 262 ausgestattet worden. Mit diesem Geschwader warf er sich den feindlichen Bomberströmen entgegen und konnte noch als Kommodore sechs viermotorige Bomber abschießen, nachdem er bereits mit der FW 190 zwei dieser Riesen im Luftduell überwunden hatte.

Anfang 1945 wurde er nach Auseinandersetzungen mit der Obersten Führung wieder einfacher Flugzeugführer und startete im Jagdverband 44 unter Generalleutnant Adolf Galland zu seinen letzten Einsätzen.

Am 18. April ging es in einem besonderen Einsatz gegen einen Feindverband. Steinhoffs Maschine trug 48 Raketen in den Holmen unter den Tragflächen. Beim Start wurde das rechte Fahrwerk abgerissen. Beide Triebwerksgondeln schleiften über den Boden und gerieten in Brand.

Zwar hob die Me 262 knapp vom Boden ab, war aber nicht in der Luft zu halten. Sie schlug wieder auf dem Boden auf und explodierte.

Oberst Steinhoff konnte sich aus der Maschine befreien und in Deckung gehen. Er trug schwerste Verbrennungen davon, so daß er sich zwei volle Jahre lang annähernd 100 Operationen unterziehen mußte, ehe er im Jahre 1947 aus dem Lazarett entlassen wurde.

Er versuchte, in der Wirtschaft Fuß zu fassen und arbeitete als Angestellter in einer Werbeagentur.

Dennoch ließ ihn die Fliegerei nicht los. Bereits im Jahre 1955, noch vor der Vereidigung der ersten 111 Bundeswehrsoldaten, absolvierte er in den USA die ersten Flüge auf Düsenmaschinen zur Wiederauffrischung.

In der Bundeswehr

Als Johannes Steinhoff im Jahre 1956 stellvertretender Chef des Stabes der neuen Bundesluftwaffe wurde, zeigte er sich als die alte dynamische Führergestalt. Seine Beförderung zum Brigadegeneral erfolgte am 1. Oktober 1958.

Von 1960 bis 1963 war er deutscher Vertreter beim NATO-Lenkungsausschuß in Washington D.C. In dieser Funktion wurde er am 1. Februar 1961 zum Generalmajor befördert. In der USA erhielt er den Order of Merit, und viele der US-Jagdfliegerasse wurden seine Freunde.

Mit seiner Beförderung zum Generalleutnant am 15. Mai 1965 und zum Viersternegeneral am 1. Januar 1971 erklomm er die Spitze seiner militärischen Laufbahn.

Am 31. März 1974 ging er in Pension. Bis dahin hatte er noch das Große Bundesverdienstkreuz mit Schulterband und Stern erhalten. Am Ende dieser einmaligen Laufbahn war er zudem noch zum Kommandeur der französischen Ehrenlegion ernannt worden.

Er verstarb am 21. Februar 1994 in Wachtenberg-Pech bei Bonn.

Erich Topp

Fregattenkapitän der Wehrmacht
Konteradmiral der Bundeswehr

Geb. am 2. Juli 1914 in Hannover
Ritterkreuz: 20. Juni 1941
87. Eichenlaub: 11. April 1942
U-Boot-Kriegsabzeichen mit Brillanten: 11. April 1942
17. Schwerter: 17. August 1942
Ehrendolch des BdU mit Brillanten: 17. August 1942
Kriegsverdienstkreuz I. Klasse mit Schwertern: 1944

Erich Topp wurde am 2. Juli 1914 in Hannover geboren. Bis zur Obertertia besuchte er die Oberrealschule in Hannover und anschließend jene in Celle. Am 1. April 1934 trat er als Seeoffiziersanwärter in die Reichsmarine ein und durchlief bis zum 31. Juli die Grundausbildung auf dem Dänholm bei Stralsund. Die obligatorische Ausbildungsreise auf der „Gorch Fock" folgte, und am 1. November trat Topp eine Auslandsfahrt auf dem Kreuzer „Karlsruhe" an, die bis zum 31. Juli 1935 dauerte.

Nach bestandenem Abschlußexamen auf der Marineschule in Flensburg-Mürwik wurde Topp Leutnant zur See. Die üblichen Waffenkurse folgten, ehe er ein Bordkommando als Adjutant auf dem Kreuzer „Karlsruhe" erhielt. 1938 wurde Topp Ausbildungsoffizier auf dem Marinestützpunkt in Kiel-Friedrichsort. Von hier aus meldete er sich zur U-Boot-Waffe und durchlief die diversen Lehrgänge, ehe er als Oberleutnant zur See Wachoffizier auf U 46 unter Kapitänleutnant Herbert Sohler wurde. Mit diesem U-Boot erlebte Topp vier Feindfahrten.

Im Juni 1940 übernahm Topp U 57, ein Boot des Typs II C. Am Turm des Bootes waren als Wappen, noch vom früheren Kommandanten Korth, zwei tanzende rote Teufel, die Fackeln schwangen, angemalt. Dieses Zeichen sollte unter Topp zu einem Begriff unter U-Boot-Fahrern werden.

Im Operationsgebiet angekommen, verschoß U 57 innerhalb von fünf Tagen alle sechs Torpedos. Zwei Schiffe, darunter ein Munitionsdampfer, wurden versenkt. Es handelte sich um die „O.A. Brodin" mit 1.060 BRT und um den 8.652 BRT großen britischen Munitionsdampfer „Manipur". U 57 lief nach Bergen zurück, um neu auszurüsten.

Wenige Tage später lief das Boot von Bergen zur zweiten Feindfahrt aus. Ein Konvoi wurde gesichtet, Topp griff an. Er blieb erfolglos. U 57 lief zum Nordkanal weiter, wo es gelang, einen 5.000-Tonner nach drei vergeblichen Anläufen zu versenken, ehe das Boot wegen einer Maschine des Coastal Command „in den Keller" mußte. Über Funk wurde U 57 zur Ergänzung nach Lorient befohlen.

Nach kurzer Neuausrüstung lief U 57 Anfang August zur dritten Feindfahrt aus. Das winzige Boot kämpfte gegen die grobe See an, die mit Stärke 7 bis 8 lief. Am 3. August wurde die „Athos" gestellt und versenkt.

Als am dreizehnten Seetag ein Flugzeug aus den Wolken herausstieß und Bomben warf, riß ein Dieselfundament im Maschinenraum. Instrumente wurden zerstört, und die Nockenwelle brach. Mit Alarmtauchen ging U 57 in die Tiefe.

Nach einer Besprechung entschied sich der Kommandant, die Fahrt trotz der nicht zu behebenden Schäden fortzusetzen. U 57 lief in den Nordkanal.

Wenige Stunden darauf traf es auf einen Konvoi. Im ersten Anlauf machte Oberleutnant Topp zwei gezielte Einzelschüsse los. Noch während er das dritte Ziel auffaßte, drehten zwei Geleitzerstörer auf das Boot zu. Im gleichen Augenblick krachten dicht hintereinander die Torpedotreffer.

Dann fiel der dritte Schuß. Unmittelbar darauf baute Leutnant Reichenbach, der hinter der Optik gestanden hatte, das Zielgerät ab und reichte es durch das Luk ins Boot.

„Alaaarm! Schnelltauchen!"

Als Topp sich ins Boot schwang, brandete die Detonation des dritten Torpedos zu ihm herüber. Das Boot kippte an, dann kam die Meldung: „Wassereinbruch Bugraum!"

Mit hartem Ruck setzte U 57 bei 45 Metern Wassertiefe auf dem Grund auf. „Vorn anblasen! Alle Maschinen aus!"

Das Surren der Lenzpumpen verstummte. Alle Hilfsmaschinen schwiegen. Das Bombardement mit Wasserbomben begann. Während ringsum die See schäumte, mühten sich die Männer im Boot, das vorn eingedrungene Wasser wenigstens auf alle Abteilungen gleichmäßig zu verteilen.

Die ganze Nacht hindurch wurde das Boot mit Wasserbomben beharkt. Schadensmeldungen trafen aus allen Abteilungen ein. Mit jeder neuen Meldung wurde die Gefahr für das Boot größer. Erst um 23.56 Uhr konnte U 57 wieder auftauchen. Achteraus vom Boot erkannte der Kommandant einen gestoppt liegenden Zerstörer. Mit kleiner Fahrt der Elektromotoren schlich U 57 fort. Topp versuchte, mit Nordwestkurs aus dem Nordkanal herauszukommen.

In den frühen Morgenstunden des 23. August 1940 wurden die beiden Oberdecktorpedos umgeladen. Noch am gleichen Tag wurde ein Konvoi gesichtet. Mit Alarmtauchen ging es auf Sehrohrtiefe, und es gelang dem Boot, auf einen großen Tanker und einen Dampfer zum Schuß zu kommen.

Der Zweierfächer traf die 10.939 BRT große „Cumberland". Der Riesentanker begann zu brennen. Detonationen hallten zu U 57 herüber. Dann ging die „Cumberland" in die Tiefe. Von den beiden anderen beschossenen Dampfern sank die „Saint Dunstan", während die 5.407 BRT große „Havildar" zwar getroffen wurde, aber eingeschleppt werden konnte. Damit hatte der Geleitzug OB 202 allein durch U 57 empfindliche Verluste hinnehmen müssen.

Am nächsten Abend kam das Boot noch auf den britischen Motortanker „Pecten" zum Schuß. Ein Zweierfächer ließ das 7.468 BRT-Schiff sinken.

Das Boot trat den Rückmarsch an. Als es in die Schleuse Brunsbüttel einlaufen wollte, havarierte es mit dem norwegischen Frachter „Rona" und sank.

Die „Rona" setzte sofort Boote aus. Stundenlang wurde in der Finsternis nach den Männern gesucht. Doch sechs Besatzungsangehörige blieben verschwunden. Als im Morgengrauen die gerettete Besatzung auf der Schleuse angetreten war, meldete der Wachoffizier dem Kommandanten: „Herr Oberleutnant, Besatzung von U 57 angetreten. Bis auf sechs Mann. – Die Besatzung bittet darum, zusammenzubleiben und unter Ihrem Kommando weiterfahren zu dürfen."

Am 4. Dezember 1940 wurde U 552, ein Boot des Typs VII C, in Hamburg in Dienst gestellt. Kapitänleutnant Erich Topp hatte den BdU gebeten, die alte Besatzung von U 57 übernehmen zu dürfen, was auch zum größten Teil geschah. Nun war U 552 das Boot der „Roten Teufel".

Das Boot machte seine Erprobungsfahrten in der Ostsee und erzwang sich nach den in Danzig durchgeführten Restarbeiten trotz des Eisganges seinen Weg durch den Nord-Ostsee-Kanal. Operationsgebiet war der Nordatlantik. Eben im Operationsgebiet, sichtete U 552 einen Konvoi und griff an. Fünf gezielte Einzelschüsse ließen keine einzige Detonation erfolgen. (Die Torpedokrise machte auch vor U 552 nicht halt.)

Kurz bevor das Boot den Rückmarsch antreten mußte, kam am 1. März 1941 wieder ein Konvoi in Sicht. Es gelang U 552, in gute Schußposition zu kommen. Topp suchte sich den „fettesten Happen" heraus, einen Tanker. Der Zweierfächer traf die „Cadillac" (12.062 BRT), und der brennende Tanker sank nach stundenlangem Kampf. Das Boot trat den Rückmarsch an. Auf diesem Marsch in den Stützpunkt wurde noch die 687 BRT große „Reykjaborg" mit einem Torpedo gestoppt und mit der Artillerie versenkt.

Anfang April 1941 lief U 552 in das Operationsgebiet Nordkanal. Als es dort keinen Verkehr antraf, wurde es in einer Suchharke südlich Island angesetzt. Hier stellte das Boot am 27. April 1941 den Motorfrachter „Beacon Grange" (10.160 BRT) und versenkte ihn. Außerdem wurde die „Commander Horten" versenkt.

Am folgenden Tag nahm das Boot eine Fühlungshaltermeldung von U 123 auf, das den Konvoi HX 221 südlich Island gesichtet hatte. Gleichzeitig mit U 96 (Lehmann-Willenbrock) griff U 552 an. Ein Dampfer von 6.000 BRT sank nach einem Doppeltreffer. Die „Capulet" hingegen wurde torpediert, sank aber nicht.

U 65 (Kapitänleutnant Hoppe) wurde durch die britische Korvette „Gladiolus" vernichtet, daraufhin ging die Fühlung verloren. Erst am 30. April fand U 552 die abgesprengte „Nerissa" und versenkte sie am 1. Mai um 0.27 Uhr. Das Boot lief nach St. Nazaire ein.

Im ersten Junidrittel 1941 brach U 552 zu seiner dritten Feindfahrt auf. Kapitänleutnant Topp hatte darum gebeten, wieder in den Nordkanal gehen zu dürfen.

Hier versenkte U 552 zwei Dampfer mit zusammen 13.453 BRT: die „Ainderby" und die „Chinese Prince". Dann stieß das Boot auf die einzeln fahrende „Norfolk" (10.948 BRT). Ein Zweierfächer stoppte das große Schiff, und der Fangschuß ließ sie schnell über Heck absinken.

Auf dem Rückmarsch sichtete das Boot noch einen Einzelfahrer von 3.000 BRT. Dieser sollte die letzten Torpedos erhalten. Wegen des starken Nordlichtes griff U 552 im Unterwasserangriff an. Der erste „Aal" sackte einfach weg. Der zweite lief als Kreisläufer über das eigene Boot.

Als U 552 mit drei Versenkungswimpeln am Sehrohr in St. Nazaire einlief, wurde dem Kommandanten das ihm schon am 20. Juni verliehene Ritterkreuz überreicht. Mit U 57 und U 552 hatte Topp bis zu diesem Zeitpunkt 83.111 BRT feindlichen Schiffsraumes versenkt und zwei Schiffe mit 13.597 BRT torpediert.

Mitte August 1941 zur vierten Feindfahrt ausgelaufen, wurde U 552 auf den Konvoi OG 71 angesetzt, an dem schon acht andere U-Boote kämpften. Während das Boot sich nach Bruch einer Dieselkupplung nicht vorsetzen konnte, errangen U 201 (Schnee), U 559 (Heydtmann) und U 204 (Kell) Erfolge. Vom Turm aus konnten die Wachgänger von U 552 die Torpedodetonationen ausmachen.

In der Morgendämmerung des 20. August erreichte U 552 einen versprengten angeschossenen Dampfer. Er wurde durch Artillerie versenkt. Zwei Zerstörer, die über Funk von dem angegriffenen Dampfer herbeigerufen wurden, zwangen U 552 unter Wasser. Das Boot wurde schwer beschädigt und mußte den Rückmarsch antreten.

Die fünfte Feindfahrt ging in das Seegebiet südlich Grönlands. Am 18. September sichtete ein anderes U-Boot den Konvoi SC 44 und gab eine Fühlungshaltermeldung. U 552 gewann Anschluß. Es gelang Topp als erstem, die Geleitsicherung zu durchbrechen. Zwei gezielte Einzelschüsse trafen nicht. Abermals setzte sich U 552 vor. Die beiden letzten Bugtorpedos verließen die Rohre. Abdrehend schoß Kapitänleutnant Topp auch noch den Hecktorpedo auf einen Tanker. Der Kommandant beobachtete, wie die beiden zuerst aufgefaßten Dampfer getroffen liegenblieben und eines der nachfolgenden Schiffe auf einen getroffenen Frachter auffuhr. Dann dröhnte die dritte Torpedodetonation bei dem Tanker. Der panamesische Tanker „T.J. Williams" mit 8.212 BRT sank. Der ebenfalls panamesische Dampfer „Pink Star" ging ebenso unter wie die „Barbro", ein norwegischer Motortanker mit 6.325 BRT.

Während im Boot alle Männer dabei waren, die leergeschossenen Rohre nachzuladen, ließ Topp U 552 auf drei Einzelfahrer anlaufen. Der vorderste Frachter entpuppte sich als Tanker. Das Boot kam in Schußposition. Der Zweierfächer setzte den aufgefaßten Tanker binnen weniger Sekunden in Flammen. Im Lichte dieses rotglühenden Feuers und an den einsetzenden Schußgeräuschen erkannte Topp, daß der dem Getroffenen zunächst laufende Dampfer ein Hilfskreuzer war, der den Kampf gegen U 552 aufnahm.

Dicht beim Boot schlugen die Granaten ein. Doch der Kommandant blieb oben. Zackend versuchte er, dem Granatenhagel zu entkommen. Als das Boot diesen gefährlichen Gegner eben abgeschüttelt hatte, tauchte ein Zerstörer auf. Auch dieser Verfolger wurde abgehängt.

U 552 erhielt den Rückmarschbefehl nach St. Nazaire.

Die sechste Feindfahrt führte Erich Topp gemeinsam mit Engelbert Endraß, U 576, durch. Beide Boote liefen in den Nordatlantik. Der Konvoi HX 156 war gemeldet.

Am frühen Morgen des 31. Oktober 1941 gab U 552 Fühlungshaltermeldung. U 567 schloß heran. Noch bevor Endraß' Boot nahe heran war, beschloß Topp, eine Lücke in der Geleitsicherung ausfindig zu machen. Doch der HX 156 war sehr stark gesichert. U 552 schoß darauf einen Zweierfächer auf den amerikanischen Zerstörer „Reuben James", der völkerrechtswidrig – die USA waren zu diesem Zeitpunkt noch neutral – auf die U-Boote Jagd machte. Die auf dem Heck des Zerstörers bereitliegenden Wasserbomben gingen hoch, und innerhalb einer Minute brach er auseinander.

Vor den übrigen Zerstörern mußte U 552 ablaufen. Auch U 567 drehte ab, um nicht aufgefaßt zu werden. Beide Boote liefen hinter dem Konvoi her. Kapitänleutnant Topp sah, wie U 567 plötzlich hart abdrehte, um sogleich wieder heranzudrehen. Dann erkannte er, daß Endraß wild winkend zu der vom Geleit abgewandten Seite hinüberdeutete. Herumfahrend erkannte Topp zwei Korvetten, die Endraß gesichtet hatte und auf die er den Freund aufmerksam machen wollte.

Beide Boote drehten beschleunigt ab. Als Topp mit U 552 auftauchte, empfing er die Fühlungshaltermeldung von U 567, und U 552 kam wieder heran.

Drei Stunden später schoß Topp fünf gezielte Einzelschüsse auf das Geleit. Einer davon war ein Kreis-, ein zweiter ein Rohrläufer. Ein Torpedo traf einen Dampfer. Es gelang, den Rohrläufer auszustoßen. (Der Torpedokrise zweiter Teil für U 552.)

Vier Tage und vier Nächte rakten beide Boote am Konvoi. Ohne Schlaf, ständig durch die Sicherung abgedrängt, verfolgten sie zäh und verbissen den Gegner. Zum Schuß kamen sie nicht mehr. Gleichzeitig liefen sie dann wieder in St. Nazaire ein. Eine gefahrvolle, nervenaufreibende Jagd war zu Ende.

Als U 552 am 26. Dezember 1941 St. Nazaire verließ, war ein „Konfirmand" an Bord, dessen Namen später in aller Munde sein sollte: Albrecht Brandi. Es sollte eine „leichte" Reise werden, Richtung Azoren-Südraum.

Vor Ponta del Gada wurde der Seeverkehr überwacht. U 552 drang in den Hafen ein, fand aber kein Fahrzeug. Am zweiten Abend ging ein Funkspruch ein, mit dem das Boot ein neues Operationsgebiet zugewiesen bekam. U 552 sollte die kanadische Küste ansteuern.

Am 4. Januar 1942 fiel die Steuerbord-Dieselkupplung aus. Bei hohem Seegang wurde sie repariert. Der Wind briste auf und wehte bald mit Stärke 9. Es wurde kälter; das Boot hatte nur für den Süden ausgerüstet und keine warmen Sachen oder Elektro-Heizkörper an Bord. Als am 11. Januar – das Boot hatte inzwischen die Eiszone des Labradorstromes erreicht – die Lufttemperatur auf minus 10 Grad fiel, stand die Brückenwache im „Großen Seehund" auf dem wild schwankenden Turm. Peitschender Hagel riß den Männern der Wache die Haut auf. Sie hatten keine pelzgefütterten Mäntel mit, Pelzstiefel fehlten ebenfalls. Der Bug hatte sich mit einer dicken Eisschicht überzogen. „Ablösung alle Stunde! Nur immer jeweils ein Mann auf dem Turm!" befahl der Kommandant.

„L.I. an Kommandant: Ventile setzen sich fest. Boot muß tauchen, um das Eis abzutauen!" Die Stimme des leitenden Ingenieurs, Oberleutnant Kiepert, klang besorgt. „Auf Tauchstation!" befahl Topp.

U 552 setzte im Unterwassermarsch seine Fahrt fort. Die Besatzung fror jämmerlich. Im Boot wurde plus ein Grad gemessen.

Dann faßten sie vor Kap Race den ersten Gegner auf. Die „Dayrose" wurde torpediert und mit Fangschuß versenkt. Jetzt steuerte Topp Neufundland an. Von hier aus liefen die Geleite nach Osten. Am Nachmittag des 16. Januar wurde ein von einem Zerstörer geleiteter Dampfer gesichtet, der dicht unter der Küste nach Süden lief. Ein Tanker, von drei Zerstörern gesichert, folgte. In der Nacht wurde erneut ein Dampfer gesichtet. U 552 griff an, doch drei Einzelschüsse gingen vorbei.

Einen Tag später mußten drei Angriffe auf den Amerikaner „Frances Salman" gefahren werden, ehe der vierte Torpedo ihn – achtern treffend – zum Sinken brachte.

Da wegen der Vereisung ein Umladen der Oberdecktorpedos nicht möglich war, erhielt U 552 den Befehl, zurückzukommen. Auf dem Rückmarsch wurde noch ein Dampfer mit Artillerie versenkt. Eine strapazenreiche und an Erfolgen arme Feindfahrt ging zu Ende.

Am 7. März 1942 lief U 552 zur achten Feindfahrt aus. Operationsgebiet war die Ostküste der USA, wo die ersten deutschen U-Boote bereits große Erfolge erzielt hatten. Erich Topp machte seine 15. Feindfahrt.

Einen Tag bevor das Boot Kap Cod erreichte, wurde ein Tanker gesichtet. Zunächst am Rand der Sichtweite folgend, setzte sich das Boot nach Einbruch der Dämmerung vor. Als sich eine Wolke vor den Mond schob, griff U 552 an.

„Tanker macht Notruf! Name ‚Ocana'."

Zum Angriff hinter dem Heck des Schiffes herumgehend, sah Topp seine Chance. „Rohr I – los!"

28 Sekunden später sprang die Torpedodetonation am Heck des Tankers in die Höhe. In Sekundenschnelle entwickelte sich eine gewaltige Flammensäule. In der Maschinenanlage getroffen, sackte das Schiff achtern tiefer. Detonationen rissen das Heck auseinander und besiegelten das Schicksal der „Ocana".

U 552 „marschierte" jetzt Richtung Pollock-Feuerschiff und von dort bis Nanseat-Beach-Feuerschiff. Bei Tagesanbruch legte es sich auf Grund. In den nächsten Tagen wurden vier Torpedos geschossen, die alle nicht trafen („Die Torpedos sind hölzerne Schwerter", zitierte Topp Günther Prien).

Der Kohlefrachter „David A. Atwater" wurde durch 93 Schuß mit der Artillerie vernichtet, um Torpedos zu sparen. Am 5. April wurde wieder ein Tanker versenkt, die „Byron T. Benson". Zwei Tage später traf es die „British Splendour". Dann war ein großer Frachter des Typs „Nestor Ulysses" an der Reihe. Nachdem ein Torpedo des Zweierfächers den 14.000-Tonner traf, stießen plötzlich zwei Bewacher auf U 552 zu und verhinderten den Fangschuß.

In der kommenden Nacht wurden die beiden Oberdecktorpedos umgeladen. Am Morgen des 9. April kamen zwei Tanker in Sicht. Um 9.38 Uhr wurde als erster die „Atlas" mit 7.137 BRT und um 10.62 Uhr die „Lancing", ein Norweger mit 7.866 BRT, angegriffen. Die „Atlas" sank rasch, doch der zweite Tanker lief mit gleicher Fahrt weiter. Der nächste Einzelschuß traf ebenfalls. Das Schweröl entzündete sich und hüllte den Tanker 48 Stunden lang in eine riesige schwarze Rauchwolke, bevor er in die Tiefe ging. Am 10. April versenkte Topp noch die „Tamaulipas", bevor U 552 verschossen den Rückmarsch antrat. Das Boot traf am 27. April 1942 in St. Nazaire ein. Es hatte sieben Schiffe mit 45.731 BRT versenkt und ein Schiff mit 14.000 BRT torpediert. Erich Topp erhielt das Eichenlaub.

Am 9. Juni 1942 lief U 552 zur neunten Feindfahrt aus. Vier Tage später hörte der Oberfunkmaat die Peilzeichen einer FW 200, die einen Gibraltar-England-Konvoi gesichtet hatte. U 552 gab die Meldung mit dem Standort weiter. Dann operierte Topp mit Höchstfahrt auf den Konvoi und sichtete ihn am 13. Juni um 14.20 Uhr.

Zweimal brach U 552 in das Geleit ein. Zweimal schoß Topp aus allen Rohren. Als das Boot zum dritten Mal mit den beiden letzten nachgeladenen Torpedos angriff, wurde es abgedrängt. Das Boot behielt aber Fühlung, und als der BdU das Boot aufforderte, Lage und Erfolg zu melden, sandte U 552 folgenden Funkspruch: „5 Frachter, 1 Tanker torpediert, 1 Oberflächenläufer, 1 Kreisläufer, 2 Fehlschüsse."

Als der Befehl des BdU eintraf, die Operation abzubrechen, lief U 552 nach neuntägiger Feindfahrt nach St. Nazaire zurück. U 552 war als einziges Boot der Gruppe „Endraß" am Konvoi zum Erfolg gekommen.

Mitte Juli 1942 lief U 552 zur zehnten Feindfahrt aus. Das war mehr, als je zuvor ein Boot geschafft hatte. Als am 22. Juli von U 71 (Flachsenberg) ein westgehender Konvoi gesichtet wurde, setzte der BdU auch U 552 auf ihn an. Bei hochgehender See war kaum ein Waffeneinsatz möglich. Dennoch gelang es U 552, nach harter Jagd zwei Schiffe aus dem Konvoi herauszuschießen. Es waren die „British Merit“, die allerdings nicht sank, und die „Broompark“. Als das Boot zum Schuß auf einen Tanker eindrehte, feuerte dieser aus seiner Kanone und zwang das Boot unter Wasser.

Der Wind steigerte sich auf Stärke 9, dann auf 10 bis 11 mit entsprechendem Seegang. Ein Zyklon setzte ein. U 552, das mühsam Fühlung gehalten hatte, wurde von einem Zerstörer unter Wasser gedrückt. Als das Boot wieder auftauchte, war vom Konvoi nichts mehr zu sehen. Es kam zu einem Funkschlüsselgespräch, durch das sich der BdU über Lage und Erfolgsaussichten an diesem Geleit informierte: „BdU an Topp. Wie ist die Wetterlage? Was können die Boote der Gruppe ‚Wolf‘ auf Generalkurs 215 Grad laufen?“

„Hier Topp. Westsüdwest 8, See 7, Zyklone, Sicht etwa 400 Meter, eine Maschine langsame Fahrt.“

„Wie war die Abwehr? Und wodurch wurde die Geleitsbekämpfung anderweitig schwierig?“

„Starke Sicherung, Angriff erschwert durch plötzliches Einsetzen des Unwetters, das der Geleitzug geschickt benutzte zur Kursänderung. Dadurch Verlust Fühlung vieler Boote.“

„Was halten Sie von der Aussicht, noch irgend etwas von dem Geleit zu erfassen, z.B. abgesprengte Einzeldampfer?“

„Geleit selbst im Unwetter tadellose Formation, bei diesem Wetter bzw. durchschnittlich schlechter Wetterlage in diesem Gebiet halte Möglichkeit, Fühlung zu bekommen, für äußerst gering.“

Der BdU brach daraufhin die Operation ab.

Wenige Tage später stieß U 552 nach Ölübernahme aus U 461 (Korvettenkapitän Stiebler) – mit fünf anderen Booten zur Gruppe „Steinbrinck“ vereinigt – auf den Konvoi ON 115. Am 3. August torpedierte U 552 den britischen Motortanker „G.S. Walden“. Gleichzeitig hatte Kapitänleutnant Topp in alter Manier aus allen fünf Rohren geschossen und zwei Dampfer getroffen, die sofort sanken, darunter einen von 8.000 BRT. Noch ein vierter Dampfer wurde getroffen, der Torpedo aus Rohr V jedoch ging vorbei. (Der Gegner bestätigte das Sinken der „Belgian Soldier“ mit 7.167 BRT und die Torpedierung der 10.627 BRT großen „G.S. Walden“.)

Nach zwei Stunden hatte U 552 nachgeladen und schoß, wieder rangeschlossen, abermals die ganze Chargierung aus rund 1.500 Metern. Alle fünf Torpedos ergaben nichts, obgleich die Schußwerte sorgfältig ermittelt worden waren.

U 552 trat den Rückmarsch an und wurde von einem überraschend aus einer Nebelbank herausstoßenden Zerstörer aus 100 Metern Entfernung beschossen. Nur fünf Meter am Heck des Bootes vorbei lief der Rammsteven des Gegners ins Leere. U 552 ging mit Alarmtauchen in den Keller.

Als es wieder durchbrach, traf eine 10,5 cm-Granate des Zerstörers den Dieselzugluftschacht im Turm. Durch Wasserbomben entstanden weitere Schäden. Leutnant zur See Sack, jetzt II. Wachoffizier, hatte den Gegner zu spät ausmachen können. Aber U 552 kam trotz der schweren Schäden nach unten weg.

Als das Boot am 6. August 1942 in St. Nazaire einlief, war es in Schweizer Zeitungen schon totgesagt worden. Auf dem Zerstörer wollte man genau gesehen haben, wie das Boot der „Roten Teufel" nach den Treffern für immer in die Tiefe ging.

Am 17. August wurden Erich Topp, der eben zum Korvettenkapitän befördert worden war, als zweitem U-Boot-Kommandanten und als 17. Soldaten der deutschen Wehrmacht die Schwerter zum Eichenlaub verliehen.

Erich Topp gab sein Boot an Oberleutnant zur See Günter Lube ab und übernahm die Führung der Taktischen U-Boots-Flottille in Gotenhafen. Reinhard Suhren, ebenfalls erfolgreicher und erfahrener Kommandant und kurz nach Topp, am 2. September 1942, mit den Schwertern ausgezeichnet, stieß zu ihm.

In Gotenhafen lernten die jungen Besatzungen alles, was diese beiden Kommandanten aus eigenen, teils bitteren Erfahrungen an sie weitergeben konnten.

Als die ersten Elektroboote fertig waren, wurde Erich Topp Leiter der Erprobungsgruppe für diese Boote. Seine Erfahrungen wurden in den „Kampfanweisungen für den Typ XXI" niedergelegt. Dann übernahm er, zum Fregattenkapitän befördert, im Februar 1945 eines der neuen Boote als Kommandant.

Am 28. April lief U 2513 aus. Getaucht marschierte Topp am 2. und 3. Mai durch den Großen Belt. Am 4. Mai ging es durch das Skagerrak, und am 5. Mai machte das Boot in Horten am Oslofjord fest.

Am 8. Mai 1945 wurde auch auf U 2513 die Reichskriegsflagge niedergeholt. Am 9. Mai auf tiefes Wasser laufend, ließ Topp die 23 Torpedos und die modernen Geräte und Geheimsachen versenken und lief nach Smörtstein zurück. Die Tage vergingen. Am 28. Mai verholten die vier Elektroboote zum Tygesholmkai. Hier machte auch U 2513 vor dem britischen Zerstörer „Campbell" fest. Lassen wir Fregattenkapitän Topp das letzte Wort zu den Vorkommnissen des 28. Mai 1945 und der folgenden Tage: „Plötzlich, gegen 16 Uhr: ‚Kommandant schnell an Oberdeck kommen!' Vor den Booten stehen englische Soldaten angetreten, unter Gewehr mit aufgepflanztem Bajonett. Auf jedes Boot kommen zwei Offiziere und mehrere Mann, einer hält die englische Flagge in der Hand. Diese Methode ist uns bekannt.

Englische Soldaten an Bord. Kranke werden mit Bajonetten aus den Kojen getrieben. Nach vier Minuten fehlen mir sämtliche Auszeichnungen, 500 norwegische Kronen und einige Seidenhalstücher. Unter Aufsicht des ablösenden englischen Kommandanten die letzten Habseligkeiten gepackt. Mein Halsorden kommt nach meiner Beschwerde aus der Hosentasche eines Seemanns zum Vorschein, wird aber auf dem Wege zum Bahnhof wieder aus meinem Koffer gestohlen.

Englische Offiziere haben ihre Männer nicht in der Hand. Es wird geplündert. Konserven werden wahllos mit dem Bajonett erbrochen, den Spritflaschen die Hälse abgeschlagen. Binnen kurzem betrunkene Soldateska. Als ich an Oberdeck komme, ist die britische Flagge gesetzt. Verlasse mit kurzem Gruß gegen mein Boot den letzten deutschen Boden vor Norwegen. An Bord müssen bleiben: der Leitende Ingenieur und die sechs ältesten Soldaten des technischen Personals, unter anderem mein getreuer Obermaschinist Steimle, der den größten Teil meiner Feindfahrten mitmachte."

Das Lager Krageröy nahm die U-Boot-Männer auf. Hier wurden Topp die letzten Habseligkeiten gestohlen. Am 26. August 1945 betrat er endlich wieder deutschen Boden.

Nachdem er ein Jahr als Matrose in der Heringsfischerei gearbeitet hatte, widmete sich Erich Topp von 1946 bis 1950 dem Studium der Architektur an der Technischen Hochschule Hannover und war dann an der gleichen Bildungsstätte von 1950 bis 1952 Wissenschaftlicher Assistent.

In der Bundeswehr

Am 3. März 1958 trat Erich Topp in die Bundesmarine ein und war bis 1961 Chef des Stabes des deutschen militärischen Vertreters beim Militärausschuß der NATO in Washington. Anfang 1962 wurde er, inzwischen zum Kapitän zur See befördert, Kommandeur der amphibischen Streitkräfte. Gleichzeitig nahm Topp damit die Geschäfte der U-Boote wahr und inspizierte die Küstenumschlagtruppen der Marine.

Am 1. September 1965 wurde Erich Topp zum Flottillenadmiral befördert und bereits 13 Monate darauf, am 1. Oktober 1966, zum Konteradmiral. Im Bundesministerium für Verteidigung nahm er die Position eines Leiters der Unterabteilung Führung im Führungsstab der Marine ein, danach hatte er eine Verwendung in der Dienststelle des Inspekteurs der Marine.

Am 31. Dezember 1969 ging Erich Topp, der Träger des Großen Verdienstkreuzes des Verdienstordens der Bundesrepublik Deutschland, in Pension.

Heinrich Trettner

Generalleutnant der Wehrmacht
General der Bundeswehr

Geb. am 19. September 1907 in Minden/Westfalen
Ritterkreuz: 25. Mai 1940
586. Eichenlaub: 17. September 1944

„Niemand sollte sich dem Trugschluß hingeben, daß eine Jugend ohne Heimatgefühl und Vaterlandsliebe für Europa kämpfen würde. Wenn ein Vereintes Europa nur Völker ohne Nationalbewußtsein umschlösse, wäre es von Anfang an tot. Wie jeder Mensch sein Leben, so hat jedes Volk seine Geschichte zu tragen. Keines kann sich von seiner Vergangenheit trennen oder sie wegwerfen wie ein schmutziges Hemd; und wenn es ein Vereintes Europa geben wird, dann nur aus den Bausteinen der geschichtlich gewachsenen Völker, deren individuelle Kraft nicht mehr dem Nachbarn zum Schaden, sondern dem Ganzen zum Nutzen gereicht." – Um solche Worte zu schreiben und zu veröffentlichen, bedurfte es auch im Jahre 1954 des Mutes zur Unpopularität. Einfacher war es zu jener Zeit, das nationale Denken in Acht und Bann zu tun. Der damalige Generalleutnant a.D. Heinrich Trettner aber sprach aus, was auszusprechen ihn drängte.

Heinrich Trettner wurde am 19. September 1907 in Minden in Westfalen geboren. Nach Abschluß seiner Schulausbildung trat er 1925 als Fahnenjunker in das Reiterregiment 18, Bad Cannstatt, ein. Dieses Regiment war 1919 aus den sieben ruhmreichen Kavallerieregimentern des Ersten Weltkrieges aufgestellt worden.

Über die Infanterieschule in Dresden kam Trettner zur Kavallerieschule Hannover und wurde am 1. Februar 1929 zum Leutnant im Reiterregiment 18 befördert.

Drei Jahre später meldete er sich zur Fliegerei und absolvierte in den folgenden vier Jahren die Beobachterausbildung und verschiedene Ausbildungslehrgänge. Er wurde zum Oberleutnant befördert, dann wurde er Staffelkapitän und Hauptmann an der Luftkriegsakademie in Berlin-Gatow.

Als am 1. Juli 1938 die jüngste Waffe der deutschen Wehrmacht – die Fallschirmtruppe – als „7. Fliegerdivision“ unter Generalmajor Student zusammengezogen wurde, kam Heinrich Trettner, gerade zum Major befördert, als Erster Generalstabsoffizier (Ia) zu dieser Division.

Die 7. Fliegerdivision, die am 15. September einsatzbereit sein sollte, wurde Anfang 1939 dem Oberkommando der Luftwaffe direkt unterstellt. Heinrich Trettner erlebte in seiner Eigenschaft als Ia der Division den weiteren Ausbau der Truppe aus nächster Nähe mit. Er hatte Anteil an der Entwicklung der Einsatzgrundsätze dieser Waffe, unter anderem auch bei den Versuchen mit der Luftlandeartillerie.

An der Erziehung der Fallschirmjäger zu Härte und Fairneß hatte Major Trettner wesentlichen Anteil. Mit General Student fuhr er oftmals zu den einzelnen Einheiten, um stets in engster Fühlung mit allen Angehörigen dieser Truppe zu bleiben. So schloß sich die Fallschirmtruppe immer enger zu einer einzigen großen Familie zusammen.

Als der Zweite Weltkrieg ausbrach, stand die Fallschirmtruppe noch mitten in der Entwicklung und wurde im Polenfeldzug nur in kleinstem Rahmen zum Erdeinsatz herangezogen. Dann aber kamen die Aufträge, für die man diese Truppe geschaffen hatte: „Sprung in die Festung Holland“ und „Wegnahme der Werkgruppe Eben Emael“.

Zum ersten Fallschirmeinsatz kam es jedoch schon vorher: in Norwegen. Hierzu wurde das I. Bataillon des Fallschirmjägerregiments 1 (Major Walther) eingesetzt.

Doch dann kam am 9. Mai für die 7. Fliegerdivision der entscheidende Befehl: „X-Tag 10. Mai!“

Auf dem Fliegerhorst Gütersloh verfolgte Major Trettner den Start des III./Fallschirmjägerregiment 1 (Hauptmann Schulz). Es war diesig und kalt. Trotz der Mäntel froren die Stabsoffiziere, die sich um General Student geschart hatten. Bald war es auch für Heinrich Trettner soweit. Mit der Führungsabteilung des Divisionsstabes und General Student an Bord startete die Funkmaschine eine halbe Stunde nach der ersten Angriffswelle. Eineinhalb Stunden würde der Anflug dauern.

Hinter der Maschine ging blutrot die Sonne auf. Wohin Heinrich Trettner auch blickte, überall sah er Flugzeuge in der Luft: Transporter, Jäger, Bomber. Alle flogen nach Westen. In der Nachbarmaschine flog der Stab der 22. Luftlandedivision.

Die ersten Staffeln Ju 52, die ihre Fallschirmjäger über dem Ziel abgesetzt hatten, kamen schon zurück. Sie flogen in dichtgeschlossener Formation unter den beiden Führungsmaschinen hindurch nach Osten. Dann war Holland erreicht; die Feindflak schoß nur wenig.

„Die Brücken von Moerdijk und Dordrecht, Herr General", machte Trettner General Student aufmerksam.

„Sie stehen noch, Trettner. Scheint gut zu laufen."

Noch war keine Funkmeldung eingegangen. Trotzdem fiel den Männern in der Führungsmaschine ein Stein vom Herzen. Unten tauchte der Flugplatz Waalhaven auf. Im Einschweben sah Major Trettner, daß bereits die ersten Maschinen mit dem III. Bataillon des Infanterieregiments 16 landeten. Der Flugplatz war also in deutscher Hand. Fallschirmjäger eilten über den Platz, dann setzte die Maschine auf, sie waren am Ziel.

Ein Offizier kam im Kübelwagen auf sie zugebraust. Es war Hauptmann Schulz. Er meldete dem Divisionskommandeur und gab ihm einen ersten Überblick über die Lage. Die Planung der Operation hatte sich als richtig erwiesen. Hauptmann Schulz hatte inzwischen Oberleutnant Kerfin auf die Brücken von Rotterdam angesetzt.

„Kommen Sie, Trettner! Gehen wir in den Südteil der Stadt."

„Gefechtsordonnanz!" befahl der Ia, und dann gingen sie in Richtung der Rotterdamer Brücken. Der Divisionskommandeur und sein Ia gingen mitten in die Ungewißheit hinein nach vorn. Von den Brücken hallte schwacher Gefechtslärm herüber.

„Wir müssen hier irgendwo den Divisionsgefechtsstand einrichten, Trettner."

„Vielleicht das Gebäude dort, Herr General? Sieht wie eine Schule aus!"

Sie gingen zu der Schule hinüber. Sie war verschlossen. Holländer strömten zusammen. Major Trettner fragte nach dem Hausmeister. Einer der Holländer wurde nach ihm geschickt, weil man die Tür nicht aufbrechen wollte. Inzwischen hatte aber die Gefechtsordonnanz an einem Nebeneingang ein kleines Fenster entdeckt. Die Männer drückten es ein, zwängten sich hindurch und gelangten so in die Schule.

Diese kleine Episode zeigt, daß die Fallschirmjäger, die sich an einem kritischen Punkt der Schlacht befanden, nicht die barbarischen „Hunnen" waren, als die sie hinterher verschrien wurden.

General Student setzte sich in einem der Klassenzimmer hinter das Katheder, und die Offiziere, Unteroffiziere und Mannschaften zwängten sich in die engen Bänke. So begann für Major Trettner die Führungsarbeit in der Festung Holland.

Als am späten Vormittag Oberst Kreysing auf dem Flugplatz Waalhaven eintraf, begleiteten General Student und Major Trettner ihn ein Stück in Richtung Hordijk, wo er seinen Gefechtsstand einrichten wollte. Während Oberst Kreysing über die Lage orientiert wurde, spielten sich über den Köpfen der drei Männer die ersten Luftkämpfe zwischen britischen Flugzeugen und deutschen Zerstörern ab. Kurz hintereinander wurden drei Engländer abgeschossen und stürzten als brennende Fackeln in die Tiefe.

Als General Student und Major Trettner zum Flugplatz zurückgingen, lag beiderseits der Straße und im Gelände feindliches Artilleriefeuer, das sich mehr und mehr verstärkte. Die beiden Offiziere mußten mehrmals in volle Deckung gehen.

Der Gefechtsstand der Division wurde von Rotterdam-Süd nach Rijsoord verlegt. Hier fand Major Trettner mit seinem Stab Unterkunft im Gasthof „Stadtwappen". Vier Kilometer von ihnen entfernt lag das holländische Kommando in Puttershoek.

Die Gegner waren nur durch die Barriere der Oudemaar voneinander getrennt. So bekämpften sie sich mehrere Tage lang nach allen Regeln der Kriegskunst.

Als Major Trettner am 12. Mai mit General Student zu den Dordrechter Brücken fuhr, hielt ein Panzerspähwagen bei ihnen. Der Panzeroffizier meldete sich bei General Student als Aufklärungsspitze der 18. Armee. Die Erdtruppen hatten die erste Verbindung mit den Fallschirmjägern aufgenommen.

Wenige Tage später war die erste große Luftlandeoperation der Kriegsgeschichte beendet. Sie hatte bewiesen, daß diese neue Waffe ein entscheidender Faktor im Kampf sein konnte.

Am 25. Mai 1940 wurde Major Trettner für seine Führungsleistung mit dem Ritterkreuz des Eisernen Kreuzes ausgezeichnet.

Als Ende 1940 mit der Aufstellung des XI. Fliegerkorps das erste Luftlandekorps ins Leben gerufen worden war, wurde Heinrich Trettner, eben zum Oberstleutnant befördert, erster Generalstabsoffizier dieses Korps. Chef des Generalstabes wurde Generalmajor Schlemm.

Nun galt es, das neue Korps als Einheit straff zusammenzufassen. Mitte Januar 1941 arbeitete Oberstleutnant Trettner auf Hitlers Weisung gemeinsam mit General Student den Plan für eine Operation aus, die das Auslaufen der französischen Flotte aus Toulon verhindern sollte. Hauptmann Schacht, der Ordonnanzoffizier, wurde nach Toulon geschickt, um an Ort und Stelle Erkundungen durchzuführen. Doch dann änderte Hitler seine Pläne, so daß dieser Auftrag entfiel. (Die französische Flotte versenkte sich im November 1942 bei Toulon selbst.) Auch an den folgenden Unternehmungen, mit denen Reichsmarschall Göring General Student beauftragt hatte, bei denen es um die Erkundung von Luftlandemöglichkeiten gegen den Suez-Kanal, das „Unternehmen Felix" (Wegnahme von Gibraltar) und die Projekte Kreta, Zypern und Malta ging, war Oberstleutnant Trettner in Zusammenarbeit mit General Schlemm und dem Ic, Major Mors, beteiligt. Der Stab kam zu dem Ergebnis, daß diese Ziele (mit Ausnahme von Gibraltar) eindeutig im Bereich der Möglichkeiten für den Einsatz der Fallschirmtruppe lägen und daß größere Luftlandeunternehmungen hier Erfolg versprächen.

Am 20. April 1941 flog General Student, von Oberstleutnant Trettner begleitet, ins Hauptquartier des Oberkommandos der Luftwaffe (OKL), das am Semmering in mehreren Hotels untergebracht war. Ungefähr 20 Kilometer davon entfernt stand der Sonderzug Hitlers, in dem auch das Oberkommando der Wehrmacht (OKW) untergebracht war, vor einem Tunnel.

Schon in der Vorbesprechung mit General Jeschonnek und Reichsmarschall Göring fand der Vorschlag General Students, Kreta aus der Luft zu erobern, vollste Zustimmung.

Am anderen Morgen führte Oberstleutnant Trettner mit seinem Oberbefehlshaber und General Jeschonnek die entscheidenden Besprechungen, die dem Kreta-Unternehmen vorausgingen. Im Vortragswagen, wo die Vorbesprechung mit Generalfeldmarschall Keitel und General Jodl stattfand, trug auch Oberstleutnant Trettner vor. Dann wurde Hitler von General Student ins Bild gesetzt, warum Kreta als nächstem Ziel der Vorzug zu geben sei. So begann das Kreta-Unternehmen.

Noch einmal hatte Trettner in Athen, im Hotel „Grande Bretagne", die Aufgabe, den versammelten Bataillons- und Regimentskommandeuren den Gesamtplan vorzutragen.

Hier wurde auch festgelegt, daß General Student mit der gesamten Führungstruppe des Generalkommandos am 21. Mai auf dem Flugplatz Maleme landen würde.

In der Nacht zum 21. Mai stand Oberstleutnant Trettner in Athen mit General Student vor der Kreta-Karte. Beide bangten um den Verlauf des Einsatzes. Wie mochte es den Fallschirmjägern auf der Insel in der Nacht ergehen?

Am 25. Mai hielt es General Student nicht länger in Athen. Er flog nach Maleme. Am nächsten Tag folgte der Stab nach. Auch Oberstleutnant Trettner traf am 26. Mai auf Kreta ein. Einen Tag später fiel überraschend Chania.

Trotz der anfänglich sehr schwierigen Lage war Kreta in deutscher Hand. Zehn Tage hatte General Student für die Eroberung der Insel vorgesehen, und nach zehn Tagen war die gesamte Insel feindfrei.

Im Jahre 1942 wurde Trettner Nachfolger von General Schlemm. Als Chef des Generalstabes des XI. Fliegerkorps hatte er in der Folgezeit an allen Einsätzen der deutschen Fallschirmtruppe Anteil. Die Kämpfe um Rom, der Rußlandeinsatz, die Kämpfe auf Sizilien und auf dem italienischen Festland trugen mit seine Handschrift. Dann kam für ihn die Stunde, da er die Generalstabsarbeit niederlegen sollte.

Anfang Januar 1944 übernahm Trettner – inzwischen zum Oberst befördert – die Aufgabe, die Fallschirmjägerdivision 4 aufzustellen und sie als Kommandeur zu führen. Im Raum Perugia ging er an die Arbeit. Aus Teilen der Fallschirmregimenter 2 und 6 stellte er die neue Division auf, die durch Neuzugänge aus den Fallschirmschulen der Heimat schnell aufgefüllt wurde. Große Teile der Mannschaften kamen auch aus den Luftwaffenfelddivisionen und vom Bodenpersonal der Luftwaffe. Den Kern aber bildeten die erfahrenen Fallschirmjäger, die schon viele Luftlande- und Erdeinsätze durchgestanden hatten.

Am 18. Januar bekam Oberst Trettner den Auftrag, aus den Regimentern 10, 11 und 12 je ein einsatzfähiges Alarmbataillon aufzustellen.

Mit diesen Alarmbataillonen wollte die Heeresgruppe C einer möglichen Landung hinter der Cassino-Front begegnen. Am Morgen des 19. Januar traf Oberst Trettner beim Regiment 11 ein. Er beauftragte Major Gericke, den Regimentskommandeur, mit der Führung der Einsatzgruppe innerhalb der 4. Fallschirmjägerdivision.

Nach der Landung des VI. US-Korps bei Anzio-Nettuno am 22. Januar 1944 wurden diese drei Alarmbataillone als „Kampfgruppe Gericke" im Eilmarsch an die Front des Landekopfes geworfen. Damit begann der Kampf der Fallschirmjägerdivision 4 gegen die Alliierten in Italien. Schon wenige Wochen nach ihrer Aufstellung wurde diese Division den härtesten Belastungsproben unterworfen.

Vier Tage nach der Landung schob Oberst Trettner die gesamte Division am rechten Flügel, dicht an die Küste angelehnt, in die schnell zusammengeraffte Abwehrfront hinein. Ziel des VI. US-Korps war Rom. Der Operationsbefehl der 5. US-Armee schrieb General Lucas vor, sich nach Konsolidierung des Landekopfes unverzüglich der Albaner Berge zu versichern und von dort aus auf Rom vorzustoßen.

Am 17. Februar ließ Oberst Trettner seine Division zum Durchbruchsangriff ostwärts der Straße Aprilia – Nettuno antreten. Auch hier war die Kampfgruppe Gericke beteiligt. Sie hatte den Befehl, entlang des Buon-Riposo-Grabens die Straße 82 zu erreichen und sie zwischen Kilometer 6 und Kilometer 7 zu sperren.

Oberst Trettner versuchte vergebens, den Angriff der Division voranzutreiben. Am 19. Februar versteifte sich der Widerstand des Gegners erheblich, und die Fallschirmjäger mußten zur Verteidigung übergehen und ihre auseinandergezogenen Verbände sammeln. Sie hielten jetzt einen Geländestreifen zwischen Ovile – Fossignano – Buon-Riposo-Graben – Punkt 75 – Pisca della Spadellata.

Das starke feindliche Sperrfeuer und die Bombenangriffe hatten den Vorstoß der Division zwar nicht aufzuhalten vermocht, aber nachdem die Verluste – auch die der anderen Divisionen – sich als sehr hoch erwiesen hatten, ließ Feldmarschall Kesselring den Angriff einstellen.

Daraufhin blieb es einige Wochen ruhig im Landekopf. Erst am 27. März sah es so aus, als wollte der Gegner eine Großangriff auf Aprilia und den Divisionsabschnitt vortragen. Sofort traf Oberst Trettner die nötigen Gegenmaßnahmen. In seinem Tagesbefehl vom 27. März legte er unter anderem fest: „Die derzeitige Hauptkampflinie ist zu halten und bei feindlichen Einbrüchen mit Gegenstoß wieder zu nehmen. Durch Beobachtung, Späh- und Stoßtrupp-Unternehmen müssen feindliche Bereitstellungen rechtzeitig erkannt und durch zusammengefaßtes Feuer der Artillerie und der schweren Waffen zerschlagen werden. Reserven sind nahe heranzuhalten. Alle Stellungen der schweren Waffen sind zur Rundumverteidigung einzurichten. – Die gesamte Truppe ist seelisch auf diesen Angriff vorzubereiten und muß von dem festen Willen durchdrungen sein, dem Feind die gleiche Niederlage zu bereiten, wie er sie durch die Fallschirmjägerdivision 1 bei Cassino erlitten hat."

Um die bestmögliche Ausbildung seiner jungen Division zu gewährleisten, wurde deren Ausbildungsstand durch Lehrgänge vertieft. Dabei zeigte sich, daß die junge 4. Fallschirmjägerdivision zu einer Eliteformation geworden war.

Trotz der Enge des Landekopfes bei Anzio war das amerikanische VI. Korps auf Armeestärke angewachsen. Ihm gegenüber stand die 14. deutsche Armee unter Generaloberst von Mackensen mit dem I. Fallschirmkorps und dem LXXVI. Panzerkorps.

Insgesamt lagen hier fünf deutsche Divisionen neun alliierten Divisionen gegenüber. Doch der erwartete alliierte Großangriff fand nicht statt. Alles blieb still im Landekopf, und Oberst Trettner konnte seine Division weiter ausbilden.

General Truscott, der alliierte Oberbefehlshaber im Landebereich, hatte Befehl, erst am 23. Mai anzugreifen. Er sollte bei Valmontone die Via Casilina, die wichtigste Rückzugsstraße der 10. deutschen Armee, durchschneiden.

Als die Alliierten am 23. Mai losschlugen, hielt das Fallschirmjägerregiment unter Major Timm den Abschnitt beiderseits Velletri. Es gelang Major Timm, alle Angriffe der 34. US-Division abzuwehren. In der Nacht zum 31. Mai jedoch gelang den Alliierten – nachdem die 1. US-Panzerdivision am 28. Mai vor dem I. Fallschirmkorps liegengeblieben war und 37 Panzer eingebüßt hatte – mit der 36. US-Division der Durchbruch durch die Front des LXXVI. Panzerkorps über den Monte Artemisio.

Damit stand der Gegner im Rücken des Fallschirmjägerregiments 12. Die Front der 14. deutschen Armee brach zusammen. Jetzt konnten die Alliierten mit geballter Kraft über die Albaner Berge vorstoßen. Ihr Ziel war Rom.

Kämpfend zog sich die 4. Fallschirmjägerdivision als Nachhut zurück. Immer wieder wurde der Gegner entscheidend aufgehalten, und als am 4. Juni 1944, um 19.15 Uhr, die 88. US-Division als Kampfspitze die Piazza Venezia erreichte, war es der 4. Fallschirmjägerdivision gelungen, wenigstens den Rückzug der 14. Armee nach Norden zu ermöglichen.

Als letzte deutsche Truppe verließen die Fallschirmjäger von Oberst Trettner die italienische Hauptstadt. Kämpfend zogen sie sich nach Norden zurück. Zwei Tage vor Beginn der Invasion in der Normandie flatterte das Sternenbanner über Rom. Zu diesen Kämpfen um den Landekopf Anzio-Nettuno schrieb der bekannte englische Historiker Eric Linklater in seinem Werk „The Campaign in Italy“, London 1951: „Und nun zeigten die Deutschen hier im Landekopf Anzio-Nettuno noch überzeugender als bei Monte Cassino ihr gründliches und vollendetes militärische Können – und ihre bemerkenswerte Fähigkeit, aus zusammengeschlagenen Bataillonen und nach zahlreichen Rückschlägen eine Nachhut von unvergleichbarer Moral zu bilden...“

Ein besseres Lob gibt es nicht für die 4. Fallschirmjägerdivision. Für diese überragende Führungsleistung und für seinen persönlichen Einsatz im Landekopf Anzio-Nettuno wurde Heinrich Trettner am 17. September 1944 als 586. Soldaten der deutschen Wehrmacht das Eichenlaub zum Ritterkreuz verliehen. Kurz zuvor war er zum Generalmajor befördert worden.

Aber noch war der Kampf der 4. Fallschirmjägerdivision nicht zu Ende. In den folgenden Monaten stand diese Division unter Generalmajor Trettner an fast allen Brennpunkten der Kämpfe in Italien. Bei Florenz verteidigte sich die Division ebenso tapfer wie südlich von Rimini; bei Bologna ebenso wie am Po. Erst am 2. Mai 1945 streckte auch sie, nach der Kapitulation der Heeresgruppe C, die Waffen.

Vom ersten Tage ihres Bestehens an bis Kriegsende hatte diese Division unablässig im Einsatz gestanden und in anerkannter Ritterlichkeit gekämpft. Dazu wurde sie von ihrem Kommandeur immer wieder angehalten. Sie war im ständigen Einsatz zu einem homogenen Kampfverband geworden und stellt ein Ruhmesblatt für die deutsche Fallschirmtruppe dar.

In der Bundeswehr

Als Heinrich Trettner 1948 aus der Gefangenschaft heimgekehrt war, arbeitete er zuerst beim Diözesan-Caritas-Verband in Köln. Ab 1949 absolvierte er in Düsseldorf eine kaufmännische Lehre, als immerhin 43jähriger. Von 1953 bis 1956 studierte er an der Universität Bonn Volkswirtschaft und Jura und betrieb Sprachstudien in Paris.

Am 2. November 1956 trat Heinrich Trettner als Generalmajor in die neue Bundeswehr ein. Im Bundesverteidigungsministerium hatte er bis 1960 verschiedene Kommandos inne. Auch war er als Chef der Abteilung Logistik im NATO-Hauptquartier in Paris tätig.

Am 1. März 1960 wurde Heinrich Trettner Kommandierender General des I. Korps in Münster. Am 1. August des gleichen Jahres wurde er zum Generalleutnant befördert. Keine vier Jahre später – am 1. Januar 1964 – war er Viersternegeneral.

Durch die Art seiner Führung und sein Verständnis für Fragen der soldatischen Erziehung für dieses hohe Amt prädestiniert, wurde Trettner im Januar 1964 zum Generalinspekteur der Bundeswehr ernannt.

Er war Inhaber folgender Auszeichnungen: Kommandeurkreuz der Legion of Merit (USA), Großoffizier des Viktoriaordens (UK), Großoffizierskreuz des Ordens König Georg I. (GR), Großoffizier des Verdienstordens der Italienischen Republik, Großes Verdienstkreuz der Bundesrepublik Deutschland mit Stern und Schulterband, Großoffizier der französischen Ehrenlegion.

Max-Eckart Wolff

Kapitän zur See der Wehrmacht
Flottillenadmiral der Bundeswehr

Geb. am 19. Dezember 1902 in Wernigerode/Sachsen
Ritterkreuz: 4. August 1940

Max-Eckart Wolff, einer der erfahrensten Zerstörer-Kommandanten, stand mit seinem Boot in der 1. Zerstörerflottille unter dem Flottillenchef Kapitän zur See Meisel. Die Flottille war am Legen der Westwallsperre beteiligt und hatte im Handelskrieg in der Nordsee ebenfalls einige Einsätze zu überstehen.

In den offensiven Minenunternehmungen gegen England wurden vom 17. Oktober 1939 bis zum 10. Februar 1940 nicht weniger als 1.800 Minen gelegt.

Während des Norwegen-Feldzuges fuhr Wolff das Boot „Georg Thiele“. Das Boot lag in der Nacht des 10. April zusammen mit dem Zerstörer „Bernd von Arnim“ westlich von Narvik in der Ballangenbucht. Die „Georg Thiele“ war mit nur einer Maschine lediglich bedingt einsatzklar, da die Steuerbord-Kühlwasserpumpe ausgefallen war.

Als der Überfall der zehn britischen Zerstörer auf Narvik gemeldet wurde, gingen die beiden deutschen Zerstörer ankerauf, um in dichtem Schneegestöber Narvik so schnell wie möglich zu erreichen und in den Kampf eingreifen zu können. Bei Erreichen des Ofotfjords kamen an Steuerbord voraus fünf schwarzqualmende Zerstörer in Sicht. Für einige Sekunden war Korvettenkapitän Wolff im Zweifel, ob es sich hierbei nicht um Boote der 4. Zerstörerflottille handeln könnte. Dann aber sah er: „Das sind die Tommies!“

Sein Boot drehte nach Backbord, um so die Batterie voll ins Gefecht bringen zu können und gleichzeitig dem Gegner den Weg nach Westen zu verlegen.

„Feuer eröffnen aus allen Geschützen!“ befahl Korvettenkapitän Wolff, als der Gegner in einer Distanz von etwa 4.000 Metern lief. Das Passiergefecht an Steuerbord erwischte als erstes Feindboot den Führerzerstörer „Hardy“, während die „Bernd von Arnim“ auf den zweiten der fünf Zerstörer feuerte.

Hier der Gefechtsbericht, den Kapitän zur See Wolff in Bremen nach dem Kriege dem Autor gab: „Bereits nach der dritten Salve liegt die Batterie der ‚Georg Thiele‘ deckend im Ziel. Nach zehn in schneller Folge geschossenen Salven verschwindet der Führerzerstörer ‚Hardy‘ in einer dichten Qualm- und Rauchwolke. Als sich diese verzieht, ist der Feindzerstörer brennend aus der Linie geschert und sackt bewegungsunfähig achteraus. Später setzt er sich auf die Klippen an der Südseite des Fjords.

Nunmehr wird der nächste Zerstörer der Linie unter Feuer genommen. Der Qualm läßt die anderen drei Zerstörer nicht erkennen. Schnell liegt unsere Batterie wieder im Ziel.

Nach einer Wendung mit Hartruder Backbord wird das Gefecht an Backbord weitergeführt.

Als dieser zweite Zerstörer durch unser beider Feuer schwer getroffen brennend achteraus sackt, löst sich die Linie der Feindzerstörer auf. Mit wechselnden Kursen, stark qualmend und vereint mit ihrer Artillerie feuernd versuchen sie, die brennenden Kameradenboote zu decken.

Eine Granate durchschlägt die Backbordseite unseres Bootes, detoniert im Gefechtsbunker VII 3.2 und schlägt diesen leck. Splitter richten weitere Zerstörungen an. Kessel I muß wegen starken Heizöl-Einbruchs und der damit verbundenen Brandgefahr Feuer ausmachen. Eine Reihe Leitungen werden zerstört.

Eine weitere Granate durchschlägt die Backbordwand Abteilung I, durchschlägt auch noch das Querschott der Abteilung II und detoniert in der achteren Backbord-Doppelkammer.

Der Gegner verhält in der Nähe seiner havarierten Kameraden. Deshalb wird wiederum mit Hartruder nach Steuerbord zum Gefecht an Steuerbord gewendet. Während dieser Wendung schlägt eine Granate, von Backbord achteraus kommend, in das Pivot (Schwenkzapfen) des bereits nach Steuerbord geschwenkten 1. Geschützes. Die Besatzung fällt bis auf zwei Mann. Eine weitere Granate durchschlägt, von Steuerbord kommend, den vorderen Schornstein und detoniert an der Backbordseite hinter dem Signaldeck. Nach der Wendung erhält unser Boot einen weiteren Treffer. Dadurch wird die gesamte Besatzung der Artilleriezentrale getötet.

Zu dieser Zeit dreht ein Zerstörer hart auf die ‚Georg Thiele‘ zu und läuft entweder zum Torpedoschuß oder zum Rammstoß an. Die FlaM decken ihn mit starkem Feuer auf Brücke und Leitstände ein, so daß er auf 1.700 Meter wieder abdreht. Weitere Granaten schlagen auf der ‚Georg Thiele‘ ein. Unsere Torpedowaffe schießt auf 2.800 Meter einen Dreierfächer, dessen rechter Torpedo einen feindlichen Zerstörer in Höhe der Brücke mit hoher Wasser- und Detonationssäule trifft. Der Zerstörer sinkt sofort. Es ist laut Zeugenaussagen aufgefischter britischer Seeleute der Zerstörer ‚Hunter'.

Jetzt kommen die aus der Herjangsbucht anlaufenden Zerstörer der 4. Zerstörerflottille in Sicht, von denen Wolfgang Zenker, am weitesten vorn stehend, bald ins Gefecht eingreift. Die restlichen britischen Zerstörer drehen schwarzqualmend ab und versuchen mit hoher Fahrt nach Westen zu entkommen. Die mit starker Rauchentwicklung weiter wütenden Brände im Vor- und Achterschiff unseres Bootes zwingen zum Fluten der vorderen und achteren Munitionskammer-Gruppen. Erst durch völliges Abriegeln des Brandes wird das Feuer nach zwei Stunden erstickt. Die Munitionskammern werden wieder gelenzt."

Die „Georg Thiele" mußte nun in mehreren Manövern mit Leinen zwischen den Dampfern „Jan Wellem" und „Frielinghaus" freigeschleppt werden, um sodann um den Steven eines dritten Dampfers, der „Planet", herumgeholt zu werden, womit das Boot mit dem Heck zur Hafeneinfahrt wies, die zu dieser Zeit bereits unter der Feindeinwirkung der britischen Zerstörer lag.

Erst als die „Georg Thiele" derart freigekommen war, konnte 21 Knoten gelaufen werden, um wenig später auf 27 Knoten aufdrehen zu können.

Hier der gekürzte Gefechtsbericht von Korvettenkapitän Wolff: „Im Westen von Narvik werden die gemeldeten zehn Britenzerstörer mit dem Schlachtschiff ‚Warspite' ausgemacht. Wir eröffnen das Feuer von dem am weitesten nach Süden stehenden Zerstörer auf eine Anfangsentfernung von 12.000 Meter.

Während die Artillerie schießt, eröffnen unsere Fla-Waffen das Feuer auf anfliegende Feindbomber. Die ‚Georg Thiele' erhält keinen Bombentreffer, wenngleich die Einschläge dicht beim Boot liegen.

Dem Funkbefehl des Chefs der 4. Zerstörerflottille, in den Rombakenfjord auszuweichen, wird gefolgt. Nebelbomben und Schwarzqualmen täuschen die Feindzerstörer.

Die ‚Georg Thiele' legt sich als letztes eigenes Boot quer zum Fjord, die Steuerbordseite in Richtung Strömsnes-Enge, und bleibt gestoppt liegen. Munition wird gemannt, und als sich der erste feindliche Zerstörer durch die Enge schiebt, eröffnet die Batterie das Feuer auf 5.000 Meter. Rasch nacheinander folgen die drei nächsten Feindzerstörer dem ersten. Ihr Feuer konzentriert sich auf unser Boot, da die drei anderen eigenen Zerstörer am Fjord-Ende für den Gegner nicht erreichbar sind.

Unser letzter Torpedo, vom Technischen Offizier, Oberleutnant zur See Sommer, auf der achteren Rohrgruppe selbst eingerichtet und losgemacht, trifft den feindlichen Zerstörer ‚Eskimo'. Die Besatzung desselben wird von einem anderen Zerstörer aufgenommen und das Achterschiff von einem anderen Zerstörer abgeschleppt.

Von unserer Batterie fallen meistenteils nur noch Einzelschüsse. Das 5. Geschütz verschießt seine letzte Munition. Ich muß den Befehl ‚klar zum Versenken' geben, lege den Maschinentelegrafen auf ‚Alle Kraft voraus!', setze das Boot gegen die steil ansteigenden Felsen und gebe den Befehl: ‚Boot verlassen!'"

Soweit Wolffs Bericht. Achterschiff und Vorschiff der „Georg Thiele" standen in hohen Flammen, die Fla-Munition krepierte. Wenig später kenterte die „Georg Thiele", das Achterschiff brach bis zum vorderen Schornstein ab und sank nach schweren Detonationen. Allein auf diesem Boot waren sechzehn Soldaten, darunter der Erste Offizier, Kapitänleutnant Freiherr von Lepel, gefallen und zehn Soldaten schwer sowie achtzehn leicht verwundet.

Die überlebenden Zerstörer „Bernd von Arnim", „Hans Lüdemann" und „Dieter von Röder" wurden in den folgenden Gefechten vernichtet. Als letzter Zerstörer blieb die „Erich Giese" übrig.

Zehn deutsche Zerstörer hatten den Norwegeneinsatz mitgefahren, alle zehn wurden versenkt oder versenkten sich selbst. Aber die deutschen Zerstörer hatten ihren Auftrag ausgeführt. Dieser Verlust lähmte die deutsche Zerstörerwaffe für den Rest des Krieges. Aber eines steht fest: Ihr Einsatz sicherte die Fortsetzung der Erzzufuhr aus Schweden über Norwegen nach Deutschland.

In der Folgezeit war Wolff als Kapitän zur See zunächst Chef der 5. Zerstörerflottille. Vom Dezember 1943 bis zum 2. Februar 1944 war er mit der Wahrnehmung der Geschäfte des Führers der Zerstörer beauftragt, um bis zum Ende des Krieges in weiteren hohen Stabsstellungen die Belange der Zerstörerwaffe zu vertreten.

In der Bundeswehr

Als Kapitän zur See trat Max Eckart Wolff 1956 in die Bundesmarine ein. Am 28. September 1957 wurde er zum Flottillenadmiral ernannt, um knapp fünf Jahre später, am 31. März 1963, in Pension zu gehen. Seine letzte Verwendung war die des Kommandeurs des Flottenbasiskommandos Wilhelmshaven.

Dem Admiral wurde das Große Bundesverdienstkreuz der Bundesrepublik Deutschland verliehen.

Max-Eckart Wolff verstarb am 9. November 1988 in Bremen.

III.

Kurzbiographien

Wilhelm Anhalt

Kapitänleutnant der Wehrmacht
Fregattenkapitän der Bundeswehr

Geb. am 28. März 1917 in Berlin
Ritterkreuz: 3. Juli 1944

Als Kapitänleutnant und Chef der 4. Räumboot-Flottille zeichnete sich Wilhelm Anhalt vor allem während der gefahrvollen Einsätze im Ärmelkanal immer wieder aus. Oft stand die Flottille in schwierigen Nachteinsätzen, ging jedoch aus den Gefechten mit feindlichen Kanonenbooten mehrfach als Sieger hervor. So wurden Kommandant und Flottille bekannt. Dies insbesondere, als es während der Invasion in der Normandie ab Juni 1944 zu immer schwierigeren Einsätzen kam, da eine Vielzahl feindlicher Schiffe und Luftverbände die See nach den deutschen Booten absuchte.

Es gelang den Booten nicht nur, Minensperren zu legen, auf die mehrere Schiffe der Alliierten aufliefen, so daß sie fortan ausfielen, sondern es konnten in Räumarbeiten auch wichtige Hindernisse des Feindes beseitigt werden. Im Einsatz gegen feindliche Flugzeuge wurden drei Maschinen abgeschossen bzw. gezwungen, brennend abzudrehen.

Nach Ende des Krieges war Anhalt einige Jahre in der Werftindustrie tätig und kehrte im Jahre 1958 zu seinem Metier als Seeoffizier zurück. Er wurde als Kapitänleutnant Führer eines Minensuch-Verbandes und brachte es bis zu seiner Pensionierung zum Fregattenkapitän. Am 13. Mai 1979 verstarb Fregattenkapitän Anhalt in Huntsville/Ontario (Kanada).

Willy Antrup

Oberstleutnant der Wehrmacht
Brigadegeneral der Bundeswehr

Geb. am 1. Februar 1910 in Leeden/Westfalen
Deutsches Kreuz in Gold: 2. Januar 1942
Ritterkreuz: 13. November 1942
655. Eichenlaub: 18. November 1944

Antrup trat 1934 in die neu geschaffene Luftwaffe ein und gelangte als Kurier nach Spanien, wo er in der Legion Condor diente. Mit Kriegsbeginn 1939 war er Technischer Offizier im Kampfgeschwader 55, dem er bis Ende 1944 angehören sollte. Er wurde Staffelkapitän der 5. Staffel, dann Kommandeur der III. Gruppe und schließlich am 21. November 1944 Kommodore des Geschwaders.

An allen Fronten kämpfte Willy Antrup stets an der Spitze seines Verbandes und flog 612 Einsätze. Es war vor allem sein Kampfgeist, der das Geschwader antrieb, zuerst in der Luftschlacht um England und schließlich in der UdSSR bei Bahnhofsangriffen gegen Toropez, Unetscha und viermal gegen Kramatorskaja. Auf der Krim, bei Charkow und im Kampf um Stalingrad waren es seine Soldaten, die den Durchbruch russischer Panzerverbände am Tschir vereitelten. Die Versorgungsflüge in die Festung Kowel wurden für die Eingeschlossenen zur Rettung. Auch schaffte er Verwundete in die Heimat zurück.

In die Bundeswehr trat Willy Antrup 1956 ein. Am 22. Januar 1965 erfolgte seine Ernennung zum Brigadegeneral. Seine letzte Dienststellung war die des Kommandeurs der Technischen Akademie der Luftwaffe. Verabschiedet wurde er am 31. März 1968. Willy Antrup verstarb am 24. November 1984 in Neubiberg bei München.

Ernst Bauer

Korvettenkapitän der Wehrmacht
Kapitän zur See der Bundeswehr

Geb. am 3. Januar 1914 in Fürth/Bayern
Ritterkreuz: 16. März 1942
Kriegsverdienstkreuz I. Klasse mit Schwertern: 1. April 1945

Am 23. September 1934 trat Bauer als Kadett und Seeoffiziersanwärter in die Kriegsmarine ein. Er durchlief die infanteristische Ausbildung und fuhr auf der „Gorch Fock" und auf dem Leichten Kreuzer „Karlsruhe", wo er die praktische Bordausbildung durchlief. Den Seeoffiziers-Hauptlehrgang absolvierte er auf der Marineschule Flensburg-Mürwik. Zwei Einsätze auf dem Tender „Nordsee" folgten. Der Torpedolehrgang und die Nachrichtenschule schlossen sich an.

Am 1. Oktober 1936 wurde er Leutnant zur See. Auf dem Leichten Kreuzer „Königsberg" fuhr er wieder zur See, um nachfolgend weitere Lehrgänge zu absolvieren, ehe er als Schüler zur Unterseeboot-Schule nach Königsberg i. Pr. kam. Als Oberleutnant zur See und Wachoffizier auf U 37 und ab dem 21. April 1940 als Kommandant von U 120 diente er in der 21. U-Boot-Flottille. Seit dem 1. März 1941 Kapitänleutnant, stellte er drei Wochen darauf U 126 in Dienst. „Das war es, was ich seit Jahren wollte: Als Kommandant auf dem Turm eines richtigen Hais zu stehen", sagte Bauer später.

Am 30. Juli 1941 wurde er im Wehrmachtbericht genannt, als er sich in der ersten Phase der Schlacht im Atlantik besonders auszeichnete. Die zweite Nennung im Wehrmachtbericht erfolgte am 15. März 1942 für seinen erfolgreichen Raid in die Westindischen Gewässer. Hierfür gab es das Ritterkreuz.

Danach schied er aus der Frontgruppe der U-Boot-Fahrer aus, um sich des Nachwuchses anzunehmen.

Nacheinander wurde er 1944 und 1945 Chef der 27. und der 26. U-Flottille und geriet nach Kriegsschluß im Lazarett Mürwik in Kriegsgefangenschaft, aus der am 31. Dezember 1945 entlassen wurde.

Am 10. Dezember 1955 trat Bauer in den Führungsstab der Bundesmarine im Bundesministerium für Verteidigung ein. Nach einem Lehrgang am NATO Defence College in Paris wurde er zum Fregattenkapitän befördert und diente im Führungsstab der Marine im Verteidigungsministerium. Ab dem 11. März 1963 war er Admiralstabsoffizier beim Befehlshaber der Seestreitkräfte Nordsee. Im April 1965 wurde er Kommandeur des Stützpunktkommandos Trier. Seine Beförderung zum Kapitän zur See erhielt er am 11. November 1965. Bis zum 31. März 1970, dem Tage seiner Pensionierung, befehligte er als Kommandeur die Marine-Versorgungsschule List/Sylt.

Am 10. November 1971 erhielt er das Bundesverdienstkreuz I. Klasse. Ernst Bauer starb am 12. März 1988 in Westerland auf Sylt.

Heinz Baurmann

Hauptmann der Wehrmacht
Oberstleutnant der Bundeswehr

Geb. am 11. November 1919 in Aachen
Deutsches Kreuz in Gold: 16. April 1943
Ritterkreuz: 4. Mai 1945

Baurmann trat als Fahnenjunker am 15. November 1938 in das Artillerieregiment 51 in Fulda ein. Er hatte seinen ersten Einsatz im Oktober 1940 als Vorgeschobener Beobachter beim Infanterieregiment 81 der 15. Infanteriedivision am Westwall und wurde am 20. April 1940 zum Leutnant befördert.

In den ersten Tagen des Ostfeldzuges stand er in der 15. Infanteriedivision in schweren Gefechten seinen Mann und wurde am 17. August 1941 mit dem Eisernen Kreuz I. Klasse ausgezeichnet. Schwer verwundet hatte er einen langen Lazarettaufenthalt zu überstehen, um sich nach Ausheilung am 8. März 1942 freiwillig zur Sturmartillerie zu melden und im Dorf Zinna bei Jüterbog das Einmaleins der Sturmartillerie zu erlernen.

Als Adjutant kam er am 28. Juni 1942 – seit dem 28. April des Jahres Oberleutnant – zur neu aufgestellten Sturmgeschützabteilung 667 und kämpfte mit dieser im Osten. Im Winter 1942/43 übernahm er die Sturmgeschützbrigade 300 als Kommandeur und wurde nach 17 eigenen Panzerabschüssen und einer Vielzahl größerer Erfolge seiner Abteilung zum Ritterkreuz eingereicht. Dieser Vorschlag kam jedoch nicht durch.

Seit dem 26. Juni 1943 Hauptmann, übernahm er die 3. Sturmgeschütz- Ersatz- und Ausbildungsabteilung 600 in Deutsch-Eylau, machte einen Lehrgang für Abteilungskommandeure mit und wurde am 1. Oktober 1944 Abteilungskommandeur in der Sturmgeschützbrigade 322 an der Ostfront.

In den Kämpfen im Großraum Striegau schoß seine Abteilung in wenigen Tagen über 50 Panzer ab. Ende März 1945 stellte der Feind seine Angriffe hier ein. Die Brigade war bereits in Sturmgeschützbrigade 300 (Feld) umbenannt worden, als er sie ihm Frühjahr übernahm, um mit ihr den Angriff der Roten Armee in Richtung Bautzen zum Stehen zu bringen. Unter dem Generalkommando des Fallschirm-Panzerkorps „Großdeutschland" stießen Baurmanns Sturmgeschütze gemeinsam mit der 20. Panzerdivision noch einmal mit Elan nach Norden vor, um die Rote Armee, die kurz zuvor Bautzen erobert hatte, zum Stehen zu bringen.

Dieses gelang der 20. Panzerdivision, die Weißenburg befreite, nach Nordwesten eindrehte und auch Bautzen zurückgewann. Im Kampf um Bautzen war es vor allem die Kampfgruppe unter Hauptmann Baurmann, der sich mit unterstellten Panzergrenadieren, Nebelwerfer-Gruppen, Flak auf Selbstfahr-Lafetten und Pionieren dem Feind entgegenwarf und die entscheidenden Einbrüche errang, die der 20. Panzerdivision zum endgültigen Erfolg verhalfen.

Dieser letzte Abwehrsieg der Wehrmacht bedeutete für Hauptmann Baurmann die Auszeichnung mit dem Ritterkreuz, das er am 4. Mai 1945 erhielt.

Am 21. März 1956 trat Baurmann in die Bundeswehr ein. Er wurde Leiter einer Prüfgruppe und Ordonnanzoffizier in der Annahme-Organisation. Bereits am 27. Juli 1956 erhielt er seine Beförderung zum Major. Als Taktiklehrer an der Heeres-Offiziersschule I zu Hannover, sodann als Dezernent für Organisation beim Freiwilligen-Annahmekommando Köln und als Dienstaufsichtsoffizier für die

Personalabteilung der Bundeswehr diente er bis zu seiner von ihm erbetenen vorzeitigen Versetzung in den Ruhestand am 31. März 1971. (Er war 90 Prozent schwerkriegsversehrt.) Als Oberstleutnant (seit dem 1. Mai 1969) beendete er seine Karriere.

Jürgen Bennecke

Oberst im Generalstab der Wehrmacht
General der Bundeswehr

Geb. am 12. September 1912 in Halberstadt
Deutsches Kreuz in Silber: 13. Februar 1943
Deutsches Kreuz in Gold: 31. Januar 1945

Jürgen Bennecke trat in die Wehrmacht ein, um Offizier zu werden. Er durchlief seine Ausbildung ohne Verzögerungen und diente im Jägerregiment 83. Seine Kommandierung zur Kriegsschule absolvierte er ebenso zuverlässig, wie er alle vorherigen Dienststellungen ausfüllte. Er war als Oberst im Generalstab zuletzt im Jägerregiment 83 tätig, ehe er in den Generalstab des Heeres versetzt wurde, wo man ihm die 5. Abteilung übertrug.

Die Befehle, Verordnungen und Anweisungen, die er in dieser Dienststelle erließ, zeichnen ihn als exzellenten Kenner der Materie aus. Eine Reihe Verbesserungen brachte ihm das Deutsche Kreuz in Silber ein; als Oberst im Generalstab der 100. Jägerdivision errang er das Deutsche Kreuz in Gold.

In den Generalstab des Heeres zurückgekehrt, erlebte er das Kriegsende.

Als einer der ersten wurde Bennecke in die Bundeswehr übernommen. Seine weitere Karriere zeigt, daß er sich nicht nur bei der Bundeswehr, sondern auch bei den Verbündeten hoher Wertschätzung erfreute. Am 29. Juli 1960 erfolgte seine Beförderung zum Brigadegeneral.

Am 30. August 1963 wurde er Generalmajor, am 5. Oktober 1966 Generalleutnant und am 2. Februar 1968 General. Von 1968 bis 1973 war Bennecke Oberbefehlshaber der NATO-Streitkräfte Mitteleuropa. Damit gehörte Jürgen Bennecke zu den allerersten Soldaten der Bundeswehr, die den Rang eines Viersternegenerals erreichten. Am 30. September 1973 ging er in Pension. Er war Träger des Großen Bundesverdienstkreuzes mit Schulterband und Stern und des Order of Merit der USA sowie Kommandeur der französischen Ehrenlegion.

Heinz Birnbacher

Korvettenkapitän der Wehrmacht
Konteradmiral der Bundeswehr

Geb. am 26. Mai 1910 in Villach/Kärnten (Österreich)
Ritterkreuz: 17. Juni 1940
Deutsches Kreuz in Gold: 10. November 1942

Als Chef der 1. Schnellboot-Flottille stand Birnbacher im Unternehmen „Weserübung" (Norwegeneinsatz) im Kampf. Seine Flottille gehörte zur Kriegsschiffgruppe III unter Konteradmiral Schmundt. Seine Boote waren: S 19, S 21, S 22, S 23 und S 24.

Auf der Nachtfahrt ins Einsatzgebiet rammten S 19 und S 21 einander. S 19 wurde dabei leicht beschädigt. Dennoch setzte der Verband seine eingeschifften Truppen im Hafen von Bergen ab.

Im Westen konnte die Flottille auf vielen Feindfahrten ins britische und französische Einsatzgebiet und gegen die feindlichen Häfen Erfolge erringen.

Heinz Birnbacher, inzwischen Korvettenkapitän, führte diese Einsätze umsichtig und tadellos. Von Borkum aus liefen die Boote der Flottille auch in Richtung Calais. Vor dem Hafen wurde ein Feindzerstörer torpediert. Es war der französische Zerstörer „Jaguar". Einsätze vor Dünkirchen folgten. Hier war es der junge Kommandant Siegfried Wuppermann, der den französischen Zerstörer „Scirocco" vernichtete.

Im weiteren Verlauf des Krieges war Korvettenkapitän Birnbacher immer wieder als Führer seiner Flottille erfolgreich.

Im Oktober 1942 stieg er zunächst als I. Offizier auf Z 23 über, um wenig später Kommandant von Z 25 und Z 24 zu werden. In dieser Position errang er am 10. November 1942 das Deutsche Kreuz in Gold.

Vom 26. August 1944 bis Kriegsende war Birnbacher Kommandeur der Marinebatterie „Narvik" in der Festung Gironde-Süd. Hier geriet er in französische Kriegsgefangenschaft, aus der er am 6. Oktober 1947 entlassen wurde.

Am 16. August 1956 trat Birnbacher bei der Dienststelle der Bundesmarine in Flensburg zum Einweisungslehrgang an. Er wurde zum Fregattenkapitän ernannt und führte seit dem 1. April 1959 den Zerstörer Z 1. Am 18. November 1960 erfolgte seine Beförderung zum Kapitän zur See. Sechs Monate darauf wurde er Kommandeur einer Schnellboot-Flottille.

Bis zu seiner Ernennung zum Flottillenadmiral am 7. August 1963 diente er im Zentralen Marinekommando Wilhelmshaven und als stellvertretender Befehlshaber im Flottenkommando Glücksburg.

Seit dem 1. April 1967 war Birnbacher Befehlshaber der Seestreitkräfte Nordsee in Wilhelmshaven. Am 30. September 1968 ging er als stellvertretender Befehlshaber des Flottenkommandos nach Glücksburg.

Am 2. Oktober 1968 erfolgte die Ernennung zum Konteradmiral, das Große Verdienstkreuz des Verdienstordens der Bundesrepublik Deutschland erhielt er am 21. August 1970.

Am 30. September 1970 trat Birnbacher in den Ruhestand.

Heinz Birnbacher verschied am 5. Dezember 1991 in seinem Geburtsort Villach/Kärnten in Österreich.

Adalbert von Blanc

Fregattenkapitän der Wehrmacht
Flottillenadmiral der Bundeswehr

Geb. am 11. Juli 1907 in Wilhelmshaven
Deutsches Kreuz in Gold: 11. September 1942
Ritterkreuz: 27. November 1944
866. Eichenlaub: 10. Mai 1945

Als Leutnant zur See auf dem Hilfskreuzer „Orion" machte der junge Offizier einen der längsten Raids eines deutschen Kaperschiffes mit und erhielt für diesen Einsatz beide Eisernen Kreuze. Als Chef zweier Minensuch-Flottillen und ab Herbst 1944 als Führer der 9. Sicherungsdivision konnte der Fregattenkapitän seine Erfahrungen voll zur Geltung bringen. Mit seinen einzigartigen Einsätzen zur Beförderung von Soldaten, Waffen und Nachschub in den eingeschlossenen Brückenkopf Kurland, insbesondere aber während der dramatischen Rückführungsoperationen bis zum letzten Kriegstage, war von Blanc einer der Felsen in der Brandung. Mit Souveränität schaffte er es, sowohl verängstigte Flüchtlinge als auch schwerverwundete Soldaten und in der letzten Phase auch Teile der kämpfenden Truppe über See in die Freiheit zu führen. Zehntausende Flüchtlinge entgingen so dem Weg in die russischen Arbeitslager.

Von August 1945 bis zum 31. Dezember 1947 war von Blanc Divisionschef der 1. Minenräum-Division in Kiel-Friedrichsort; vom 16. März 1948 bis 30. Juni 1951 kommandierte er den Minenräum-Verband des Zollgrenzschutzes. Vom 1. Juli 1951 bis zum 31. Dezember 1953 war er Leiter der Schul- und Reparaturgruppe des Seegrenzschutzes Cuxhaven und Kiel.

Nach einer Verwendung als Chef des Stabes des Grenzschutzkommandos

Küste und als Referent im Kommando der Marineausbildung in Kiel wurde er am 1. Februar 1957 Chef des Stabes im Kommando der Kieler Marineausbildung.

Vom 16. Oktober 1958 bis zum 16. Juli 1961 war von Blanc Kommandeur der Minensuchboote Cuxhaven, danach bis zum 30. September 1964 Kommandeur des Marineausbildungskommandos Kiel und ab dem 1. Februar 1962 Kommandeur des zentralen Marinekommandos.

Am 8. September 1961 wurde er zum Flottillenadmiral befördert. Am 21. September 1964 erhielt er das Große Verdienstkreuz des Verdienstordens der Bundesrepublik Deutschland, um am 30. September dieses Jahres in Pension zu gehen.

Adalbert von Blanc verschied am 7. November 1976 in Flensburg.

Heinrich Brücker

Major der Wehrmacht
Oberst der Bundeswehr

Geb. am 5. Mai 1913 in Kiel
Ritterkreuz: 22. Juni 1941
Deutsches Kreuz in Gold: 15. April 1944

Heinrich Brücker war einer der Pioniere der Schlachtfliegerei. Er flog bereits in der Legion Condor und absolvierte in Spanien etwa 250 Einsätze mit der offenen Hs 123. Am 9. September 1937 schoß er seinen ersten Gegner ab. Es war eine Rata der rotspanischen Legion der Russen.

Bei der Neuaufstellung der Fliegergruppe 50 im Juni 1938 in Lechfeld wurde er Staffelkapitän in der Gruppe, die bald darauf in II./Stukageschwader 163 umbenannt wurde und später zur III. Gruppe des Stukageschwaders 2 werden sollte.

Diese Gruppe stand an der Westfront ebenso im Einsatz wie am Kanal. Während das Balkanfeldzuges und vor allem im Kampf um Kreta bei der Bekämpfung britischer Schiffsziele errang er mit seiner Gruppe große Erfolge. Seine Glanzleistung erzielte er mit der Ausschaltung zweier Bunker in den griechischen Stellungen am Rupelpaß, die als uneinnehmbar galten. Im Kampf um Kreta versenkte seine Gruppe nicht weniger als 125.000 BRT feindlichen Handelsschiffsraumes, 70.000 BRT wurden beschädigt. An der Versenkung des Kreuzers „Gloucester" war Brücker maßgeblich beteiligt und ebenso an jener des Zerstörers „Juno".

Seine Dienststellung als Referent für Stukafragen im Reichsluftfahrtministerium von August 1941 bis Dezember 1942 unterbrach den Fronteinsatz, ehe er am 1. Dezember 1942 Kommandeur der I. Gruppe des Kampfgeschwaders 10 wurde und Einsätze gegen Südengland flog. Nach seinem 250. Feindflug erhielt er das Deutsche Kreuz in Gold.

Ende Juli 1943 kehrte er auf Grund einer Kommandierung in die Kriegswissenschaftliche Abteilung des Generalstabes der Front zum zweiten Mal den Rücken. Während der Ardennenoffensive war er im Stab des Oberbefehlshabers der Luftwaffe eingesetzt. 1944 führte er das Schlachtgeschwader 4 in Italien, bevor er Ende Januar 1945 auf die legendäre Me 262 umschulte und zum Schluß einige Tage im Jagdverband 44 unter Adolf Galland diente.

Im Jahre 1956 trat Major Brücker in die Bundesluftwaffe ein und brachte es hier bis zum Oberst. Zuletzt war er Kommandeur der Truppenschule der Luftwaffe in Hamburg. Er wurde am 30. September 1971 pensioniert.

Heinrich Brücker verstarb am 16. Juni 1984 in Eckernförde.

Rudolf Buhse

Oberst der Wehrmacht
Brigadegeneral der Bundeswehr

Geb. am 10. April 1905 in Graudenz/Westpreußen
Deutsches Kreuz in Gold: 27. Oktober 1941
Ritterkreuz: 17. August 1942

Seit Beginn des Zweiten Weltkrieges stand Rudolf Buhse im Einsatz. Im Luftlande-Sturmregiment 47 war er Kompaniechef und Bataillonskommandeur, bevor er Regimentskommandeur wurde. Das Regiment war nunmehr zum Infanterieregiment 47 geworden, weil es an keinen weiteren Luftlandeeinsätzen teilgenommen hatte.

Als Regimentskommandeur errang er am 17. August 1942 das Ritterkreuz. Bereits am 27. Oktober 1941 hatte er im Rußlandeinsatz als Kommandeur des III. Bataillons des Infanterieregiments 47 als einer der ersten Soldaten, denen diese neue Auszeichnung verliehen wurde, das Deutsche Kreuz in Gold erhalten.

Nach der Umbenennung in Grenadierregiment 47 kam der Verband im tunesischen Raum zum Einsatz. Im Sturm schoß er über Pichon nach Nordwesten bis nach Kessane. Das war am Abend des 20. Februar 1943, als Generalfeldmarschall Rommel den Angriff gegen Thala führte.

Am 22. Februar stieß Rudolf Buhse – sein Regiment war mittlerweile zur

Kampfgruppe aufgestockt worden – im Rahmen der Korpsgruppe Weber mit dem rechten Flügel seines Verbandes nach Gewinnung eines 20 Kilometer nordwestlich von Pichon gelegenen Brückenkopfes vor und traf bei der Enge von Kesra erneut auf den Feind.

Dieser Angriff war Teil von Rommels Plan, alle in Tunesien stehenden Feindkräfte durch eine weite Zangenbewegung einzukesseln. Das Unternehmen „Ochsenkopf" und die nachfolgenden Einsätze, bei denen Buhse mehrfach der Kampfgruppe Hasso von Manteuffels unterstellt war, sahen ihn stets an den Brennpunkten im Einsatz. Bis zum 7. Mai zog sich auch die Kampfgruppe Buhse weiter und weiter zurück, ehe sie geschlossen in die US-Gefangenschaft gehen mußte.

In der Bundeswehr wurde Oberst Buhse rasch zu einer hochgeachteten Führerpersönlichkeit. Am 5. Dezember 1960 wurde er zum Brigadegeneral ernannt. Er war zuletzt Kommandeur der Infanterieschule in Hammelburg.

Am 30. September 1962 ging dieser Soldat der ersten Stunde der Bundeswehr in Pension. Er verstarb am 26. November 1997 in Tutzing.

Helmut Corts

Hauptmann der Wehrmacht
Oberst im Generalstab der Bundeswehr

Geb. am 22. Februar 1920 in Osnabrück
Ritterkreuz: 20. Juni 1940
Orden der Ungarischen Heiligen Krone mit Schwertern: 1. Dezember 1944

Als Fahnenjunker trat Helmut Corts am 1. November 1937 in die I. Abteilung des Flakregiments 12 ein. Nach Lehrgängen auf der Luftkriegsschule und der Flak-Artillerieschule I (Rerik) wurde er am 27. August 1939 zum Leutnant befördert. Als Adjutant der I./Flakregiment 64 (mot.) und ab dem 10. Dezember 1939 als Batterieoffizier kämpfte er in Frankreich und im Griechenland-Feldzug, um dann bis September 1941 in Rußland eingesetzt zu werden.

Nach seiner Beförderung zum Oberleutnant am 19. Juli 1940 diente er als Aufsichtsoffizier an der Luftkriegsschule 8 in Bernau. Er absolvierte die Cheflehrgänge an den Flakartillerie-Schulen III und I und wurde am 1. Januar 1943 Hauptmann. Am 22. August desselben Jahres wurde er Batteriechef im Dienstbereich des Generalkommandos I. Flak-Korps, um am 1. Oktober 1943 Chef der 3. Batterie in seinem alten Flakregiment 64 (mot.) zu werden. Er wurde viermal verwundet. Seine letzte Verwundung erlitt er am 13. Januar 1945, als er bei Komotau in sowjetische Kriegsgefangenschaft geriet, aus der er aber bereits am 12. Mai 1945 fliehen konnte.

Anläßlich der Verleihung des Ritterkreuzes an ihn hieß es: „Bei den Abwehrkämpfen vor Abbeville hat er Beweise von ungewöhnlicher Tapferkeit gegeben. Im wechselvollen Ringen um den Brückenkopf dort hat er mit einer Handvoll Soldaten in heldenhaftem Ausharren die vorderste Linie gehalten."

Am 1. Juli 1957 trat Helmut Corts als G 2-Generalstabsoffizier in den Stab der 1. Grenadierdivision ein. Sein Dienstgrad war Major.

Nach einem Lehrgang an der Führungsakademie der Bundeswehr wurde er als Generalstabsoffizier ins Kommando der Territorialen Verteidigung berufen und am 1. Oktober 1959 zum Oberstleutnant befördert. Am 1. Oktober 1963 trat er seinen Dienst als Stabsoffizier bei der 7. Luftwaffendivision an.

Am 1. Oktober 1970 wurde er zum Kommandeur des Flugabwehrraketenregiments 1 ernannt. Seit dem 27. April 1967 war er bereits Oberst im Generalstab. Seine letzte Dienststellung, die er am 1. Oktober 1975 antrat, war jene des stellvertretenden Befehlshabers und Chefs des Stabes im Wehrbereich IV (Mainz).

Am 31. März 1979 erfolgte die Versetzung in den Ruhestand. Den Orden Legion of Merit erhielt Corts am 16. Juli 1970 und erneut am 31. Juli 1979.

Helmut Corts starb am 10. März 2000 in Koblenz.

Georg le Coutre

Leutnant der Wehrmacht
Oberstleutnant der Bundeswehr

Geb. am 13. September 1921 in Memel/Ostpreußen
Deutsches Kreuz in Gold: 14. Juni 1944
Verwundetenabzeichen in Gold: 5. November 1944
Ritterkreuz: 7. Februar 1945

Am 18. März 1940 trat Georg le Coutre in das Reiter-Ersatzregiment 1 Angerburg ein. Am 1. August 1940 trat er zur Fallschirmtruppe über, wurde am 1. September 1940 MG-Schütze in der 4. Kompanie des Fallschirmjägerregiments 2, sprang am Kanal von Korinth und stand auf Kreta im Einsatz, wo er am 26. Juni 1941 als Gefreiter mit dem Eisernen Kreuz I. Klasse ausgezeichnet wurde.

Am 31. Dezember wurde er Oberjäger und am 1. Januar 1942 sMG-Gruppenführer in der 4. Kompanie des Fallschirmjägerregiments 4. Er nahm am Rußlandeinsatz seines Regiments teil. Im Raume Smolensk besuchte er einen Lehrgang für Zugführer und wurde am 1. April 1943 an die Luftkriegsschule 9 nach Tschenstochau kommandiert. Am 1. Juni 1943 wurde er Feldwebel. Ein Zugführerlehrgang in Frankreich schloß sich im Juli 1943 an.

Ab dem 1. Februar 1944 führte er die 4. Kompanie des Fallschirmjägerregiments 4 und stand in Italien im Einsatz, wo er am 20. April 1944 Leutnant wurde und am 14. Juni 1944 das Deutsche Kreuz in Gold erhielt.

Zur Aufstellung des Fallschirmjägerregiments 6 nach Halberstadt kommandiert, kam er am 1. Juli 1944 als Führer der 9. Kompanie zum Fallschirmjägerregiment 6 unter Oberstleutnant von der Heydte.

Seit dem 1. September 1944 Führer der 10. Kompanie des Fallschirmjägerregiments 6, stand er im Einsatz auf der Halbinsel Cotentin. Von Woendrecht und Hoogerheide, wo sich Leutnant le Coutre mehrfach auszeichnete, ging es nach Bergen op Zoom, wo er am 29. Oktober erneut von sich reden machte. Nach der Teilnahme am letzten Springereinsatz in den Ardennen wurde er vom Kommandeur der Waffenschule der 1. Fallschirmarmee, Major von Huetz, zur Verleihung zum Ritterkreuz vorgeschlagen. Das Fallschirmarmee-Oberkommando 1 bestätigte die Verleihung.

Leutnant le Coutre geriet am 16. Februar 1945 in Gefangenschaft, aus der er am 20. Oktober 1946 zurückkehrte.

Am 1. März 1956 trat le Coutre als Oberleutnant in die Bundeswehr ein und diente als Personaloffizier in den Freiwilligen-Annahmestellen Köln und Kiel. Er wurde zum Chef der 1. Kompanie des Luftlande-Jäger-Bataillons 9 ernannt und am 1. Januar 1957 zum Hauptmann befördert. Eine Verwendung als G 4-Generalstabsoffizier bei der Fallschirmjägerbrigade 25 schloß sich an, bevor le Coutre als Oberstleutnant Hilfsreferent im Führungsstab des Heeres wurde.

Georg le Coutre wurde am 30. September 1978 verabschiedet.

Egon Delica

Hauptmann der Wehrmacht
Oberstleutnant der Bundeswehr

Geb. am 4. Januar 1915 in Stettin/Pommern
Ritterkreuz: 12. Mai 1940
Deutsches Kreuz in Gold: 26. Dezember 1943

Am 1. April 1933 begann Egon Delica als Kanonier im Artillerieregiment 2 Stettin-Altdamm seine militärische Laufbahn. Von dort trat er am 1. Mai 1935 als Unteroffizier zur Luftwaffe über und wurde am 1. Juni 1936 zum Kampfgeschwader Nr. 152 „Hindenburg" versetzt. Nach einem Kampfbeobachter-Lehrgang in Prenzlau war er als Feldwebel im Polenfeldzug Hilfsbeobachter auf einer He 111. Nach dem Besuch der Kriegsschule in Klotzsche bei Dresden kam er zur II. Gruppe des Kampf-Lehrgeschwaders 1 nach Schwerin, wurde am 28. Dezember 1939 Leutnant und am 13. Januar 1940 zur Fallschirmjäger-Sturmabteilung Koch versetzt. Hier führte er ab Mitte März zeitweise den Pionierzug Witzig.

Am 10. Mai 1940 startete er um 4.25 Uhr zum Einsatz auf das belgische Sperrfort Eben Emael. Mit dem Trupp Feldwebel Niedermeier nahm er das Werk 18, zerstörte das Werk 11, wehrte einen belgischen Gegenangriff auf Werk 18 ab und vereinigte sich am 11. Mai um 7.00 Uhr mit den ersten Soldaten des Pionierbataillons 51 unter Feldwebel Portsteffen.

Er errang das Ritterkreuz und erhielt am 16. Mai seine Beförderung zum Oberleutnant.

Am 25. April wurde er Hauptmann beim Stab des Fallschirmjägerregiments 5 und kam in Rußland zum Einsatz. Nach seiner Verwundung kam er ins Lazarett Heidelberg. Am 10. Dezember 1942 wurde er, nach einer Zwischenausbildung in Wittstock im Oktober, Kommandeur der II. Gruppe des Luftlandegeschwaders 2 und kämpfte auf der Krim sowie auf der Taman-Halbinsel, wo er im April 1943 verwundet wurde. Nach seiner Wiederherstellung übernahm er am 1. Januar 1945 als Führer das II. Bataillon des Fallschirmjägerregiments 19.

Am 12. Februar geriet er in Reichwalde bei Kleve am Niederrhein in Gefangenschaft, aus der er am 27. August 1947 entlassen wurde.

Am 1. Mai trat Delica als Oberleutnant in die Bundeswehr ein, wo er am 22. September desselben Jahres zum Hauptmann befördert wurde. Er diente als Staffelführer und Logistik-Offizier in der Fliegerhorstgruppe Ütersen und war ab dem 1. Februar 1958 Dezernent in der S-1-Abteilung des Wehrbereichskommandos VI. Am 20. September 1960 wurde er zum Major befördert; den Dienstgrad eines Oberstleutnants erhielt er am 8. November 1966.

Die Versetzung in den Ruhestand erfolgte am 31. März 1971, die Verleihung des Bundesverdienstkreuzes am Bande zuvor am 15. März 1971.

Egon Delica starb am 26. April 1999 in München.

Oskar-Hubert Dennhardt

Major der Wehrmacht
Brigadegeneral der Bundeswehr

Geb. am 30. Juni 1915 in Markranstädt bei Leipzig
Deutsches Kreuz in Gold: 12. Februar 1943
Ritterkreuz: 17. März 1944
870. Eichenlaub: 9. Mai 1945

Im Jahre 1934 trat Dennhardt in die Deutsche Wehrmacht ein. Als der Zweite Weltkrieg ausbrach, führte er als Chef die 9. Kompanie des Infanterieregiments 53 der 14. Infanteriedivision, die an allen Brennpunkten im Einsatz stand. Nach dem Polenfeldzug wurde er am 3. Mai 1940 Regimentsadjutant und nahm als solcher am Frankreichfeldzug teil.

An der Ostfront wurde er am 1. September 1942 zum Führer des III./Infanterieregiment 53 (mot.) ernannt. Als Kommandeur des II./Grenadierregiment 11 machte er immer wieder von sich reden. Er erlitt zahlreiche Verwundungen. Nach seiner sechsten erhielt er das Goldene Verwundetenabzeichen, doch sollte dies nur die Hälfte seiner insgesamt zwölf Verwundungen ausmachen, nach denen er stets zu seinem Regiment zurückkehrte.

Nach seiner elften Verwundung wurde er in die Führerreserve des Oberkommandos des Heeres versetzt und absolvierte während seiner Rekonvaleszenzzeit einen Lehrgang für Höhere Adjutanten, um am 22. Juli 1944 als Adjutant zur 561. Volksgrenadierdivision zu gehen.

Damit stand er wieder an der Ostfront im Einsatz, wo er ab dem 5. Februar 1945 das Grenadierregiment 1143 als Führer übernahm.

Bei den Kämpfen in Ostpreußen bewährte Dennhardt sich mit seinem Verband ganz besonders. Nach seiner zwölften Verwundung am 1. Mai 1945 wurde er von seinem Divisionskommandeur zum Eichenlaub vorgeschlagen, das er als 870. Soldat der Wehrmacht noch am 9. Mai 1945 – in einem dänischen Lazarett liegend – erhielt.

Im Jahre 1956 trat Oskar-Hubert Dennhardt als Oberstleutnant in die Bundeswehr ein. Auch hier zeichnete er sich mehrfach besonders aus, wurde zum Oberst befördert und am 28. März 1968 zum Brigadegeneral ernannt. Zuletzt war er stellvertretender Kommandeur der 6. Panzergrenadierdivision.

Am 30. Juni 1971 ging Oskar-Hubert Dennhardt in Pension.

Er wurde mit dem Bundesverdienstkreuz I. Klasse ausgezeichnet.

Hans Dominik

Kapitän zur See der Wehrmacht
Kapitän zur See der Bundeswehr

Geb. am 24. November 1906 in Kiel
Ritterkreuz: 28. Dezember 1944

Hans Dominik diente zunächst als Artillerie-Offizier und später als Torpedo-Offizier auf verschiedenen Kreuzern und Zerstörern. Im Februar 1944 wurde die 9. Torpedoboot-Flottille, die Fregattenkapitän Dominik am 12. März 1944 von Fregattenkapitän Vorsteher übernahm, in der Ägäis eingesetzt. Es galt, Truppentransporte nach Kreta, Milos, Santorin und Leros durchzuführen. Dabei kam es vielfach zu Kämpfen mit britischen Schnellbooten, vor allem aber waren feindliche Flugzeugangriffe abzuwehren.

Im Hafen von Portolago gelang es einem Kampftrupp des Gegners, zwei von Dominiks Booten lahmzulegen. TA 19 blieb als einziges Boot übrig und hatte den Dampfer „Agathe" der von Rhodos zurückgeleitet werden mußte, zu sichern. Dabei fiel es einem Raketenbomben-Angriff britischer Beaufighter zum Opfer.

Mit neuen Booten führte Fregattenkapitän Dominik das Minenunternehmen „Tulpe" durch. Die Boote kehrten wohlbehalten nach Piräus zurück. Danach folgten mehrere Geleitdienstaufträge. Insgesamt wurden von den Booten der Flottille 18 Feindflugzeuge abgeschossen, ein U-Boot vernichtet und weitere Einheiten beschädigt. Auf den Minensperren des Verbandes sanken zwei britische Zerstörer.

Dominik trat 1956 als Kapitän zur See in die Bundesmarine ein. Er war zuletzt Kommandeur des Marineausbildungsregiments in Glückstadt. Am 31. März 1965 endete seine Dienstzeit. Hans Dominik starb am 10. November 1980 in Hamburg.

Werner Ebeling

Oberst der Wehrmacht
Generalmajor der Bundeswehr

Geb. am 21. November 1913 in Stade/Niedersachsen
Deutsches Kreuz in Gold: 11. März 1943
Ritterkreuz: 9. April 1944
763. Eichenlaub: 5. März 1945

Werner Ebeling war einer jener jungen Offiziere, die in der 58. Infanteriedivision unter ihrem unvergessenen Kommandeur, Generalmajor Hermann-Heinrich Behrend, dienten. Seit dem 1. September 1938 war er Ordonnanzoffizier im I. Bataillon des Infanterieregiments 220. Bei Beginn des Westfeldzuges bekleidete er den Posten eines Adjutanten des III./Infanterieregiment 220.

Mit Beginn des Rußland-Feldzuges kämpfte Ebeling mit seiner Division im Nordabschnitt der Ostfront und machte die schweren Kämpfe vor Leningrad mit, ebenso wie die strapaziösen Einsätze in der Sumpfhölle am Wolchow. Dann stand er im Kampfraum Demjansk, am Ilmensee und zum Schluß noch im ostpreußischen Samland seinen Mann, nachdem er in Kurland und bei Memel die Abwehrkämpfe gegen einen in vielfacher Überlegenheit angreifenden Feind erlebt hatte.

Ab März 1941 war er bereits Chef der 12. Kompanie des Infanterieregiments 220; im August 1942 wurde er Regimentsadjutant. Im Januar 1943 erhielt er seine Ernennung zum Kommandeur des II./Infanterieregiment 220, und am 1. Januar 1944 wurde er Regimentsführer.

Seit dem 1. September 1944 Kommandeur des Grenadierregiments 154 der 58. Infanteriedivision, leisteten er und seine Grenadiere eine Reihe großer Waffentaten. Bei Kriegsende geriet er in britische Internierung, aus der er am 15. Juli 1945 entlassen wurde.

Oberst Ebeling stellte sich unmittelbar nach Beginn der Aufstellung der Bundeswehr wieder als Soldat zur Verfügung. Er kommandierte die Panzerbrigade 16 und war anschließend Inspizient des Erziehungs- und Bildungswesens im Heer. Am 11. Juli 1964 erhielt er seine Beförderung zum Brigadegeneral; am 1. April wurde er zum Generalmajor ernannt. Von 1968 bis 1970 führte er die 11. Panzergrenadierdivision. Am 30. September 1970 ging er in Pension.

In der Bundeswehr wurde Werner Ebeling mit dem Großen Bundesverdienstkreuz der Bundesrepublik Deutschland ausgezeichnet.

Walter Enneccerus

Oberstleutnant im Generalstab der Wehrmacht
Brigadegeneral der Bundeswehr

Geb. am 21. November 1911 in Trier
Ritterkreuz: 21. Juli 1940

Walter Enneccerus gehörte zu den ersten Stukapiloten, die das Ritterkreuz erkämpften. Er galt bereits 1940 als einer der erfolgreichsten Stukaflieger in der Bekämpfung feindlicher Kriegs- und Handelsschiffs-Ziele.

Seit dem 1. April 1930 Soldat in der Reichswehr, wurde er im März 1934 Leutnant und am 1. Oktober 1935 Oberleutnant, worauf er auf eigenen Wunsch zur Fliegerausbildung geschickt wurde. Im März 1936 wurde er bereits Staffeloffizier in der I. Gruppe des Stukageschwaders 165 zu Kitzingen.

Die 4. Staffel des Stukageschwaders 165 führte er als Kapitän bis zum 14. Dezember 1939. Mit dieser Staffel ging er auch in den Polenfeldzug.

Seit Januar 1939 bereits Hauptmann, avancierte er nach einigen erfolgreichen Einsätzen, vor allem über der polnischen Festung Modlin, zum Kommandeur der II. Gruppe seines Geschwaders, mit der er im Frankreichfeldzug seine großen Erfolge erzielte. Seiner Gruppe gelang es, die starken Befestigungen von Lüttich, Maubeuge, Givet und vor allem der Maginot-Linie zu knacken.

Während der Kämpfe über Dünkirchen, von wo die britische Expeditionsstreitmacht ablegte, über Le Havre und La Rochelle versenkte seine Gruppe vier Schiffe und beschädigte acht weitere schwer.

Seine Leistungen wurden mit dem Ritterkreuz belohnt. Doch seine größten Erfolge sollte er erst über dem Mittelmeer und über Nordafrika erringen. Von Trapani auf Sizilien aus startete er zu Angriffen gegen Schiffsziele im Seeraum westlich von Malta. Er konnte den britischen Flugzeugträger „Illustrious“ mit sechs schweren Treffern kampfunfähig machen und für über ein Jahr außer Gefecht setzen. Der Kreuzer „Southampton“ wurde weit ostwärts Sizilien – an der Grenze der Reichweite der Bomber – so schwer beschädigt, daß er von seiner Besatzung aufgegeben werden mußte.

Am 25. Mai 1941 konnte Enneccerus' Gruppe den Flugzeugträger „Formidable“ und den Zerstörer „Nubian“ schwer beschädigen.

Als die Gruppe Ende Januar 1942 im Stukageschwader 3 aufging und dessen III. Gruppe wurde, führte Enneccerus sie. Ab März 1942 war er dann als Ic beim Fliegerführer Afrika, General Stefan Fröhlich, eingesetzt, um sodann Ia im Luftgau Rostow zu werden, wo er bis zum 18. November 1942 blieb.

Vom 19. November 1942 bis zum 28. Februar 1943 führte er das Stukageschwader 77 als Kommodore im Südabschnitt der Ostfront. Als Ia zum Stab des IX. Fliegerkorps versetzt, wurde er am 1. September 1943 in den Generalstab der Luftwaffe übernommen und war – ab dem 1. Oktober 1943 als Oberstleutnant – zunächst beim Fliegerführer West und von Juli 1944 bis Kriegsende in den Verbindungsstäben der Luftflotte 6 tätig.

Am 11. Juli 1956 trat Walter Enneccerus als Oberstleutnant in die Bundesluftwaffe ein und wurde bereits im Jahre 1957 zum Oberst befördert. Er diente in verschiedenen Stabsstellungen und wurde am 20. Dezember 1963 Brigadegeneral. Als solcher wurde er als stellvertretender Amtschef und Chef des Stabes ins Luftwaffenamt Porz-Wahn versetzt. Am 30. August 1967 ging er in Pension.

Am 3. August 1971 verstarb Walter Enneccerus in Köln.

Wolfgang Everth

Major der Wehrmacht
Oberst der Bundeswehr

Geb. am 16. Oktober 1914 in Rüdersdorf bei Berlin
Ritterkreuz: 6. Juli 1942

Wolfgang Everth trat im Frühjahr 1935 bei der Aufklärungsabteilung 3 in Stahnsdorf bei Berlin ein. Mit dieser Abteilung nahm er am Polen- und am Frankreichfeldzug teil, wo er das Eiserne Kreuz II. und I. Klasse erhielt.

Auf dem afrikanischen Kriegsschauplatz stand er als Kompaniechef in der Aufklärungsabteilung 3 unter Oberstleutnant Irnfried von Wechmar. Dieser Verband war stets Spitzenverband des Deutschen Afrika-Korps, und Everth führte seine Kompanie ebenfalls von der Spitze und zeichnete sich dabei auch persönlich immer wieder aus, so daß von Wechmar, als es darum ging, für ihn einen Nachfolger zu finden, Hauptmann Everth dafür vorschlug.

Als Führer, später Kommandeur der Panzer-Aufklärungsabteilung 3 setzte Wolfgang Everth die Arbeit von Wechmars fort und machte so den „Herren des Vorfeldes", wie die Panzeraufklärer auch genannt wurden, alle Ehre. Am 6. Juli 1942 legte Generalfeldmarschall Rommel Major Wolfgang Everth das Ritterkreuz an.

Nach schwerer Verwundung kam Everth zurück in die Heimat und entging so der Gefangenschaft in den USA. Als Major kämpfte er noch auf den verschiedenen Kriegsschauplätzen.

Seit dem 1. November 1955 war Everth im Amt Blank am Aufbau der Bundeswehr beteiligt und u.a. Kommandeur des Aufklärungsbataillons 3 in Lüneburg und Gruppenkommandeur an der Offiziersschule des Heeres in Hannover. Er wurde zum Oberstleutnant und Oberst befördert, bevor er am 31. März 1974 pensioniert wurde.

Wolfgang Everth verschied am 29. November 1980 in Hannover.

Werner Ewald

Major der Wehrmacht
Oberst der Bundeswehr

Geb. am 23. Oktober 1914 in Manschnow, Kreis Lebus/Brandenburg
Deutsches Kreuz in Gold: 29. März 1944
Ritterkreuz: 12. September 1944

Am 15. April 1936 als Fahnenjunker in die deutsche Wehrmacht eingetreten, diente Werner Ewald zunächst bei der Nachrichtentruppe, und zwar im Luftnachrichtenregiment 1, Dresden und Bernau. Seine Beförderung zum Leutnant erhielt er am 1. Januar 1938.

Als Nachrichtenoffizier kam er am 1. Juli 1939 zum II. Bataillon des Fallschirmjägerregiments 2 nach Stendal. Er wurde im Polenfeldzug eingesetzt und am 1. März 1940 zum Oberleutnant befördert. Dann stand er in der Festung Holland im Einsatz.

Mit dem Fallschirmjägerregiment 2 flog er von Bulgarien aus zum Einsatz am Kanal von Korinth. Hier war er unter Oberst Sturm erfolgreich.

Auch im Angriff gegen die Inselfestung Kreta kämpfte er an der Front und errang das Eiserne Kreuz I. Klasse, das ihm am 29. Mai 1941 verliehen wurde.

Am 1. Mai 1941 wurde Ewald Führer, sechs Monate darauf Chef der 5. Kompanie des Fallschirmjägerregiments 2 und kämpfte mit seinem Verband am Mius und am Wolchow. Kurzzeitig mit der stellvertretenden Führung des III. Bataillons des Fallschirmjägerregiments 2 betraut, wurde er am 1. Oktober 1942 Führer des II. Bataillons des Regiments. Seit dem 1. Oktober 1942 war er Hauptmann.

Im Südabschnitt der Ostfront stand er unter Führung von Oberst Kroh im Abwehrkampf und erhielt das Deutsche Kreuz in Gold. Am 11. August 1944 wurde er Kommandeur seines Bataillons und kämpfte mit diesem zunächst im Vorfeld der Festung Brest, dann in der Festung selbst. Hier warf er einen amerikanischen Einbruch in Nordwesten der Stadt zurück und zeichnete sich bis zur Kapitulation am 20. September 1944 immer wieder aus.

Am 12. September 1944 erhielt er das Ritterkreuz und wurde wegen Tapferkeit vor dem Feind zum Major befördert. Mit allen in der Festung gebliebenen Soldaten ging auch Werner Ewald in die US-Gefangenschaft, aus der er am 23. Mai 1946 entlassen wurde.

Am 21. März 1956 als Major eingetreten, leistete Werner Ewald Dienst in den Annahme-Organisationen Köln, Bremen und Wilhelmshaven. Ab 1957 war er stellvertretender Kommandeur des Luftlande-Jägerbataillons 9, und ab 1959 Kommandeur der Flugmelde-Abteilung 341 in Osnabrück. Am 10. Dezember 1959 erfolgte seine Beförderung zum Oberstleutnant.

Als Führer der Dienststelle des Kommandos der Luftwaffe in Porz-Wahn wurde er am 24. Oktober 1967 zum Oberst befördert. Seine letzte Dienststelle war das Bundeswehramt Bonn-Bad Godesberg.

Werner Ewald starb am 5. Oktober 1993 in Bonn.

Heinz-Otto Fabian

Major der Wehrmacht
Brigadegeneral der Bundeswehr

Geb. am 1. März 1918 in Icker bei Osnabrück
Deutsches Kreuz in Gold: 8. Dezember 1942
Ritterkreuz: 15. März 1943
522. Eichenlaub: 9. Juli 1944

Heinz-Otto Fabian trat am 1. März 1937 in die Wehrmacht ein und wurde als Leutnant Zugführer im Infanterieregiment 193. Im Ostfeldzug führte er die 5. Kompanie seines Regiments, um sehr bald deren Chef zu werden.

Die harten Einsätze im September 1942 vor Stalingrad endeten für ihn mit einer schweren Verwundung. Wieder zur Truppe zurückgekehrt, übernahm er das II. Bataillon des Infanterieregiments 534, das am Mius in schweren Abwehrkämpfen stand. Fabian bewährte sich erneut und wurde mit dem Ritterkreuz ausgezeichnet.

Als Kommandeur des II./Infanterieregiment 516 blieb er von Mai bis Oktober in Norwegen, von wo aus er zur Generalstabsausbildung nach Italien kommandiert wurde. Ab März 1944 stand er als Kommandeur des II./Grenadierregiment 361 (mot.) der 90. Panzergrenadier-Division im Einsatz und führte in der dritten Cassinoschlacht sogar zeitweise das Regiment, als dessen Kommandeur verwundet war. Hier wurde er mit dem Eichenlaub zum Ritterkreuz ausgezeichnet.

Seine Versetzung im Juli 1944 ins Führerhauptquartier und die damit verbundene Ernennung zum Kommandeur des Führer-Begleitbataillons verschafften ihm noch einmal eine Atempause, ehe er in der Ardennenoffensive neue Erfolge errang. Die Endkämpfe um das Reich erlebte Fabian im Panzergrenadierregiment 2 der Führer-Begleitdivision.

Als Major in die Bundeswehr eingetreten, durchlief Heinz-Otto Fabian die Dienstgrade Oberstleutnant und Oberst, bevor er am 1. Oktober 1970 zum Brigadegeneral befördert wurde. Von 1968 bis 1971 war er stellvertretender Kommandeur der 6. Panzergrenadierdivision in Neumünster.

Am 30. September 1974 ging er in Pension. Am 16. September 1990 verstarb er in Vögelsen im Kreis Lüneburg.

Wilhelm Fahlbusch

Major im Generalstab der Wehrmacht
Brigadegeneral der Bundeswehr

Geb. am 8. November 1914 in Hannover
Ritterkreuz: 31. Dezember 1941

Als Fahnenjunker trat Fahlbusch am 1. April 1935 in die I. Abteilung des Flakregiments 7 in Wolfenbüttel ein. Nach dem Besuch der Kriegsschule Dresden wurde er am 20. April 1937 zum Leutnant befördert und wurde Batterieoffizier in der I./Flakregiment 7, mit der er in den Polenfeldzug ging. Anschließend am Westwall und in Jütland eingesetzt, war er im Frankreichfeldzug als Oberleutnant und zuletzt Chef der 8./Flakregiment 11 mit dabei.

Im Rußlandfeldzug stand er bis zu seiner schweren Verwundung als Chef dieser Flakbatterie im Einsatz und errang während der Kesselschlacht von Kiew das Ritterkreuz, als er einen feindlichen Panzer-Ausbruch mit einer Vielzahl an Panzern und schweren Waffen stoppte, indem er 20 Panzer sowie 23 Geschütze und Granatwerfer vernichtete. Innerhalb von zwei Tagen wies er den andauernden Angriff starker Feindverbände ab. Während dieser Abwehrkämpfe gelang es seiner Batterie erneut, 22 Feindpanzer, 10 Geschütze und 65 MG-Nester auszuschalten.

Es erfolgen weitere Kommandierungen, so auch zu einem Lehrgang für Führergehilfen, nach dem er in den Generalstab kommandiert wurde und am 22. Oktober 1943 Ia der 22. Flak-Division wurde.

Am 1. Februar 1944 wurde er Major im Generalstab. Bei Kriegsende geriet er in Kriegsgefangenschaft, aus der er am 3. April 1947 entlassen wurde.

Am 23. Januar 1956 trat Fahlbusch in die Bundeswehr ein und wurde als Major geführt, um am 16. August 1956 auch offiziell zum Major befördert zu werden. Er diente als Hilfsreferent im Kölner Truppenamt, sodann im Verteidigungsministerium im Arbeitsstab Flak, und schließlich ab dem 2. Februar 1958 als Referent im Führungsstab der Luftwaffe.

Am 11. Dezember 1957 wurde er Oberstleutnant; die Beförderung zum Oberst erfolgte am 17. November 1960.

Als letzte Verwendung bekleidete er die Position des Chefs des Stabes des Kommandos für Territoriale Verteidigung in Bad Godesberg. Am 13. März 1965 wurde er Brigadegeneral; am 31. März 1970 ging er in Pension.

Am 1. Oktober 1969 erhielt Fahlbusch das Offizierskreuz des Ordens Legion of Merit (USA).

Friedrich Foertsch

Generalleutnant der Wehrmacht
General der Bundeswehr

Geb. am 19. Mai 1900 in Drahnow/Westpreußen
Deutsches Kreuz in Gold: 10. Mai 1943
Ritterkreuz: 5. September 1944

Am 21. Mai 1918 trat Friedrich Foertsch als Fahnenjunker in das Infanterieregiment 175 ein. Er wurde in die Reichswehr übernommen und am 1. April 1922 zum Leutnant befördert.

Nach seiner Beförderung zum Major und durchlaufener Generalstabsausbildung wurde er am 1. Oktober 1938 in den Generalstab des II. Armeekorps berufen. Am 25. Oktober 1939 trat er seine neue Dienststellung als Ia der 60. Infanteriedivision an, um am 1. November 1940 zum Oberstleutnant befördert zu werden. Am 1. Juni 1942 wurde er Oberst und trat zugleich seine neue Dienststellung als Ia der 18. Armee im Nordabschnitt der Ostfront an. Bei derselben Armee wurde er am 1. Dezember 1943 Chef des Generalstabes. Am 1. Juni 1944 wurde er zum Generalmajor und am 1. März 1945 zum Generalleutnant befördert.

Seit seiner Ernennung zum Chef des Generalstabes der Heeresgruppe Kurland am 25. Januar 1945 leitete er an vorderster Stelle die sagenhaften kurländischen Abwehrkämpfe und drückte den drei letzten Kurlandschlachten seinen Stempel auf.

Mit seinen Kommandeuren ging er am 8. Mai 1945 in die russische Kriegsgefangenschaft, aus der er als einer der letzten am 9. Oktober 1955 entlassen wurde.

Bereits im Sommer des darauffolgenden Jahres – körperlich war er wieder voll hergestellt – trat Foertsch als Generalmajor in die Bundeswehr ein.

Seine Eignungsübung absolvierte er vom 2. November 1956 bis zum 1. März 1957 als Kommandeur der 2. Grenadierdivision in Gießen. Diese Division, eine der ersten der Bundeswehr, führte er bis zum 31. Dezember 1958, seit dem 3. Oktober 1958 im Range eines Generalleutnants.

Am 9. Mai 1961 wurde er zum Viersternegeneral ernannt, die höchste Rangstufe, die ein Bundeswehrgeneral erreichen kann.

Am 27. November 1956 war er zugleich mit der Wahrnehmung der Geschäfte des Kommandierenden Generals des II. Korps in Ulm beauftragt worden, die er bis zum 4. April 1957 wahrnahm. Vom 1. Juni bis zum 31. Dezember 1958 bereitete er sich auf seine neue Verwendung im Bundesverteidigungsministerium vor.

Danach war er vom 1. Januar 1960 bis zum 31. März 1961 Deputy Chief of Staff „Plans and Policy" bei SHAPE (Oberstes Hauptquartier Alliierte Mächte Europa) in Paris. Vom 1. April 1961 bis zum 31. Dezember 1963, dem Tag seiner Pensionierung, war General Foertsch Generalinspekteur der Bundeswehr.

An Auszeichnungen wurden ihm während seiner Dienstzeit in der Bundeswehr verliehen: Großes Verdienstkreuz mit Stern und Schulterband des Verdienstordens der Bundesrepublik Deutschland, Großoffizierskreuz der französischen Ehrenlegion, Großoffizierskreuz des Verdienstordens der Republik Italien, Komturkreuz des Ordens Legion of Merit (USA), Militärmedaille I. Klasse von Portugal, Cruz Roja (Spanien).

Friedrich Foertsch starb am 14. Dezember 1976 in Goslar.

Alexander Gläser

Hauptmann der Reserve der Wehrmacht
Oberstleutnant der Bundeswehr

Geb. am 4. Januar 1914 in Büdingen/Hessen
Ritterkreuz: 19. Februar 1943
811. Eichenlaub: 28. März 1945

Gläser ging als Freiwilliger der Reichswehr am 1. Oktober 1932 zum Infanterieregiment 15 nach Marburg und wechselte 1935 zur Luftwaffe.

Nach Ende seiner Ausbildungszeit flog er kurzzeitig als Aufklärer, bevor er zur noch in der Aufstellung begriffenen I. Gruppe des Stukageschwaders 165 (später Stukageschwader 77) versetzt wurde. In der 1. Staffel flog er in Kitzingen noch die He 51. Als seine Gruppe von der Jagd- zur Sturzkampffliegerei überwechselte, erhielt sie die Hs 123, um im Jahre 1938 auf die neue Ju 87 umzuschulen.

Im Polenfeldzug stand Gläser unter dem Kommando von Oberleutnant Bruck. Beide erhielten das Eiserne Kreuz II. Klasse, als sie am 14. September eine bei Modlin notgelandete Besatzung bargen.

Nach Besuch der Kriegsschule am 28. Mai 1940 Leutnant geworden, kämpfte Gläser im Frankreichfeldzug in der 2. Staffel des Stukageschwaders 77 und machte die ersten Einsätze über England mit, ehe er Fluglehrer der in Lippstadt liegenden Ergänzungsstaffel wurde.

Im Januar 1941 verlegte er mit seiner Gruppe in den Südostraum und flog von Arad aus Einsätze gegen Belgrad.

Nach einer Auffrischung in Brieg wurde die Gruppe ab dem 1. September 1941 im Ostfeldzug eingesetzt. Leutnant Gläser führte die verwaiste 4. Staffel und wurde im Sommer 1942 zu deren Kapitän ernannt.

Seit dem 1. Oktober 1942 Oberleutnant, kämpfte er in der Kesselschlacht um Kiew, im Einsatz gegen die Festung Sewastopol auf der Krim und im Kaukasus. Im April 1943 avancierte er zum Kommandeur der III. Gruppe seines Geschwaders und wurde am 23. desselben Monats zum Hauptmann befördert. Am 19. Februar 1943 hatte er bereits das Ritterkreuz erhalten, nachdem er den großen russischen Angriff gegen den deutschen Stützpunkt Simowniki rechtzeitig erkannt und mit seiner Staffel zerschlagen hatte.

Im Februar 1944 übernahm Gläser die II./Schlachtgeschwader 1. Diese kam nach Auflösung des Geschwaders als II. Gruppe zum Schlachtgeschwader 77, womit Gläser wieder in seinem alten Verband stand.

Nach über 800 Feindflügen erhielt Alexander Gläser das Eichenlaub zum Ritterkreuz.

Gläser trat im Frühjahr 1957 in die Bundesluftwaffe ein. Er wurde zum Major, Oberstleutnant und Oberst befördert und ging am 31. März 1971 in Pension.

Friedrich Guggenberger

Kapitänleutnant der Wehrmacht
Konteradmiral der Bundeswehr

Geb. am 6. März 1915 in München
Ritterkreuz: 10. Dezember 1941
171. Eichenlaub: 8. Januar 1943

Am 8. April 1934 trat Guggenberger in die Reichsmarine ein. Er ließ sich die „Seebeine" auf der „Gorch Fock" und auf dem Leichten Kreuzer „Emden" wachsen und diente danach auf dem Tender „Frauenlob" und auf dem Dampfer „Hecht". Er wurde am 1. Juli 1935 Fähnrich zur See und am 19. April 1937 Leutnant zur See.

Am 2. Oktober 1939 kam er zur Unterseeboot-Schule zum Lehrgang für Seeoffiziere, wurde am 2. Januar 1940 I. Wachoffizier auf U 28 und am 10. November desselben Jahres Kommandant des Bootes. Am 26. April 1941 wurde er Kommandant von U 81, das zur 1. U-Flottille gehörte. Mit diesem Boot unternahm er seine Feindfahrten. Nach einigen kleineren Erfolgen verlegte das Boot als eines der ersten ins Mittelmeer. Hier kam Guggenbergers große Stunde, als er am 13. November 1941 gemeinsam mit U 205 (Kapitänleutnant Reschke) den 22.600 BRT großen britischen Flugzeugträger „Ark Royal" versenkte. Das von U 81 ebenfalls angegriffene Schlachtschiff „Malaya" wurde getroffen und mußte in Richtung Gibraltar eingeschleppt werden, wo es am nächsten Tag – nur noch 25 Seemeilen von Gibraltar entfernt – sank. Das Oberkommando der Wehrmacht berichtete daraufhin am 15. November abermals über U 81 und seinen Kommandanten.

Auf der nächsten Feindfahrt erzielte U 81 Treffer auf mehrere Dampfer und einen Zerstörer. Der Tanker „Caspia" sank. Im April 1942 versenkte Kommandant Guggenbergers Boot acht Segler von insgesamt 800 Tonnen mit dem Buggeschütz. Danach übergab er das Boot an Oberleutnant zur See Krieg.

Im Mai 1945 übernahm Friedrich Guggenberger als Kommandant U 513 und kam mit diesem im Südatlantik zum Einsatz. Vor der brasilianischen Küste versenkte er mit U 513 einige Dampfer.

Am 19. Juli 1943 wurde U 513 von einem zweimotorigen US-Bomber im Südatlantik versenkt. Es gab 46 Tote. Sieben Mann, darunter der Kommandant, wurden gerettet und von dem US-Kreuzer „Barnegate" an Bord genommen, wo sie versorgt wurden. Kapitänleutnant Guggenberger war schwer verletzt worden. Nach seiner Genesung wurde er in das US-Vernehmungslager Fort Hunt geschafft und kam dann ins Kriegsgefangenenlager Crossville in Tennessee.

Am 23. Dezember floh Guggenberger gemeinsam mit zehn weiteren Offizieren und 14 Soldaten aus dem Lager Papago Park bei Phoenix im Staate Arizona, wohin er mittlerweile verlegt worden war. Unter den Ausbrechern waren auch zwei weitere Ritterkreuzträger der U-Waffe, die Kapitänleutnante Werner Kraus und August Maus. Sie wurden nur sechs Kilometer vor der mexikanischen Grenze gefaßt. Im August 1946 wurde Guggenberger im bayerischen Bad Aibling aus der Kriegsgefangenschaft entlassen.

Am 1. Februar 1956 trat Guggenberger als Korvettenkapitän in die Bundesmarine ein und war zunächst bis zum 4. August 1958 Referent für Infrastruktur in der Unterabteilung Organisation des Verteidigungsministeriums. Hier erfolgte am 1. Februar 1957 seine Beförderung zum Fregattenkapitän.

Nach Absolvierung des US Naval College diente Guggenberger als A 3 im Kommando der Flotte, wo er am 1. September 1961 Kapitän zur See wurde. Er war dann Chef des Stabes beim Verbindungsstab der NATO in Washington und befehligte ab 1964 das 2. Geleitbootgeschwader, bevor er ins Bundesministerium der Verteidigung zurückkehrte und als Unterabteilungsleiter II (Führung) amtierte. Seine letzte Verwendung war die des stellvertretenden Chefs des Stabes im NATO-Kommando AFNORTH (Alliierte Streitkräfte Europa Nord).

Am 29. November 1966 wurde er zum Flottillenadmiral und am 31. Oktober 1968 zum Konteradmiral befördert. Am 30. September 1972 ging er in Pension.

Friedrich Guggenberger starb am 13. Mai 1988 in Edenbach/Main.

Robert Gysae

Korvettenkapitän der Wehrmacht
Flottillenadmiral der Bundeswehr

Geb. am 4. Januar 1911 in Berlin-Charlottenburg
Italienisches Ritterkreuz der Krone: 11. März 1941
Ritterkreuz: 31. Dezember 1941
Italienisches Kriegskreuz mit Schwertern: 25. Mai 1943
250. Eichenlaub: 31. Mai 1943

Am 8. April 1931 trat Gysae in die Reichsmarine ein und durchlief die vorgeschriebenen Ausbildungslehrgänge. Die praktische Bordausbildung fand auf dem Leichten Kreuzer „Karlsruhe" statt. Es folgten Lehrgänge auf der Marineschule Flensburg-Mürwik, der Torpedoschule, der Schiffsartillerieschule und der Nachrichtenschule, ehe er als Leutnant zur See sein erstes Bordkommando erhielt. Als II. Wachoffizier versah er seinen Dienst auf den Torpedobooten „Albatros" und „Leopard". Nach einem weiteren Kommando wurde er am 25. Oktober 1939 – seit dem 1. Oktober des Jahres Kapitänleutnant – Flottillenchef einer Torpedoboot-Flottille.

Seit dem 1. April 1940 gehörte er zur U-Boot-Waffe und wurde am 12. Oktober 1940 Kommandant von U 98. Mit diesem Boot unternahm er bis zum 27. Februar 1942 sechs Feindfahrten. Bereits am 23. Mai 1941 wurde er im Wehrmachtbericht namentlich genannt.

Am 30. März 1942 stellte er U 177 in Dienst. Mit diesem Boot unternahm er zwei weitere Feindfahrten in den Südatlantik, nach Südafrika und in den Indischen Ozean. Beide Fahrten waren sogenannte „Langeinsätze" und dauerten 128 bzw. 183 Tage. Der Erfolg der ersten Feindfahrt belief sich auf sieben Schiffe mit 42.180 Bruttoregistertonnen; bei der zweiten Feindfahrt wurden sechs Schiffe versenkt. Die Gesamttonnage dieser sechs Schiffe betrug 38.017 Bruttoregistertonnen.

Seit dem 5. Januar 1944 war Gysae Chef der 25. U-Flottille. Im April 1945 übernahm er das Panzerjagd-Regiment der Marine als Kommandeur und geriet am 8. Mai 1945 in Gefangenschaft. Schon am 1. Juni 1945 wurde er Leiter der Personalabteilung des Deutschen Minenräumdienstes Ostsee, der von Kiel-Friedrichsort aus seine Einsätze durchführte. Im Dezember 1947 erhielt er seine Entlassung.

Am 1. Juli 1956 trat Robert Gysae in die Bundesmarine ein und wurde am 12. Dezember desselben Jahres zum Fregattenkapitän ernannt. Bis zum 1. Juli 1960 diente er als Protokollchef im Attaché-Referat im Führungsstab der Bundeswehr.

Einer Verwendung als Kommandeur und Standortältester in Brake an der Unterweser schlossen sich ab dem 31. Oktober 1946 drei Jahre als Marineattaché der Deutschen Botschaft in Washington an. Darauf kehrte Gysae wieder in das Bundesministerium für Verteidigung zurück, um dort die Unterabteilung Führung im Führungsstab zu übernehmen.

Seit dem 1. Oktober 1960 Kapitän zur See, wurde er am 14. April 1967 zum Flottillenadmiral befördert. Vom 1. Februar 1967 bis zu seiner Pensionierung am 31. März 1970 war er Kommandant der Marinedivision Nordsee.

Als Auszeichnungen erhielt Gysae das Bundesverdienstkreuz I. Klasse und den amerikanischen Orden Legion of Merit.

Robert Gysae verstarb am 26. April 1989 in Wilhelmshaven.

Heinz Haag

Kapitänleutnant der Wehrmacht
Kapitän zur See der Bundeswehr

Geb. am 19. Dezember 1918 in Stuttgart
Ritterkreuz: 25. November 1944

Als Wachoffizier auf einem Schnellboot hatte Leutnant Heinz Haag bereits über 100 Einsätze im Kanal unternommen. Er galt als besonnener Seeoffizier und war für seine persönliche Tapferkeit und Unerschrockenheit bekannt.

Bei einem Schnellboot-Einsatz im Osten griff die 3. Schnellboot-Flottille vor Hangö einen Dampfer an, der von S 44 (Oberleutnant zur See Opdenhoff) versenkt wurde. Leutnant zur See Haag griff mit S 31 während eines Nachtunternehmens gemeinsam mit S 59 einen russischen Kreuzer an, der versenkt wurde.

Im Mittelmeer wurde diese Flottille im Kampf gegen britische Geleitzüge eingesetzt. Flottillenchef war Korvettenkapitän Kemnade.

Bis Ende des Krieges stand Heinz Haag als Kommandant eines Schnellbootes im Einsatz. Nach dem Sinken seines Bootes durch einen Minentreffer vor Malta diente er in verschiedenen Stabsstellungen. Kurz vor Kriegsschluß stellte er als Chef die 1. Schnellboots-Lehrdivision auf. Das Kriegsende erlebte er als Kapitänleutnant.

Heinz Haag trat am 1. Dezember 1955 als Kapitänleutnant in die Bundesmarine ein und brachte es bis zum Kapitän zur See. Er war u.a. Kommandant des Zerstörers „Bayern" und Kommandeur des 2. Zerstörergeschwaders. Heinz Haag wurde am 31. März 1978 pensioniert und starb am 5. April 1994 in Rheinbach bei Bonn.

Reino Hamer

Major der Wehrmacht
Oberst der Bundeswehr

Geb. am 29. August 1916 in Rastede, Kreis Ammerland
Deutsches Kreuz in Gold: 12. Juli 1944
Ritterkreuz: 5. September 1944

Reino Hamer trat am 1. Dezember 1936 in die II. Abteilung des Flakregiments 22 Brandenburg-Havel ein. Nach einer Flugzeug-Beobachter-Ausbildung in Faßberg-Unterlüß wurde er zur Kriegsschule Dresden-Klotzsche kommandiert und kam von dort zur I./Flakregiment 32 nach Berlin-Heiligensee. Hier wurde er Oberfähnrich.

Ab dem 1. September 1939 stand Hamer als Leutnant mit der I./Flakregiment 32 im Flakschutz des Reichsluftfahrtministeriums sowie der Hansestadt Hamburg und diente im Norwegenfeldzug als Zug- und Batterieführer und Regimentsadjutant.

Am 1. März 1941 wurde Hamer als Oberleutnant Zugführer im Fallschirm-FlaMG-Bataillon Quedlinburg; er absolvierte den Fallschirmschützen-Lehrgang in Braunschweig. Ab dem 1. November 1941 war er Kompaniechef im Fallschirm-FlaMG-Bataillon. Im Raume Leningrad kam er im November/Dezember 1941 zum Einsatz.

Nach einer Pak-Ausbildung im November 1942 wurde er Chef der Pak-Kompanie des Luftwaffen-Feldbataillons 100 und stand von Dezember 1942 bis Februar 1943 im Großraum Woroschilowgrad im Einsatz. Er erhielt dafür das Eiserne Kreuz I. Klasse.

Als Chef der 2. Kompanie des Fallschirmjägerregiments 6 und Führer der Regimentskampfgruppe stand er während der Rückzugkämpfe im Süden der Ostfront 1943-44 im Einsatz. Am 12. Juli 1944 wurde dieser Einsatz mit dem Deutschen Kreuz in Gold gewürdigt. Einer seiner herausragenden Einsätze war der Kampf um die Beseitigung des sowjetischen Brückenkopfes Butor an der Dnjestrschleife, ostwärts Kischinew. Drei Feindlinien wurden durchstoßen. Hierbei trat Hamer – seit dem 1. Oktober 1943 Hauptmann – besonders durch Tapferkeit und Führungsqualitäten hervor. In selbständigen Entschlüssen vernichtete er mit der Regimentskampfgruppe diesen Brückenkopf.

In der Festung Brest gelang es seinem I. Bataillon des Fallschirmjägerregiments 7, im Gegenstoß einen feindlichen Einbruch zurückzuschlagen. Dies war das Ritterkreuz für Major Hamer.

Am 19. September 1944 geriet er in Gefangenschaft, die für ihn bis zum 20. März 1946 dauerte.

Hamer trat am 11. Juli 1956 in die Bundeswehr ein und diente zunächst im Luftlande-Jägerbataillon 15 in Kempten als Major.

Nach einem Fallschirmspringer-Lehrgang auf der Airborne School der 11. US-Airborne-Division und verschiedenen Observer-Lehrgängen wurde er ab dem 1. März 1959 Kommandeur des Fallschirmjägerbataillons 261 in Sigmaringen. Seine Beförderung zum Oberstleutnant erfolgte am 19. November 1960. Von 1962 bis zum 1. April 1964 war er Taktiklehrer an der Heeresoffiziersschule II in München.

Am 1. April 1970 wurde Hamer Kommandeur der Luftlandebrigade Lippstadt; am 10. April desselben Jahres beförderte man ihn zum Oberst. Ab dem 1. April 1972 war er stellvertretender Kommandeur der 1. Luftlande-Division in Bruchsal; am 30. September 1977 wurde er in den Ruhestand versetzt.

1956 erhielt Hamer das US-Airborne Fallschirmspringer-Abzeichen, am 15. Dezember des Jahres das Fallschirmsprung-Abzeichen. Das Bundesverdienstkreuz I. Klasse wurde ihm am 4. Juni 1973 verliehen.

Reino Hamer starb am 24. Juli 1992 in Ubstadt im Kreis Bruchsal.

Werner Hartmann

Kapitän zur See der Wehrmacht
Kapitän zur See der Bundeswehr

Geb. am 11. Dezember 1902 in Silstedt, Kreis Wernigerode/Harz
Ritterkreuz: 9. Mai 1940
645. Eichenlaub: 5. November 1944

Als Seeoffiziersanwärter trat Werner Hartmann am 1. April 1921 in die Reichsmarine ein. Als Leutnant zur See diente er als Signaloffizier auf dem Kreuzer „Berlin". Er wurde sodann Wachoffizier auf T 157 und Ausbildungsoffizier auf dem Leichten (Schul-)Kreuzer „Karlsruhe".

Am 1. Oktober 1935 ging er als Kapitänleutnant zur U-Waffe, wurde am 1. Oktober 1939, inzwischen Korvettenkapitän, Flottillenchef der 6. U-Flottille und gleichzeitig Kommandant von U 37. Mit diesem Boot, auf dem sich viele später hochausgezeichnete Kommandanten ihre ersten Sporen verdienten, unternahm Hartmann drei Feindfahrten. Er wurde am 1. März 1940 und am 19. April 1940 im Wehrmachtbericht genannt.

Am 1. Mai 1940 trat Hartmann als 1. Admiralstabsoffizier in den Stab des Befehlshabers der U-Boote ein. Er wurde Kommandeur der 2. U-Boot-Lehrdivision und Flottillenchef der 2. U-Boots-Flottille, ehe er ab 1. November 1942 als Kommandant von U 198 zwei langandauernde Feindfahrten unternahm. Er war der erste, der eine 200 Tage dauernde Feindfahrt unternahm.

Als Führer der U-Boote Mittelmeer führte er auch den Kleinkampfverband der Kriegsmarine in Italien und stand zuletzt in Westpreußen als Stabsführer des Deutschen Volkssturms und als Kommandeur des Marine-Grenadier-Regiments 6 im Einsatz.

Am 10. Juli 1956 trat Werner Hartmann in die Bundesmarine ein und wurde Kommandeur des 1. Schiffsstammregiments Glückstadt.

Am 31. März 1962 wurde er als Kapitän zur See in den Ruhestand versetzt.

Werner Hartmann starb am 26. April 1963 in Ussel bei Waldeck.

Heinrich Hax

Generalmajor der Wehrmacht
Generalmajor der Bundeswehr

Geb. am 24. Januar 1900 in Berlin
Ritterkreuz: 8. März 1945
855. Eichenlaub: 30. April 1945

Hax war als Fahnenjunker im Sommer 1918 in das Infanterieregiment 64 eingetreten, wurde nach Kriegsende in die Reichswehr übernommen und in dieser am 1. April 1922 zum Leutnant befördert.

Als Major im Generalstab wurde er am 10. November 1938 Ia der 2. Infanteriedivision. Seit dem 1. April 1939 Oberstleutnant, diente Hax von September 1939 bis September 1942 als Ia der Heeresgruppe Süd. Am 1. Juni 1942 wurde er zum Oberst befördert.

Am 30. Januar 1943 wurde er Chef des Generalstabes des LVI. Armeekorps, und führte kurzzeitig – bis zum 4. Mai 1944 – das Panzergrenadierregiment 111.

Nach seiner Kommandierung zum Divisionsführer-Lehrgang, der von Dezember 1944 bis Januar 1945 dauerte, übernahm er die 8. Panzerdivision, mit der er in den schweren Abwehrkämpfen an der Ostfront im polnischen und im tschechischen Raum zweimal die Front in seinem Abschnitt gegen vielfache Angriffe verteidigte und so den Abfluß der Infanteriekräfte sicherstellte. Für seine persönliche Tapferkeit und für seine Leistung in der Führung seiner Division erhielt Hax zunächst das Ritterkreuz und dann das Eichenlaub. Am 1. April 1945 wurde er zum Generalmajor befördert.

Heinrich Hax gehörte zu jenen Kriegsgefangenen, die erst 1955 durch die Fürsprache von Bundeskanzler Dr. Konrad Adenauer aus der russischen Kriegsgefangenschaft freigelassen wurden.

Ende 1956 trat Heinrich Hax als Brigadegeneral in die Bundeswehr ein. Er avancierte am 12. September 1957 zum Generalmajor. Am 31. März 1969 ging Heinrich Hax als stellvertretender Kommandierender General des III. Korps in Pension.

Er erhielt das Große Bundesverdienstkreuz des Verdienstordens der Bundesrepublik Deutschland.

Heinrich Hax starb am 1. September 1969 in Koblenz.

Adolf Hempel

Major im Generalstab der Wehrmacht
Generalleutnant der Bundeswehr

Geb. am 26. Januar 1915 in Dürrenbach/Thüringen
Ritterkreuz: 30. Dezember 1942

Adolf Hempel trat am 12. April 1934 als Polizeianwärter in die Landespolizei Thüringen ein. Am 1. August 1935 wurde er von der Luftwaffe übernommen und zum 2. Fähnrichlehrgang nach Potsdam-Eiche befohlen.

Am 12. November 1936 wurde er zum Leutnant befördert, nachdem er bereits seit dem 1. Oktober 1936 Dienst als Batterieoffizier in der II. Abteilung des Flakregiments 23 in Rudolstadt tat.

Am 1. Juni 1939 erfolgte seine Beförderung zum Oberleutnant, der am 15. August die Ernennung zum Chef der 8. Batterie des Flak-Lehrregiments folgte. Mit dieser Batterie ging er in den Polen- und den Westfeldzug. Für den Einsatz auf der Insel Kreta erhielt er am 3. Juli 1941 das Eiserne Kreuz I. Klasse. Als Gruppenleiter im Stabe der 17. Flak-Division zeichnete er sich bei der Eroberung von Krasnodar besonders aus. Hier errang er das Ritterkreuz.

Von der Luftkriegsakademie in Berlin-Gatow gelangte er in verschiedene Stabsverwendungen. Am 31. Oktober 1944 wurde er zum Major im Generalstab befördert und war zuletzt Quartiermeister einer Luftflotte.

Adolf Hempel trat als Major in die Bundeswehr ein und diente im Führungsstab der Luftwaffe und als Hilfsreferent im Verteidigungsministerium. Am 2. Mai 1956 wurde er Kommandeur des Luftwaffen-Ausbildungsregiments 3 in Roth bei Nürnberg. Seine Beförderung zum Oberstleutnant erfolgte am 16. Dezember 1956 und die zum Oberst am 18. Juli 1959. Am 1. Oktober 1962 wurde Dr. phil. Adolf Hempel (diesen akademischen Titel hatte er schon 1950 erworben) zum Kommandeur der 2. Luftverteidigungs-Division der Luftwaffe in Birkenfeld ernannt. Seit dem 2. August dieses Jahres war er Brigadegeneral. Am 23. März 1964 wurde er zum Generalmajor befördert und eine Woche darauf zum Kommandeur der 3. Luftwaffen-Division in Kalkar ernannt. Am 2. April 1968 wurde er zum Generalleutnant befördert und trat am 1. April 1969 seinen Dienst als Amtschef im Luftwaffenamt in Köln an.

Adolf Hempel verstarb am 2. Juni 1971 in Bad Godesberg.

Karl Henze

Major der Wehrmacht
Oberst der Bundeswehr

Geb. am 20. Januar 1916 in Holzminden/Weser
Ritterkreuz: 15. Juli 1942
481. Eichenlaub: 20. Mai 1944

Karl Henze stand vom ersten bis zum letzten Tag des Zweiten Weltkrieges an verschiedenen Fronten im Einsatz. Im Frühjahr 1936 als Fahnenjunker in die Luftwaffe eingetreten, stieß er am 1. Juli 1938 zu jenem Geschwader, dem er bis zuletzt angehörte: dem Stukageschwader 77, das allerdings zu jener Zeit noch Stukageschwader 165 hieß.

Im Polenfeldzug flog er die ersten scharfen Einsätze. Am 1. Oktober 1939 wurde er Adjutant der I. Gruppe und machte den Frankreicheinsatz in dieser Dienststellung mit.

Seit dem 18. September 1941 war er Kapitän der 1. Staffel, die er beim Luftkrieg über England und auch im Ostfeldzug führte. Nach seinem 430. Einsatz erhielt Henze das Ritterkreuz. Am 1. August 1942 wurde er zum Hauptmann befördert, um am 1. Februar 1943 die I. Gruppe als Kommandeur zu übernehmen.

Diese Gruppe sollte er über zwei Jahre lang führen. Über der russischen Front kam sie zu großen Erfolgen, an denen der Kommandeur mit seinen annähernd 1.100 Feindflügen maßgeblich beteiligt war. Nach seinem 1.000. Feindflug erhielt er das Eichenlaub zum Ritterkreuz.

Die letzten 100 Einsätze erlebte Henze zwischen dem 16. Januar und 16. April 1945 als Kommodore der Schlachtgeschwader 102, 103 und 151.

In der Bundeswehr brachte es Henze zum Oberst. Er war u.a. Kommodore des Jagdbombergeschwaders 35 in Husum. Am 30. September 1970 ging er in Pension.

Am 25. September 1985 verschied Karl Henze in Neunkirchen-Seelscheid in Nordrhein-Westfalen.

Harry Herrmann

Oberst der Wehrmacht
Oberst der Bundeswehr

Geb. am 27. Mai 1909 in Berlin
Ritterkreuz: 9. Juli 1941
Deutsches Kreuz in Gold: 22. Juli 1944

Als Harry Herrmann am 3. April 1929 als Polizeianwärter in die Polizeischule Brandenburg-Havel eintrat, war sein militärischer Werdegang wie der vieler anderer späterer Offiziere der Fallschirmtruppe vorgezeichnet.

Am 1. April 1933 trat er in die 1./Polizeiabteilung Wecke ein. Nach seiner Übernahme in die Luftwaffe am 21. Januar 1934 wurde er am 1. Oktober 1934 zur Polizeioffiziersschule Eiche bei Potsdam kommandiert. Am 1. Oktober 1935 wurde er Leutnant.

Herrmann nahm am 2. Lehrgang der Fallschirmschule Stendal teil. Am 1. Januar 1938 wurde er zum Oberleutnant befördert, um am 1. Januar 1939 Adjutant des Fallschirmjägerregiments zu werden. Am 1. August 1939 wurde er Ordonnanzoffizier im Stab der 7. Fliegerdivision.

Der erste Einsatz des Zweiten Weltkrieges war für Herrmann der Sprungeinsatz in die Festung Holland. Er errang beide Eisernen Kreuze und wurde am 1. Juni 1940 Chef der 5./Fallschirmjägerregiment 1 in Tangermünde.

Mit dieser Kompanie sprang Herrmann über Kreta. Bei Karteros, nahe dem Einsatzziel Heraklion, erhielt er, noch im Schirm hängend einen Kopfschuß und erblindete vorübergehend. Dies hinderte ihn daran, voll zu kämpfen. Geführt von seinen Hauptfeldwebel Alfred Kurth und seiner Ordonnanz, die beide im Verlaufe des Kampfes an seiner Seite fielen, gelangte er bis in die Nähe des Flugplatzes. Herrmann gab seiner Kompanie ein leuchtendes Beispiel. Am 9. Juli 1941 wurde er mit dem Ritterkreuz ausgezeichnet. Am 1. April 1942 wurde er Major und ging am 1. Mai 1942 als Ia zum XI. Fliegerkorps. Am 21. September wurde er Kommandeur des neu aufgestellten Fallschirmjäger-Lehrregiments und stand mit diesem im Einsatz bei Anzio-Nettuno.

Am 5. April 1944 wurden er und sein Bataillon im Wehrmachtbericht genannt. Der 1. August 1944 sah seine Beförderung zum Oberstleutnant. Mit der Fallschirm-Panzerjagdbrigade „Herrmann“ stand er bis Kriegsschluß im Einsatz.

Vom 2. Mai 1945 bis zum 9. Oktober 1955 wurde er von den Sowjets gefangengehalten.

Am 2. Mai 1957 trat Harry Herrmann als Abteilungsleiter Luftlandewesen im

Truppenamt in die Bundeswehr ein und absolvierte gleichzeitig einen Springerlehrgang. Am 1. Oktober 1957 wurde er zum Oberst befördert. Nach einer Verwendung als stellvertretender Kommandeur der 1. Luftlande-Division wurde er am 1. Oktober 1962 zum Kommandeur der Luftlande- und Lufttransportschule Altenstadt ernannt. Am 30. September 1967 wurde er in den Ruhestand versetzt.

Harry Herrmann starb am 12. März 1995 in Altenstadt bei Schongau.

Friedrich August Freiherr v. d. Heydte

Oberstleutnant der Wehrmacht
Brigadegeneral der Reserve der Bundeswehr

Geb. am 30. März 1907 in München
Ritterkreuz: 9. Juli 1941
Deutsches Kreuz in Gold: 9. März 1942
617. Eichenlaub: 30. September 1944

Als Offiziersanwärter trat Friedrich August von der Heydte am 1. April 1925 in die Reichswehr ein. Er diente im Reiterregiment 18, sodann im Reiterregiment 2 in Allenstein und wurde am 5. April 1937 als Oberleutnant Chef der 2. Kompanie der Panzerabwehrabteilung 6 in Herford.

Als Infanteriehauptmann kämpfte er im Westfeldzug. Am 1. August 1940 meldete er sich zur Fallschirmtruppe und absolvierte den Fallschirmschützen-Lehrgang. Ab dem 10. Dezember 1940 führte er das I. Bataillon des Fallschirmjägerregiments 3, mit dem er am 20. Mai 1941 im Sprungeinsatz auf Kreta das Zuchthaus Agya besetzte und in den folgenden Tagen einen kräftemäßig weit überlegenen Gegner bei Peribolia und Pyrgos band. Am 25. Mai führte er sein Bataillon im Angriff über die Straße Alikianou – Chania, nahm am 27. Mai den Ostrand der kretischen Hauptstadt in Besitz und stieß bis zum Hafen durch. Am 1. August 1941 wurde er zum Major befördert.

Als Führer der Kampfgruppe von der Heydte der Brigade Ramcke war Major von der Heydte auch in Nordafrika erfolgreich.

Am 1. Februar 1943 wurde er Ia der 2. Fallschirmjägerdivision. Bei einem Erkundungsflug über Elba stürzte seine Maschine ab. Von der Heydte wurde schwer verletzt und fiel für vier Monate aus.

Am 1. Februar 1944 wurde er Kommandeur des neu aufgestellten Fallschirmjägerregiments 6. Während der Invasion in der Normandie kämpfte sein Regiment ein feindliches Fallschirmjäger-Kommando nieder und zeichnete sich dabei besonders aus. Freiherr von der Heydte wurde mit seinem Regiment im Wehrmachtbericht genannt.

Am 1. August 1944 zum Oberstleutnant befördert, wurde von der Heydte mit dem Aufbau der Kampfschule der Fallschirmarmee beauftragt. Am 8. Dezember 1944 bildete er die Kampfgruppe von der Heydte, die in der Nacht zum 17. Dezember 1944 „zum Öffnen und Offenhalten von Engen für die 6. SS-Panzerarmee" in den Ardennen sprang. Doch der Erfolg blieb aus. Am 24. Dezember geriet Oberstleutnant von der Heydte verwundet in US-Kriegsgefangenschaft, aus der er am 12. Juli 1947 entlassen wurde.

Zwischen 1957 und 1967 absolvierte von der Heydte – zunächst als Oberst – zahlreiche Reserveübungen in der Luftlandetruppe der Bundeswehr. Am 22. Oktober 1962 wurde er zum ersten Brigadegeneral der Reserve der Bundeswehr ernannt. Die Verleihung des Großen Bundesverdienstkreuzes erfolgte später.

Friedrich August Freiherr von der Heydte starb am 7. Juli 1994 in Landshut.

Dietrich Hrabak

Oberst der Wehrmacht
Generalmajor der Bundeswehr

Geb. am 19. Dezember 1914 in Großdeuben/Sachsen
Ritterkreuz: 21. Oktober 1940
337. Eichenlaub: 25. November 1943
Deutsches Kreuz in Gold: 10. Juli 1944

Dietrich Hrabak kam ursprünglich von der Kriegsmarine und ging erst im Februar 1938 zur Wiener Jagdgruppe, der späteren II. Gruppe des Jagdgeschwaders 54. Als Adjutant, dann als Staffelkapitän, kämpfte er im Polenfeldzug und im Westen. Als Hauptmann errang er seine ersten 16 Luftsiege über England. Im August 1940 wurde er Kommandeur der II. Gruppe des Jagdgeschwaders 54, dessen Kommodore er am 1. November 1942 wurde.

Hrabak, darin waren sich alle seine Kameraden der ersten Zeit wie Trautloft, Steinhoff und Nordmann einig, war der „geborene" Kommodore. Sein Führungsstil war ganz auf Erfolg ausgerichtet. Er verstand es, die Soldaten seines Geschwaders zusammenzuhalten. Er war „ihr" Hrabak. Bis zum bitteren Ende blieb er bei seinen Soldaten. Er erreichte, daß das Geschwader noch am 8. Mai 1945 bis zum letzten Mann mit ihm im Formationsflug nach Flensburg fliegen konnte. Als letzter Mann seines Geschwaders kam er aus der Kriegsgefangenschaft zurück und baute sich eine private Existenz auf, um dann jenem Ruf zu folgen, der ihn ebenso wie seine Kameraden erreichte.

Seit 1955 stand Dietrich Hrabak als Oberst im Dienst der Bundesluftwaffe. Er wurde am 18. Dezember 1962 Brigadegeneral und am 30. Juni 1966 Generalmajor. Er war zuletzt General der Kampfverbände im Luftwaffenamt in Porz-Wahn. Für seine besonderen Leistungen erhielt er das Große Bundesverdienstkreuz.

Am 31. März 1970 ging er in Pension.

Dietrich Hrabak starb am 15. September 1995 in Pfaffenhofen.

Eduard Hübner

Hauptmann der Wehrmacht
Major der Bundeswehr

Geb. am 16. April 1914 in Hinzweiler, Kreis Kusel/Rheinpfalz
Deutsches Kreuz in Gold: 21. Juni 1943
Ritterkreuz: 17. März 1945

Als Offiziersanwärter trat Eduard Hübner am 1. Oktober 1934 in die 7. (Bayer.) Fahrabteilung Fürth ein und wurde am 1. April 1935 Fahnenjunker. Nach Absolvierung der Kriegsschule in Hannover kam er zur I. Abteilung des Flakregiments 5 nach München; dort wurde er am 20. April 1937 zum Leutnant befördert.

Am 1. April 1938 nach Berlin versetzt, nahm er am Sudetenlandeinsatz teil und wurde am 1. November 1938 Adjutant im Flakregiment 51 zu Stettin. Er trat am 1. Februar 1940 zur Fallschirmtruppe über und kam zur Fallschirmschule Wittstock.

Am 1. März 1940 wurde er Zugführer in der 1. Kompanie des Fallschirmjägerregiments 1 Stendal. Er wurde sowohl in Polen als auch bei Narvik eingesetzt. Auf Kreta errang er das Eiserne Kreuz I. Klasse. Im Rußlandeinsatz wurde er am 13. November 1941 verwundet. Am 20. Dezember 1941 kam Leutnant Hübner zur 16. Kompanie des Fallschirmjäger-Ersatzregiments 1 nach Stendal, wurde anschließend Adjutant im I. Bataillon des Fallschirmjägerregiments 4 und am 25. April 1942 Pionierzugführer in diesem Regiment. Am 1. Juli 1942 wurde er Führer der 11. Kompanie des Regiments, und am 1. November 1942 wurde er zum Oberleutnant befördert.

Im Großraum Smolensk erfolgte sein zweiter Rußlandeinsatz. Auf Sizilien errang er das Deutsche Kreuz in Gold. Von Reggio bis nach Cassino stand er in ständigen Abwehrkämpfen. Am 1. Februar 1944 übernahm er das II. Bataillon des

Fallschirmjägerregiments 4. Am 1. November 1943 wurde er wegen Tapferkeit vor dem Feind zum Hauptmann befördert.

Mit dem Sturmbataillon der 1. Fallschirmarmee kämpfte er im Raume Wesel–Xanten und verhinderte am 2. März 1945 einen Feinddurchbruch und damit den vorzeitigen Verlust dieses Brückenkopfes. Somit wurde der Rückzug der eigenen Streitkräfte nach Osten über den Rhein möglich. Am 17. März 1945 erhielt er dafür das Ritterkreuz. Vom 8. Mai 1945 bis zum 31. Juli 1947 war Hübner in britischer Kriegsgefangenschaft.

Hübner trat am 15. September 1956 in die Bundeswehr ein. Nach diversen Kommandierungen wurde er am 15. September 1957 zum Hauptmann und am 4. August 1958 zum Major befördert. Er diente zunächst im Truppenamt Köln/Abteilung Luftlandewesen und war dann stellvertretender Kommandeur im Fallschirmjägerbataillon 262 in Kempten und Inspektionschef an der Luftlande- und Lufttransportschule in Altenstadt. Am 30. September 1968 erfolgte Eduard Hübners Verabschiedung.

Er verstarb am 1. Oktober 1996 in Altenstadt bei Schongau.

Otto Ites

Kapitänleutnant der Wehrmacht
Konteradmiral der Bundeswehr

Geb. am 5. Februar 1918 in Norden/Ostfriesland
Ritterkreuz: 28. März 1942

Am 3. April 1936 trat Otto Ites in die Kriegsmarine ein und diente nach seiner Ausbildung auf den Torpedobooten „Kondor" und „Albatros". Am 3. Oktober 1938 wurde er zur U-Schule kommandiert, wo er einen U-Lehrgang machte. Am 3. April 1939 wurde er II. Wachoffizier auf den Booten U 51 und U 48, und seit dem 10. November 1940 diente er als I. Wachoffizier auf U 48. Dieses war das erfolgreichste U-Boot des Zweiten Weltkrieges; auf ihm absolvierte Ites zehn Feindfahrten.

Nach einem Kommandanten-Lehrgang übernahm er am 31. März 1941 U 146 als Kommandant, mit dem er aber nur eine Feindfahrt durchführte.

Ab dem 27. August 1941 war er Kommandant von U 94, mit dem er auf fünf Feindfahrten große Versenkungserfolge erzielte. Am 30. März 1942 und am 18. Juni 1942 wurde Oberleutnant zur See Ites im Wehrmachtbericht genannt.

Am 27. August 1942 wurde sein Boot ostwärts von Jamaica in der karibischen Windwardpassage von einem Catalina-Flugboot beschädigt und anschließend von einer kanadischen Korvette dreimal gerammt und versenkt. 19 Mann fielen; die übrigen Besatzungsmitglieder, darunter der Kommandant, wurde in das US-Kriegsgefangenenlager Crossville im Staate Tennessee eingeliefert. Am 1. April 1943 wurde Ites zum Kapitänleutnant befördert.

Am 4. Januar 1956 trat Otto Ites als Korvettenkapitän in die Bundeswehr ein. Er diente zunächst als Prüfoffizier für neu einzustellende Soldaten der Bundesmarine. Am 1. Mai 1958 wurde er in den Führungsstab der Marine im Bundesministerium der Verteidigung kommandiert und dort am 25. August 1959 zum Fregattenkapitän befördert.

Ab dem 14. November 1960 führte er den Zerstörer Z 2 als Kommandant, um zwei Jahre darauf in den Führungsstab der Marine zurückzukehren. Zum Kapitän zur See wurde Ites am 17. Dezember 1964 befördert; am 2. April 1971 wurde er Flottillenadmiral. Am 1. April 1975 erhielt er den Dienstgrad eines Konteradmirals und trat zugleich seine neue Position als Amtschef des Marineamtes an.

In den Ruhestand trat der Träger des Großen Bundesverdienstkreuzes am 30. September 1977. Otto Ites starb am 2. Februar 1982 in seinem Geburtsort Norden.

Günther Josten

Oberleutnant der Wehrmacht
Oberst im Generalstab der Bundeswehr

Geb. am 7. November 1921 in Rhynern, Kreis Hamm/Westfalen
Ritterkreuz: 5. Februar 1944
810. Eichenlaub: 28. März 1945

Nach seiner Ausbildung zum Jägerpiloten kam Günther Josten im November 1941 zur Jagdgruppe Drontheim, die der Luftflotte 5 unterstand, welche für den Nordabschnitt der Ostfront zuständig war.

Bis September 1942, als er zur I. Gruppe des berühmten Jagdgeschwader 51 „Mölders" an die Ostfront kam, hatte er noch keinen bestätigten Abschuß zu verzeichnen. Seine Tätigkeit beschränkte sich darauf, eigene Aufklärer sicher zu geleiten und auch selber Aufklärungsflüge durchzuführen. Gelegentlich wurde er auch gegen feindliche Kriegsschiffe eingesetzt.

Erst am 23. Februar 1943 erzielte er in Rußland seinen ersten Luftsieg. Er kämpfte mit seiner Gruppe – das Geschwader war so eingesetzt worden, daß es einen möglichst breiten Frontstreifen abdeckte, – im Mittelabschnitt der Ostfront. Nach der Umrüstung auf die FW 190 in Jesau wurde das Geschwader wieder in den Mittelabschnitt verlegt.

Im Unternehmen „Zitadelle" erzielte das Geschwader hervorragende Ergebnisse bei der Bekämpfung des Gegners. Josten erzielte als Oberfeldwebel eine stattliche Abschußzahl und erhielt nach 84 Luftsiegen das Ritterkreuz. Wegen Tapferkeit vor dem Feind wurde er zum Leutnant befördert.

Am 20. Juli 1944 erhielt er in Anerkennung seiner Leistungen seine Ernennung zum Staffelkapitän.

Auch seine Beförderung zum Oberleutnant erfolgte wegen vorbildlicher Tapferkeit. Am 28. März 1945 erhielt er nach 161 Luftsiegen das Eichenlaub und übernahm unmittelbar darauf als Kommandeur die Führung der IV. Gruppe des Geschwaders.

Weitere Abschüsse folgten, bis die Zahl seiner bestätigten Luftsiege zu Ende des Krieges bei 178 lag. (Weitere 20 Luftsiege, die er errungen hatte, konnten wegen fehlender Zeugen nicht anerkannt werden.) Dies war ein enormer Erfolg für 420 Feindflüge, vor allem weil unter seinen abgeschossenen Gegnern über 60 sowjetische IL-2 waren. Zu seinen 420 Einsätzen kamen zusätzlich noch 80 Jagdbombereinsätze.

Günther Josten wurde selber kein einziges Mal abgeschossen, was sowohl für seine fliegerischen Fähigkeiten als auch für die Überlegenheit seiner Einsätze und seiner Taktik spricht.

In der Bundesluftwaffe diente Günther Josten zunächst als Hauptmann. Er wurde 1962 Kommodore des Jagdgeschwaders 71 „Richthofen" und 1972 stellvertretender Kommandeur der 4. Luftwaffendivision in Aurich. Als Oberst im Generalstab nahm er bei Erreichen der Pensionsgrenze am 31. März 1981 seinen Abschied.

Josef Kammhuber

General der Flieger der Wehrmacht
General der Bundeswehr

Geb. am 19. August 1896 in Burgkirchen/Oberbayern
Ritterkreuz: 9. Juli 1941

Am 19. August 1914 trat Kammhuber in das Heer ein und wurde am 10. September 1917 zum Leutnant befördert. Er diente als Zugführer und Kompaniechef im 30. bayerischen Infanterieregiment. Nach Kriegsende gehörte Oberleutnant Kammhuber dem Bodensee-Freikorps an, bevor er als Zugführer in das Reichswehr-Schützenregiment 42 eintrat.

Nach einer Reihe von Verwendungen, u.a. als Bergführer, Nachrichtenoffizier und Kraftfahroffizier, wurde er zum Pionierbataillon 5, zum Reiterregiment 14 und am 1. Oktober 1929 zum Reichswehrministerium kommandiert.

Am 1. Februar 1931 erfolgte seine Beförderung zum Hauptmann. Es schloß sich eine Fliegerausbildung in der UdSSR an, bevor er am 1. September 1933 für zwei Jahre Gruppenleiter in der Organisationsabteilung des Reichsluftfahrtministeriums wurde.

Am 1. Oktober 1934 wurde er Major und genau zwei Jahre darauf Oberstleutnant. Er nahm an der Südamerikafahrt des Luftschiffes „General Zeppelin" vom 12. August 1935 bis zum 5. September 1935 teil.

Am 26. September 1935 wurde er dem Regiment „General Göring" als Berater zur Verfügung gestellt.

Kommandierungen zu den Fliegergruppen Döberitz und Damm folgten. Dann wurde Kammhuber Chef des Generalstabes der Luftflotte 2 und Kommodore des Kampfgeschwaders 1. Im Anschluß daran erhielt er am 17. Oktober 1940 seine Beförderung zum Generalmajor.

Wenige Monate zuvor war er Kommandeur der 1. Nachtjagd-Division geworden, um am 9. August 1941 Kommandierender General des XII. Fliegerkorps zu werden. Diese Dienststellung hatte er bis zum 16. September 1943 inne.

Seit dem 1. Oktober 1941 war er Generalleutnant, und am 1. Januar 1943 wurde er General der Flieger. Als solcher war er für zehn Monate Chef der Luftflotte 5, bevor er im Sommer 1944 deren Oberbefehlshaber wurde.

In den letzten Kriegsmonaten bekleidete er die Positionen des Sonderbeauftragten für die Bekämpfung viermotoriger Feindflugzeuge und des Generalbevollmächtigten der Luftwaffe für Strahlflugzeuge.

Vom 3. Juni 1945 bis zum 10. April 1948 befand er sich in US-Kriegsgefangenschaft.

Am 6. Juni 1956 trat Kammhuber als Leiter der Abteilung Luftwaffe seinen Dienst im Bundesministerium der Verteidigung an. Er wurde als Generalleutnant übernommen.

Vom 1. Juni 1957 bis zum 30. September 1962, dem Tag seiner Pensionierung, war er Inspekteur der Luftwaffe.

In der Bundeswehr erhielt er das Große Bundesverdienstkreuz mit Schulterband und Stern, den höchsten Orden, den die Bundesrepublik Deutschland zu vergeben hat, dazu den amerikanischen Order of Merit.

Josef Kammhuber verstarb am 25. Januar 1986 in München.

Friedrich Kemnade

Korvettenkapitän der Wehrmacht
Konteradmiral der Bundeswehr

Geb. am 12. Dezember 1911 in Schwarmstedt bei Hannover
Ritterkreuz: 23. Juli 1942
249. Eichenlaub: 27. Mai 1943

Kemnade trat im Jahre 1931 in die Reichsmarine ein und diente ab 1939 als 1. Torpedo-Offizier und Adjutant auf dem Kreuzer „Emden". Am 15. Mai 1940 wurde er als Kapitänleutnant Chef der 3. Schnellboot-Flottille, die er im Einsatz gegen England im Kanal ebenso erfolgreich führte wie später in der Ostsee.

Im Mittelmeer erzielte er seine größten Erfolge. Seine Kommandanten errangen eine Vielzahl an Seesiegen über größere Einheiten. Friedrich Kemnade war ein exzellenter Seekriegs-Taktiker, dem es stets gelang, seinen kleinen schnellen Booten den entscheidenden Platzvorteil zu verschaffen, den diese benötigten, um ihre Torpedoerfolge zu erzielen. Am 18. Juni 1942 wurde er persönlich im Wehrmachtbericht genannt. Vom 1. Januar 1944 bis Kriegsende war er Referent beim Oberkommando der Kriegsmarine.

Als Korvettenkapitän trat Kemnade im Jahre 1956 in die Bundesmarine ein. Er galt auf Grund seiner Erfahrung als besonderer Spezialist für schnelle Boote und deren Torpedobewaffnung. Am 17. April 1964 wurde er zum Flottillenadmiral befördert. Die Ernennung zu Konteradmiral erfolgte zum 2. April 1968. Am 30. September 1970 ging Konteradmiral Kemnade in Pension.

Er wurde mit dem Großen Bundesverdienstkreuz ausgezeichnet.

Hellmut Kerutt

Major der Wehrmacht
Oberst der Bundeswehr

Geb. am 19. August 1916 in Johannisburg/Ostpreußen
Ehrenschale der Luftwaffe für hervorragende Kampfleistungen: 18. Oktober 1942
Deutsches Kreuz in Gold: 1. November 1943
Ritterkreuz: 2. Februar 1945

Hellmut Kerutt trat am 6. April 1936 als Fahnenjunker in die 2. Batterie des Flakregiments 7 ein. Ab dem 28. Juli 1940 kam er zur Fallschirmtruppe und absolvierte den Lehrgang an der Fallschirmschule Braunschweig.

Seit dem 1. Januar 1938 Leutnant, übernahm er am 1. Dezember 1940 in Quedlinburg eine Kompanie des neu aufgestellten Fallschirmregiments 2, Oberst Sturm. Mit dieser Kompanie ging er in den Kreta-Einsatz und sprang in der zweiten Welle am 20. Mai 1941 um 15.30 Uhr bei Rethymnon.

Nach schweren Gefechten, bei denen seine Kompanie die Hälfte ihres Personals verlor und Kerutt zweimal leicht verwundet wurde, erhielt er beide Eisernen Kreuze und das Silberne Verwundetenabzeichen.

Am 1. Juli 1941 erfolgte seine Beförderung zum Oberleutnant. Am Mius stand er als Chef der 1. Kompanie des Luftwaffen-Feldbataillons im Einsatz. Schon nach kurzem Kampf führte er das Bataillon für den verwundeten Kommandeur. In der Sumpfhölle am Wolchow stellte er die Standfestigkeit seines Verbandes unter Beweis. Er erhielt das Luftwaffen-Erdkampfabzeichen.

Im Sommer nach Deutschland zurückgekehrt, wurde er Lehroffizier an der Fallschirmschule Reims, wo er am 19. September 1942 zum Hauptmann befördert wurde. Von Januar 1943 bis Ende Februar 1943 stand er abermals an der Ostfront im Einsatz. In der Fallschirm-Panzerjägerabteilung 2 diente er zunächst beim Abteilungsstab, um die Abteilung am 2. Dezember 1943 als Kommandeur zu übernehmen. Nach seiner Beförderung zum Major am 1. März 1944 wurde er Kommandeur des III. Bataillons des Fallschirmjägerregiments 7. Er trat damit zum Fallschirmjägerregiment von Hoffmann (Fallschirmjägerregiment 18), das am 5. September 1944 im Eiltransport nach Tilburg in Rußland transportiert wurde.

Die 21. britische Heeresgruppe hatte am Tage zuvor Antwerpen genommen und schickte sich an, über den Albertkanal zu setzen, wo nur eine schwache deutsche Sicherung stand. Hier wurde das Fallschirmjägerregiment von Hoffmann eingesetzt.

In den folgenden Wochen kämpfte auch das Bataillon Kerutt am „Brückenkopf Maas-Schelde-Kanal". Als ein feindlicher Panzerkeil am 17. September den Einschließungsring durchbrach, kam es zu schweren Kämpfen, in denen sich das Bataillon Kerutt hoch bewährte. Das Bataillon wurde dann zur Kampfgruppe Kerutt, mit welcher der Major die Kämpfe bei Venray siegreich führte. Hier erlitt er eine schwere Verwundung. Für seinen besonderen Einsatz erhielt er das Ritterkreuz. Er hatte mit seiner Kampfgruppe Teile des eingebrochenen XXX. britischen Korps im Gegenangriff wieder hinausgeschlagen. Ab dem 15. März 1945 war Kerutt Lehrgruppenkommandeur auf der Fallschirm-Offiziersschule Berlin-Reinickendorf und Goslar.

Kerutt trat am 1. März 1956 als Major in die Bundeswehr ein und wurde Prüfgruppenleiter bei der Offizierbewerber-Prüfzentrale. Am 27. August 1959 zum Oberstleutnant befördert, wurde er Leiter der Gruppe Taktik der Luftlandeschule in Schongau, deren stellvertretender Kommandeur er von 1966 bis 1974 war. Hier wurde er am 29. Oktober 1971 auch zum Oberst befördert und am 30. September 1974 pensioniert.

Bernd Klug

Korvettenkapitän der Wehrmacht
Flottillenadmiral der Bundeswehr

Geb. am 12. Dezember 1914 in Wuppertal
Ritterkreuz: 12. März 1941
361. Eichenlaub: 1. Januar 1944

Bereits in Spanien-Einsatz gehörte Leutnant zur See Klug als Wachoffizier auf einem Schnellboot zu den dort ausgezeichneten deutschen Seeoffizieren.

Danach stand er zunächst als Kommandant eines Schnellbootes während des Norwegen-Feldzuges im Einsatz.

Im Kanal und in der östlichen Ostsee machte er von sich reden und wurde als Kommandant in der 1. Schnellboot-Flottille mit dem Ritterkreuz ausgezeichnet.

Mit der 5. Schnellboot-Flottille, die er im Juli 1941 in Dienst stellte und mit der er als Flottillenchef bis zum Juni 1944 im Einsatz stand, erzielte er große Erfolge.

Von Reval und Baltischport aus ging es in der Endphase des Kampfes um die Ostsee und den Brückenkopf Kurland immer wieder in See. Im Juni 1944 wurde Klug Erster Admiralstabsoffizier beim Stab des Führers der Schnellboote.

In die Bundesmarine eingetreten, brachte Klug es bis zum Flottillenadmiral und Kommandeur der Marineschule zu Flensburg-Mürwik, ehe er am 31. März 1968 in Pension ging.

Bernd Klug starb am 15. Juni 1975 in Kiel.

Claus Korth

Korvettenkapitän der Wehrmacht
Kapitän zur See der Bundeswehr

Geb. am 7. Oktober 1911 in Berlin
Ritterkreuz: 29. Mai 1941

Am 1. April 1932 trat Korth als Seeoffiziersanwärter in die Reichsmarine ein. Er durchlief die allgemeine

Ausbildung, stand auf dem Segler „Astra" in der praktischen Bordausbildung und schrubbte die Planken des Leichten Kreuzers „Köln", „um Praxis zu gewinnen", wie er einmal meinte. Korth war einer der Soldaten, die beim Untergang des Segelschulschiffes „Niobe" am 26. Juli 1932 gerettet wurden.

Nach dem Besuch diverser Schulen, Fahrten auf Tendern, der praktischen Bordausbildung auf dem Panzerschiff „Deutschland" und einem weiteren Lehrgang an der Marineschule Flensburg-Mürwik kam er als Wachoffizier auf U 31 zum Einsatz.

Am 29. Dezember 1938 wurde er Kommandant von U 57. Mit diesem Boot sollte er neun Feindfahrten durchführen, ehe er am 8. November 1940 U 93 übernahm, mit dem er weitere fünf Feindfahrten absolvierte.

Ab dem 1. Oktober 1941 diente er als 3. Admiralstabsoffizier beim Admiral der U-Boote. Danach war er bis Kriegsende militärischer Referent bei der Torpedo-Versuchsanstalt Nord in Eckernförde. Seit dem 1. Januar 1944 war er Korvettenkapitän.

Claus Korth trat bereits am 6. Februar 1952 als Gutachter in das Amt Blank ein. Damit zählte er zu den ersten, die den Aufbau der Bundeswehr vorbereiteten. Später war er persönlicher Referent des German Senior Officer bei der Europäischen Verteidigungsgemeinschaft in Paris.

Ab Januar 1954 baute er das Marine-Personalreferat in Bonn aus, und vom 16. Juni 1957 bis zum 30. April 1961 war er Leiter der Marine-Torpedo-Versuchsstation.

Es folgte der Kommandeurslehrgang an der Bundeswehrschule für Innere Führung. Danach diente Korth in verschiedenen Dienststellen der Wehrbereichskommandos I und II. Ab dem 1. Februar 1966 war er Gruppenleiter für Torpedo- und U-Jagdwaffen in der Inspektion für Marinewaffen des Marineamtes. Am 14. September 1967 wurde er zum Kapitän zur See befördert und ging am 31. März 1970 in Pension.

Claus Korth starb am 25. Januar 1988 in Kiel.

Hans Kroh

Generalmajor der Wehrmacht
Generalmajor der Bundeswehr

Geb. am 13. Mai 1907 in Heidelberg
Ritterkreuz: 21. August 1941
Deutsches Kreuz in Gold: 24. Dezember 1942
443. Eichenlaub: 6. April 1944

„Von allen Kommandeuren, die je den Stahlhelm der deutschen Fallschirmtruppe getragen haben, war Hans Kroh einer der tapfersten und umsichtigsten Führer im Gefecht. Wo immer er im Kampf stand, dort herrschten Ruhe und Zuversicht." Dieses Urteil über Hans Kroh gab der ehemalige General der Fallschirmtruppe Ramcke ab.

Während des Kampfes um Kreta war Major Kroh, davor im Stab der 7. Fliegerdivision eingesetzt, Kommandeur des I. Bataillons des Fallschirmjägerregiments 2.

Mit seinem Bataillon kämpfte er im Großraum Rethymnon und konnte sich – trotz vielfacher Überlegenheit des Gegners – völlig allein auf sich gestellt halten und am 28. Mai mit den herangekommenen Gebirgsjägern vereinigen.

Bei der Brigade Ramcke stand er in Afrika seinen Mann; am 1. März 1943 wurde er mit der Führung des Fallschirmjägerregiments 2 beauftragt.

In Rußland stand sein Regiment bei Nowo Andrejewka und Nowgorodka im Einsatz. Er verhinderte den sowjetischen Durchbruch nach Kirowograd. Hier führte Kroh bereits die 2. Fallschirmjägerdivision für den erkrankten Kommandeur, General Ramcke. In diesen Kämpfen errang er die Schwerter zum Ritterkreuz mit Eichenlaub und wurde am 13. September 1944 auf Vorschlag Ramckes zum Generalmajor befördert.

In der Festung Brest hielt er den wichtigen Stützpunkt St. Pierre bis zum 19. August 1944, ehe er mit seinen Soldaten in die Gefangenschaft ging.

Hans Kroh trat am 1. Juni 1956 mit dem Dienstgrad Oberst in die Bundeswehr ein und übernahm nach der Einweisung ab dem 2. September 1957 die 1. Luftlande-Division in Bruchsal als Kommandeur.

Am 1. September 1957 wurde er zum Brigadegeneral befördert, am 7. Juni 1960 zum Generalmajor. Am 30. September 1962 wurde er in den Ruhestand verabschiedet. Wenige Tage zuvor, am 12. September 1962, hatte er das Große Bundesverdienstkreuz erhalten.

Hans Kroh verstarb am 18. Juli 1967 in Braunschweig.

Günter Kuhnke

Korvettenkapitän der Wehrmacht
Konteradmiral der Bundeswehr

Geb. am 7. September 1912 in Elbing/Westpreußen
Ritterkreuz: 19. September 1940

Als Seeoffiziersanwärter trat Kuhnke am 7. April 1931 in die Reichsmarine ein, um alle Lehrgänge sowie die Bordausbildung auf dem Linienschiff „Hessen" und dem Schweren Kreuzer „Admiral Scheer" zu durchlaufen.

Am 23. Juni 1935 stand er – seit dem 1. April des Jahres Leutnant zur See – erneut auf der „Scheer", um allerdings bereits am 30. September 1935 als Schüler zur Unterseeboot-Schule zu gehen und erneut eine Reihe von Lehrgängen zu absolvieren, auf denen das „Handwerk" des U-Boot-Kommandanten gelehrt wurde.

Am 14. Januar 1937 wurde er zum Oberleutnant zur See befördert, um am 24. Juni 1938 als Wachoffizier der U-Flottille „Saltzwedel" zugeteilt zu werden.

Dort wurde er am 28. Oktober desselben Jahres Kommandant von U 28, mit dem er vier Feindfahrten unternahm, um am 3. März 1941 – seit dem 1. Oktober 1939 Kapitänleutnant – mit U 125 ein Boot des Typs IX C zu übernehmen, „das für mich die richtige Größe hatte", wie er sich äußerte. Zwei Feindfahrten auf diesem Boot folgten, auf denen Kuhnke weitere Erfolge errang.

Am 15. Januar 1942 wurde er Chef der 10. U-Flottille in Lorient, die er bis zu ihrer Auflösung am 5. September 1944 führte. Am 1. März 1943 wurde er zum Korvettenkapitän befördert. Auf U 853 kehrte Kuhnke in die Heimat zurück.

Ab dem 26. Oktober 1944 war er Chef der 33. U-Flottille. Von Juni 1945 bis zum 15. April 1946 tat er als Referent im Deutschen Minenräumkommando Dienst.

Am 16. November 1955 trat Korvettenkapitän Kuhnke in die Bundesmarine ein und nahm seinen Dienst bei der Annahmestelle in Köln auf. Hier wurde er am 16. Juni 1956 zum Fregattenkapitän befördert. Danach wurde er Ausbildungsleiter in der Schiffsstammabteilung 5. Anschließend ging er zur Spezialausbildung in die USA.

Am 14. Juli 1959 wurde er Kommandant des Zerstörers Z 2, um am 15. November des folgenden Jahres in den Führungsstab der Bundeswehr berufen zu werden und im Bundesverteidigungsministerium in Bonn als Stabsoffizier in der Abteilung Fü B zu dienen.

Am 27. Juli 1961 wurde er Kapitän zur See, am 16. Oktober 1962 Kommandeur der Zerstörer. Als stellvertretender Befehlshaber der Flotte erhielt er am 28. Januar 1965 den Rang eines Flottillenadmirals.

Seit dem 17. März 1966 Konteradmiral, war er bis zum 30. September 1972, dem Tage seines Ausscheidens, Chef des Marineamtes.

Am 26. Juni 1969 erfolgte die Verleihung des Großen Verdienstkreuzes, am 30. Juni 1972 die des Sterns zum Großen Verdienstkreuz des Verdienstordens der Bundesrepublik Deutschland.

Günter Kuhnke verstarb am 11. Oktober 1990 in Schortens.

Kurt-Ernst Kunkel

Leutnant der Wehrmacht
Oberstleutnant der Bundeswehr

Geb. am 13. Januar 1923 in Weißwasser/Niederschlesien
Ritterkreuz: 30. April 1945

Kurt-Ernst Kunkel trat als Freiwilliger am 1. November 1940 in das Luftwaffen-Ausbildungsregiment 63 in Straubing ein. Nach einigen Kommandierungen ging er zur Springerausbildung und zum Fallschirmschützen-Lehrgang nach Braunschweig.

Mit Beginn des Kampfes auf der Insel Sizilien wurde sein Regiment – das Fallschirmjägerregiment 4 unter Oberstleutnant Walther – alarmiert und gelangte am späten Nachmittag des 17. Juli 1943 zum Sprungeinsatz auf der Insel.

Auf Sizilien kämpfte Kunkel vor allem im Raume nördlich des Simeto und südlich von Catania, sowie beim weiteren Rückzug auf das italienische Festland.

Auf dem Festland wurde er verwundet und mußte von September bis Oktober ins Lazarett. Danach stand er bis zum April 1944 im Einsatz bei Sulmena, Pizzo und Ferrato in den Abruzzen. Später kämpfte er bei Orsogna-Ortona und schließlich im Raume Cassino. Dort führte er Stoßtrupps und bildete mit seinem Zug die Nachhut. Am 15. Januar 1944 erhielt er das Eiserne Kreuz I. Klasse.

Von April bis Juni 1944 nahm er erfolgreich am Zugführerlehrgang im französischen Zentralmassiv teil. Er mußte von dort aus erneut ins Lazarett und ging im August 1944 zur Kriegsschule.

Nach seiner Beförderung zum Leutnant übernahm der die 2. Kompanie des Fallschirmjägerregiments 4 und wurde durch Befehl von Generalmajor Schulz am 20. April 1945 deren Chef. Er bewährte sich auf dem Rückzug bei Bologna und während der Kämpfe in der Po-Ebene. Das Ritterkreuz wurde ihm von General Heidrich am 30. April 1945 verliehen. Vom 3. Mai 1945 bis zum 25. Oktober 1947 war er in britischer Gefangenschaft.

Kurt-Ernst Kunkel trat am 2. Mai 1960 als Oberleutnant in die Bundeswehr ein und diente im Luftwaffen-Ausbildungsregiment 63 in Straubing. Anschließend war er bis 1963 Kompaniechef im Fallschirmjägerbataillon 291. Von 1972 bis 1974 war er Bataillonskommandeur und Korps-Feldjäger-Führer. Am 1. Oktober 1972 wurde er zum Major befördert, am 1. Oktober 1977 zum Oberstleutnant. Seine letzte Dienststellung war die des Kommandeurs des Verteidigungskreiskommandos Heidelberg von 1978 bis 1980.

Verabschiedet wurde Kurt-Ernst Kunkel am 30. September 1980.

Kurt Lau

Hauptmann der Wehrmacht
Oberstleutnant der Bundeswehr

Geb. am 12. April 1916 in Danzig
Deutsches Kreuz in Gold: 18. März 1943
Ritterkreuz: 6. April 1944

Am 15. Oktober 1936 trat Lau in das MG-Bataillon 31 in Königsberg ein. Da er Segelflieger war und auch den Motorflugschein erworben hatte, trat er 1938 zur Luftwaffe über. In Neubiberg wurde er am 1. September 1938 Leutnant.

Die Stukaschule in Insterburg und die Ergänzungsgruppe in Graz waren seine nächsten Stationen. Am 1. Oktober 1940 wurde er zum Oberleutnant befördert.

Im Juli 1941 kam er auf der Insel Rhodos zur I. Gruppe des Stukageschwaders 3, um Einsätze zur Sicherung der Inseln der Ägäis und Kretas zu fliegen. Der Kampf ging hier vor allem gegen feindliche Schiffsziele.

Im Einsatz beim Deutschen Afrika-Korps um Derna und vor allem bei Tobruk war er mehrfach erfolgreich. Dann wurde er abgeschossen und mußte über eigenem Gebiet notlanden. Er ging verwundet ins Lazarett.

Im Oktober 1942 kam er zur I. Gruppe des Stukageschwaders 2, wo er bei Rudel flog. Ab Juni 1943 übernahm er die 1. Staffel und wurde somit Rudels Nachfolger. Am 20. Mai 1944 übernahm er als Kommandeur die I. Gruppe, die er bis zum 23. November 1944 führte.

Er kämpfte mit seinem Verband im Raume Tuapse, im Kampfraum um Stalingrad, an Don und Donez. Nach dem 500. Feindflug erhielt er das Ritterkreuz, das ihm von Generaloberst Deßloch anläßlich des 100.000. Feindflugs des Geschwaders übergeben wurde. Bei Tiraspol wurde er abgeschossen und konnte sich durch Fallschirmabsprung retten. Vom 23. November 1944 bis Kriegsende war er Kommandeur der II. Gruppe des Schlachtgeschwaders 103.

Während der Gesamtzeit seines Einsatzes gelangen ihm über 70 Panzerabschüsse und zwei Luftsiege.

Im Frühjahr 1956 trat Hauptmann Lau in die Bundeswehr ein und wurde im folgenden Jahr bereits zum Major befördert. Im Jahre 1962 wurde er Oberstleutnant und ging im September 1972 mit diesem Dienstgrad in Pension.

Kurt Lau starb am 30. April 1993 in Kaufbeuren.

Kurt Freiherr von Liebenstein

Generalmajor der Wehrmacht
Generalmajor der Bundeswehr

Geb. am 28. Februar 1899 in Horb/Neckar
Deutsches Kreuz in Gold: 26. Januar 1942
Ritterkreuz: 10. Mai 1943

Kurt Freiherr von Liebenstein trat am 20. Dezember 1916 als Fahnenjunker in die Armee ein und zog mit dem Dragonerregiment 26 in den Ersten Weltkrieg. Er erhielt beide Eisernen Kreuze. Nach Kriegsende wurde er in die Reichswehr übernommen und durchlief die üblichen Ausbildungsgänge. Als Gehilfe des Militärattachés schnupperte er in Paris nach seiner Übernahme in die Wehrmacht zunächst Diplomatenluft. Er wurde am 1. April 1939 Oberstleutnant.

Ab dem 1. September 1939 diente er im Generalstab des Heeres, wurde am 25. Februar 1940 Ia der 10. Panzerdivision und stand 1941 als Chef des Generalstabes der Panzergruppe 2 unter Guderian im Ostfeldzug. Am 20. Juni 1942 übernahm er das Panzerregiment 6 und befehligte vom 25. Oktober bis zum 8. November 1942 die 3. Panzerbrigade.

Am 19. Dezember übernahm von Liebenstein die Führung der für Afrika bestimmten 164. Leichten Artilleriedivision, die er in schwersten Abwehrkämpfen in Tunesien führte. Als Generalfeldmarschall Rommel zu seinem großen Umfassungsangriff startete, stieß von Liebenstein mit seiner Division und der 15. Panzerdivision auf Gafsa vor, das er im Handstreich in Besitz nahm. Der Flugplatz Thelepte wurde ebenfalls genommen, doch am 22. Februar 1943 mußte der Angriff abgeblasen werden, weil die britischen Truppen in der Mareth-Stellung angetreten waren. Am 12. Mai 1943 ging von Liebenstein in die amerikanische Kriegsgefangenschaft.

Als Generalmajor wurde Kurt Freiherr von Liebenstein 1955 in die Bundeswehr übernommen und diente in einigen höheren Stäben, ehe er am 30. September 1960 in Pension ging. Er wurde mit dem Großen Bundesverdienstkreuz der Bundesrepublik Deutschland ausgezeichnet.

Kurt Freiherr von Liebenstein verstarb am 3. August 1975 in Stuttgart.

Smilo Freiherr von Lüttwitz

General der Panzertruppe der Wehrmacht
Generalleutnant der Bundeswehr

Geb. am 23. Dezember 1895 in Straßburg/Elsaß
Deutsches Kreuz in Gold: 27. Oktober 1941
Ritterkreuz: 14. Januar 1942
426. Eichenlaub: 16. März 1944
76. Schwerter: 4. Juli 1944

Am 4. August trat Smilo Freiherr von Lüttwitz als Fahnenjunker ins Dragonerregiment 24 ein und kämpfte im Ersten Weltkrieg. In die Reichswehr übernommen, wurde er am 1. Januar 1939 Oberst und diente zunächst als Adjutant im XV. Armeekorps. Mit Kriegsbeginn übernahm er das Schützenregiment 12 als Kommandeur.

In Rußland führte von Lüttwitz die 4. Schützen-Brigade ab dem 1. März 1942. Am 1. September desselben Jahres wurde er Generalmajor, nachdem er am 14. Juli 1942 die 26. Panzerdivision übernommen hatte. Diesen Kampfverband führte er bis zum 10. Juli 1944, wobei er sich auf das Höchste bewährte und auszeichnete. Am 24. Juli 1944 wurde er Kommandierender General des XXXXVI. Panzerkorps. An dem 1. September war er Führer der 9. Armee und wurde noch am 31. März 1945 Kommandierender General des LXXXV. Armeekorps.

An der Ostfront ebenso wie auf dem italienischen Kriegsschauplatz – vor allem während der Absetzbewegungen aus Kalabrien nach Norden und in der Schlacht um Salerno – meisterte von Lüttwitz alle Krisenlagen und überwand insgesamt fünf Verwundungen. Es galt bei Kriegsende als einer der befähigtsten Panzerführer.

Smilo Freiherr von Lüttwitz war schon bei den Vorarbeiten zum Aufbau der Bundeswehr dabei und wurde offiziell im November 1955 als Generalleutnant übernommen. Am 31. Dezember 1960 ging er aus Altersgründen in Pension. Er war zuletzt Kommandierender General des III. Korps in Koblenz.

Er wurde mit dem Großen Bundesverdienstkreuz mit Schulterband ausgezeichnet und erhielt den US-amerikanischen Order of Merit.

Smilo Freiherr von Lüttwitz starb am 19. Mai 1975 in Koblenz.

Joachim Lützow

Major im Generalstab der Wehrmacht
Oberst im Generalstab der Bundeswehr

Geb. am 8. November 1913 in Bautzen/Sachsen
Ritterkreuz: 4. November 1941

Als Fahnenjunker trat Lützow am 26. Mai 1934 in das Artillerieregiment 4 in Dresden ein. Am 20. April 1936 wurde er zum Leutnant befördert. Nach einigen Kommandierungen erfolgte seine Umschulung auf Sturmgeschütze beim Artillerielehrregiment Jüterbog, und am 27. April 1940 übernahm er – seit dem 28. Februar 1939 Oberleutnant – die Sturmgeschütz-Batterie 667 als Chef.

Mit dieser setzte er im Ostfeldzug bei Liewenhof über die Düna und half am 8. Juli bei Sebesh den Durchbruch durch die Stalinlinie zu erzwingen. Hier errang Lützow das Eiserne Kreuz I. Klasse. Über Noworshew wurden Borok, Rwy und Murajewa erreicht, und am 14. August stand die Batterie an der Lowat.

Der Übergang über die Luga wurde erzwungen, und dann stieß der Verband im Rahmen des XXVIII. Armeekorps durch die Ishora-Stellung. Die Stadt Sluzk wurde durch Lützows Batterie im Handstreich genommen. Mit seinem Verband überrollte Lützow die Feindstellungen, Feindpanzer wurden abgeschossen, MG-Stellungen niedergewalzt. Für diesen schlachtentscheidenden Einsatz erhielt der Oberleutnant das Ritterkreuz.

Am 18. Januar 1942 wurde er zum Hauptmann befördert und diente als Hörsaalleiter auf der Schule in Jüterbog in der Sturmgeschütz- und Ersatzabteilung 200.

Nach einigen weiteren Kommandierungen wurde er zur Generalstabsausbildung auf die Kriegsakademie Hirschberg kommandiert, um am 7. Mai 1944 – seit dem 8. September 1943 war er Major – in den Generalstab des Oberkommandos des Heeres zu kommen.

Als Ia der 392. kroatischen Infanteriedivision kämpfte er ab dem 1. März 1945 im Südostraum, um am 11. April 1945 Stabsoffizier im Stabe der Heeresgruppe zu werden.

Joachim Lützow trat am 1. September in das Amt Blank ein, wo er in die Vorbereitungen für den Aufbau der Bundeswehr eingebunden war, um dann am 1. Oktober 1955 als Offizier zur besonderen Verwendung im Bundesministerium der Verteidigung mit Sonderaufgaben betraut zu werden.

Er gehörte zu jenen 111 Soldaten der ehemaligen deutschen Wehrmacht, die als erste für die Bundeswehr vereidigt wurden. Bis zum Jahre 1978 führte Lützow eine Vielzahl an Sonderaufgaben durch. Seine Beförderungen erfolgten am 22. Juni 1956 zum Oberstleutnant im Generalstab und am 10. Oktober 1957 zum Oberst im Generalstab. Am 17. Oktober 1959 wurde er zum Ministerialrat im Bundesministerium der Verteidigung ernannt.

Joachim Lützog, der am 30. September 1978 in den Ruhestand trat, starb am 18. August 1998 in Remagen.

Hellmuth Mäder

Generalmajor der Wehrmacht
Generalleutnant der Bundeswehr

Geb. am 5. Juli 1908 in Rotterode/Thüringen
Ritterkreuz: 3. April 1942
560. Eichenlaub: 27. August 1944
143. Schwerter: 18. April 1945

Am 1. April 1928 trat Mäder seinen Dienst als Polizeianwärter bei der Landespolizei an, wurde dort am 1. April 1933 zum Leutnant befördert und am 1. Oktober 1935 ins Heer übernommen. Am 16. Juni 1936 wurde er Kompaniechef der 14. Kompanie des Infanterieregiments 80. Im Stabe der 34. Infanteriedivision erlebte er den Kriegsbeginn, wurde nach Ende des Polenfeldzuges zur Kriegsakademie kommandiert und übernahm im Mai 1940 eine Kompanie des Infanterieregiments 522, um nach dem Frankreich-Feldzug das III. Bataillon des Infanterieregiments 522 zu übernehmen. Am 5. Februar 1942 war er bereits Kommandeur dieses Regiments. Am 1. September 1942 erhielt er seine Beförderung zum Oberstleutnant und am 1. Oktober 1943 die zum Oberst.

Im Südabschnitt der Ostfront eingesetzt, zeichnete er sich mehrfach aus. Vom 5. Juli 1942 bis zum Januar 1944 führte er die Waffenschule der Heeresgruppe Nord und war Kommandeur der Lehrbrigade Nord. Am 24. Juli 1944 übernahm er die Verteidigung von Schaulen als Kampfkommandant und hielt diese Stadt gegen die Angriffe der vielfach überlegenen Roten Armee. Im September 1944 wurde er Befehlshaber der litauischen Freiwilligenverbände und führte dann für kurze Zeit die durch Verwundung ihres Kommandeurs verwaiste 7. Panzerdivision bei den erbitterten Abwehrkämpfen im Raume Memel. Am 24. Dezember 1944 übernahm er die Führung der Führer-Grenadier-Brigade „Großdeutschland“ und zeichnete sich wiederum hoch aus.

Am 13. Mai 1945 wurde er gefangengenommen und verschwand für über zehn

Jahre in sowjetischer Kriegsgefangenschaft, aus der er am 11. Oktober 1955 entlassen wurde.

Als Brigadegeneral wurde Hellmuth Mäder 1956 in die Bundeswehr übernommen, wurde am 14. Oktober 1961 Generalmajor und am 1. April 1968 Generalleutnant, um am 30. September 1968 in Pension zu gehen. Er war zuletzt Amtschef des Truppenamtes in Köln. Generalleutnant Mäder war Träger des Großen Bundesverdienstkreuzes des Verdienstordens der Bundesrepublik Deutschland.

Am 12. Mai 1984 starb Hellmuth Mäder in Koblenz.

Helmut Mahlke

Oberstleutnant im Generalstab der Wehrmacht
Generalleutnant der Bundeswehr

Geb. am 27. August 1913 in Berlin-Lankwitz
Ritterkreuz: 16. Juli 1941
Italienische Silberne Tapferkeitsmedaille: 20. November 1941
Deutsches Kreuz in Gold: 31. März 1944

Da er bereits eine vormilitärische Ausbildung an der deutschen Verkehrsfliegerschule in Warnemünde absolviert hatte, wurde Mahlke mit 19 Jahren der wohl jüngste Flugzeugführer der Wehrmacht. Anschließend begann er eine Ausbildung zum Seeoffizier, die bis zum 30. April 1935 dauerte.

Als die Luftwaffe an eben diesem Tage enttarnt wurde, erfolgte die Versetzung des gesamten Marineoffiziers-Lehrgangs zur Luftwaffe. Am 1. April 1937 wurde Mahlke zum Oberleutnant befördert.

In der Bordfliegerstaffel 196 wurde er zwei Monate lang zum Stukaflieger ausgebildet, um am 1. Juli 1940 Staffelkapitän der 2. Staffel der Träger-Sturzkampffliegergruppe 186 zu werden und im Frankreichfeldzug die ersten Einsätze zu fliegen.

Am 2. Juli 1940, während der Luftschlacht über England, übernahm Mahlke die Träger-Stuka-Gruppe 186, die nunmehr in III. Gruppe/Stukageschwader 1 umbenannt wurde. Bis November stand er in den Einsätzen im Kanal seinen Mann. Über England griff er die Kriegsanlage von Lee-on-Solent, eine Radar-Funkstation und den Hafen Ventnor an. Schiffsziele in der Themsemündung waren seine Spezialität. Am 14. November 1940 flog seine Gruppe den letzten Einsatz über dem Kanal.

Am 23. Februar 1941 wurde die Gruppe nach Sizilien verlegt, von wo aus gegen Malta und Afrika geflogen wurde. Am 26. Februar erhielt Mahlkes Maschine vor Malta einen Flak-Volltreffer. Trotz eines großen Lochs in der Fläche gelang ihm der Rückflug zur Insel und eine sichere Landung.

Auf den Peloponnes verlegt, nahm die Gruppe von 22. Mai bis zum 2. Juni 1941 an den dramatischen Einsätzen gegen Kreta teil. Dafür erhielt Mahlke am 20. November 1941 die italienische Silberne Tapferkeitsmedaille.

Während des Rußlandfeldzuges wurde Mahlke binnen 14 Tagen dreimal abgeschossen. Am 24. Juni bei Minsk und am 1. Juli bei Borissow war es die russische Flugabwehr, am 8. Juli 1941 wurde er von einer Rata erwischt und mußte mit dem Fallschirm abspringen. Er war schwer verwundet und hatte starke Verbrennungen erlitten. Ein Stoßtrupp der 17. Panzerdivision rettete den Fliegeroffizier aus dem Niemandsland.

Vom 8. April 1942 bis Kriegsende tat er als Generalstabsoffizier in verschiedenen Stäben Dienst, da er fluguntauglich geworden war. Seine Beförderung zum Oberstleutnant im Generalstab erfolgte am 1. April 1944.

Im September 1947 kehrte Helmut Mahlke aus der Kriegsgefangenschaft zurück.

Am 16. November 1955 trat Oberstleutnant Mahlke in die Bundesluftwaffe ein. Er wurde am 19. September 1956 Oberst und am 1. Juni 1960 Brigadegeneral.

Vom 11. Januar 1963 bis zum 28. Februar 1966 war er als Flottillenadmiral Chef der Marine-Fliegerverbände, um am 1. März 1966 zur Luftwaffe zurückzukehren und einen Monat darauf zum Generalmajor befördert zu werden. Ab dem 17. Mai 1968, dem Tage seiner Beförderung zum Generalleutnant, war er Kommandierender General der Luftwaffengruppe Nord.

Am 30. September 1970 ging Helmut Mahlke in Pension. Er starb am 26. Dezember 1998.

Heinz Marquardt

Fahnenjunker-Oberfeldwebel der Wehrmacht
Oberstleutnant der Bundeswehr

Geb. am 29. Dezember 1922 in Braunsberg/Ostpreußen
Ritterkreuz: 18. November 1944

Heinz Marquardt war einer jener Nachwuchspiloten, die sehr rasch in die Rolle eines erfahrenen und erfolgreichen Jagdfliegers hineinfanden und sich „ins Gewühle stürzten", wie er selber einmal sagte. Das brachte es mit sich, daß er sieben Mal abgeschossen wurde, sich aber jedesmal – sei es mit dem Fallschirm oder durch eine Bruchlandung – retten konnte.

Nach seinem Eintritt in die Luftwaffe Ende 1941 bekam er eine Kurzausbildung, weswegen er zunächst von seinem Fluglehrer als „unerfahrenes Küken" abgestempelt wurde. Doch ihm gelang es, so rasch wie nur möglich zur Front zu kommen, und zwar zu der berühmten IV. Gruppe des Jagdgeschwaders 51 „Mölders".

Am 2. Oktober 1943 errang er seinen ersten Luftsieg. Nach zähen Kämpfen, immer wieder durch Verwundungen zurückgeworfen, konnte er am 5. September 1944 – also elf Monate nach seinem ersten Abschußerfolg – seinen 100. Luftsieg feiern. Das war für diesen jungen Mann eine hervorragende Leistung. Am 18. November 1944 erhielt er das Ritterkreuz.

Am 1. Mai 1945 erzielte Marquardt seinen 121. und letzten Luftsieg: er schoß eine Spitfire über dem Reichsgebiet ab. Insgesamt hatte er 320 Einsätze geflogen.

1956 als Leutnant in die Bundeswehr eingetreten, wurde Heinz Marquardt binnen weniger Jahre Hauptmann. Als Oberstleutnant ging er schließlich am 30. September 1973 in den Ruhestand, nachdem er zuletzt beim NATO-Stab SHAPE in Belgien gedient hatte.

Wilhelm Meentzen

Kapitänleutnant der Wehrmacht
Vizeadmiral der Bundeswehr

Geb. am 19. März 1915 in Emden
Deutsches Kreuz in Gold: 5. Mai 1944
Ritterkreuz: 30. Oktober 1944

Als Schnellboot-Kommandant war Meentzen seit 1940 im Einsatz und fuhr Angriffe gegen Schnellboote und Zerstörer im Kanal und vor der englischen Küste.

Als Kommandant auf das Torpedoboot T 24 umgestiegen, war er bei Geleitfahrten entlang der französischen Westküste im Einsatz. Bei den schweren Kämpfen um die Festung Gironde war er mit seiner Besatzung bei der Abwehr britischer und französischer Kriegsschiffe besonders erfolgreich.

Durch Fliegerbomben wurde sein Boot am 24. August 1944 auf Reede vor Le Verdon vernichtet. Meentzen stellte darauf die Hafen-Schutzflottille Gironde auf und konnte mit dieser eine Reihe von Erfolgen erzielen, die für den Bestand dieser Atlantikfestung lebenswichtig waren.

Einige Jahre nach seiner Rückkehr aus der französischen Gefangenschaft ging Meentzen 1956 zur Bundesmarine. Seit dem 22. März 1966 Flottillenadmiral, gelangte er in hohe NATO-Positionen und übersprang sogar – eine Rarität in der Bundeswehr – den Dienstgrad eines Konteradmirals, um am 19. Februar 1973 zum Vizeadmiral befördert zu werden.

Ausgezeichnet mit dem Großen Bundesverdienstkreuz, schied Meentzen am 30. September 1974 wegen Erreichen der Altersgrenze aus der Bundesmarine aus.

Wilhelm Meyn

Oberleutnant der Wehrmacht
Generalmajor der Bundeswehr

Geb. am 3. Juni 1923 in Hamburg
Deutsches Kreuz in Gold: 28. Januar 1944
Ritterkreuz: 24. Oktober 1944

Meyn war der jüngste Schlachtflieger, der das Ritterkreuz des Eisernen Kreuzes erhielt, und zugleich der jüngste Staffelkapitän der Luftwaffe. Er kam 1940 als Freiwilliger zum Fliegerausbildungsregiment Kaufbeuren und wurde nach seiner fliegerischen Ausbildung am 1. Februar 1942 Leutnant und Stukapilot.

In Süditalien flog er mit der Ergänzungsstaffel des Stukageschwaders 3 seine ersten Einsätze, danach kämpfte er in Kroatien und Griechenland.

Nach der Verlegung des Geschwaders an die Ostfront kämpfte er während des Unternehmens „Zitadelle" als Gruppenadjutant in der II. Gruppe des Stukageschwaders 3.

Am 6. Oktober 1943 war er im Schwarzen Meer am Kampf gegen drei russischen Großzerstörer beteiligt, die hier als einzige größere Einheiten der Roten Flotte eingesetzt waren.

Im Kampf um Sewastopol, das die Rote Armee in April/Mai 1944 zurückgewinnen wollte, führte Meyn die 8. Staffel des Geschwaders. Mit dieser schulte er im Sommer auf die FW 190 um und übernahm am 1. Juli 1944 im Nordabschnitt der Ostfront die 9. Staffel, die er bis Kriegsende führen sollte. Er konnte insgesamt 26 Feindflugzeuge abschießen, alle mit der schnellen FW 190. Er erhielt nach 645 Feindflügen das Ritterkreuz. Bis Kriegsende konnte Meyn – mittlerweile Oberleutnant – die Zahl seiner Feindflüge auf 721 erhöhen. Er führte am 8. Mai 1945 seine gesamte Staffel aus dem Kurlandkessel zurück.

Als Diplomingenieur und Architekt trat Wilhelm Meyn am 16. März 1956 mit dem Dienstgrad Hauptmann in die Bundesluftwaffe ein. Er war Jet-Pilot, Staffelkapitän, Gruppenkommandeur und schließlich Geschwaderkommodore des Jagdbomber-Geschwaders 31 „Boelcke". Am 1. Oktober 1969 wurde er Brigadegeneral, am 1. Oktober 1975 Generalmajor und Kommandeur der 2. Luftwaffen-Division in Birkenfeld/Nahe.

Die Pensionierung Wilhelm Meyns erfolgte am 28. Februar 1979.

Heinrich Neumann

Oberstarzt der Wehrmacht
Oberstarzt der Reserve der Bundeswehr

Geb. am 17. Februar 1908 in Berlin-Steglitz
Ritterkreuz: 21. August 1941

Am 2. Januar 1933 trat Heinrich Neumann in die 15. Kompanie des Infanterieregiments 6 ein und kam am 1. Juni desselben Jahres zur 6. (Preußischen) Sanitätsabteilung. Am 29. März 1934 trat er zur Luftwaffe über, und am 18. Juni 1934 machte er auf der Universität Münster den Doktor der Medizin.

Neumann ging als Flieger-Standortarzt nach Berlin und am 17. Juli 1937 zur Fliegerausbildung nach Staaken. Am 31. Mai 1938 wurde er zum Stabsarzt befördert. Nach weiteren Kommandierungen und nach Abschluß der Fallschirmschützen-Ausbildung in Stendal am 19. Februar 1939 kam er zur Luftwaffen-Sanitätsstaffel nach Frankfurt a.d. Oder und von dort nach Magdeburg. Als Chef der Luftwaffen-Sanitätskompanie 7 in Gardelegen kam er zur Fallschirmtruppe, wurde Kommandeur der Fallschirmsanitätsabteilung 7 und am 15. Oktober 1940 Regimentsarzt im Fallschirmjägersturmregiment 1. Neumann nahm an dem Gefecht bei Wola Gulowska ebenso teil wie am Sprungeinsatz in die Festung Holland, wofür er mit dem Eisernen Kreuz I. Klasse ausgezeichnet wurde.

Während der Luftlandung auf Kreta übernahm er nach dem Ausfall von Major Koch dessen I. Bataillon, mit dem er die Höhe 107 erstürmte, von welcher aus der Gegner den Flugplatz von Maleme unter Feuer hielt. Der weitere Angriff sah ihn mit seinem Bataillon im Sturmlauf nach Osten. Das war für Neumann das Ritterkreuz.

In Rußland gelang es ihm unter anderem, 5.000 Verwundete aus dem Kessel von Juchnow zu retten. Am 6. Februar 1942 wurde er zum Oberfeldarzt befördert, und am 1. September erhielt er seine Beförderung zum Oberstarzt. Er diente als Divisionsarzt der 6. Fallschirmjägerdivision und als Korpsarzt des II. Fallschirmkorps bis Kriegsende.

Von 1959 bis 1964 absolvierte Neumann zehn Reserveübungen als Oberstarzt der Reserve bei der Fallschirmtruppe. Im Juli/August 1962 besuchte er den Springerlehrgang an der Luftlande- und Lufttransportschule Altenstadt.

Friedrich-Karl Paul

Korvettenkapitän der Wehrmacht
Fregattenkapitän der Bundeswehr

Geb. am 31. Januar 1909 in Altdamm bei Stettin/Pommern
Ritterkreuz: 4. März 1945

Friedrich-Karl Paul diente von Anfang des Krieges an als junger Seeoffizier auf verschiedenen Torpedobooten. Er unternahm zahlreiche Feindfahrten in der Ostsee, in den Gewässern um Norwegen und vor der Invasionsfront.

Eine Reihe erfolgreicher Gefechte wies ihn als exzellenten Torpedoschützen aus. Mit der Versenkung des britischen Kreuzers „Charybdis" errang er seinen größten Erfolg.

In der Ostsee gelang es ihm, ein russisches U-Boot zu vernichten. Mit seinem Boot kämpfte er auch immer wieder gegen weit überlegene feindliche Luftstreitkräfte. Insgesamt konnte er sieben Flugzeuge abschießen. Zudem hatte er eine Reihe äußerst gefährlicher Geleitaufträge auszuführen.

Mit seinen Torpedobooten kämpfte er unermüdlich und versuchte, der russischen Übermacht Widerstand zu leisten. Bei der Rettungsaktion über die Ostsee stellten seine Boote Geleitschutz und übernahmen zuletzt auch selbst Menschen, um sie zurückzubringen.

1957 als Korvettenkapitän in die Bundesmarine eingetreten, brachte es Friedrich-Karl Paul bis zum Fregattenkapitän. Von 1958 bis 1969 war er Kommandant der Schulfregatte „Hipper". Seine Pensionierung erfolgte am 30. September 1966.

Friedrich-Karl Paul starb am 1. Mai 1998 in Zierenberg bei Kassel.

Hugo Paul

Major der Wehrmacht
Oberstleutnant der Bundeswehr

Geb. am 1. Februar 1913 in Villingen, Kreis Gießen/Oberhessen
Ritterkreuz: 18. November 1944

Am 20. April 1931 trat Hugo Paul in das Infanterieregiment 15 in Marburg an der Lahn ein. Er war erst Gruppenführer, dann Kompanietruppführer und schließlich Zugführer in den Regimentern 15 und 115. Am 1. April 1937 erfolgte seine Kommandierung zur Kavallerieschule Hannover.

Am 1. August 1937 erhielt er seine Beförderung zum Feldwebel, am 1. Juni 1940 wurde er Oberfeldwebel und meldete sich zum Fallschirmschützen-Lehrgang auf der Fallschirmschule III zu Braunschweig. Er wurde kurz darauf Führer der 12. Kompanie des Fallschirmjägersturmregiments 1.

Nach Absolvierung der Luftkriegsschule II in Berlin-Gatow stand er auf Kreta im Einsatz. Als sein Kompaniechef fiel, übernahm Paul die 4. Kompanie des Regiments. Er errang beide Eisernen Kreuze und wurde am 1. September 1941 unter Überspringung des Leutnantsranges zum Oberleutnant befördert. Am selben Tag wurde er Chef der 4. Kompanie.

In Rußland stand er im Januar 1942 bei Anissowo-Gorodischtsche im Einsatz, wo er einer der erfolgreichsten Stoßtruppführer war und dem Gegner schwere Niederlagen beibrachte. Er erhielt ein persönliches Anerkennungsschreiben von Generaloberst von Richthofen.

Nach Ausheilung seiner Verwundung stand Paul im Großraum Tunesien im Einsatz. Im Fallschirmjägerregiment 5 unter Oberstleutnant Koch war er Chef der 5. Kompanie und Ordonnanzoffizier im Bataillon Schirmer. Danach kehrte er erkrankt nach Deutschland zurück. Ab dem 1. April 1943 war er Hauptmann und diente in der Ausbildung. Am 1. April 1944 wurde er Führer des Fallschirmjägerbataillons „Paul", mit dem er im Kampfraum Overloon und Venlo im Einsatz stand, wo er mehrere feindliche Panzerangriffe abwehrte und den Feind aus Overloon warf. Er erhielt am 28. November 1944 das Ritterkreuz und wurde am 1. Februar 1945 noch Major.

Am 23. Februar 1956 als Major in die Bundeswehr eingetreten, besuchte Hugo Paul einen Einweisungslehrgang im Bundesministerium der Verteidigung, bevor er am 19. März 1956 Kommandant im Stabsquartier Mainz wurde.

Ab dem 1. November 1957 war er Sacharbeiter im Truppenamt Köln und vom

1. Februar 1959 bis zum 1. Juli 1960 Kommandeur des Transport-Bataillons 210 in Nürnberg. Anschließend war er bis zum 31. März 1970 Kommandant des Material-Hauptdepots der Bundeswehr in Homburg. Bereits am 23. April 1965 war er nach dem Besuch des Lehrgangs für Kommandeure auf der Schule für Innere Führung in Hamburg zum Oberstleutnant befördert worden.

Am 31. März 1970 erfolgte die Versetzung in den Ruhestand.

Hugo Paul starb am 12. März 1993 in Worms.

Ernst Philipp

Oberst der Wehrmacht
Generalmajor der Bundeswehr

Geb. am 13. Oktober 1912 in Senitz/Niederschlesien
Ritterkreuz: 28. November 1940
599. Eichenlaub: 30. September 1944

Philipp kam 1935 als junger Offizier zum Panzerregiment 1, dem er von diesem Zeitpunkt an stets angehörte. Nach einer Verwendung als Zugführer diente er ab 1937 als Adjutant der II. Abteilung und ab 1938 als Chef der 4. Kompanie. Er machte den Polenfeldzug ebenso wie den Westfeldzug mit und wurde bereits nach dem Frankreichfeldzug mit dem Ritterkreuz ausgezeichnet.

Als Lehrer an der Panzertruppenschule zu Wünsdorf bildete er Panzersoldaten an dem neuen Tigerpanzer aus. Vor allem die Panzerkommandanten aus der Waffen-SS lernten bei ihm die Einsatzgrundsätze dieser Waffe.

Als Kommandeur der Panzer-Ersatzabteilung 1 in Erfurt sorgte er dafür, daß sein Regiment in Rußland die notwendigen neuen Besatzungen und Panzer erhielt. Dann kam er als Regimentskommandeur wieder zu seiner alten Truppe zurück. Für seine Einsätze als Regimentskommandeur erhielt Philipp das 599. Eichenlaub.

Bis zum Jahre 1950 befand er sich in US-Kriegsgefangenschaft.

Als Philipp im Frühjahr 1956 in die Bundeswehr eintrat, diente er zunächst als Oberst in verschiedenen Stabsverwendungen, übernahm dann eine Panzerbrigade als Kommandeur und wurde in dieser Dienststellung am 1. Oktober 1962 zum Brigadegeneral befördert. Dem folgte am 1. Oktober 1968 seine letzte Beförderung zum Generalmajor.

Am 31. März 1971 ging Ernst Philipp in Pension.

Er wurde in der Bundeswehr mit dem Großen Verdienstkreuz des Verdienstordens der Bundesrepublik Deutschland ausgezeichnet.

Kurt Plenzat

Leutnant der Wehrmacht
Hauptmann der Bundeswehr

Geb. am 17. Januar 1914 in Insterburg/Ostpreußen
Ritterkreuz: 19. September 1943
712. Eichenlaub: 24. Januar 1945

Am 1. April 1933 wurde Plenzat zum Infanterieregiment 2 nach Lötzen einberufen. Er hatte sich freiwillig zum Militär gemeldet. Kurz vor Kriegsbeginn wechselte er zur Luftwaffe und kam im November 1940 als Flugzeugführer zum Stukageschwader 2, nachdem er eine verkürzte Ausbildung durchlaufen hatte.

Zu seinem ersten Feindflug startete er am Morgen des 6. April 1941 gegen Jugoslawien. Dann bekämpfte er Schiffe in den griechischen Häfen, und während des deutschen Luftlandeangriffs gegen Kreta schaltete er englische Flakstellungen aus. Von Rhodos aus ging es gegen britische Schiffsziele im östlichen Mittelmeer.

Im Ostfeldzug gehörte er – wie sein Gruppenkommandeur einmal sagte – gewissermaßen zur „Standardausrüstung" des Geschwaders. Bei den Kämpfen über der russischen Front wurde er mehrfach abgeschossen; zweimal mußte er hinter den feindlichen Linien notlanden und schlug sich durch die russische Hauptkampflinie durch. Das letzte Mal hatte er weit über 60 Kilometer zurückzulegen und erreichte erst „nach zehntägigem Versteckspiel mit den Russen", wie er es nannte, die deutschen Panzerspitzen.

Als erster Unteroffizier des Geschwaders wurde er am 19. September 1943 mit dem Ritterkreuz ausgezeichnet. Danach schulte er auf die FW 190 um und flog mit diesem Flugzeug weitere 600 Einsätze, um als Leutnant am 24. Januar 1945 das 712. Eichenlaub für 1.100 Einsätze zu erhalten. Als der Krieg zu Ende ging, hatte Plenzat 1.234 Einsätze geflogen.

Im Frühjahr 1957 trat Kurt Plenzat in die Bundeswehr ein, wurde zum Oberleutnant und Hauptmann befördert und am 31. März 1971 verabschiedet.

Kurt Plenzat starb am 17. November 1998 in Köln.

Hermann Plocher

Generalleutnant der Wehrmacht
Generalmajor der Bundeswehr

Geb. am 5. Januar 1901 in Stuttgart
Deutsches Kreuz in Gold: 20. April 1942
Ritterkreuz: 22. November 1943
867. Eichenlaub: 8. Mai 1945

Plocher trat im November 1918 in das Württembergische Infanterieregiment 126 ein, wurde als Oberfähnrich in die Reichswehr übernommen und diente dort in verschiedenen Regimentern. Am 1. August 1927 wurde er Oberleutnant, und im folgenden Jahr erhielt er seine Flugzeugführer-Bestätigung, da er seit 1925 Sportflieger war.

Am 1. Mai 1928 ging er mit dem ersten Kontingent deutscher Flieger zur noch geheimen Fliegerausbildung nach Lipezk in der UdSSR. Danach wurde er zu einem Lehrgang für Heerestechnik nach Berlin kommandiert.

Im Stab der Legion Condor – seit dem 1. Oktober 1937 sogar als Chef des Generalstabes – machte Plocher den ersten Kampfeinsatz der Luftwaffe mit.

In den folgenden Jahren diente er in verschiedenen Stabsstellungen, so als Chef des Generalstabes des V. Fliegerkorps und als Chef des Generalstabes des Luftwaffen-Kommandos Ost. Zugleich war er mit der Führung der 1. Flieger-Division beauftragt. Am 1. Juli 1943 wurde er Kommandeur der 19. Luftwaffen-Felddivision, danach Kommandeur der 4. Flieger-Division.

Als Chef des Generalstabes der Luftflotte 3 wirkte er vom 26. August 1943 bis zum 30. September 1944 und wurde am 1. Juli 1944 zum Generalleutnant befördert. Bei Kriegsende war Plocher Kommandeur der 6. Fallschirmjägerdivision. Er geriet in kanadische und amerikanische Gefangenschaft, aus der er Anfang 1947 entlassen wurde.

Am 1. März 1957 wurde Plocher als Generalmajor in die Bundeswehr übernommen. Er war zunächst beim Kommando der Luftwaffen-Bodenorganisation Süd in Karlsruhe, wurde dann Chef des Führungsstabes der Luftwaffe und danach stellvertretender Inspekteur derselben.

Von April bis zum 31. Dezember 1958 durchlief er den Lehrgang für Generale der NATO im amerikanischen Fort Bliss, um nach seiner Rückkehr Fliegerführer Nord in Münster zu werden. Zeitweise vertrat Plocher den Kommandierenden General der Luftwaffengruppe Süd. In Pension ging er am 31. Dezember 1961.

Am 8. Dezember 1980 starb Hermann Plocher, der Träger des Großen Bundesverdienstkreuzes des Verdienstordens der Bundesrepublik Deutschland war, in Calw in Württemberg.

Otto Pollmann

Kapitänleutnant der Reserve der Wehrmacht
Korvettenkapitän der Bundeswehr

Geb. am 3. März 1915 in Wesermünde
Ritterkreuz: 19. Mai 1943
461. Eichenlaub: 25. April 1944

Als Offizier der Handelsmarine meldete sich Otto Pollmann im Jahre 1936 zur Kriegsmarine, wo er ab dem 1. August 1939 als Wachoffizier auf dem U-Jäger 124 fuhr und durch seine Einsätze in der Nordsee ebenso wie vor Norwegen und im Kanal von sich reden machte.

Vom 1. September 1941 an fuhr er als Wachoffizier auf dem U-Jäger 1214 im Finnischen Meerbusen und in der Ostsee und wurde mit beiden Eisernen Kreuzen ausgezeichnet. Ab dem 1. Februar 1942 war er Kommandant dieses Bootes.

Doch Pollmanns große Stunde sollte erst im Mittelmeerraum schlagen. In einigen gefahrvollen Einsätzen konnte er eine Reihe U-Boote versenken. Im Verlauf dieser Kämpfe brachte es Pollmann auf die sagenhafte Zahl von 14 bestätigten U-Boot-Versenkungen. Sein eigenes Boot wurde am 27. Mai 1944 vor Sestri Levante durch feindliche Seestreitkräfte versenkt.

Pollmann, inzwischen zum Kapitänleutnant befördert, wurde Kommandeur der 11. U-Jagd-Flottille. Mit dieser fuhr er in der Ostsee einige dramatische Einsätze und konnte kurz vor Kriegsende bei der Rettung der ostdeutschen Flüchtlinge, Verwundeten und Soldaten noch intensiv mitwirken.

Im Jahre 1956 trat Pollmann in die Bundesmarine ein und brachte es dort zum Korvettenkapitän. Er war u.a. Dezernent für U-Jagd im Marinewaffenkommando.

Otto Pollmann verstarb, erst 43jährig, am 28. Februar 1958 in Leer/Ostfriesland.

Joseph von Radowitz

Generalleutnant der Wehrmacht
Generalmajor der Bundeswehr

Geb. am 29. Juli 1899 in Frankfurt am Main
Deutsches Kreuz in Gold: 29. Februar 1944
Ritterkreuz: 17. September 1944
882. Eichenlaub: 9. Mai 1945

Im Jahre 1917 trat Joseph von Radowitz als Fahnenjunker in die kaiserliche Armee ein. Er wurde nach Kriegsende in die Reichswehr übernommen und diente im Dragonerregiment 20. Kurzzeitig ausgeschieden, trat er am 1. April 1925 erneut – als Leutnant – in die Reichswehr, und zwar in das Reiterregiment 18, ein, durchlief verschiedene Stabsverwendungen und wurde am 10. November 1938 – mittlerweile Major – als Adjutant zum III. Armeekorps kommandiert.

Es stand zunächst während der Feldzüge gegen Polen und Frankreich im Einsatz. Am 1. Februar 1942 wurde von Radowitz als Oberstleutnant zum Stab der 2. Panzerarmee nach Rußland kommandiert, wo er einen Monat darauf zum Oberst befördert wurde. Im Juli 1943 übernahm er das Panzergrenadierregiment 28 als Kommandeur und erlebte mit diesem die schweren Schlachten der 23. Panzerdivision im Ostfeldzug.

Am 1. September 1944 übernahm von Radowitz – soeben zum Generalmajor befördert – das Kommando über die 23. Panzerdivision. An der östlichen Südostflanke der Ostfront kämpfend, machte er die schweren Rückzugkämpfe durch Rumänien und Ungarn mit und führte seine Division nach Deutschland zurück. Am 9. Mai 1945 wurde ihm – als letztem Soldaten der deutschen Wehrmacht – das Eichenlaub verliehen.

Joseph von Radowitz wurde 1955 als Generalmajor in die Bundeswehr übernommen und diente als Leiter der ersten Annahmestelle. Er durchlief einige weitere Verwendungen, bevor er am 1. Juni 1956 in Bad Wiessee an den Folgen seiner schweren Kriegsverwundung verstarb.

Gustav-Siegfried Rödel

Oberst der Wehrmacht
Brigadegeneral der Bundeswehr

Geb. am 24. Oktober 1915 in Merseburg/Sachsen
Ritterkreuz: 22. Juni 1941
255. Eichenlaub: 20. Juni 1943

Gustav-Siegfried Rödel gehörte als einer der wenigen Flieger, die später in Afrika zu großen Erfolgen kamen, schon zur „Legion Condor" und flog noch bis zum Frühjahr 1939 in Spanien.

Am 1. September 1939 erzielte er als Staffelkapitän in der I. Gruppe des Jagdgeschwaders 21 den ersten Abschuß seiner Gruppe im Zweiten Weltkrieg.

Während des Frankreichfeldzuges stand er im Stabsdienst des Jagdgeschwaders 27. Bei Tirlemont schoß er am 12. Mai 1940 eine Hurricane ab. Sein Kommandeur, Hauptmann Galland, brachte es auf drei Hurricanes. Am 1. September wurde Rödel Kapitän der 4. Staffel des Jagdgeschwaders 27 und stand im Kampf gegen England nun in vorderster Front.

Er flog nun im erweiterten Jagdschutz für das Kampfgeschwader 76. Mit zehn Abschüssen an der Kanalfront gehörte er zu den erfolgreichsten Piloten des Jagdgeschwaders 27, gefolgt von Leutnant Graf Kageneck mit neun und dem Gruppenkommandeur Hauptmann Neumann mit sechs Abschüssen.

In Afrika konnte Rödel binnen kurzer Zeit die Zahl seiner Abschüsse auf 20 erhöhen und erhielt dafür am 22. Juni 1941 das Ritterkreuz. In den folgenden Monaten erhöhte sich die Zahl seiner Abschüsse rasch. Er wurde am 20. Mai 1942 Kommandeur der II. Gruppe des Jagdgeschwaders 27 und am 22. April 1943 Kommodore seines Geschwaders, das er bis Dezember 1944 führte. Nach seinem 78. Luftsieg erhielt er am 20. Juni 1943 das Eichenlaub zum Ritterkreuz.

Danach blieb er noch 20 Mal Sieger in Luftkämpfen. Unter anderem schoß er zwölf viermotorige Bomber ab. Damit war er nach 980 Feindflügen zu einem der erfolgreichsten Flieger im Westen geworden; noch als Kommodore der 2. Jagddivision erzielte er eine Reihe Abschußerfolge.

Als Oberst ging Rödel im Jahre 1956 zur Bundeswehr und diente in verschiedenen Stabs- und Truppenverwendungen.

Am 30. September 1968 wurde er zum Brigadegeneral befördert und am 30. September 1971 pensioniert.

Gustav-Siegfried Rödel starb am 6. Februar 1995 in Bonn-Bad Godesberg.

Bernhard Rogge

Vizeadmiral der Wehrmacht
Konteradmiral der Bundeswehr

Geb. am 4. November 1899 in Schleswig
Ritterkreuz: 17. Dezember 1940
45. Eichenlaub: 31. Dezember 1941

Bereits im Ersten Weltkrieg stand Bernhard Rogge bei der Kaiserlichen Marine in Dienst und brachte es bis zum Leutnant zur See. Bei Ausbruch des Zweiten Weltkrieges übernahm er als Kapitän zur See den Hilfskreuzer „Atlantis", mit dem er das längste Unternehmen der Seekriegsgeschichte durchführte. In 602 Seetagen versenkte Rogge 157.000 Bruttoregistertonnen feindlichen Handelsschiffsraums.

Am 22. November 1941 wurde der Hilfskreuzer bei der Versorgung von U 126 im Indischen Ozean von dem britischen Kreuzer „Devonshire" versenkt. U 126 übernahm die 450 Besatzungsmitglieder des Hilfskreuzers, zum Teil an Bord und zum Teil in Rettungsbooten, die in Schlepp genommen wurden.

Das Versorgungsschiff „Python" wurde zur Rettung geschickt. U 126 gelang es währenddessen, den britischen Kreuzer „Dunedin" zu versenken, der das Boot angriff. Nachdem die „Python" U 126 erreicht hatte, übernahm sie die Schiffbrüchigen. Am 30. November traf auch U 68 bei der „Python" ein und übernahm Brennstoff und Torpedos von dem Versorgungsschiff.

Gegen 15.00 Uhr am 1. Dezember sichtete der Ausguck der „Python" einen feindlichen Kreuzer. Die „Python" machte sofort von U 68 los. U 68 und U 126 liefen auf den Gegner zu, um ihn zu versenken.

Es war erneut die „Devonshire". Aber weder U 68 noch U 126 kamen zum Schuß. Es war das U-Boot UA „Eckermann", das einen Dreierfächer schoß, der aber hinter dem Heck des Schnellen Kreuzers vorbeilief. U 68 lief zur „Python" zurück, um sie zu sichern. UA „Eckermann" traf am späten Abend ebenfalls dort ein. Kapitän zur See Rogge ging an Bord von U 68, um die Rückführungsaktion zu leiten. Beide U-Boote waren bis zum letzten Winkel angefüllt mit Geretteten.

Am 6. Dezember trafen U 107 und U 124 ein; jedes der Boote übernahm nun 150 Mann. U 68 übergab einen Teil der Menschen an das italienische U-Boot „Finzi".

Am 24. Dezember 1941 traf U 68 kurz vor UA „Eckermann" in St. Nazaire ein. Dann kamen auch die anderen in den Hafen, und nach dieser einmaligen Rettungsaktion von über 5.000 Seemeilen, von Kapitän zur See Rogge mustergültig geleitet, war die Besatzung der „Atlantis" gerettet. Dafür erhielt Rogge am 31. Dezember 1941 das 45. Eichenlaub zum Ritterkreuz.

Ab April 1942 diente der Kapitän zur See im Bildungswesen der Kriegsmarine und verfaßte einige informative Werke über den Einsatz im Seekrieg. Ab Oktober 1944 war er Befehlshaber des Ausbildungsverbandes der Flotte und vom 10. März bis 10. April 1945 schließlich Befehlshaber der „Kampfgruppe Rogge" in der Ostsee, die zur Unterstützung des Heeres, das in Ostpreußen und im Kurlandkessel kämpfte, eingesetzt war.

Bereits am 14. September 1945 wurde er aus britischer Internierung entlassen.

Vizeadmiral Rogge wurde 1955 als Konteradmiral in die Bundesmarine übernommen. Er diente bis zum 31. März 1962 als Befehlshaber im Wehrbereich I, ehe er wegen Erreichen der Altersgrenze am 31. März 1962 in den Ruhestand verabschiedet wurde.

Konteradmiral Rogge erhielt das Große Bundesverdienstkreuz des Verdienstordens der Bundesrepublik Deutschland.

Bernhard Rogge starb am 29. Juni 1982 in Reinbek bei Hamburg.

Herbert Rollwage

Oberleutnant der Wehrmacht
Hauptmann der Bundeswehr

Geb. am 24. September 1916 in Gielde, Kreis Goslar
Ritterkreuz: 6. April 1944
713. Eichenlaub: 24. Januar 1945

Herbert Rollwage meldete sich als junger Mann im Jahre 1936 zur Luftwaffe und zeigte sich sehr bald als fliegerisches Genie, das aus allen Situationen einen Ausweg wußte.

Als Flugzeugführer stand er seit Beginn des Rußlandfeldzuges im Einsatz an der Ostfront und zählte sehr bald zu einem der ersten Luftsieger der 5. Staffel des Jagdgeschwaders 53. Mit diesem Verband, dem „Pik-As"-Geschwader, flog er anschließend Einsätze im Mittelmeerraum und errang auch hier eine Reihe spektakulärer Erfolge, ehe er Ende August 1943 zur Reichsverteidigung gelangte. Hier lief er zu höchster Form auf und erzielte binnen weniger Wochen seinen 53. Luftsieg, wobei er eine Reihe viermotoriger Bomber abschoß. Herbert Rollwage zeichnete sich in diesen Kämpfen durch eiserne Entschlossenheit und Härte aus. Er flog gegen die feuerspeienden Vulkane der Bomberverbände und brachte dank seiner fliegerischen Fähigkeiten seine durchlöcherte Maschine immer wieder zum eigenen Horst zurück.

In den letzten fünf Monaten des Krieges wurde Rollwage so zu einem der profiliertesten „Bomberkiller". Seine Erfolge wiegen um so schwerer, als es ihm fast immer gelang, diese Riesen vor deren Bombenabwurf vom Himmel herunterzuschießen. Insgesamt errang Rollwage 102 Luftsiege, 44 davon über viermotorige Bomber. Damit war er der erfolgreichste „Bomberkiller" der deutschen Luftwaffe.

Herbert Rollwage ging im Jahre 1956 zur Bundesluftwaffe und schied 1968 als Hauptmann wieder aus.

Er starb am 4. Januar 1980 in seiner Geburtsstadt Gielde.

Hans-Rudolf Rösing

Kapitän zur See der Wehrmacht
Konteradmiral der Bundeswehr

Geb. am 28. September 1905 in Wilhelmshaven
Ritterkreuz: 29. August 1940

Hans-Rudolf Rösing war einer der U-Boot-Kommandanten der ersten Stunde. Von seinem Oberbefehlshaber, Karl Dönitz, wurde er sehr früh mit der Führung der 3. U-Flottille „Emsmann" in Kiel beauftragt. Diese wurde im Dezember 1939 aufgelöst. Danach führte Rösing die 7. U-Flottille, die ab Juni 1941 vom französischen Atlantikhafen St. Nazaire aus zu ihren Feindfahrten startete.

Als Herbert-Emil Schultze, der Kommandant von U 48, wegen Krankheit ausfiel, übernahm Korvettenkapitän Rösing dieses Boot. Auf zwei Feindfahrten konnte er zwölf Schiffe mit insgesamt 60.709 Bruttoregistertonnen versenken und drei weitere Schiffe mit zusammen 15.000 Bruttoregistertonnen torpedieren, ehe er in die Operationsabteilung des Befehlshabers der U-Boote (BdU) zurückkehrte.

Admiral Dönitz schickte Korvettenkapitän Rösing in den Stab des italienischen Admirals Perona nach Bordeaux, um diesem die Zusammenarbeit mit den deutschen U-Flottillen zu erleichtern. Danach ernannte er ihn zum Führer der U-Boote West. Diese Stellung behielt Rösing bis Kriegsende. Er war für den Einsatz der Großboote der U-Waffe „für weite ozeanische Verwendung" zuständig und maßgeblich am Erfolg der Kommandanten dieser Boote, z.B. Kentrat, Lüth, Harmann und anderer, beteiligt.

In der letzten Phase des Krieges mußte er seinen Stab von Angers nach Bergen in Norwegen verlegen.

Bereits im Frühjahr 1956 trat Rösing als Kapitän zur See in die Bundeswehr ein, avancierte am 14. August 1962 zum Flottillenadmiral und wurde am 27. November desselben Jahres zum Konteradmiral ernannt. Am 30. September 1965 ging er in Pension.

Hans-Rudolf Rösing wurde mit dem Großen Bundesverdienstkreuz ausgezeichnet.

Gerhard Schacht

Major im Generalstab der Wehrmacht
Oberst der Bundeswehr

Geb. am 6. April 1916 in Berlin-Steglitz
Ritterkreuz: 12. Mai 1940
Deutsches Kreuz in Gold: 21. Dezember 1944

Am 1. November 1934 trat Gerhard Schacht in die Reichswehr ein. Elf Monate lang diente er in der Aufklärungsabteilung 3 (mot.) in Wünsdorf und schied als Gefreiter und Reserveoffiziersbewerber aus. Sein Wiedereintritt erfolgte am 2. November 1936 als Fahnenjunker-Gefreiter in seine alte Abteilung. Ein Lehrgang an der Kriegsschule Dresden folgte, ehe er am 1. Oktober 1937 zur Luftwaffe übertrat. Am 1. Januar 1938 wurde Schacht Leutnant.

Am 1. Januar 1940 wurde er zur „Versuchsabteilung Friedrichshafen" (Tarnname für die Sturmabteilung Koch) kommandiert. Er sollte im Westfeldzug die Sturmgruppe „Beton" führen, welche die Albertkanal-Brücke Vroenhoven im Handstreich aus der Luft besetzen und halten sollte.

Am 10. Mai 1940 um 5.15 Uhr wurde die Gruppe abgesetzt. Gefreiter Stenzel verhinderte die Sprengung der Bücke. Die Brückenbesatzung wurde niedergerungen und 300 Gefangene gemacht. Der Auftrag wurde voll erfüllt.

Gerhard Schacht erhielt beide Eisernen Kreuze und das Ritterkreuz und wurde am 16. Mai zum Oberleutnant befördert.

Im Kretaeinsatz war Schacht Ordonnanzoffizier im XI. Fliegerkorps. Im Sommer 1942 wurde er Ia der Fallschirmbrigade Ramcke in Afrika. Bereits am 25. Februar 1942 war er Hauptmann geworden.

Der Besuch der Luftkriegsakademie Berlin-Gatow folgte am 10. April 1943. Danach diente er in verschiedenen Stabsstellungen.

Am 16. April 1945 wurde er mit der Wahrnehmung der Geschäfte des Kommandeurs des Fallschirmjägerregiments z.b.V. beauftragt.

Gerhard Schacht trat am 1. Juni 1956 als Major in die Bundeswehr ein. Er war Sachbearbeiter im Truppenamt, Abteilung Luftlandewesen, und wurde dort mit der Aufstellung eines Divisionsstabes für Luftlandetruppen beauftragt. Am 21. Oktober 1956 wurde er zum Oberstleutnant befördert. Danach diente er als Chef des Stabes der 1. Luftlande-Division in Esslingen und in gleicher Funktion an der Luftlande- und Lufttransportschule in Altenstadt. Später war Schacht Sachbearbeiter und Dezernent im Bundesministerium der Verteidigung und Korps-Heeresflieger-Kommandeur 3 in Koblenz. Am 17. September 1964 wurde er zum Oberst befördert.

Zwei Jahre lang war er Verteidigungsattaché in Teheran, um dann stellvertretender Kommandeur der 1. Luftlande-Division in Bruchsal zu werden.

Am 31. Dezember 1971 trat er in den Ruhestand.

Gerhard Schacht verstarb am 7. Februar 1972 in Dortmund.

Richard Schimpf

Generalleutnant der Wehrmacht
Generalmajor der Bundeswehr

Geb. am 16. Mai 1897 in Eggenfelden/Bayern
Deutsches Kreuz in Gold: 26. August 1944
Ritterkreuz: 6. Oktober 1944

Richard Schimpf trat am 11. Februar 1915 als Fahnenjunker in das Königlich Bayerische Infanterieregiment Nr. 9 „Wrede" ein. Er kämpfte im Ersten Weltkrieg als Zugführer an der Westfront. Nach dem Kriege wurde er ins Reichswehrregiment 45 nach Marienburg übernommen, wo er am 1. Oktober 1919 Leutnant wurde.

Auf die Flugzeugführerausbildung im April 1925 folgte die Ausbildung zum „Führergehilfen", wie die Generalstabsausbildung auf Grund des Versailler Diktats genannt wurde. Schimpf diente in verschiedenen Divisionen, studierte ab dem 1. Oktober 1930 an der Technischen Hochschule Berlin und bestand das Examen zum Diplomingenieur am 31. Januar 1935.

Am 1. März 1935 kam Schimpf zur Luftwaffe, wurde Staffelkapitän und am 1. April Major. Seit dem 1. April 1937 Oberstleutnant, trat er am 1. September 1938 in den Generalstab der Luftwaffe ein. Am 1. Oktober 1939 wurde Schimpf Oberst im Generalstab. Er nahm als Ia im Stabe des Generals der Luftwaffe bei der Heeresgruppe A am Frankreichfeldzug teil und erhielt am 17. Februar 1941 das Eiserne Kreuz I. Klasse.

Ab dem 1. Dezember 1941 Chef des Luftgaukommandos Kiew, dann Chef des Generalstabes der Luftgaukommandos Charkow und seit dem 27. September 1942 mit der Führung der Luftwaffendivision „Meindl“ beauftragt, wurde er wenig später Kommandeur der 21. Luftwaffen-Felddivision.

Am 1. August 1943 zum Generalmajor befördert, übernahm er am 17. Februar 1944 die Führung der 3. Fallschirmjägerdivision. Die Beförderung zum Generalleutnant erhielt er am 23. März 1944. Am 8. März 1945 geriet er mit seiner Division bei Bad Godesberg in US-Gefangenschaft, aus der er am 22. Dezember 1945 entlassen wurde.

Richard Schimpf trat am 1. Oktober 1957 als Generalmajor in die Bundeswehr ein. Von diesem Tage an bis zum 31. Juli 1962 war er Befehlshaber im Wehrbereich III.

Wegen Erreichens der Altersgrenze wurde er am 30. Juni 1962 entlassen.

Richard Schimpf verstarb am 30. Dezember 1972 in Düsseldorf. Er war Inhaber des Großen Bundesverdienstkreuzes der Bundesrepublik Deutschland.

Franz Schmitz

Oberfeldwebel der Wehrmacht
Oberstabsfeldwebel der Bundeswehr

Geb. am 12. Oktober 1918 in Walberberg bei Bonn
Ritterkreuz: 13. September 1943
Verwundetenabzeichen in Gold: März 1945
Nahkampfspange in Bronze

Franz Schmitz stand seit dem 22. Juni 1941 in der 95. Infanteriedivision unter Generalleutnant Hans-Heinrich Sixt von Arnim im Rußland-Einsatz. Wo auch immer Männer seines Bataillons, des III./Infanterieregiment 280, verwundet liegen blieben, holte er sie mit seinem Sanitätstrupp zurück. Zweimal wurde er in diesem Jahr leicht verwundet. Im Kampfraum Kiew, wo sich gerade die größte Kesselschlacht der Geschichte anbahnte, erhielt er nach der Rettung von mindestens 100 Verwundeten in den Kämpfen zur Abwehr russischer Durchbruchsversuche das Eiserne Kreuz I. Klasse aus der Hand seines Regimentskommandeurs.

Danach ging es nach Südosten. Entlang der Desna und des Sjem setzte die Rote Armee Reiterverbände gegen die 95. Infanteriedivision ein. Hier versorgte Schmitz auch eine Reihe russischer Verwundeter.

Im Einsatz nördlich von Woronesch wurde Schmitz im folgenden Sommer schwer verwundet und ins Feldlazarett geschafft, von wo aus er ins oberschlesische Annaberg ins Lazarett kam. Er war inzwischen zum Unteroffizier befördert worden.

Von seinem Einsatztruppenteil aus ging es in den Frontbogen bei Rshew.

Auch an der Rollbahn zwischen Wjasma und Dorogobusch stand seine Division in schweren Kämpfen. Immer wieder hetzte Franz Schmitz durch das Feuer, um Verwundete zu bergen. Am 25. Juli 1943 stand er 14 Stunden lang im Bergungseinsatz. Er holte allein 98 Kameraden aus dem Feuer. Als es gegen Panoff ging, übernahm er nach dem Tode seines Kompaniechefs die 3. Kompanie des Infanterieregiments 280 und hielt den Feind. Es ging schrittweise zurück, und bei Milejewo grub die Kompanie sich ein. Franz Schmitz hatte das Infanterieregiment 279, das beiderseits schon eingeschlossen war, herausgehauen.

Bei Milejewo wurde er bei der Bergung von Verwundeten an beiden Armen und am rechten Oberschenkel verwundet. Dennoch holte er einen letzten schwerstverwundeten Kameraden zurück, ehe er bewußtlos zusammenbrach.

Im Feldlazarett von Smolensk rang Franz Schmitz mit dem Tode. Im Reservelazarett Krakau erfuhr er über den Rundfunk, daß ihm am 13. September 1943 das Ritterkreuz des Eisernen Kreuzes verliehen worden war.

Am 11. Oktober 1943 wurde er zu einem siebenwöchigen Genesungsurlaub aus dem Lazarett entlassen. In Bonn mußte er sich in das Goldene Buch der Stadt eintragen. Er wurde dem Präsidium des Deutschen Roten Kreuzes vorgestellt. Er hatte mit der Rettung von Hunderten deutscher und auch russischer Soldaten die Richtlinien des Roten Kreuzes „auf beispielhafte Art und Weise in die Tat umgesetzt".

Ende Januar 1945 erfuhr er, daß im Raume Kevelaer eine Kampfgruppe neu aufgestellt wurde. Er meldete sich dort bei Oberstleutnant Herlin und marschierte am 8. Februar 1945 mit seinem neuen „Haufen" in Richtung Kranenburg. In der Großoffensive der Westalliierten um den Reichswald schleppte er weiter Verwundete. Wegen Tapferkeit vor dem Feind wurde er zum Oberfeldwebel befördert.

Im März 1945 wurde Schmitz erneut verwundet und kam ins Lazarett Dorsten. Als er entlassen wurde, geriet er in Gefangenschaft, aus der er am 25. Juni 1945 wieder freigelassen wurde.

Vor seiner Übernahme in die Bundeswehr diente Franz Schmidt von 1951 bis 1956 als Oberwachtmeister beim Bundesgrenzschutz. Im Jahre 1956 wurde er mit dem letzten Wehrmachtsdienstgrad in die Bundeswehr übernommen, wo er wenig später zum Hauptfeldwebel befördert wurde. Sein letzter Dienstgrad in der Bundeswehr war Oberstabsfeldwebel.

Aus gesundheitlichen Gründen mußte er bereits am 28. Februar 1962 den Dienst quittieren. Franz Schmitz starb am 10. Juni 1985 in Inden-Pier bei Eschweiler im Rheinland.

Horst von Schroeter

Kapitänleutnant der Wehrmacht
Vizeadmiral der Bundeswehr

Geb. am 10. Juni 1919 in Bieberstein, Kreis Meißen/Sachsen
Deutsches Kreuz in Gold: 12. Dezember 1943
Ritterkreuz: 1. Juni 1944

Am 9. Oktober 1937 trat Horst von Schroeter als Offiziersanwärter in die 3./Schiffsstammabteilung II Ostsee in Stralsund ein.

Nach seiner Ausbildung wurde er am 1. Mai 1940 zum Leutnant zur See befördert. Nach diversen Lehrgängen wurde von Schroeter am 1. August 1942 Kommandant von U 123 in der 2. U-Flottille. Mit diesem Boot unternahm er vom 5. Dezember 1942 an fünf Feindfahrten, nachdem er zuvor auf sechs Feindfahrten als Wachoffizier gedient hatte.

Am 31. August 1944 stellte von Schroeter mit U 2506 eines der neuen Boote des Typs XXI in Dienst, mit dem er noch bis Bergen in Norwegen gelangte, ehe er das Boot an England ausliefern mußte.

Horst von Schroeter trat am 1. Juli 1956 in die Bundesmarine ein und wurde Inspektionschef an der Marineschule Flensburg-Mürwik. Ab dem 1. November 1958 stand er als Wachoffizier auf Z 1, dem ersten Zerstörer der Bundesmarine. Ab dem 1. Mai 1961 war er Operations-Stabsoffizier A 3 im Kommando der Schnellboote.

Am 1. April 1963 wurde er Kommandeur des Schulgeschwaders in Kiel. Am 17. April 1964 wurde er ins Bundesministerium der Verteidigung versetzt, wo er am 23. Dezember zum Kapitän zur See befördert wurde.

Ab dem 1. April 1970 war von Schroeter Kommandeur der Abteilung Marine auf der Führungsakademie der Bundeswehr. Hier wurde er am 20. April 1970 zum Flottillenadmiral befördert.

Mit seiner Beförderung zum Konteradmiral am 1. Oktober 1971 wurde er stellvertretender Inspekteur der Marine und Chef des Führungsstabes Marine. Mit der Beförderung zum Vizeadmiral am 1. Oktober 1976 wurde er Befehlshaber der Alliierten Streitkräfte der Ostseezugänge (COMNAVBALTAP).

Am 4. September 1979 erhielt Horst von Schroeter das Große Verdienstkreuz des Verdienstordens der Bundesrepublik Deutschland. Am 30. September 1979 erfolgte seine Versetzung in den Ruhestand.

Otto Schultz

Hauptmann der Wehrmacht
Oberstleutnant der Bundeswehr

Geb. am 31. Mai 1920 in Dannenberg/Niedersachsen
Deutsches Kreuz in Gold: 24. September 1942
Ritterkreuz: 14. März 1943

Nach seiner Ausbildung zum Flugzeugführer stand Otto Schultz ab dem 1. April 1940 zunächst bei der II. Gruppe des Jagdgeschwaders 51 am Kanal im Einsatz. In Rußland errang er das Deutsche Kreuz in Gold. Die Goldene Frontflugspange mit Anhänger nach 500 Feindflügen erhielt er in Afrika. Als er mit der I. Staffel des Jagdgeschwaders 51 nach Afrika kam, hatte er bereits weit über 30 Luftsiege auf seinem Konto, und über Tunesien lief er zu Höchstform auf. Am 1. Dezember 1942 schoß er eine Spitfire ab. Südlich von Tunis kam er zwei Tage darauf zum Sieg über eine Lightning. Ein zweiter Abschuß konnte wegen fehlender Zeugen nicht bestätigt werden. Sein Gruppenkommandeur, Hauptmann Grasser, erzielte ebenfalls einen Abschuß. Westlich von Gabes erfolgte der nächste Abschuß am 11. Januar 1943. Am 22. Januar folgte ein weiterer Gegner, und am folgenden Tage konnte Schultz im Luftduell über Ben Gardahe zwei P-38 herunterholen. Am 30. Januar gelang ihm über Kebili sein 50. Abschuß. Nach dem 51. bestätigten Luftsieg erhielt er das Ritterkreuz. Allein in Afrika hatte er somit 20 bestätigte und ein Reihe unbestätigter Luftsiege errungen.

Mit der Gruppe kämpfte er weiter in Italien, Rumänien und Ungarn und schoß zum Schluß noch acht viermotorige Bomber ab, so daß er bei über 800 Feindflügen auf insgesamt 73 Luftsiege kam.

Otto Schultz brachte es in der Bundeswehr bis zum Oberstleutnant, ehe er am 30. September 1976 in Pension ging.

Herbert-Emil Schultze

Korvettenkapitän der Wehrmacht
Kapitän zur See der Bundeswehr

Geb. am 24. Juli 1909 in Kiel
Ritterkreuz: 1. März 1940
15. Eichenlaub: 12. Juni 1941
U-Boot-Kriegsabzeichen mit Brillanten: 15. Juli 1941
Italienisches Kriegskreuz mit Schwertern: 24. Oktober 1941

Herbert-Emil Schultze trat am 1. April 1930 in die Reichsmarine ein und absolvierte seine praktische Bordausbildung auf dem Segelschulschiff „Niobe".

Als Leutnant zur See (seit dem 1. Oktober 1934) fuhr er auf dem Leichten Kreuzer „Leipzig" und ein Jahr später auf der „Karlsruhe".

Am 19. Mai 1937 kam er auf die U-Boot-Schule nach Neustadt, worauf er am 30. Januar 1938 U 2 als Kommandant in Dienst stellte. Mit U 48, das er am 22. April 1939 in Dienst gestellt hatte, durchkämmte er nach Kriegsbeginn die Einsatzräume westlich der Biskaya und südwestlich der Färöer-Inseln und legte Minen vor britischen Häfen.

Am 26. Februar 1940 wurde er im Wehrmachtbericht genannt: „Ein Unterseeboot unter Führung des Kapitänleutnants Schultze hat, von Frontfahrt zurückgekehrt, die Versenkung von 34.140 Bruttoregistertonnen gemeldet. Damit hat dieses Boot insgesamt 16 Schiffe mit 114.510 Bruttoregistertonnen versenkt."

Am 12. Juni 1941 wurde U 48 ein weiteres Mal im Wehrmachtbericht genannt, als Schultze als sechster U-Boot-Kommandant die 200.000-Tonnen-Versenkungsmarke überschritt.

Am 17. März 1942 wurde Schultze bei der Marinegruppe Nord Admiralstabsoffizier der U-Boote. Wenig später kam er zur Seekriegsleitung und danach als Abteilungskommandeur zur Marineschule Flensburg-Mürwik.

Als ziviler Betriebsleiter arbeitete er vom 5. November 1945 bis zum 31. Januar 1946 auf der Marineschulanlage zu Flensburg-Mürwik.

Als Kommandeur der 3. Schiffsstammabteilung wurde Herbert Schutze am 2. Juli 1956 mit dem Dienstgrad eine Fregattenkapitäns in die Bundesmarine übernommen. Danach kam er als A 1-Admiralstabsoffizier zum Stab des Kommandos der Flottenbasis.

Zwei Jahre war er Lehrgruppenleiter auf der Marineschule in Mürwik, sodann Leiter der Freiwilligen-Annahmestelle der Marine. Seit dem 1. Juli 1966 Kapitän zur See, wurde er am 30. September 1968 in den Ruhestand verabschiedet.

Am 2. Juni 1987 verstarb Kapitän zur See Herbert-Emil Schultze in London.

Franz-Joseph Schulze

Hauptmann der Reserve der Wehrmacht
General der Bundeswehr

Geb. am 18. September 1918 in Salzkotten/Westfalen
Deutsches Kreuz in Gold: 23. Juli 1944
Ritterkreuz: 30. November 1944

Nach seiner Reichsarbeitsdienstzeit in Lübben im Spreewald trat Schulze am 3. November 1937 in die Flieger-Ersatzabteilung 34, Handorf bei Münster, ein. Danach durchlief er die verschiedenen Ausbildungsphasen und tat Dienst in der II. Abteilung des Flakregiments 54, im Flakregiment 4 und in der Flakabteilung 405 in Bielefeld. Dort wurde er am 15. April 1940 Ordonnanzoffizier und wenig später Adjutant im Stabe der Abteilung, deren 4. Batterie er als Führer am 11. Dezember 1941 übernahm.

Ein Lehrgang für Batteriechefs folgte. Mit Wirkung vom 15. April 1943 war er Chef der 3. Batterie des Flakregiments 241, das sich in der Aufstellung befand. Im November avancierte er dort zum Adjutanten im Stabe der I. Abteilung.

Mit seiner Abteilung kämpfte er im italienischen Raum, und zwar zunächst im Liri-Abschnitt. Hier errang sein Abteilungskommandeur Hauptmann Fritz Zimmermann das Ritterkreuz, das er allerdings nicht mehr persönlich entgegennehmen konnte, da er am 7. Juni 1944 den in diesen Kämpfen erlittenen Verwundungen erlegen war.

Schulze wurde am 30. November 1944 ebenfalls mit dem Ritterkreuz ausgezeichnet und trug seit dem 1. Oktober 1944 die zwei Sterne eines Hauptmanns auf den Schulterstücken.

Am 15. Februar 1945 wurde er noch zum Fallschirmjäger-Regiment 6 versetzt, das nach der Ardennenoffensive neu aufgestellt wurde.

Am 10. Oktober 1945 wurde er aus der Kriegsgefangenschaft entlassen.

Am 1. Mai 1956 trat Franz-Joseph Schulze in die Bundeswehr ein. Als Hauptmann wurde er Prüfgruppenleiter und dann Dezernent in der Annahme-Organisation.

Ab dem 1. Februar 1958 absolvierte er eine Generalstabsausbildung. Als Hilfsreferent im Führungsstab der Bundeswehr wurde er am 24. April Oberstleutnant, um am 1. Oktober 1962 das Heeres-Flugabwehrbataillon 1 in Langenhagen als Kommandeur zu übernehmen.

Ein Lehrgang im NATO Defence College in Paris folgte am 27. August 1964. Am 11. März 1965 wurde Schulze Oberst, um am 16. April 1965 Leiter der Unterabteilung Planung in der Operationsabteilung im Hauptquartier der Alliierten Streitkräfte Mitteleuropa in Fontainebleau (später in Brunssum) zu werden.

Als Kommandeur der Panzergrenadier-Brigade 19 in Ahlen in Westfalen erhielt Schulze am 16. September 1968 seine Beförderung zum Brigadegeneral und trat danach in den Führungsstab der Streitkräfte ein, um Stabsabteilungsleiter zu werden.

Mit seinem Ausscheiden aus dieser Dienststelle wurde er am 15. Dezember 1970 zum Generalmajor befördert und zum Kommandeur der 6. Panzergrenadier-Division in Neumünster ernannt. Diesen Großverband führte er bis zum 31. März 1973, um anschließend stellvertretender Chef des Stabes für Planung und Operationen im Obersten Alliierten Hauptquartier Europa (SHAPE) zu werden. Am 16. April 1973 wurde er zum Generalleutnant ernannt.

Am 7. Januar 1977 wurde die Laufbahn dieses Offiziers gekrönt: Schulze wurde zum Obersten Befehlshaber der Alliierten Streitkräfte Europa Mitte ernannt. Seine Beförderung zum Viersternegeneral, dem höchsten Dienstgrad, den die Bundeswehr zu vergeben hat, erfolgte am 10. Januar 1977. Nach einem erfüllten Soldatenleben ging General Franz-Joseph Schulze am 30. September 1979 in Pension.

Er erhielt das Verdienstkreuz I. Klasse des Verdienstordens der Bundesrepublik Deutschland, das Große Verdienstkreuz des Verdienstordens der Bundesrepublik Deutschland, das Große Verdienstkreuz mit Schulterband und Stern des Verdienstordens der Bundesrepublik Deutschland, den amerikanischen Legion of Merit und den Commandeur de la Legion d'Honneur der Republik Frankreich.

Alfred-Karl Smidt

Kapitän zur See der Wehrmacht
Konteradmiral der Bundeswehr

Geb. am 30. August 1903 in Neuenhaus, Kreis Grafschaft Bentheim/Niedersachsen
Ritterkreuz: 15. Juni 1943

Als Kommandant des Zerstörers „Erich Giese" führte Alfred-Karl Smidt zunächst Minenunternehmungen durch. Im Norwegen-Feldzug unterstand die „Erich Giese" dann der von Kommodore Bonte geführten Kriegsschiffsgruppe I, deren Ziel Narvik war. Durch eine Leckage an den Heizölbunkern verlor das Boot 90 Kubikmeter Öl. Das Boot lief zwar weiter in Richtung Narvik, konnte aber nur noch 21 Knoten machen und fiel zurück. Dennoch gelang es Korvettenkapitän Smidt, den Westfjord zu erreichen.

Am Gefecht der Zerstörer vor Narvik am 13. April 1940 konnte die „Erich Giese" nicht teilnehmen, weil sie noch nicht fahrbereit war. Als letztes Boot der zehn Zerstörer, die gegen Norwegen eingesetzt waren, legte die „Erich Giese" ab und verließ am frühen Nachmittag den Hafen Narvik. Sie eröffnete das Feuer auf die Feindzerstörer, die die Hafeneinfahrt sperrten, und schoß einen Vierer-Torpedofächer. Ein Angriff von Trägerflugzeugen wurde abgewehrt. Eine Maschine ging 200 Meter vor der „Erich Giese" auf dem Wasser nieder und zerschellte. Fünf oder sechs Zerstörer schossen die „Erich Giese" nun systematisch zusammen. Diese schoß noch aus der achteren Rohrgruppe Torpedos und traf einen englischen Zerstörer, der jedoch nicht sank.

Als alle Munition verschossen war, befahl Korvettenkapitän Smidt: „Alle Mann außenbords!" Wenig später sank die „Erich Giese" auf tiefem Wasser des Ofotfjords. 92 Soldaten seines Bootes waren gefallen oder vermißt. Neun Soldaten hatten sich auf ein Floß gerettet und wurden von britischen Zerstörern geborgen.

Im Landeinsatz verteidigte die „Kompanie Smidt" nun den Hafen von Narvik.

Als Kommandant von Z 27 konnte Smidt 1942 bis Mitte 1943 weitere Erfolge erringen. Er wurde am 15. Juni 1943 mit dem Ritterkreuz ausgezeichnet.

Wenig später trat er seinen Dienst als Chef der Offizierspersonalabteilung des Marine-Oberkommandos Nordsee an.

Als Kapitän zur See trat Alfred-Karl Smidt 1956 in die Bundesmarine ein, wo er am 1. Januar 1959 zum Flottillenadmiral befördert wurde. Seit dem 1. Oktober 1961 Konteradmiral und Befehlshaber Flotte in Glücksburg, ging er am 30. September 1963 in Pension. Er wurde für seine Leistungen um den Aufbau der Bundesmarine mit dem Großen Bundesverdienstkreuz ausgezeichnet.

Alfred-Karl Smidt starb am 10. Januar 1984 in Rendsburg.

Hans Speidel

Generalleutnant der Wehrmacht
General der Bundeswehr

Geb. am 28. Oktober 1897 in Metzingen/Württemberg
Deutsches Kreuz in Gold: 8. Oktober 1942
Ritterkreuz: 1. April 1944

Als Fahnenjunker trat Hans Speidel am 30. November 1914 in die kaiserliche Armee ein. Am 19. November 1915 wurde er im Grenadierregiment 123 zum Leutnant befördert und diente danach in verschiedenen Stabsabteilungen. Seit 1930 diente er im Generalstab der Reichswehr.

Am 1. Oktober 1937 wurde er als Major Ia der 33. Infanteriedivision. Seine Beförderung zum Oberstleutnant erfolgte am 1. Januar 1939. Er wechselte am 15. Oktober 1939 als Ia zum IX. Armeekorps und wurde am 5. Juni 1940 Ia der Heeresgruppe B. Nach Ende des Frankreichfeldzuges übernahm Speidel die Dienststellung eines Chefs des Generalstabes beim Militärbefehlshaber Paris, sodann am 1. August 1940 die des Chefs des Generalstabes beim Militärbefehlshaber Frankreich.

Am 1. Februar 1941 wurde Speidel zum Oberst befördert. Kurz darauf erhielt er seine Ernennung zum Chef des Generalstabes des V. Armeekorps und schließlich 1943 die zum Chef des Generalstabes bei der italienischen 8. Armee in Rußland, nachdem er am 1. Januar 1943 zum Generalmajor befördert worden war.

Mit der Armeeabteilung Lanz unter General der Gebirgsgruppe Hubert Lanz stand er in dramatischen Kämpfen in Rußland. Danach wurde er Chef des Generalstabes der 8. Armee und ab dem 15. April 1944 Chef des Generalstabes der Heeresgruppe B.

Am 5. September 1944 wurde Speidel im Rahmen der Verschwörung des 20. Juli 1944 in Haft genommen.

Am 9. November 1955 trat Hans Speidel als Generalleutnant in die Bundeswehr ein. Sein universelles Wissen und Können als Generalstabsoffizier in hohen und höchsten deutschen Stäben war unentbehrlich beim Aufbau der Bundeswehr, so daß er bereits am 14. Juni 1957 erster Viersternegeneral der Bundeswehr wurde. Von 1951 bis 1954 bekleidete er den wichtigen Posten des deutschen Chefdelegierten zunächst bei der Konferenz, dann im Interimsausschuß zur Gründung der Europäischen Verteidigungsgemeinschaft (EVG). Damit war er im Amt Blank sowohl für den Aufbau der Bundeswehr als auch für deren Eingliederung in die EVG verantwortlich.

Als dann der EVG-Plan scheiterte, war Speidel 1954 bis 1955 an den Verhandlungen über den Beitritt der Bundesrepublik Deutschland zum Nordatlantikpakt (NATO) beteiligt. Bis 1956 leitete er die Abteilung Gesamtstreitkräfte im Verteidigungsministerium. Von 1957 bis 1963 war er Oberbefehlshaber der NATO-Landstreitkräfte in Mitteleuropa und von 1963 bis 1964 Sonderbeauftragter der Bundesregierung für Fragen der atlantischen Verteidigung. Am 31. März 1964 ging Hans Speidel in Pension.

Der Träger des Großen Bundesverdienstkreuzes mit Schulterband und Stern des Verdienstordens der Bundesrepublik Deutschland starb am 28. November 1984 in Bad Honnef.

Albert Stecken

Major im Generalstab der Wehrmacht
Generalmajor der Bundeswehr

Geb. am 24. Januar 1915 in Münster/Westfalen
Ritterkreuz: 28. April 1945
Spanienkreuz in Gold mit Schwertern

Albert Stecken trat am 5. Oktober 1934 in die Landespolizei Duisburg-Hamborn ein und ging am 1. Juli 1935 zur Luftkriegsschule nach Potsdam-Eiche. Von hier aus wurde er am 1. Mai 1936 zur Flak-Artillerieschule nach Wüstrow versetzt.

Am 1. April 1936 wurde er Oberfähnrich, vier Monate später erhielt er sein Leutnantspatent. Als Leutnant diente er in der I. Abteilung des Flakregiments 8 im bayerischen Fürth. Vom 15. März 1938 bis zum Ende des Jahres stand er mit der Flak-Abteilung (mot.) 88 in der Legion Condor und nahm an der Ebro-Offensive ebenso teil wie an der 1. und 2. Mittelmeer-Offensive, den Ebro-Abwehrkämpfen und der nachfolgenden Katalonien-Offensive. Am 6. Juni 1939 erhielt er dafür die höchste spanische Auszeichnung, das Spanienkreuz in Gold mit Schwertern.

Am 1. März 1939 wurde er Oberleutnant und stand als Batteriechef in der I. Abteilung des Flakregiments 32 in Berlin-Heiligensee.

Nachdem er am 1. November 1941 Hauptmann geworden war, absolvierte er den Lehrgang an der Luftkriegsakademie in Berlin-Gatow und ging anschließend zum Stab des Luftgau-Kommandos II nach Posen. Am 23. Juni 1943 wurde Stecken in die Luftwaffe übernommen, bei der er nacheinander mehrere Dienststellungen innehatte, so auch als Ia der 23. Flak-Division.

Als Ia der 8. Fallschirmjägerdivision faßte er in der Nacht zum 26. März 1945 den Entschluß, eine wegen des Abzuges der 15. Panzergrenadierdivision entstandene Lücke in der Hauptkampflinie am Bahnhof Empel-Millingen zu schließen. Dadurch wurde der Gegner gestoppt. Für diese selbständige kampfentscheidende Leistung wurde ihm das Ritterkreuz verliehen.

Im Frühjahr 1956 trat Major i.G. Stecken in die Bundeswehr ein. Er diente in verschiedenen Verwendungen im Bundesministerium für Verteidigung. Seit dem 1. Januar 1957 war er Oberstleutnant, um am 20. Juli 1964 Oberst und am 19. August 1964 Brigadegeneral zu werden. Am 1. Oktober 1969 wurde Albert Stecken zum Generalmajor befördert und war als solcher bis zum 31. März 1971, dem Tag seiner Verabschiedung aus der Bundeswehr, Kommandeur der 4. Luftwaffen-Division in Aurich.

Werner Streib

Oberst der Wehrmacht
Brigadegeneral der Bundeswehr

Geb. am 13. Juni 1911 in Pforzheim
Ritterkreuz: 6. Oktober 1940
197. Eichenlaub: 26. Februar 1943
54. Schwerter: 11. März 1944

Seit 1936 tat Werner Streib in der Luftwaffe Dienst. 1938 wurde er zur II. Gruppe des Jagdgeschwaders „Richthofen" versetzt, wo er seine ersten Einsätze flog und am 10. Mai 1940 über Frankreich seinen ersten Luftsieg errang.

Im Juni 1940 wurde er Kapitän der 2. Staffel des Nachtjagdgeschwaders 1 und erzielte am 20. Juli 1940 seinen ersten Nachtjagdsieg, der der erste der Nachtjagd überhaupt war.

Rasch brachte Streib es zu einer Reihe von Erfolgen und wurde nach acht Nachtjagdsiegen am 6. Oktober 1940 mit dem Ritterkreuz ausgezeichnet. Im Oktober 1940 wurde er Kommandeur der I. Gruppe des Nachtjagdgeschwaders 1, und ab Juli 1943 war er Kommodore des Geschwaders.

Nach 65 Nachtjagd-Abschüssen wurde Streib im März 1944 Inspekteur der Nachtjäger und als solcher zum Oberstleutnant befördert. Sein letzter Dienstgrad war Oberst.

Von Kriegsende bis weit in das Jahr 1946 hinein befand er sich in Gefangenschaft.

Im Frühjahr 1956 trat Werner Streib in die Bundeswehr ein und durchlief in der Bundesluftwaffe einige wichtige Verwendungen bis hin zum Inspizienten der Fliegenden Verbände und stellvertretenden General der Kampfverbände. Am 29. April 1960 wurde er zum Brigadegeneral befördert. Am 31. März 1966 ging er in Pension.

Werner Streib starb am 15. Juni 1986 in München.

Hans Teusen

Major der Wehrmacht
Generalmajor der Bundeswehr

Geb. am 26. Juli 1917 in Salz/Rheinland-Pfalz
Ritterkreuz: 14. Juni 1941
Deutsches Kreuz in Gold: 15. September 1943

Im Oktober 1937 trat Teusen als Fahnenjunker in das Flakregiment 4 zu Dortmund ein. Nach der Grundausbildung besuchte er die Luftkriegsschule in Wildpark-Werder, wo er zum Leutnant befördert wurde. Im November 1939 wechselte er zur Fallschirmtruppe.

Als Zugführer in der 6. Kompanie des Fallschirmjägerregiments 2 startete er am 10. Mai 1940 zur ersten Luftlande-Operation: Dem Sprung in die Festung Holland. Mit seinen Soldaten landete er beim Flugplatz von Katwijk und sperrte die Straße nach Den Haag. Vorstöße des Gegners wurden abgewehrt, die exponierte Stellung gehalten und umfangreiche Kräfte der niederländischen Armee gebunden.

Nach einem kurzen Einsatz in Norwegen traf die 6./Fallschirmjägerregiment 2 wieder in ihrem Heimatstandort ein.

Teusens nächster Einsatz war die Operation am Kanal von Korinth. Die Brücke über den Kanal auf den Peloponnes sollte gehalten werden, doch sie flog bei der Detonation eines von den Fallschirmjägern zusammengetragenen Granaten- und Minenstapels, die durch den Einschlag einer britischen Flakgranate verursacht worden war, in die Luft.

Leutnant Teusen bildete die Vorausabteilung auf dem Peloponnes und erreichte über Chiliomodon und Argos schließlich Nauplia. Von hier aus stürmte er auf eigene Faust weiter, eroberte Tolon und nahm dort etwa 2.000 Engländer gefangen, die hier auf das Abgeholtwerden durch ihre Zerstörer warteten. Für diesen Einsatz erhielt er das Ritterkreuz.

Beim Kretaeinsatz wurde sein Regiment unter Oberst Sturm falsch abgesetzt und geriet größtenteils in Gefangenschaft, aus der es dann aber befreit wurde. Im Oktober 1941 wurde Teusen Adjutant des II. Bataillons des Fallschirmjägerregiments 2 unter Hauptmann Schirmer.

Mit diesem Bataillon ging es nach Rußland, an den Mius. Es wurde im März 1942 aus der Front herausgezogen und ins Wolchowgebiet geworfen. Hier galt es, den Einschließungsring um die 2. russische Stoßarmee unter General Wlassow dicht zu halten. Dies gelang, und am 21. Juni wurde das Bataillon als Korpsreserve in einen neuen Abschnitt verlegt, wo Teusen am 1. Juli 1942 zum Hauptmann befördert wurde. Nach einem kurzen Einsatz in Italien im Rahmen der 2. Fallschirmjägerdivision übernahm Hauptmann Teusen im neu aufgestellten Fallschirmjägerregiment 16 (Ost) unter Oberstleutnant Schirmer eines der vier Bataillone. In den Kämpfen in Lettland und Litauen errang er am 15. September 1943 das Deutsche Kreuz in Gold.

Nach Ende dieser Kämpfe im Norden der Ostfront stand Teusen vom 1. März 1945 bis Kriegsende als I. Ordonnanzoffizier in der Fallschirmgruppe Meindl im Westen und wurde im April 1945 zum Major befördert.

Am 16. Februar 1956 trat Teusen als Major in die Bundeswehr ein, wo er am 1. März 1958 zum Oberstleutnant befördert wurde. Ab dem 26. April 1963 war er stellvertretender Kommandeur der 1. Fallschirmjägerbrigade, um am 16. April 1965 seinen Dienst als Kommandeur der Fallschirmjägerbrigade 25 in Calw anzutreten. Am 9. Juni 1965 wurde er Oberst. Gleichzeitig mit seiner Beförderung zum Brigadegeneral am 1. Oktober 1969 wurde er zum Kommandeur der Heeres-Offiziersschule III in München ernannt. Als Kommandeur der 12. Panzerdivision diente er in Veitshöchheim, ehe er als stellvertretender Leiter der Abteilung „Personal" ins Bundesverteidigungsministerium in Bonn ging, wo er am 1. Oktober 1971 Generalmajor wurde. Am 30. September 1977 ging er in Pension.

Er ist Träger des Großen Bundesverdienstkreuzes des Verdienstordens der Bundesrepublik Deutschland.

Rolf Thomsen

Kapitänleutnant der Wehrmacht
Flottillenadmiral der Bundeswehr

Geb. am 6. Mai 1915 in Berlin
Deutsches Kreuz in Gold: 14. Oktober 1943
Ritterkreuz: 4. Januar 1945
852. Eichenlaub: 29. April 1945

Thomsen trat am 1. April 1936 als Seeoffiziersanwärter in die Kriegsmarine ein. Die praktische Bordausbildung absolvierte er auf dem Linienschiff „Schlesien". Am 30. August 1939, nach Beendigung der Fliegerwaffenschule Bug auf Rügen und einer Ausbildung zum Seeflieger, wurde er in die Küstenfliegerstaffel 106 übernommen, mit der er Einsätze gegen England und Norwegen flog.

Seit dem 1. Oktober 1938 Leutnant zur See, wurde er am 1. April 1941 stellvertretender Kommandeur und 1. Admiralstabsoffizier der Küstenfliegergruppe 125, mit der er im Rußlandeinsatz bis hinunter zur Krim flog. Am 26. März 1942 erhielt er die Frontflugspange in Gold.

Erst am 1. April 1943 trat Thomsen zur U-Boot-Waffe über, wo er die vorgeschriebene Ausbildung durchlief, ehe er am 27. Januar 1944 U 1202 in Dienst stellte. Mit diesem Boot unternahm er zwischen dem 30. Oktober 1944 und dem 26. April 1945 zwei Feindfahrten. Die erste Feindfahrt erbrachte eine bestätigte Versenkung, bei der zweiten Feindfahrt wurde ein Zerstörer versenkt und ein Geleitträger torpediert. Drei weitere Versenkungen kamen hinzu.

Bereits ab 1. Juni 1952 gehörte Thomsen als Marinereferent zur ständigen Delegation des Interimsausschusses der EVG in Paris.

Am 5. November 1955 war er unter den ersten 111 deutschen Soldaten der ehemaligen Wehrmacht, die an diesem Tage vereidigt wurden. Er war als Korvettenkapitän Marinereferent für Marinefliegerfragen.

Vom 2. Januar 1958 an war er Referent im Obersten Hauptquartier der Alliierten Mächte in Europa (SHAPE) in Paris, nachdem er am 31. März 1957 zum Fregattenkapitän befördert worden war. Thomsen diente im Führungsstab der Bundeswehr, bevor er – seit dem 1. Oktober 1963 Kapitän zur See – Adjutant des Bundesverteidigungsministers von Hassel wurde. Am 6. Januar 1966 avancierte er zum Flottillenadmiral. Er führte zuletzt die Marinedivision Nordsee als Kommandeur, ehe er am 31. März 1972 in den Ruhestand versetzt wurde.

Erich Timm

Oberstleutnant der Wehrmacht
Oberst der Bundeswehr

Geb. am 15. Februar 1913 in Königsberg/Ostpreußen
Ritterkreuz: 3. Oktober 1944

Am 1. April 1933 trat Erich Timm in die Landespolizei ein, wo er zunächst die Polizeischule Brandenburg-Havel besuchte. Am 25. Juli 1935 wurde er als Leutnant – diesen Dienstgrad trug er seit dem 1. April 1935 – zur Luftwaffe versetzt und diente bei der 4. Kompanie des Flakregiments 12 in Lankwitz bei Berlin.

Nach einer Reihe weiterer Kommandierungen wurde er am 1. Juni 1940 Chef der 1. Kompanie des FlaMG-Bataillons in Halberstadt. Auf der Fallschirmschule

Wittstock-Dosse machte er den Springerlehrgang. Am 1. September 1940 wurde er Chef der 1./Fallschirm-Flakabteilung 7 und am 26. April 1941 Chef der 1. Kompanie des Fallschirm-FlaMG-Bataillons.

In Holland hatte er bereits beide Eisernen Kreuze errungen. Auf Kreta wurde er am 20. Mai 1941 schwer verwundet, bevor er am 1. Juni 1941 zum Hauptmann befördert wurde.

Nachdem Timm am 1. August 1943 Kommandeur des I. Bataillons des Fallschirmjägersturmregiments geworden war, wurde er am 1. Oktober 1943 zum Major befördert. Im Winter 1943/44 stand er in Südrußland in einem dramatischen Einsatz.

Bei Anzio-Nettuno führte er das II. Bataillon des Regiments. Am Futapaß ebenso wie am Senio und im Raume ostwärts Velletri zeichnete sich Timm mit seinem Regiment besonders aus. Er wurde am 1. Juni 1944 im Wehrmachtbericht genannt, nachdem er den Großangriff der 34. US-Infanteriedivision bei Velletri abgewiesen hatte. Hier errang Timm das Ritterkreuz.

Am 1. Januar 1945 wurde er Oberstleutnant. Danach kämpfte er auf dem Rückzug durch Italien, um am 28. April 1945 in die Gefangenschaft zu gehen, aus der er am 2. September 1945 entlassen wurde.

Als Oberstleutnant trat Timm am 25. April 1956 in die Bundeswehr ein und wurde vier Monate später Kommandeur des Luftlande-Grenadierbataillons 106 in Ellwangen. Nach einigen Fallschirmspringer-Lehrgängen übernahm er am 1. Januar 1959 die Fallschirmjäger-Brigade 26 in Esslingen und wurde am 23. Februar 1961 Oberst.

Er diente als Höherer Panzerabwehr-Offizier und Inspizient der Panzerabwehr im Heeresamt Köln, bevor er am 1. August 1966 Leiter der Stammdienststelle des Heeres in Köln wurde. Am 31. März 1971 wurde er in den Ruhestand verabschiedet.

Erich Timm starb am 6. Oktober 1997 in Erftstadt.

Heinz Timpe

Leutnant der Wehrmacht
Oberst der Bundeswehr

Geb. am 23. Dezember 1923 in Karnap bei Essen
Deutsches Kreuz in Gold: 28. Februar 1945
Ritterkreuz: 7. Mai 1945

Timpe trat am 1. August 1941 als Offizierbewerber bei der Artillerie-Ersatzabteilung 29 (mot.) in Erfurt in die Wehrmacht ein. Als Gefreiter wurde er am 15. März 1942 mit der 8. Kompanie des Artillerieregiments 29 (mot.) in den Einsatz geschickt. Am 18. September 1942 wurde er vor Stalingrad verwundet. Am 2. April 1943 meldete er sich freiwillig zur Sturmartillerie, wurde kurz darauf, am 20. April, zum Leutnant befördert und ging als Zugführer in der 3. Batterie der Sturmgeschützbrigade 667 an die Ostfront. Hier erlitt er seine zweite Verwundung. Er wurde mit dem Eisernen Kreuz I. Klasse ausgezeichnet.

Mit der 1./Sturmgeschützbrigade 300 (Feld) kam er am 1. August 1944 wieder an die Front. Als im September 1944 die 97. Jägerdivision am Duklapaß von Feindkräften eingeschlossen wurde, befreite Leutnant Timpe aus eigenem Entschluß im Nachtangriff bei Borov die Division. Generalleutnant Rabe von Pappenheim schlug Timpe daraufhin zum Ritterkreuz vor.

Am 12. Januar 1945 stand die Brigade hart nördlich an die 304. Infanteriedivision angelehnt im Einsatz und schoß 78 Feindpanzer ab. Timpe führte zu dieser Zeit vertretungsweise die 3. Batterie. Später kämpfte die Division im Raume Kattowitz-Ilkenau. Die Brigade, die soeben 23 neue Sturmgeschütze erhalten hatte, griff ostwärts von Beuthen den Feind an. Leutnant Timpe führte den Verband. Er wurde verwundet; sein Geschütz wurde abgeschossen. In den weiteren Gefechten wurde er noch zweimal verwundet. Erneut wurde er von der 97. Jägerdivision zum Ritterkreuz vorgeschlagen.

Vom 20. bis zum 27. April 1945 – Timpe war soeben zum Chef der 2. Batterie der Sturmgeschützbrigade 300 (Feld) ernannt worden – führte die 20. Panzerdivision die großen Angriffe zur Befreiung Bautzens durch. Timpe schoß selber einige Panzer ab, und seine Batterie konnte mehrfach rettend eingreifen. Am 7. Mai erhielt er das lange verdiente Ritterkreuz.

Am 21. August 1956 trat Heinz Timpe unter gleichzeitiger Beförderung zum Oberleutnant in die Bundeswehr ein, wo er an der Panzertruppenschule Munster zunächst Hörsaalleiter in der Fähnrichs-Inspektion und dann S 3-Stabsoffizier der Lehrgruppe war. Am 6. September 1961 wurde er zum Major befördert.

Am 1. Dezember 1964 wurde er Kommandeur des Panzerbataillons 184 in Neumünster, wo er am 25. Juli 1966 seine Beförderung zum Oberstleutnant erhielt. Eine Verwendung als stellvertretender Kommandeur der Panzerbrigade 33 in Lingen und Celle schloß sich an. Am 28. März 1972 wurde er zum Oberst befördert. Am 1. Oktober 1979 wurde er stellvertretender Präsident und Abteilungsleiter im Bundessprachenamt.

Am 24. August 1983 erhielt Heinz Timpe den Verdienstorden der Bundesrepublik Deutschland am Bande, und am 30. September 1983 erfolgte seine Versetzung in den Ruhestand.

Gottfried Tornau

Major der Wehrmacht
Oberst der Bundeswehr

Geb. am 20. Dezember 1919 in Hamburg
Verwundetenabzeichen in Gold: 28. Oktober 1942
Deutsches Kreuz in Gold: 28. Mai 1943
Ritterkreuz: 5. März 1945

Nach der Ableistung seiner Arbeitsdienstpflicht im ostpreußischen Schenkendorf, Kreis Labiau, trat Tornau am 11. November 1938 als Fahnenjunker in die 6. Batterie des Artillerieregiments 56 in Hamburg ein. Nachdem er in Polen und Frankreich als Kradmelder und Vorgeschobener Beobachter eingesetzt war, meldete er sich am 10. August 1940 zur Sturmartillerie.

Er wurde zur neu aufgestellten Sturmgeschützabteilung 184 nach Dorf Zinna kommandiert, wo er als Leutnant (seit dem 10. April 1940) im Ostfeldzug als Erkundungsoffizier und dann als Führer des 2. Zuges der 3. Batterie der Sturmgeschützabteilung 184 eingesetzt wurde. Nach der Erkrankung des Batteriechefs Oberleutnant Hellmich wurde Tornau Führer der 3. Batterie und vom 20. Juni 1942 an deren Chef.

Nach Rückführung der Abteilung zur Auffrischung ins Reich wurde er Lehroffizier an der Sturmgeschützschule Burg. Bei der Neuaufstellung der Sturmgeschützbrigade 322 im französischen Tours stellte er als Chef die 2. Batterie auf, mit der er ab März 1944 an die Ostfront zum Einsatz fuhr.

Am 18. Juli 1944 wurde Tornau Führer dieser Brigade, und einen Monat später wurde er zum Kommandeurslehrgang an die Sturmgeschützschule Burg kommandiert. Mit Aufstellung der Führer-Grenadier-Division „Großdeutschland" wurde er Kommandeur der Sturmartillerie-Brigade dieser Division.

In den Kämpfen in Pommern gelang es Hauptmann Tornau, einen nächtlichen Panzerangriff der Russen von Osten gegen Neu-Nantikow völlig zu zerschlagen. Damit hatte Gottfried Tornau einen aus eigenem Entschluß durchgeführten Angriff zum großen Erfolg werden lassen und für die Korpsgruppe Munzel der 11. Armee eine gefährliche Situation verhindert. Das war für den altgedienten Sturmartilleristen das Ritterkreuz.

Am 8. Mai 1945 ging er in die sowjetische Kriegsgefangenschaft, aus der er erst zehn Jahre und fünf Monate später in die Heimat entlassen wurde.

Am 1. November 1956, gut ein Jahr nach seiner Entlassung aus russischem Gewahrsam, trat Tornau als Major in die Bundeswehr ein und diente in der Annahmeorganisation in Hamburg und Kiel.

Am 16. Juli 1957 wurde er stellvertretender Kommandeur des Panzerbataillons 2 in Hemer, sodann Kommandeur des Panzerbataillons 310 in Borken und ab dem 1. August 1960 Stabsoffizier an der Panzertruppenschule Munster.

Am 23. Mai 1961 wurde er Oberstleutnant und am 1. April 1974 Oberst. Verwendungen als Kommandeur des Panzerregiments 100 in Hemer und des Heimatschutzkommandos 13 in Eutin schlossen sich an. Am 31. März 1979 erfolgte Tornaus Versetzung in den Ruhestand.

Als Auszeichnungen in der Bundeswehr erhielt er am 22. Mai 1973 das Bundesverdienstkreuz I. Klasse, und am 1. Oktober 1979 wurde ihm das Große Verdienstkreuz des Verdienstordens der Bundesrepublik Deutschland verliehen.

Gottfried Tornau, seit 31. März 1979 im Ruhestand, starb am 9. Februar 1992 in Eutin-Neudorf/Schleswig-Holstein.

Hannes Trautloft

Oberst der Wehrmacht
Generalleutnant der Bundeswehr

Geb. am 3. März 1912 in Groß Obrigen/Thüringen
Ritterkreuz: 27. Juli 1941
Deutsches Kreuz in Gold: 27. Juli 1942

Seine ersten vier Abschüsse erzielte Trautloft bereits 1936 in der Legion Condor. Bei Ausbruch des Zweiten Weltkrieges war er Staffelkapitän der 2. Staffel des Jagdgeschwaders 77. Ab dem 19. September 1941 war er Kommandeur der III. Gruppe des Jagdgeschwaders 51. Zu seinen Flügen über England, über dem Balkan und im Nordabschnitt der Ostfront startete er als Kommodore des Jagdgeschwaders 54. Sein Geschwader gehörte in Rußland zu den erfolgreichsten der deutschen Luftwaffe.

Auf Grund seiner Kenntnisse des russischen Kriegsschauplatzes wurde er ab Juli 1943 Inspizient Ost im Stabe von General der Jagdflieger Adolf Galland.

Bis Kriegsende führte er die 4. Flieger-Schuldivision. Er wurde jedoch der obersten Luftwaffenführung zu unbequem, so daß seine an sich fällige Beförderung zum Generalmajor unterblieb.

Als Brigadegeneral wurde Hannes Trautloft im Frühjahr 1956 in die Bundesluftwaffe übernommen. Er führte zunächst das Jagdbombergeschwader 34 in Memmingen und wurde dann in verschiedenen hohen Stäben verwendet. Am

27. Februar 1960 wurde Trautloft Generalmajor, am 18. Oktober 1962 Generalleutnant. In Pension ging er am 30. Juni 1970.

Generalleutnant Hannes Trautloft, Träger des Großen Bundesverdienstkreuzes des Verdienstordens der Bundesrepublik Deutschland mit Schulterband, verstarb am 12. Januar 1995 in Bad Wiessee bei München.

Friedrich-Wilhelm Wangerin

Hauptmann der Wehrmacht
Oberstleutnant der Bundeswehr

Geb. am 27. Januar 1915 in Berlin
Deutsches Kreuz in Gold: 5. Februar 1944
Ritterkreuz: 24. Oktober 1944
Verwundetenabzeichen in Gold: 9. November 1944

Am 7. Oktober 1935 trat Wangerin in das I. Bataillon des Infanterieregiments 67 Berlin-Spandau ein. Er wurde am 3. Dezember 1939 zum Infanterieersatzbataillon 477 nach Meseritz kommandiert und meldete sich von dort zur Fallschirmtruppe. Er durchlief den obligatorischen Fallschirmschützen-Lehrgang vom 1. April bis zum 30. Juni 1940.

Seit dem 1. Januar 1940 war Wangerin Leutnant und diente in verschiedenen Adjutantenstellungen. Am 27. Juli 1942 wurde er zum Zugführer in der 10. Kompanie des Fallschirmjägerregiments 5 ernannt.

Mit seinem Regiment kam er ab dem 20. November 1942 in Afrika zum Einsatz, nach der alliierten Landung in Marokko und Algerien. Er wurde am 15. Februar 1943 Chef der 5. Kompanie des Fallschirmjägerregiments 5 und errang beide Eisernen Kreuze.

Mit dem Fallschirmjägerregiment 5 stand Wangerin von November 1943 bis Februar 1944 in der Ukraine im Einsatz. Hier befand er sich mehrfach im Brennpunkt der Abwehrkämpfe und errang am 5. Februar 1944 das Deutsche Kreuz in Gold.

Danach diente er als Ausbildungsleiter im Bataillon Schirmer und führte im Regiment 16 (Schirmer) ab dem 1. Juni 1944 das III. Bataillon.

Am 24. Oktober 1944 erhielt er für seinen Abwehrkampf bei Kauen die Ehrenblattspange und wurde mit dem Ritterkreuz ausgezeichnet. Nach einer weiteren Verwundung erhielt Wangerin das Verwundetenabzeichen in Gold.

Aus dem Lazarett Jüterbog kam er noch einmal im Großraum Berlin mit der

Fallschirm-Panzer-Jagdbrigade unter Oberst Herrmann zum Einsatz. Bis 1946 war er im Raume Hamburg in britischer Gefangenschaft.

Wangerin trat am 12. März 1956 als Hauptmann in die Bundeswehr ein und war zunächst Dezernent in der Annahmestelle im Wehrbereich II. Am 24. Juli 1958, dem Tage seiner Beförderung zum Major, wurde er als Hilfsreferent ins Bundesministerium der Verteidigung kommandiert. Am 18. Dezember 1958 wurde er Dezernent im Amt für Sicherheit der Bundeswehr und am 8. September 1965 Oberstleutnant.

Friedrich-Wilhelm Wangerins Pensionierung erfolgte am 31. März 1971.

Ulrich Wernitz

Leutnant der Wehrmacht
Oberstleutnant der Bundeswehr

Geb. am 23. Januar 1921 in Schweinitz/Sachsen
Ritterkreuz: 29. Oktober 1944

Ulrich Wernitz kam nach seiner Ausbildung zum Jagdflieger im Mai 1943 als Unteroffizier zur I. Gruppe des Jagdgeschwaders 54, das in Rußland einen der erfolgreichsten Verbände stellte. In dieser Gruppe standen prominente Jäger wie etwa Major Walter Nowotny, Oberleutnant Otto Kittel, Major Ademeit und Hauptmann Robert Weiß, um nur einige zu nennen.

Mit ihnen flog Wernitz im Nordabschnitt der Ostfront eine Vielzahl spektakulärer Einsätze, die ihn immer wieder ins Zentrum wilder Luftkämpfe brachten. Aus diesen konnte er sich jedoch stets unter Abschuß eines oder zweier Gegner lösen und zurückgelangen, auch wenn dies manchmal nicht ohne Treffer in der Zelle und Verwundungen abging.

Wernitz errang seinen ersten Luftsieg am 2. Mai 1943 auf seinem zweiten Feindflug. Er flog als Rottenflieger bei Otto Kittel. Kittel deckte ihn bei seinen zuerst ziemlich riskanten Aktionen, die aber von Feindflug zu Feindflug sicherer wurden. Was Wernitz als junger Feldwebel an Erfolgen erreichte, verdankte er zumeist diesem selbstlosen Flieger und Soldaten. So konnte er bis zum 11. April 1944 82 Luftsiege verbuchen, womit er das Ritterkreuz errang. Als er schwer erkrankte, wurde seine Karriere jäh unterbrochen. Aber Ulrich Wernitz kam zurück – das war er seinem Kameraden Kittel schuldig. Anfang Februar 1945 stieg er als Staffelführer wieder voll ein und erkämpfte binnen weniger Wochen 19 weitere

Luftsiege. Ende März 1945 feierte er seinen 100. Abschuß. Ulrich Wernitz war der letzte aus der großen Reihe der erfolgreichen Jagdflieger, der 100 und mehr Abschüsse erzielen konnte. Insgesamt brachte er es auf 101 Luftsiege und 2 vernichtete Panzer bei etwa 240 Feindflügen.

In der Bundesluftwaffe stieg Ulrich Wernitz vom Oberleutnant zum Oberstleutnant auf. Er wurde am 31. März 1978 pensioniert.

Ulrich Wernitz starb am 23. Dezember 1980 in Fürstenfeldbruck.

Rudolf Witzig

Major der Wehrmacht
Oberst der Bundeswehr

Geb. am 14. August 1916 in Röhlinghausen/Westfalen
Ritterkreuz: 10. Mai 1940
Deutsches Kreuz in Gold: 17. Oktober 1943
662. Eichenlaub: 25. November 1944

Am 1. April 1935 trat Rudolf Witzig als Fahnenjunker in das Pionierbataillon 16 zu Höxter ein. Zwei Jahre später, am 20. April 1937, wurde er Leutnant und diente als Zugführer in diesem Bataillon. Von dort meldete er sich am 1. August 1938 freiwillig zur Fallschirmtruppe und kam ins Fallschirminfanteriebataillon unter Major Heidrich. Ein Jahr später war er – inzwischen zur Luftwaffe übergetreten – als Oberleutnant Pionierzugführer der Fallschirmjägersturmabteilung Koch.

Die Eroberung des belgischen Sperrforts Eben Emael war Witzigs großer Erfolg am 10. Mai 1940. Die Sondermeldung vom 11. Mai würdigte Witzigs Leistung und die seiner Luftlandegruppe: Er war am Vortage mit dem Ritterkreuz ausgezeichnet worden. Am 16. Mai wurde er bevorzugt zum Hauptmann befördert.

Während des Kreta-Einsatzes führte Witzig die 9. Kompanie des Fallschirmjägersturmregiments. Er wurde verwundet und gelangte über das Luftwaffen-Lazarett Athen in einige weitere Lazarette.

Am 10. Mai 1942 wurde er mit der Führung des Korpsfallschirmpionierbataillons beauftragt und am 24. August dieses Jahres zum Major befördert. Er stand ab November mit seinem Bataillon in Tunesien unter Oberst von Manteuffel, General von Broich und General Bülowius im Einsatz und wurde dem Luftwaffenregiment Barenthin angegliedert. Die Abwehrleistungen im Nordabschnitt der Tunesienfront sind mit Witzigs Namen eng verknüpft.

Am 15. Juni 1944 wurde Witzig Kommandeur des I. Bataillons des Fallschirmpionierregiments 21 und übernahm gleichzeitig die Regimentsführung. Im Nachtrag zum Wehrmachtbericht vom 8. August 1944 wurden er und sein Verband erwähnt. Bei Kumele hatte er mit seinem Bataillon 27 Feindpanzer vernichtet.

Am 16. Dezember 1944 wurde er Kommandeur des Fallschirmjägerregiments 18, mit dem er am 8. Mai 1945 in Gefangenschaft geriet. Noch am 7. Mai wurde er im Ehrenblatt der Luftwaffe genannt.

Witzig trat am 16. Januar 1956 als Oberstleutnant in die Bundeswehr ein und wurde Führer eines Pionier-Regimentsstabes, bevor er am 11. Februar 1957 zum Kommandeur des Pionierbataillons 2 in Holzminden ernannt wurde. Ab dem 17. Oktober 1959 war er Dezernent für Pioniergerät im Truppenamt Köln, ab dem 1. Februar 1965 Leiter des Spezialstabes ATV (Auswertung, Truppenversuche, Vorschriften) an der Pionierschule München.

Am 18. Oktober 1965 wurde er zum Oberst befördert.

Die Versetzung Rudolf Witzigs in den Ruhestand erfolgte am 30. September 1974.

IV.

Anhang

Anlage 1

Ritterkreuzträger der Wehrmacht, die in der Bundeswehr dienten

In dieser Liste sind sämtliche feststellbaren Ritterkreuzträger verzeichnet, die in der Bundeswehr dienten. Von einigen nicht im Biographieteil bzw. in den Kurzbiographien behandelten Soldaten sind weitere Fotos im Anschluß an diese Anlage abgedruckt.

Name und Vorname des Ritterkreuzträgers	Tag der Ritterkreuzverleihung	Diestgrad an diesem Tag	Diestgrad bei Kriegsende	höchster Diestgrad in der Bundeswehr
Abele, Arnulf	12.2.1944	Hptm.	Major	Oberst i.G.
Adamowitsch, Felix	29.2.1944	Hptm.	Hptm.	Oberst
Afheldt, Eckart	17.3.1945	Oblt.	Hptm.	BrigGen.
Ahrens, Wilhelm	4.5.1944	Hptm.	Major	OTL
Albert, Wilhelm	14.2.1945	Hptm. d.R.	Hptm. d.R.	OTL
Albrecht, Fritz	19.4.1945	Oberst	Oberst	BrigGen.
Amelung, Heinz-Günter	15.7.1942	Hptm.	Major	OTL
Anding, Friedrich	8.5.1945	Lt. d.R.	Lt. d.R.	Hptm. d.R.
Anhalt, Wilhelm	3.7.1944	KptLt.	KptLt.	FrgKpt.
Antrup, Willy	13.11.1942	Hptm.	OTL	BrigGen.
655. Eichenlaub	18.11.1944	OTL		
Audenrieth, Georg	10.2.1945	StGefr.	Fw. d.R.	Hptfw.
Axthammer, Erich	28.4.1945	Fw.	Ofw.	Stfw.
Backhauss, Fritz	8.2.1944	Hptm.	Major	OTL
Baer, Bern von	13.1.1944	OTL i.G.	Oberst i.G.	GenMaj.
761. Eichenlaub	28.2.1945	OTL i.G.		
Bahr, Günther	28.3.1945	Ofw.	Ofw.	Major
Banaski, Helmut	18.2.1945	Lt. d.R.	Lt. d.R.	Hptm.
Barkhorn, Gerhard	23.8.1942	Oblt.	Major	GenMaj.
175. Eichenlaub	11.1.1943	Oblt.		
52. Schwerter	2.2.1944	Hptm.		
Bartels, Herbert	22.11.1943	Oblt.	Hptm.	Hptm.
Barth, Eitel-Albert	24.3.1943	Oblt.	Hptm.	Major

Barth, Joachim	17.12.1942	Hptm.	Major	Oberst
Barth, Siegfried	2.10.1942	Hptm.	OTL	Oberst i.G.
Batz, Wilhelm	26.3.1944	Oblt.	Major	OTL
526. Eichenlaub	20.7.1944	Hptm.		
145. Schwerter	21.4.1945	Major		
Bauer, Ernst	16.3.1942	KptLt.	KKpt.	Kpt. z.S.
Bauer, Konrad	31.10.1944	Fw.	Oblt.	Hptm.
Bauer, Ludwig	29.4.1945	Lt.	Lt.	OTL d.R.
Baurmann, Heinz	4.5.1945	Hptm.	Hptm.	OTL d.R.
Behler, Klemens	17.3.1945	OStFhr.	OStFhr.	OTL
Behnke, Gerhard-Wilhelm	8.2.1943	Hptm.	Major	Oberst
605. Eichenlaub	4.10.1944	Major		
Behnke, Heinz	20.1.1944	Lt.	Oblt. d.R.	Oberst i.G.
Behr, Heinrich von	23.2.1944	Oberst	GenMaj.	GenMaj.
689. Eichenlaub	9.1.1945	Oberst		
Beigel, Fritz	9.7.1941	Major	Oberst	Oberst
Benack, Gerhard	13.8.1941	Oblt.	Major	OTL i.G.
Bennemann, Hans	26.3.1944	Oblt.	Hptm.	OTL
Bentin, Kurt	12.2.1945	Oblt.	Oblt.	Major
Benz, Kurt	24.3.1943	Hptm.	Major	OTL
Berger, Robert	7.3.1944	Major	OTL	Oberst
Beschwitz, Werner				
Frhr. von	27.7.1944	Major	Major	Oberst
Betke, Siegfried	8.8.1944	Oblt.	Oblt.	OTL
Beust, Hans-Henning				
Frhr. von	17.9.1941	Hptm.	Oberst i.G.	Oberst i.G.
336. Eichenlaub	25.11.1943	OTL		
Beutler, Walter	13.8.1943	Obwm.	Obwm.	ObStfw.
Beutner, Manfred	30.9.1944	Major	Major	Oberst
Birnbacher, Heinz	17.6.1940	KptLt.	KKpt.	KtAdm.
Birnkraut, Paul	10.5.1943	Oblt.	Oblt.	OTL
Bittorf, Otto	18.11.1944	Lt.	Oblt.	Major
Bix, Hermann	22.3.1945	Ofw.	FJ-Ofw.	ObStfw.
Blanc, Adalbert von	27.11.1944	FKpt.	FKpt.	FltAdm.
866. Eichenlaub	10.5.1945	FKpt.		
Blasig, Arnulf	4.9.1941	Hptm.	Major	Oberst
Bleher, Georg	6.5.1945	Oblt.	Oblt.	OTL
Bloos, Ludwig	6.4.1944	Ofw.	Ofw.	Hptfw.
Blumenthal, Carl-Ludwig	18.9.1942	Oblt. d.R.	Hptm. d.R.	Oberst
Bochnig, Helmut	9.6.1944	Major	Major	OTL
Bock, Albert	4.9.1941	StFw.	Major	Major

Bockhoff, Engelbert	18.11.1943	Hptm.	OTL	OTL
Bode, Helmuth	10.10.1941	Hptm.	Major	Major
Boeselager, Philipp				
Frhr. von	20.7.1944	Major	OTL	OTL d.R.
Böhm, Fritz	23.8.1944	Ofw.	Ofw.	Stfw.
Boosfeld, Joachim	21.2.1945	OStFhr.	HStFhr.	Oberst i.G.
Bopp, Alfred	21.12.1940	Oblt.	Hptm.	OTL
Borris, Carl	25.11.1944	Major	Major	OTL
Bottler, Alfred	3.11.1944	Major	Major	Oberst
Boxberg, Albrecht von	7.2.1944	Major	OTL	Oberst
Brasack, Paul	30.10.1944	KptLt.	KptLt.	Kpt. z.S.
Bredemeier, Wilhelm	9.11.1942	Fw.	Ofw. d.R.	Hptfw.
Bremm, Josef	18.2.1942	Lt.	OTL	OTL
Bretschneider, Heinz	3.2.1943	Obwm.	Hptm.	OTL
Brettschneider, Konrad	1.2.1945	Oblt.	Oblt.	OTL
Brill, Kurt	4.7.1944	Major	OTL	OTL
Broich, Peter	24.9.1942	Ofw.	Oblt.	OTL
Brökelmann, Jost	14.6.1942	KKpt.	FKpt.	Kpt. z.S.
Brücker, Heinrich	22.6.1941	Hptm.	Major	Oberst
Brucker, Johann	5.4.1945	OTL	OTL	Oberst
Brühl, Friedrich-August				
Graf von	3.11.1942	Hptm. d.R.	Major d.R.	OTL
Brunk, Edgar	3.7.1944	Oblt.	Hptm.	OTL
Brunner, Eduard	27.2.1944	Hptm.	Major	OTL
638. Eichenlaub	28.10.1944	Hptm.		
Brux, Albert	12.9.1941	Hptm.	Major	Oberst
504. Eichenlaub	24.6.1944			
Buchenau, Friedrich	28.3.1945	Major	Major	BrigGen.
Buckel, Karl	15.7.1944	Oblt. d.R.	Hptm. d.R.	OTL
Budahl, Georg	21.9.1944	Lt.	Oblt.	Hptm.
Buhr, Martin	11.9.1943	Major	OTL	Oberst
Buhse, Rudolf	17.8.1942	OTL	Oberst	BrigGen.
Bulmahn, Karl	31.1.1945	Hptm.	Hptm.	Major
Bülow, Otto von	20.10.1942	KptLt.	KKpt.	Kpt. z.S.
234. Eichenlaub	26.4.1943	KptLt.		
Burckhardt, Lutz-Wilhelm	15.10.1942	Lt.	Hptm.	OTL
Burgemeister, Alfred	2.5.1945	Oberst	Oberst	Oberst d.R.
Burmester, Hans-Jürgen	2.9.1944	Hptm.	Major	Oberst
Busch, Hans	10.9.1944	Major	Major	OTL
Busse, Heinrich	26.3.1944	Major	Oberst	Oberst
637. Eichenlaub	28.10.1944	OTL		

Büttner, Manfred	29.4.1945	FJ-Ofw.	FJ-Ofw.	Hptm.
Buxa, Werner	23.3.1945	Hptm.	Hptm.	OTL d.R.
Canstein, Ulrich Frhr. von	12.2.1944	OTL	Oberst	Oberst d.R.
Carl, Friedrich	9.5.1942	Oblt.	Major	OTL
Carsten, Günter	12.11.1943	Obwm.	Lt.	Hptm.
Condné, Johann	5.4.1945	Hptm.	Hptm.	BrigGen.
Cordes, Udo	12.6.1943	Lt.	Oblt.	OTL d.R.
Corts, Helmut	20.6.1940	Lt.	Hptm.	Oberst i.G.
Coutre, Georg le	7.2.1945	Lt.	Lt.	OTL
Cramer, Heinz	18.9.1940	Major	Major	BrigGen.
Dahlmann, Kurt	11.6.1944	Hptm.	Major	n. bek.
Dahmer, Hugo	1.8.1941	Ofw.	Oblt.	OTL
Dannebaum, Alfred	17.9.1944	Rittm.	Rittm.	Oberst i.G.
Darjes, Paul-Friedrich	14.10.1942	Major	OTL i.G.	Oberst i.G.
Deichen, Kurt	10.9.1943	Hptm. d.R.	Major d.R.	BrigGen.
Delica, Egon	12.5.1940	Lt.	Hptm.	OTL
Delius, Paul	11.3.1945	Major	Major	Oberst
Dennhardt, Oskar-Hubert	17.3.1944	Major	Major	BrigGen.
870. Eichenlaub	9.5.1945	Major		
Dettke, Oskar	7.4.1945	Hptm.	Hptm.	OTL
Diesener, Joachim	9.6.1944	Hptm.	Major	OTL
Dilley, Bruno	4.6.1942	Hptm.	Major	Oberst
174. Eichenlaub	8.1.1943	Hptm.		
Dipberger, Wilhelm	9.1.1945	FJ-Ofw.	FJ-Ofw.	Ofw.
Dittrich, Dr. Stefan	4.6.1944	Oblt. d.R.	Major d.R.	Major d.R.
Dixius, Karl	26.11.1944	Hptm.	Major	OTL
Dobberstein, Werner	4.9.1941	KptLt.	KKpt.	KKpt.
Doergens, Hans-Joachim	26.6.1944	Hptm. d.R.	Major d.R.	OTL
Domaschk, Joachim	12.10.1943	Oblt.	OTL i.G.	OTL
496. Eichenlaub	11.6.1944	Major		
Dombacher, Kurt	8.4.1945	Lt.	Oblt.	Major
Dominik, Hans	28.12.1944	FKpt.	Kpt. z.S.	Kpt. z.S.
Donnhauser, Anton	18.7.1943	Hptm.	Major i.G.	Oberst
Donth, Rudolf	14.1.1945	Fw.	Oblt.	OTL
Döring, Arnold	17.4.1945	Lt.	Lt.	Hptm.
Dörries, Josef	5.4.1944	Uffz.	FJ-Ofw.	Stfw.
Dose, Paul	4.5.1944	Oblt.	Hptm.	Oberst
Drees, Karl-Heinz	8.2.1944	Gefr.	Fw.	Hptfw.
Drexler, Hans	12.1.1945	Hptm.	Hptm.	Hptm.

Drossel, Leo	19.7.1940	Hptm.	OTL	Oberst
Dubicki, Albert	12.8.1944	Uffz.	Wm.	Hptm.
Dudeck, Gerhard	9.6.1944	Hptm.	Major	OTL
Düe, Rolf	23.3.1945	Hptm. d.R.	Hptm. d.R.	OTL
Dürrwanger, Alfred	10.7.1942	Hptm.	Major i.G.	Oberst i.G.
Ebeling, Dr. Ernst	20.3.1945	Hptm.	Hptm.	GenArzt
Ebeling, Werner	9.4.1944	Major	Oberst	GenMaj.
763. Eichenlaub	5.3.1945	OTL		
Eder, Anton	26.4.1945	Oberst	Oberst	Oberst
Eggers, Hermann	21.8.1942	Hptm.	Hptm.	OTL
Eichel-Streiber, Diethelm v.	5.4.1944	Hptm.	Major	Oberst
Eisenach, Franz	10.10.1944	Hptm.	Major	OTL
Eisermann, Erich	9.12.1944	Fw.	Ofw.	Hptfw.
Eitner, Dr. Volkhard	10.6.1943	Hptm.	OTL	ObArzt d.R.
Ender, Hans	5.4.1945	Hptm.	Hptm.	OTL
Engelien, Fritz	18.12.1944	Major	Major	Oberst i.G.
Enneccerus, Walter	21.7.1940	Hptm.	OTL i.G.	BrigGen.
Erasmus, Dr. Johannes	13.4.1944	Major i.G.	OTL i.G.	Oberst d.R.
Erdmann, Armin	3.1.1943	Oblt.	Major	OTL
Ernst, Richard	20.10.1944	OTL	Oberst	Oberst
Everth, Wolfgang	6.7.1942	Hptm.	Major	Oberst
Ewald, Werner	12.9.1944	Major	Major	Oberst
Ewald, Wolfgang	9.12.1942	Major	Major	OTL
Ewert, Heinz-Martin	23.11.1941	Hptm.	Major	Major
750. Eichenlaub	22.2.1945	Major		
Fabian, Heinz-Otto	15.3.1943	Oblt.	Major	BrigGen.
522. Eichenlaub	9.7.1944	Hptm.		
Fahlbusch, Wilhelm	31.12.1941	Oblt.	Major i.G.	BrigGen.
Fallois, Gerd von	2.1.1945	Major	Major	Oberst
Fath, Fridolin	23.12.1942	Major	Major	OTL
Fechner, Fritz	6.10.1943	Major	OTL	Oberst
Fecht, Karl-August v. d.	30.12.1942	Hptm.	Major	OTL
Felgenhauer, Waldemar	14.1.1942	Oblt.	Hptm.	Hptm.
Fernau, Dr. Hans-Georg	4.5.1945	Hptm. d.R.	Hptm. d.R.	OTL i.G.
Fey, Will	29.4.1945	OSchaFhr.	StObJunk.	Hptm.
Fink, Karl-Heinrich	20.2.1943	Lt.	Hptm.	OTL
Finke, Heinz	4.5.1944	Hptm.	Major	Oberst i.G.
Fischer, Gerhard	28.12.1943	Oblt.	Major	OTL
Fischer, Otto	27.8.1943	OTL	Oberst	Oberst

Fleischer, Rudolf	9.5.1945	Major	Major	OTL
Foertsch, Friedrich	5.9.1944	GenMaj.	GenLt.	General
Fondermann, Otto	13.10.1942	Hptm.	Oberst	Oberst
Forstmann, Gustav	28.7.1941	KKpt.	FKpt.	Kpt. z.S.
Franke, Heinz	30.11.1943	KptLt.	KptLt.	FrgKpt.
Frantz, Peter	4.6.1942	Oblt.	Major i.G.	Oberst d.R.
228. Eichenlaub	14.4.1943	Hptm.		
Fritz, Dr. Herbert	17.3.1944	Hptm.	Major	BrigGen.
Fromme, Rolf	29.9.1941	Lt.	Hptm.	OTL
Fuchs, Jakob	23.10.1944	Uffz.	Fw.	Hptfw.
Gaedcke, Heinrich	7.4.1944	Oberst i.G.	GenMaj.	GenLt.
Gapp, Franz	18.9.1943	Ofw.	Ofw.	Hptfw.
Garn, Arnulf von	2.9.1944	Major	OTL	Oberst
Gath, Heinrich	11.10.1943	StFw.	StFw.	ObStfw.
Gaudecker-Zuch, Gerlach v.	8.8.1944	OTL	Oberst	Oberst
Gauß, Jürgen	28.3.1945	Hptm.	Hptm.	Oberst
Geiger, Herbert	8.8.1944	Ofw.	Ofw.	ObStfw.
Geismann, Johannes	21.12.1942	Lt.	Hptm.	Oberst i.G.
Genz, Alfred	14.6.1941	Oblt.	Major	Oberst
Gerdes, Hinrich	21.1.1945	Ofw.	Lt.	Hptm.
Gericke, Walter	14.6.1941	Hptm.	Oberst	GenMaj.
585. Eichenlaub	17.9.1944	Major		
Gerlach, Heinrich	19.9.1943	Hptm.	Major	OTL
Gerlach, Karl	3.5.1945	Oblt.	Hptm.	OTL
Gerlach, Ludwig	23.3.1945	Hptm.	Major	Oberst
Gerlach, Waldemar	9.5.1940	Oblt.	Major	OTL
Gersteuer, Günter	28.4.1945	Major	Major	OTL
Gerstner, Siegfried	13.9.1944	Major	Major	Oberst
Gey, Joachim	21.6.1943	Oblt.	Hptm.	OTL
Gies, Alfred	16.12.1944	Ofw.	Ofw.	Hptfw.
Gläser, Alexander	19.2.1943	Oblt. d.R.	Hptm. d.R.	OTL
811. Eichenlaub	28.3.1945	Hptm.		
Goerke, Rudolf	9.6.1944	Lt. d.R.	Oblt. d.R.	OTL
Goldbrunner, Jakob	17.9.1941	Fw.	Ofw.	ObStfw.
Gollnick, Klaus	7.10.1944	Hptm.	Major	Oberst i.G.
Gottke, Heinrich	27.12.1944	USchaf.	ObSchaf.	Hptm.
Götz, Franz	4.9.1942	Oblt.	Major	Oberst
Götze, Karl	21.7.1940	Oblt.	Major i.G.	Oberst
Grasemann, Walter	9.10.1943	Oblt.	Hptm.	Oberst
Gratz, Karl	1.7.1942	Uffz.	Lt.	OTL

Greck, Franz	5.2.1945	Uffz.	Lt. d.R.	OTL
Greiner, Hermann	27.7.1944	Oblt.	Hptm.	OTL
840. Eichenlaub	17.4.1945	Hptm.		
Greve, Carl-Heinz	7.10.1942	Lt.	Major	GenLt.
Grote, Horst Frhr.	21.7.1940	Oblt.	Major i.G.	OTL
Gruber, Rupert	14.8.1943	Major	Major	OTL
Grundmann, Erich	31.5.1940	KptLt.	KKpt.	Kpt. z.S.
Guderian, Heinz-Günther	5.10.1944	Major i.G.	OTL i.G.	GenMaj.
Guggenberger, Friedrich	10.12.1941	KptLt.	KptLt.	KtAdm.
171. Eichenlaub	8.1.1943	KptLt.		
Günzel, Reinhard	17.9.1941	Hptm.	OTL	OTL
184. Eichenlaub	21.1.1943	Major		
Guhr, Hans	10.9.1942	Oblt.	Major i.G.	Oberst i.G.
Gutmann, Joachim	18.9.1942	OTL	Oberst	Oberst
Gysae, Robert	31.12.1941	KptLt.	KKpt.	FltAdm.
250. Eichenlaub	31.5.1943	KptLt.		
Haag, Heinz	25.11.1944	Oblt. z.S.	KptLt.	Kpt. z.S.
Haderecker, Hermann	4.5.1944	Major	OTL	Oberst
Hain, Horst	28.3.1945	Oblt.	Oblt.	Hptm.
Hakenholt, Hans	9.6.1944	Hptm.	Major	OTL
Hamer, Reino	5.9.1944	Hptm.	Major	Oberst
Harlinghausen, Martin	4.5.1940	Major i.G.	GenLt.	GenLt.
8. Eichenlaub	30.1.1941	OTL i.G.		
Harnoth, Josef	14.2.1945	Hptm.	Hptm.	Hptm.
Hartelt, Wolfgang	23.2.1945	ObFhr.	ObFhr.	Oberst
Hartmann, Erich	29.10.1943	Lt.	Major	Oberst
420. Eichenlaub	2.3.1944	Lt.		
75. Schwerter	2.7.1944	Oblt.		
18. Brillanten	25.8.1944	Oblt.		
Hartmann, Leo	30.4.1945	Lt. d.R.	Lt. d.R.	Hptm. d.R.
Hartmann, Werner	9.5.1940	KKpt.	Kpt. z.S.	Kpt. z.S.
645. Eichenlaub	5.11.1944	Kpt. z.S.		
Hartmann, Werner	4.10.1944	Hptm. d.R.	Major d.R.	Oberst
Harzenmetter, Johann	9.5.1945	Hptm.	Hptm.	OTL
Haßel, Kurt	17.6.1943	Major	OTL	OTL
Hauptmann, Hans	15.3.1943	Hptm.	Major	Oberst d.R.
Hauser, Hellmuth	23.12.1942	Hptm.	Major i.G.	GenLt.
Hausmann, Karl	15.5.1942	Ofw.	Oblt.	Hptm.
Hax, Heinrich	8.3.1945	Oberst	GenMaj.	GenMaj.
855. Eichenlaub	30.4.1945	GenMaj.		

Heder, Eberhard	18.11.1944	HStFhr.	StBaFhr.	Oberst i.G.
Heichele, Josef	31.1.1944	Hptm.	Major	OTL
742. Eichenlaub	17.2.1945	Major		
Heidtmann, Hans	12.4.1943	KptLt.	KptLt.	Kpt. z.S.
Heinkel, Hugo	16.11.1944	Ofw.	Lt.	Hptm.
Heinrich, Herbert	15.3.1944	Oblt.	Hptm.	Oberst i.G.
Heinrich, Horst	30.12.1943	Oblt.	Hptm.	OTL
Heinrici, Hans-Joachim	14.2.1945	Hptm.	Hptm.	OTL
Heise, Hanns	3.9.1942	Hptm.	OTL	BrigGen.
Heller, Siegfried	25.7.1942	Hptm.	Major i.G.	Major
Hempel, Dr. Adolf	30.12.1942	Hptm.	Major i.G.	GenLt.
Hentschel, Otto	9.6.1944	Hptm.	Hptm.	OTL
Henze, Karl	15.7.1942	Oblt.	Major	Oberst
481. Eichenlaub	20.5.1944	Major		
Herbst, Josef	30.9.1943	Oblt. d.R.	Major d.R.	OTL
Herget, Wilhelm	20.6.1943	Hptm.	Major	Oberst
451. Eichenlaub	11.4.1944			
Herkelmann, Rudolf	30.4.1943	Oblt. d.R.	Hptm. d.R.	OTL
Hermann, Helmut	18.12.1944	Hptm.	Major	Oberst
Hermes, Otmar	11.6.1944	Gefr.	Lt.	OTL
Herold, Wilhelm	26.3.1944	Hptm.	Major	OTL
Herrmann, Harry	9.7.1941	Oblt.	Oberst	Oberst
Herzog, Karl	17.4.1945	OTL	Oberst	GenMaj.
Heydte, Prof. Dr. Friedrich-August Frhr. von der	9.7.1941	Hptm.	OTL	BrigGen. d.R.
617. Eichenlaub	30.9.1944	OTL		
Heyking, Ernst-Georg von	6.4.1944	Rittm.	Major	OTL
Hilgendorff, Kurt	5.4.1944	OTL	Oberst	Oberst
Hinkelbein, Claus	14.6.1940	Hptm.	OTL	GenMaj.
Hinrichs, Ernst	25.7.1942	Oblt.	Hptm.	Oberst
Hintze, Ingfried	20.10.1944	Hptm.	Major	Oberst
Hobe, Cord von	9.5.1945	OTL	OTL	GenLt.
Hoensbroech, Ignaz Graf von und zu	4.6.1944	Hptm.	Major	OTL
Höfer, Heinrich	3.9.1943	Hptm.	Major i.G.	Oberst i.G.
656. Eichenlaub	18.11.1944	Major		
Hoffmann, Heinrich	7.6.1944	KKpt.	KKpt.	Kpt. z.S.
524. Eichenlaub	11.7.1944	KKpt.		
Hoffmann, Heinz-Joachim	15.4.1942	Major	Oberst	Oberst
Hoffmann, Walter	16.6.1944	Lt.	Lt.	Major

Hoffmann, Werner	4.5.1944	Hptm.	Major	Major
Hoffmeister, Henning	30.9.1944	Major	OTL	Oberst
Högl, Franz-Josef	26.11.1944	Major	OTL	OTL d.R.
Hogrebe, Heinrich	17.8.1942	Oblt. d.R.	OTL	OTL d.R.
454. Eichenlaub	13.4.1944	Hptm. d.R.		
Hohagen, Erich	5.10.1941	Oblt.	Major	BrigGen.
Hohenhausen und Hochhaus, Oskar Frhr. von	11.5.1945	OTL	OTL	OTL
Höhne, Friedrich	3.5.1942	Hptm.	OTL	Oberst
253. Eichenlaub	8.6.1943	Major		
Höhno, Helmut	9.12.1944	Lt.	Oblt.	Hptm.
Holst, Waldemar	3.12.1942	KKpt.	KKpt.	Kpt. z.S.
Holzhäuer, Fritz	6.8.1941	Major	GenMaj.	n. bek.
Hopf, Theodor	21.9.1941	Oblt.	Major i.G.	BrigGen.
Hörl, Ludwig	6.4.1944	Oberst	Oberst	Oberst
Hornung, Walter	9.6.1944	Major	OTL	OTL
Hoyer, Ludwig	23.2.1944	Hptm. d.R.	Major d.R.	Oberst
Hozzel, Paul-Werner	8.5.1940	Hptm.	OTL i.G.	BrigGen.
230. Eichenlaub	14.4.1943	OTL		
Hrabak, Dietrich	21.10.1940	Hptm.	Oberst	GenMaj.
337. Eichenlaub	25.11.1943	OTL		
Huber, Karl	30.7.1940	Fw.	Ofw.	OTL
Hübner, Eduard	17.3.1945	Hptm.	Hptm.	Major
Hückel, Ernst-Albrecht	27.9.1943	Hptm.	Hptm.	Oberst
Hulha, Alois	17.3.1945	Oblt.	Oblt.	OTL
Hümmerich, Wilhelm	18.10.1941	Lt. d.R.	Hptm. d.R.	OTL
Hunger, Hans-Joachim	9.4.1944	Lt. d.R.	Oblt. d.R.	Oberst
Huntemüller, Richard	5.9.1944	Oblt.	Oblt.	Major
Huth, Joachim-Friedrich	11.9.1940	OTL	GenLt.	GenLt.
Huzel, Hans	18.2.1945	Major	Major	Oberst
Ibel, Max	22.8.1940	Oberst	GenMaj.	BrigGen.
Isselhorst, Wilhelm	21.2.1944	Oblt. d.R.	Hptm. d.R.	Major d.R.
Ites, Dr. Otto	28.3.1942	Oblt. z.S.	KptLt.	KtAdm.
Jaedtke, Alfred	21.9.1944	Hptm.	Hptm.	OTL
Jamrowski, Siegfried	9.6.1944	Oblt.	Major	Major d.R.
Jarosch, Alfred	24.9.1942	Lt.	Hptm.	Major d.R.
Jenisch, Hans	7.10.1940	Oblt. z.S.	KptLt.	Kpt. z.S.
Jente, Heinz	29.10.1943	Oblt.	Hptm.	OTL
Jeserer, Helmut	30.4.1945	Hptm.	Hptm.	OTL

Jesse, Rudolf	5.9.1944	Oblt. z.S. d.R.	KptLt. d.R.	KptLt. d.R.
Jochems, Hermann	3.9.1942	Ofw.	Hptm.	OTL
Johannesson, Rolf	7.12.1942	Kpt. z.S.	KAdm.	KtAdm.
John, Richard	4.5.1944	Fw.	Ofw.	Hptfw.
Jooss, Ludwig	17.3.1945	Major d.R.	Major d.R.	OTL
Josten, Günther	5.2.1944	Ofw.	Oblt.	Oberst i.G.
810. Eichenlaub	28.3.1945	Oblt.		
Jung, Valentin	28.12.1943	Hptm.	Major	n. bek.
Jüttner, Arthur	14.12.1941	Hptm.	Oberst	Oberst d.R.
622. Eichenlaub	18.10.1944	Oberst		
141. Schw.	5.4.1945	Oberst		
Kahl, Konrad	13.8.1942	Hptm.	Major	OTL
Kahle, Rudolf	2.9.1944	Hptm.	Major	OTL
Kaiser, Herbert	14.3.1943	Ofw.	Lt.	OTL
Kaiser, Wilhelm	4.2.1942	Oblt.	Hptm.	OTL
Kaminski, Herbert	6.8.1941	Hptm.	Major	OTL
Kaminski, Werner	6.5.1945	OTL i.G.	OTL i.G.	Oberst i.G.
Kamischke, Werner	9.1.1945	Hptm.	Hptm.	OTL
Kammhuber, Josef	9.7.1941	GenMaj.	Gen. d. Fl.	General
Kellermann, Ortwin	30.9.1944	Oblt. d.R.	Oblt. d.R.	Hptm.
Kellner, Wolfgang	11.4.1945	Oblt.	Oblt.	Oberst
Kemnade, Friedrich	23.7.1942	KptLt.	KKpt.	KtAdm.
249. Eichenlaub	27.5.1943	KKpt.		
Kercher, Fritz	6.3.1944	Lt.	Oblt.	OTL d.R.
Kerscher, Albert	23.10.1944	Fw.	Ofw.	ObStfw.
Kertz, Wolfram	4.10.1944	Oblt. d.R.	Major d.R.	Oberst d.R.
Kerutt, Hellmut	2.2.1945	Major	Major	Oberst
Kessel, Karl	23.1.1944	OTL	OTL d.R.	GenMaj.
Kessler, Wolfgang	16.4.1944	Oblt. d.R.	Hptm. d.R.	OTL
Ketscher, Hans	24.11.1944	Hptm.	Hptm.	Major
Kettgen, Hans	14.2.1945	HStFhr.	StBaFhr.	OTL
Kieslich, Franz	5.1.1943	Oblt.	Major	OTL
619. Eichenlaub	10.10.1944	Hptm.		
Kiess, Dr. Walter	12.5.1940	Oblt.	Major	Oberstarzt
Kipfmüller, Walter	29.10.1943	Hptm.	Hptm.	OTL
Klaus, Johann-Alfred	26.3.1944	Oblt.	Oblt.	Oberst i.G.
Kleffel, Paul-Georg	14.5.1944	Oblt. d.R.	Hptm. d.R.	GenLt.
Klein, Gerhard	30.12.1943	OTL	Oberst	Oberst d.R.
Klemm, Rudolf	18.11.1944	Hptm.	Major	n. bek.
Klemz, Bernhard	4.6.1944	Hptm.	Hptm.	Oberst i.G.

Klette, Hans-Dietrich	5.4.1944	Major	Major	Oberst i.G.
Klos, Otto	9.12.1944	Hptm.	Major	OTL
Klug, Bernd	12.3.1941	KptLt.	KKpt.	FltAdm.
361. Eichenlaub	1.1.1944	KKpt.		
Kluge, Ernst	7.10.1944	Fw.	Ofw.	ObStfw.
Klümper, Werner	29.8.1943	Major	OTL	Kpt. z.S.
Klünder, Erich	12.8.1944	KKpt.	KKpt.	KKpt.
Klußmann, Hans-Jürgen	9.11.1944	Oblt.	Oblt.	Oberst
Kmitta, Lothar	18.11.1944	Lt.	Oblt.	Oberst
Knabe, Konrad	16.4.1943	Hptm.	Major	Oberst
Knoche, Heinz	5.4.1945	Major	OTL	Oberst
Knollmann, Karl-Heinz	21.3.1944	Lt. d.R.	Oblt. d.R.	OTL
Knoop, Dr. Rolf	26.7.1944	Major	Major	Oberst d.R.
Knuth, Hermann	24.9.1944	Kpt.	Kpt. z.S.	Kpt. z.S.
Koch, Erwin	28.5.1943	Major	OTL	Oberst
Kohler, Wilhelm	10.12.1942	Hptm.	Major	Oberst i.G.
607. Eichenlaub	4.10.1944	Hptm.		
Kohlhagen, Kurt	30.9.1944	Lt.	Oblt.	n. bek.
Kollak, Reinhard	29.8.1943	Ofw.	StFw.	ObStfw.
Kollmann, Fritz	6.10.1944	Lt. d.R.	Lt. d.R.	Oberst
Konopacki, Günther	19.12.1943	Oblt.	Rittm.	Major
797. Eichenlaub	23.3.1945	Rittm.		
Kopp, Walter	6.11.1942	Hptm.	OTL	Oberst
Kopp, Walter	9.2.1945	Major	Major	Oberst
Koppe, Rudolf	18.11.1944	Hptm.	Major	Major
Korn, Heinz	14.1.1945	Feldm. i.RAD	ObFm. i.RAD	Major d.R.
Körner, Friedrich	6.9.1942	Lt.	Oblt.	BrigGen.
Korth, Claus	29.5.1941	KptLt.	KKpt.	Kpt. z.S.
Kraft, Josef	30.9.1944	Oblt.	Hptm.	Oberst
838. Eichenlaub	17.4.1945	Hptm.		
Kranz, Rudolf	23.10.1944	Major	Major	OTL
Kremer, Dr. Hermann	23.3.1945	Major d.R.	Major d.R.	Major d.R.
Kretschmer, Otto	4.8.1940	KptLt.	FKpt.	FltAdm.
6. Eichenlaub	4.11.1940	KptLt.		
5. Schwerter	26.12.1941	KKpt.		
Krieg, Harald	15.7.1941	Oblt.	Major d.R.	Major d.R.
Krieg, Johann-Otto	8.7.1944	Oblt. z.S.	KptLt.	FrgKpt.
Krieger, Werner	31.10.1944	Major	OTL	BrigGen.
Kroh, Hans	21.8.1941	Major	GenMaj.	GenMaj.
443. Eichenlaub	6.4.1944	OTL		
96. Schwerter	12.9.1944	Oberst		

Krosigk, Dedo von	15.5.1942	Hptm.	Major	Oberst
Krüger, Horst	4.11.1941	Oblt.	Hptm.	GenMaj.
Krupinski, Walter	29.10.1942	Lt.	Hptm.	GenLt.
415. Eichenlaub	2.3.1944	Oblt.		
Krützmann, Friedrich-Karl	3.3.1944	Hptm.	OTL	Oberst
Kubel, Wilhelm	30.9.1944	Hptm. d.R.	Hptm. d.R.	OTL
Kuhenne, Helmut	20.1.1945	Ofw.	Ofw.	Hptfw.
Kuhlmey, Kurt	15.7.1942	Hptm.	Oberst	GenMaj.
Kühme, Kurt	9.12.1944	Major	Major	OTL
Kuhnert, Manfred	22.1.1944	Gefr.	Uffz.	Stfw.
Kuhnke, Günter	19.9.1940	KptLt.	KKpt.	KtAdm.
Kujacinski, Norbert	18.11.1944	Hptm. d.R.	Major d.R.	OTL d.R.
Kunkel, Kurt-Ernst	30.4.1945	Lt.	Lt.	OTL
Kunz, Hermann	17.12.1943	Lt.	Lt.	Major
Kunze, Gottfried	20.4.1945	Hptm. d.R.	Hptm. d.R.	Hptm. d.R.
Künzel, Hans-Joachim	22.9.1941	Oblt.	Major	OTL
Künzel, Karl-Friedrich	12.12.1943	Oblt. z.S.	KptLt.	Kpt. z.S.
Kuppinger, Dr. Ernst	24.12.1944	Hptm.	Hptm.	Oberst i.G.
819. Eichenlaub	5.4.1945	Hptm.		
Kursell, Claus von	17.10.1944	Hptm. d.R.	Hptm. d.R.	Major
Kurz, Karl	5.3.1945	Oblt.	Oblt.	OTL
Kurz, Rudolf	18.11.1944	ObFhr.	Lt.	OTL
Küster, Rudolf	17.3.1945	Oblt.	Oblt.	OTL
Lang, Friedrich	23.11.1941	Oblt.	Major	Oberst
148. Eichenlaub	21.11.1942	Hptm.		
74. Schwerter	2.7.1944	Major		
Lang, Georg	20.12.1944	Ofw.	Ofw.	Hptfw.
Lange, Erich	28.10.1944	Hptm.	Major	Major d.R.
Lange, Gerhard	28.3.1945	Hptm.	Hptm.	OTL
Lange, Hans-Günther	26.8.1944	KptLt.	KptLt.	FrgKpt.
853. Eichenlaub	29.4.1945	KptLt.		
Langemeyer, Dr. Carl	18.11.1944	StArzt d.R.	ObStArzt	OfArzt d.R.
Langenn-Steinkeller, Ernst-Hasso von	9.6.1944	Rittm.	Major	Oberst
Langenstraß, Ernst-Friedr.	5.6.1940	Oblt.	OTL i.G.	BrigGen.
Langer, Dr. Günter	5.9.1944	Lt. d.R.	Lt. d.R.	BrigGen.
Langfeldt, Kay	18.5.1943	Oblt.	Hptm.	OTL
Lau, Kurt	6.4.1944	Hptm.	Major	OTL
Lau, Lothar	22.6.1941	Oblt.	Major	OTL
Lau, Werner	9.12.1942	Lt. d.R.	Major d.R.	OTL

Laubereau, Hugo	22.11.1943	OTL	Oberst	Oberst i.G.
Lemke, Siegfried	14.6.1944	Lt.	Hptm.	n. bek.
Lemm, Heinz-Georg	14.4.1943	Hptm.	Oberst	GenLt.
525. Eichenlaub	11.7.1944	Major		
137. Schwerter	15.3.1945	OTL		
Lepkowski, Erich	8.8.1944	Lt.	Oblt.	OTL
Leppla, Richard	27.7.1941	Hptm.	Major	Oberst
Leske, Martin	19.8.1944	Hptm.	Major	Oberst
Leukefeld, Karl-Otto	23.10.1941	Oblt.	Hptm.	Oberst
Lichtenberg, Philipp	31.3.1945	KptLt.	KptLt.	FrgKpt.
Liebenstein, Kurt Frhr. v.	10.5.1943	GenMaj.	GenMaj.	GenMaj.
Liebing, Walter	2.2.1945	Major	OTL	OTL
Lier, Friedrich	3.11.1944	Major	OTL	OTL
869. Eichenlaub	8.5.1945	OTL		
Lindenberg, Friedrich	30.1.1943	Oblt.	Major	OTL d.R.
Lindinger, Eduard	9.12.1942	Fw.	Ofw.	Hptfw.
Lindmayr, Alois	21.7.1940	OHptm.	Oberst	Oberst
Lindner, Anton	8.4.1944	Lt.	Oblt.	OTL
Lingenthal, Edel-Heinrich	18.9.1943	Hptm.	Major i.G.	BrigGen.
Linke, Gottfried	1.3.1945	Hptm.	Hptm.	OTL
Linke, Richard	17.9.1941	Hptm.	Major	Kpt. z.S.
Lion, Karl-Hermann	4.6.1942	Oblt.	Major	OTL
Litjens, Stefan	21.6.1943	Ofw.	Ofw.	Hptfw.
Lohß, Martin	28.7.1944	Hptm.	Major	Oberst
Loos, Georg	23.11.1941	Lt. d.R.	Major d.R.	Oberst
Loos, Walter	20.4.1945	Ofw.	Ofw.	Hptm.
Loos, Wilhelm	21.4.1944	Oblt.	Hptm.	OTL
Lorch, Anton	4.6.1944	OTL	Oberst	BrigGen.
Loßberg, Viktor von	17.10.1941	Major	Oberst i.G.	Oberst
Löser, Hans-Joachim	20.1.1943	Hptm.	Major	GenMaj.
Lotze, Christian	4.2.1942	Oblt.	Major	Oberst
Lübke, Robert	7.1.1944	Ofw.	Oblt.	Hptm.
Lücken, Theodor von	2.3.1942	Oblt.	Major	OTL
469. Eichenlaub	7.5.1944	Hptm.		
Ludigkeit, Günther	26.3.1944	Oblt.	Hptm.	Major
Lütje, Herbert	1.6.1943	Hptm.	OTL	Oberst
836. Eichenlaub	17.4.1945	Major		
Lutter, Johannes	5.10.1941	Ofw.	Hptm.	OTL
Lüttwitz, Smilo Frhr. von	14.1.1942	Oberst	Gen. d.PzTr.	GenLt.
426. Eichenlaub	16.3.1944	GenLt.		
76. Schwerter	4.7.1944	GenLt.		

Lutz, Johannes	9.12.1944	Lt.	Lt.	OTL
Lutze, Helmut	2.10.1942	Ofw.	Hptm.	OTL
Lützow, Joachim	4.11.1941	Oblt.	Major i.G.	Oberst i.G.
Lux, Walter	10.7.1944	Major	OTL	OTL
Luxenburger, Josef	3.4.1943	Oblt.	Hptm.	Oberst i.G.
Lyhme, Konrad	9.10.1942	Hptm.	OTL	Oberst
Mader, Franz	12.12.1944	Major d.R.	Major d.R.	Oberst d.R.
Mäder, Hellmuth	3.4.1942	Major	Gen.Maj.	GenLt.
560. Eichenlaub	27.8.1944	Oberst		
143. Schwerter	18.4.1945	GenMaj.		
Magawly, Christoph	15.3.1944	Hptm. d.R.	Major d.R.	Oberst
Magg, Alois	5.9.1944	Oblt.	Hptm.	OTL
Mahlke, Helmut	16.7.1941	Hptm.	OTL i.G.	GenLt.
Mahn, Friedrich-Karl	24.1.1945	Hptm.	Hptm.	Major
Mai, Emil	16.11.1944	Lt. d.R.	Oblt. d.R.	Hptm. d.R.
Maltzahn, Berndt-Joachim Frhr. von	14.2.1945	Major	OTL	OTL
Manns, Werner	13.1.1944	Hptm.	Major i.G.	Oberst
Marquardt, Heinz	18.11.1944	FJ-Ofw.	FJ-Ofw.	OTL
Marwitz, Egon von der	12.8.1944	Obtl. Major	Oberst	
Matuschewitz, Erich	30.9.1944	Uffz.	Fw.	Hptfw.
Matzen, Ingwer (Jens)	2.5.1945	KKpt.	KKpt.	Kpt. z.S.
Matzky, Gerhard	5.4.1944	GenLt.	Gen. d. Inf.	GenLt.
Mecklenburg, Max	18.11.1944	Major	Major	Oberst
Meentzen, Wilhelm	30.10.1944	KptLt.	KptLt.	VAdm.
Meitzel, Helmut	27.7.1944	Hptm.	Major	Oberst
Messinger, Erich	16.10.1944	OTL	OTL	Oberst
Methner, Gerhard	30.4.1945	Hptm.	Hptm.	OTL
Metzger, Richard	12.10.1943	Major	Major	OTL
Meyer, Werner	4.5.1944	OStFhr.	HStFhr.	OTL d.R.
Meyn, Wilhelm	24.10.1944	Lt.	Oblt.	GenMaj.
Michael, Friedrich-August von	10.2.1945	Hptm.	Major	OTL
Michaelis, Hans	28.9.1943	Major	Oberst	Oberst d.R.
Millahn, Karl-Hermann	29.2.1944	Hptm.	Major	OTL
Mitzlaff, Berndt Baron von	20.12.1943	Major	OTL	Oberst
Modrow, Ernst-Wilhelm	19.8.1944	Hptm.	Major	OTL
Möhlmann, Helmut	16.4.1943	KptLt.	KKpt.	FrgKpt.
Molinari, Karl-Theodor	3.11.1944	Major	OTL	GenMaj.
Möller, Hans	15.8.1940	Oblt.	OTL i.G.	Oberst

Möller, Werner	28.11.1943	Hptm.	Major	Oberst
Montag, Alfred	21.4.1944	Hptm. d.R.	Hptm. d.R.	OTL
873. Eichenlaub	9.5.1945	Hptm. d.R.		
Morawietz, Willi	5.11.1944	Ofw.	Ofw.	ObStfw.
Möws, Gerhard	1.11.1942	Oblt.	Hptm.	OTL
Müllensiefen, Peter-Eberh.	31.10.1944	Hptm.	Hptm.	OTL
Müller, Albert	13.12.1943	KptLt.	KptLt.	Kpt. z.S.
Müller, Alfred	20.2.1943	Hptm.	OTL	BrigGen.
354. Eichenlaub	15.12.1943	Hptm.		
Müller, Eduard	25.1.1943	Obwm.	Oblt.	Hptm.
Müller, Georg	9.8.1942	Oblt. d.R.	Hptm. d.R.	Oberst
Müller, Horst	3.5.1942	Oblt.	Hptm.	OTL
Müller, Karl	8.7.1943	KptLt.	KptLt.	Kpt. z.S.
Müller, Kurt	14.2.1945	Oblt.	Hptm.	Oberst
Müller, Philipp	2.4.1943	Hptm.	Hptm.	OTL
Müller, Walter-Christian	27.7.1944	Hptm.	Major	OTL
Müller, Werner	26.12.1944	Oblt.	Hptm.	OTL
Müller, Willy	14.4.1945	Major	Major	OTL
Müller-Reinders, Eduard	25.1.1943	Obwm.	Oblt.	Hptm.
Munz, Johann	18.11.1943	Hptm.	Major	Major
Munzel, Oskar	16.10.1944	Oberst	GenMaj.	GenMaj.
Nacke, Heinz	2.11.1940	Hptm.	Major	Oberst
Nähring, Alfred	4.10.1944	Major	Oberst	Oberst
Najock, Karl-Heinz	28.4.1945	Oblt.	Oblt.	OTL
Naseband, Werner	28.1.1943	Hptm.	Major	OTL
Naumann, Horst	4.1.1943	Uffz.	Lt.	OTL
Naumann, Johannes	9.11.1944	Hptm.	Major	Oberst
Nebel, Peter	27.3.1942	Oblt.	Major	Oberst
Neubert, Frank	22.6.1941	Oblt.	Major	OTL
Neubert, Rudolf	29.2.1944	Hptm.	OTL	Oberst
817. EL	5.4.1945	OTL		
Neuer, Walther	5.11.1944	Major	OTL	OTL
Neumann, Heinrich	21.8.1941	OStArzt	ObArzt	ObArzt d.R.
Neumann, Joachim	23.2.1944	Major	Major	Oberst
Neumann, Klaus	9.12.1944	Fw.	Lt.	Oberst
Neumüller, Ernst	5.10.1944	Oblt.	Hptm.	Oberst
Neunhoeffer, Lothar	3.1.1944	Major	OTL	OTL
Niemack, Horst	13.7.1940	Rittm.	GenMaj.	BrigGen. d.R.
30. EL	10.8.1941	Rittm.		
69. Schwerter	4.6.1944	Oberst		

Niemann, Heinrich	30.4.1943	Lt. d.R.	Oblt. d.R.	OTL
Niggemeyer, Wilhelm	18.9.1942	Lt. d.R.	Oblt. d.R.	OTL
241. EL	17.5.1943	Oblt. d.R.		
Nippa, Erhard	26.3.1944	Oblt.	Oblt.	Oberst
Noak, Karl-Heinz	5.8.1940	Lt.	Major	Oberst
63. EL	16.1.1942	Oblt.		
Nökel, Friedrich-Karl	17.9.1944	Hptm. d.R.	Major	Oberst
Nordt, Otto	6.9.1944	KptLt.	KptLt.	KKpt.
Nöske, Klaus	16.5.1941	Hptm.	Major	OTL
Notz, Friedrich-Wilhelm v.	23.3.1945	OTL	OTL	Oberst
Nuhn, Heinrich	9.5.1945	Hptm.	Hptm.	OTL
Oberländer, Werner	24.3.1943	Oblt.	Major	Major
Oberwöhrmann, Erich	7.2.1944	Hptm.	Hptm.	OTL
Obleser, Friedrich	23.3.1944	Lt.	Oblt.	GenLt.
Obstfelder, Wolfgang von	10.9.1944	Hptm.	Major	OTL
858. EL	30.4.1945	Major		
Odenhardt, Wilhelm	29.10.1944	Ofw.	Lt.	Oblt.
Ohmsen, Walter	14.6.1944	Oblt.	Oblt.	FrgKpt.
Ohrloff, Horst	27.7.1941	Oblt.	Major i.G.	GenMaj.
Olschewski, Georg	23.4.1944	Oblt. z.S.	Oblt. z.S.	FrgKpt.
Opitz, Heinz-Eberhard	11.3.1945	OTL	OTL	OTL d.R.
Osterhold, Wilhelm	26.3.1944	Major	OTL	Oberst
732. EL	10.2.1945	OTL		
Pabst, Karl	4.11.1943	Hptm.	Major	OTL
Panknin, Herbert	4.9.1943	KptLt.	KptLt.	Kpt. z.S.
Panse, Werner	4.5.1944	Oblt.	Hptm.	Oberst
Pape, Günther	10.2.1942	Major	GenMaj.	GenMaj.
301. EL	15.9.1943	Oberst		
Paschke, Werner	19.8.1944	Oblt. d.R.	Hptm. d.R.	OTL
Paul, Friedrich-Karl	4.3.1945	KKpt.	KKpt.	FrgKpt.
Paul, Hugo	18.11.1944	Hptm.	Major	OTL
Pemsel, Max-Josef	9.12.1944	GenMaj.	GenLt.	GenLt.
Pentzien, Hans	2.2.1945	Hptm. d.R.	Hptm. d.R.	Oberst
Peschel, Georg	11.5.1945	Ofw.	Ofw.	ObStfw.
Pestke, Hans-Gotthard	15.11.1941	Oblt.	Major i.G.	Oberst i.G.
311. EL	14.10.1943	Hptm.		
Peters, Kurd	29.10.1944	Major	Major	Major
Peterson, Georg	27.8.1944	Hptm. d.R.	Major d.R.	OTL
Petzold, Joachim	18.5.1943	Hptm.	Major	Oberst i.G.

Pfannkuche, Karl	17.3.1945	Major	Major	Oberst
Pfeiffer, Hans	26.1.1942	Lt. d.R.	Hptm. d.R.	Oberst
Pfeiffer, Johannes	10.10.1941	Oblt.	Hptm.	Oberst i.G.
Pfeuffer, Arno	7.8.1943	Rittm.	Major	OTL d.R.
Philipp, Ernst	28.11.1940	Oblt.	Oberst	GenMaj.
599. EL	30.9.1944	Major		
Pick, Gerhard	2.11.1941	Hptm.	OTL	OTL
553. EL	19.8.1944	Major		
Piening, Adolf	13.8.1942	KptLt.	KKpt.	Kpt. z.S.
Pilarski, Hubert	4.8.1943	Ofw.	Obfhnr.	Hptfw.
493. EL	9.6.1944	Ofw.		
Pinkepank, Georg	12.8.1944	KKpt.	KKpt.	FrgKpt.
Piske, Dr. Herbert	15.3.1945	Oblt.	Oblt.	Oberstarzt
Placzek, Franz	3.4.1943	Ofw.	Ofw.	Hptfw.
Plato, Anton-Detlev von	19.8.1944	OTL i.G.	Oberst i.G.	GenLt.
Plenzat, Kurt	19.9.1943	Ofw.	Lt.	Hptm.
712. EL	24.1.1945	Lt.		
Pleß, Helmut	9.6.1944	Lt.	Lt.	Oberst d.R.
Plettenberg, Georg Graf v.	12.8.1944	Rittm.	Major	Oberst
730. EL	5.2.1945	Rittm.		
Plettner, Erich	1.1.1944	Hptm. d.R.	Major d.R.	OTL
Plewig, Waldemar	14.12.1940	Hptm.	Major	OTL
Plocher, Hermann	22.11.1943	GenMaj.	GenLt.	GenMaj.
867. EL	8.5.1945	GenLt.		
Poetter, Joachim	16.4.1942	Hptm.	OTL i.G.	Oberst
Pohl, Eberhard	17.12.1942	Major	OTL	OTL
Pollmann, Dr. Othmar	27.8.1943	Major	Major	Oberst
760. EL	28.2.1945	Major		
Pollmann, Otto	19.5.1943	Lt. z.S. d.R.	KptLt. d.R.	KKpt.
461. EL	25.4.1944	Oblt. z.S. d.R.		
Polz, Heinz	1.12.1944	Obwm.	Obwm.	ObStfw.
Pöschl, Franz	23.2.1944	Hptm.	OTL	GenLt.
Poske, Fritz	6.11.1942	KKpt.	Kpt. z.S.	Kpt. z.S.
Pössinger, Michael	19.7.1940	Lt. d.R.	Major	OTL
759. EL	28.2.1945	Major		
Prentl, Josef Quirin	21.10.1942	Oblt.	Major	Oberst
851. EL	28.4.1945	Major		
Press, Heinrich	16.10.1944	Hptm.	Major	OTL d.R.
Pressler, Gustav	4.2.1942	Hptm.	OTL	Oberst
188. EL	26.1.1943	Hptm.		
Prill, Günter	18.1.1944	Oblt.	Hptm.	OTL

Prinz, Kurt	14.4.1945	Oblt.	Oblt.	Major d.R.
Pritzel, Klaus	15.10.1942	Hptm.	Major	OTL
Proehl, Georg	9.12.1944	Rittm.	Rittm.	OTL
Prominski, Hans	8.8.1944	Oblt.	Hptm.	Major
Quast, Werner	31.12.1943	FJ-Ofw.	FJ-Ofw.	Hptfw.
Rabben, Herbert	4.5.1944	Ofw.	Ofw.	Hptfw.
Radener-Blaschke, Waldemar-Heinz	12.3.1945	Oblt.	Oblt.	Hptm.
Radowitz, Joseph von	17.9.1944	Oberst	GenLt.	GenMaj.
882. EL	9.5.1945	GenLt.		
Radusch, Günther	29.8.1943	Major	Oberst	Oberst
444. EL	6.4.1944	OTL		
Rafoth, Dr. Heinz	20.4.1945	Lt.	Lt.	Oberst i.G.
Rall, Günther	3.9.1942	Oblt.	Major	GenLt.
134. EL	26.10.1942	Oblt.		
34. Schwerter	12.9.1943	Hptm.		
Rammelt, Karl	20.10.1944	Major	Major	OTL
Rauschenbusch, Hermann	26.3.1943	Major	OTL	OTL
Rebholz, Robert	2.8.1943	Hptm.	Major	OTL
Reche, Reinhart	17.3.1943	KptLt.	KKpt.	Kpt. z.S.
Recktenwald, Dr. Wendel-Wolf	24.5.1943	Oblt. d.R.	Hptm. d.R.	Major d.R.
Rehnitz, Konrad	12.8.1942	Lt. d.R.	Hptm. d.R.	Oberst
Reichel, Helmut	6.4.1944	Major	OTL	Oberst
Reichelt, Martin	4.5.1944	Hptm. d.R.	OTL d.R.	OTL
Reichelt, Paul	8.10.1944	GenMaj.	GenLt.	GenMaj.
Reinert, Ernst-Wilhelm	1.7.1942	Uffz.	Hptm.	OTL
131. EL	6.10.1942	Fw.		
130. Schwerter	1.2.1945	Oblt.		
Reininghaus, Adolf	13.9.1944	Ofw.	Ofw.	Hptfw.
Reintjes, Heinz	18.11.1944	Oblt.	Hptm.	OTL
Reißmann, Werner	28.7.1942	Hptm.	Major	Oberst i.G.
Remberg, Josef-Friedrich	25.2.1944	Oblt.	Hptm.	GenMaj.
Renner, Wilhelm	5.8.1940	Oblt.	Major	BrigGen.
Rennhack, Günther	30.12.1944	Hptm.	Hptm.	Oberst
Rettemeier, Josef-Wilhelm	5.12.1943	Hptm.	Major	Oberst
425. EL	13.3.1944	Hptm.		
Reuter, Erich	18.7.1944	Hptm.	Major	OTL
710. EL	21.1.1945			

Rhein, Joseph	23.2.1944	Hptm.	Major	Oberst
Richter, Gerhard	24.11.1940	Oblt.	Major	OTL
Richter, Johannes	30.9.1944	Ofw.	Ofw.	Hptm.
Richter, Johannes	30.9.1944	Lt.	Oblt.	OTL
Richter, Rudolf	14.1.1945	Ofw.	Ofw.	Hptfw.
Ritter, Anton	24.12.1944	Lt. d.R.	Oblt. d.R.	OTL
Rittmeyer (früher Zecherle), Konrad	10.5.1943	Lt. d.R.	Rittm.	OTL
Ritz, Alfred	11.12.1944	Hptm.	Major	BrigGen.
Rode, Werner	17.9.1941	Oblt.	OTL	OTL
Rödel, Gustav-Siegfried	22.6.1941	Oblt.	Oberst	BrigGen.
255. EL	20.6.1943	Major		
Roeger, Hans	21.9.1944	Uffz.	Ofw.	Hptm.
Roell, Werner	25.5.1943	Hptm.	Major	OTL d.R.
Roesner, Rudolf	18.4.1943	Hptm.	Major	Major
Roewer, Peter	13.1.1945	Major	OTL	Oberst d.R.
Rogge, Bernhard	17.12.1940	Kpt. z.S.	VAdm.	KtAdm.
45. EL	31.12.1941	Kpt. z.S.		
Rohweder, Hellmut	14.11.1943	KptLt.	KKpt.	Kpt. z.S.
Rohweder, Johannes	23.8.1941	Hptm.	OTL	Oberst
Rollwage, Herbert	6.4.1944	Ofw.	Oblt.	Hptm.
713. EL	24.1.1945	Lt.		
Roth, Günther	26.3.1944	Oblt.	Oblt.	Hptm.
Rösing, Hans-Rudolf	29.8.1940	KKpt.	Kpt. z.S.	KtAdm.
Rötche, Hans	18.11.1944	FJ-Ofw.	Lt.	OTL
Röthke, Siegfried	2.6.1943	Oblt.	Hptm.	OTL
Rudat, Horst	24.3.1943	Oblt.	Hptm.	GenMaj.
Rüffler, Helmut	23.12.1942	Ofw.	Ofw.	ObStfw.
Ruge, Prof. Friedrich	21.10.1940	Kpt. z.S.	VAdm.	VAdm.
Ruge, Gerd	7.9.1943	Hptm.	Major	Oberst
648. EL	16.11.1944	Major		
Rumohr, Detlev von	4.7.1944	Major	Oberst	BrigGen.
Sacha, Friedrich	20.1.1943	Oblt.	Hptm.	OTL
Saldern-Brallentin, Sylvester von	21.11.1943	Major	OTL	Oberst
Saldern-Wilsnack, Burghardt von	4.5.1944	Hptm.	Major	OTL
Salzmann, Walter	27.6.1942	Oblt.	Major	OTL
Sandner, Johann	13.6.1941	ObJäg.	Lt.	Hptm.
Sann, Fritz	14.4.1945	Major	Major	OTL

Sauer, Konrad	26.9.1942	Wm.	Hptm. d.R.	OTL
603. EL	30.9.1944	Lt. d.R.		
Sauerbruch, Peter	5.1.1943	Hptm.	OTL	–
Sauter, Jordan	7.5.1945	Hptm. d.R.	Hptm. d.R.	OTL d.R.
Schacht, Gerhard	12.5.1940	Lt.	Major i.G.	Oberst
Schack, Hans von	27.1.1945	Major	Major	Major
Schade, Karl-Heinz	2.9.1944	Lt.	Oblt.	OTL
Schädlich, Gottfried	9.7.1944	Hptm.	Major	OTL
Schäfer, Karl	16.4.1945	Ofw.	Ofw.	Hptfw.
Scheffel, Rudolf	29.10.1942	Lt.	Hptm.	OTL
Schemmel, Günther	6.10.1942	Major	OTL	Oberst
Scherer, Fritz	14.12.1943	Hptm.	Hptm.	OTL
Schier, Rudolf	14.2.1945	Hptm. d.R.	Hptm. d.R.	OTL
Schille, Curt	25.8.1942	Hptm.	Major	OTL
544. EL	8.8.1944	Major		
Schimpf, Richard	6.10.1944	GenLt.	GenLt.	GenMaj.
Schirmer, Berthold	27.8.1944	Major	Major	Oberst
Schirmer, Gerhart	14.6.1941	Hptm.	OTL	Oberst
657. EL	18.11.1944	OTL		
Schlags-Koch, Walter	5.9.1944	Major	OTL d.R.	Oberst
876. EL	9.5.1945	OTL d.R.		
Schlepple, Prof. Dr. Eberh.	27.7.1944	Oblt. d.R.	Oblt. d.R.	OTL d.R.
Schleswig-Holstein, Friedr.-Ferdinand Prinz zu	22.2.1945	Major i.G.	Oberst	Oberst d.R.
Schlichting, Joachim	14.12.1940	Hptm.	Major	Oberst
Schlingmann, Harry	14.2.1944	Hptm.	Major	OTL
Schlippenbach, Egon-Reiner von	19.11.1943	KptLt.	KKpt.	Kpt. z.S.
Schlosser, Heinrich	18.9.1941	Oblt. d.R.	Major d.R.	Oberst
Schlund, Franz	30.8.1941	Ofw.	Ofw.	Hptfw.
Schmetz, Heinrich	29.10.1944	Hptm.	Hptm.	Oberst
Schmidt, Erich	9.6.1944	Major	Major	OTL
877. EL	9.5.1945	Major		
Schmidt, Friedrich	8.10.1942	Hptm.	OTL	Oberst
Schmidt, Hermann	28.6.1943	Hptm.	Major i.G.	Oberst i.G.
Schmidt, Hermann	20.4.1944	Major	Major	Oberst
Schmidt, Walter	4.8.1943	HStFhr.	OStBaFhr.	OTL d.R.
479. EL	14.5.1944	HStFhr.		
Schmidt, Werner	5.4.1944	Major	OTL	n. bek.
Schmitz, Franz	13.9.1943	San-Uffz.	San-Ofw.	ObStfw.
Schneider, Gerd-Dietrich	3.10.1944	Oblt. z.S.	Oblt. z.S.	KKpt. d.R.

Schneider, Heinz	22.9.1941	Oblt.	Major i.G.	Oberst
Schneider, Walter-Erich	5.11.1944	Kpt.Lt.	KptLt.	KKpt.
Schölß, Josef	25.5.1943	Hptm.	Major	OTL
Schönberg, Friedrich	10.9.1944	OTL	OTL	Oberst
Scholtz, Klaus	26.12.1941	KptLt.	FKpt.	Kpt. z.S.
123. EL	10.9.1942	KKpt.		
Scholz, Fritz	21.1.1945	Major	Major	OTL
Schott, Albert	10.9.1944	Uffz.	Ofw.	Hptfw.
Schrader, Hermann	9.12.1944	Hptm.	Major	OTL d.R.
Schroeder, Albert	9.12.1944	Hptm. d.R.	Hptm.	Oberst
Schroeter, Horst von	1.6.1944	Oblt. z.S.	KptLt.	VAdm.
Schröter, Fritz	24.9.1942	Oblt.	Major	Oberst
Schuhart, Otto	16.5.1940	KptLt.	KKpt.	Kpt. z.S.
Schuler, Emil	9.12.1944	Oberst	Oberst	Oberst
Schultz, Otto	14.3.1943	Ofw.	Hptm.	OTL
Schultze, Herbert-Emil	1.3.1940	KptLt.	KKpt.	Kpt. z.S.
15. EL	12.6.1941	KptLt.		
Schulz, Manfred	10.9.1944	Hptm.	Major	Oberst
Schulze, Franz-Joseph	30.11.1944	Oblt. d.R.	Hptm. d.R.	General
Schulze, Johannes	14.1.1945	Hptm. d.R.	Major d.R.	Oberst d.R.
Schulze, Paul	30.12.1943	Hptm.	Major	Oberst d.R.
538. EL	28.7.1944	Major		
Schulze-Dickow, Fritz	7.3.1942	Oblt.	Major	OTL
Schulz-Lepel, Karl-Heinz	13.9.1943	Oblt. d.R.	Major d.R.	OTL
Schütz, Erwin	9.5.1945	Hptm. d.R.	Hptm. d.R.	OTL d.R.
Schütz, Hermann	21.4.1944	Hptm. d.R.	Major d.R.	OTL
Schwalb, Helmut	23.8.1944	Hptm.	Major	Oberst
Schwaneberg, Edgar	26.3.1944	Hptm.	Major	OTL
Schwarzrock, Rudolf	19.8.1944	Major	OTL	OTL
Schwing, Hellmuth	30.12.1943	Major	OTL	OTL
Schwöppe, Heinz	26.3.1945	Hptm.	Hptm.	OTL d.R.
Seeger, Günther	26.3.1944	Lt.	Oblt.	OTL
Seidensticker, August	17.7.1943	Major	OTL	Oberst
Sell, Wilhelm	5.9.1944	Major	Major	Oberst
Semrau, Paul	30.9.1944	Lt.	Oblt.	Oberst
Settner, Kurt	18.11.1944	Hptm.	Hptm.	Major d.R.
Seuss, Richard	15.8.1944	Oblt. d.R.	Oblt. d.R.	KKpt.
577. EL	2.9.1944	Oblt. d.R.		
Siewert, Curt	29.2.1944	GenMaj.	GenLt.	GenMaj.
Sinram, Klaus	23.10.1944	Major	Major	Oberst
Smidt, Alfred-Karl	15.6.1943	Kpt. z.S.	Kpt. z.S.	KtAdm.

Sommer, Joachim	25.11.1944	Hptm.	Hptm.	Oberst
Sonne, Heinrich	10.12.1943	OStFhr.	HStFhr.	OTL
Sorge, Ernst	26.3.1944	Hptm.	Hptm.	Hptm.
Sorge, Karl-Heinz	7.2.1944	Oblt.	Hptm.	Major
Späte, Wolfgang	5.10.1941	Oblt. d.R.	Major d.R.	OTL
90. EL	23.4.1942	Oblt. d.R.		
Speidel, Hans	1.4.1944	GenLt.	GenLt.	General
Sperling, Max	6.4.1944	OTL	Oberst	Oberst
Stahl, Hendrik	23.12.1942	Lt.	Hptm.	Major
506. EL	24.6.1944	Oblt.		
Stamp, Gerhard	24.3.1943	Oblt.	Major	Oberst i.G.
Starke, Heinrich	28.1.1945	Lt.	Lt.	Oberst i.G.
Starl, Matthias	1.6.1945	Hptm.	Major	OTL
Stecken, Albert	28.4.1945	Major i.G.	Major i.G.	GenMaj.
Steglich, Martin	25.1.1943	Hptm.	OTL	Oberst d.R.
816. EL	5.4.1945	Major		
Stein, Günther	26.3.1944	Fw.	Ofw.	Hptfw.
Stein, Walter	28.11.1943	Major	Major	Oberst
Steinaecker, Heinz-Eberhard Frhr. von	26.3.1944	Lt. d.R.	Oblt. d.R.	OTL
Steinborn, Eberhard	11.7.1944	Hptm. d.R.	Major d.R.	OTL
Steinert, Gerhard	21.4.1944	Oblt.	Oblt.	Oberst
Steinhoff, Johannes	30.8.1941	Oblt.	Oberst	General
115. EL	2.9.1942	Hptm.		
82. Schwerter	28.7.1944	OTL		
Stemmler, Wilhelm	6.10.1944	Major	OTL	Oberst
Stephan, Eberhard	12.1.1945	Major	Major	OTL
Stern, Hans	15.7.1941	Hptm.	Major	OTL
Steuer, Dr. Friedr.-Wilhelm	26.8.1943	Major	Oberst	Oberst d.R.
Stiegert, Rolf	16.1.1945	Hptm. d.R.	Hptm. d.R.	OTL
Stoll-Berberich, Egon	29.2.1944	Hptm. d.R.	Hptm. d.R.	OTL
Stolle, Bruno	17.3.1943	Hptm.	Hptm.	OTL
Störchel, Helmut	22.11.1943	Major	Major	OTL
Straehler-Pohl, Günther	10.5.1943	Hptm.	Hptm.	Oberst
Straßmair, Hannes	3.4.1943	Lt.	Oblt.	Major
Straub, Johann	12.8.1944	Lt.	Lt.	Major d.R.
Streib, Werner	6.10.1940	Oblt.	Oberst	BrigGen.
197. EL	26.2.1943	Major		
54. Schwerter	11.3.1944	Major		
Stünzer-Karbe, Ewald von	10.9.1942	Hptm.	OTL	Oberst

Tank, Walter	24.9.1942	Oblt. d.R.	Hptm. d.R.	OTL
Tanzer, Kurt	5.12.1943	Ofw.	Lt. d.R.	Major
Taubert, Richard	16.11.1942	Hptm.	Major	OTL
Taulien, Arno	18.10.1943	Oblt.	Hptm.	Oberst
Tenschert, Günther	28.4.1945	Major	Major	OTL
Terharen, Heinrich	9.12.1944	Lt. d.R.	Lt. d.R.	Hptm.
Teusen, Hans	14.6.1941	Lt.	Major	GenMaj.
Thiem, Egon	21.7.1940	Hptm.	Major	OTL
Thofern, Werner	25.8.1941	Lt.	Hptm.	Major
Thoma, Kurt	6.10.1940	KKpt.	Kpt. z.S.	Kpt. z.S.
Thomsen, Dr. Ernst-Heinr.	24.10.1944	Major	Major	Kpt. z.S.
Thomsen, Rolf	4.1.1945	KptLt.	KptLt.	FltAdm.
852. EL	29.4.1945	KptLt.		
Thulke, Willi	7.1.1943	Oblt. d.R.	OTL	OTL
424. EL	13.3.1944	Hptm.		
Thurnhuber, Josef	12.3.1945	Lt.	Lt.	Major
Thünemann, Heinrich	14.5.1944	Major	OTL	Oberst
Timm, Erich	3.10.1944	Major	OTL	Oberst
Timm, Heinrich	17.9.1944	KKpt.	KKpt.	FrgKpt.
Timpe, Heinz	7.5.1945	Lt.	Lt.	Oberst
Töpfer, Hans	20.7.1944	Oblt.	Hptm.	Hptm.
Topp, Erich	20.6.1941	Oblt. z.S.	FKpt.	KtAdm.
87. EL	11.4.1942	KptLt.		
17. Schwerter	17.8.1942	KptLt.		
Tornau, Gottfried	5.3.1945	Hptm.	Major	Oberst
Trautloft, Hannes	27.7.1941	Major	Oberst	GenLt.
Trettner, Heinrich	24.5.1940	Major i.G.	GenLt.	General
586. EL	17.9.1944	GenMaj.		
Uhlig, Martin	11.3.1945	Hptm.	Hptm.	OTL
Veeser, Peter	14.5.1941	Ofw.	Ofw.	Hptm.
Veith, Alfred	16.7.1942	Lt.	Hptm.	Oberst
Vierecker, Fritz	28.4.1945	Hptm.	Hptm.	OTL
Viezenz, Günther	7.1.1944	Oblt.	Hptm.	Oberst
Vogel, Walter	29.8.1943	Major	Major	OTL
Vogelsang, Karl	14.1.1945	Major	Major	OTL
Vollmer, Günter	20.4.1943	Oblt. d.R.	Hptm. d.R.	GenMaj.
Voß, Herbert	5.2.1944	Major	OTL	Oberst
Voß, Reimer	12.3.1945	Oblt.	Hptm.	OberstApoth.

Wagner, Wilhelm	11.4.1944	Major	Major	Oberst
Walter, Helmut	9.5.1945	Hptm.	Hptm.	BrigGen.
Wangerin, Friedrich-Wilhelm	24.10.1944	Hptm.	Hptm.	OTL
Wätjen, Rudolf	14.4.1943	Major	OTL	BrigGen.
Weber, Alfons	9.6.1944	Hptm.	Major	OTL
Weber, Gottfried	13.10.1941	Major	GenLt.	GenMaj.
490. EL	9.6.1944	GenMaj.		
Weber, Hans-Joachim	27.12.1944	Hptm.	Major d.R.	OTL
Weber, Horst	5.7.1943	Oblt. z.S. d.R.	KptLt.	KptLt.
Weber, Jakob	16.8.1943	Fw.	Ofw.	Hptfw.
Weber, Siegfried	30.10.1942	Oblt.	Major i.G.	Oberst
Wechmar, Irnfried von	13.4.1941	OTL	Oberst	Oberst d.R.
Weck, Hans-Joachim	30.4.1945	Lt.	Oblt.	OTL
Weihrauch, Werner	19.2.1943	Ofw.	Oblt.	OTL
Weiß, Adolf	29.2.1944	Ofw.	Ofw.	Stfw.
Welken, Heinrich	5.9.1944	Oblt.	Hptm.	OTL
Weller, Franz	4.9.1941	Major	Oberst	Oberst
626. EL	23.10.1944	Oberst		
Wellmann, Ernst	2.9.1942	OTL	Oberst	BrigGen.
342. EL	30.11.1943	OTL		
Wendt, Manfred	9.7.1944	Hptm.	Hptm.	OTL
Wendt, Wilhelm	30.6.1941	Hfw.	Hptm.	Hptm.
Wernitz, Ulrich	29.10.1944	Fw.	Lt.	OTL
Werthern, Thilo Frhr. von	8.9.1941	Oblt.	OTL	OTL
Wetjen, Heinrich	28.3.1945	Hptm. d.R.	Hptm. d.R.	OTL
Wiebe, Karl-Heinz	22.5.1944	KptLt.	KptLt.	KKpt.
Wienrich, Arno	5.5.1945	StGefr.	Uffz.	Hptfw.
Wiese, Hubert	5.5.1945	Oberst	Oberst	Oberst
Wiese, Johannes	5.1.1943	Hptm.	Major	OTL
418. EL	2.3.1944	Major		
Wieselhuber, Helmut	14.5.1944	Lt.	Oblt.	Oberst
Wietersheim, Walter von	15.5.1944	Hptm.	Major	Major d.R.
Winter, Friedrich	6.12.1944	Fw.	Ofw.	Hptfw.
Winter, Werner	5.6.1942	KptLt.	KKpt.	Kpt. z.S.
Witschel, Kurt	4.1.1943	Ofw.	Oblt.	Hptm.
773. EL	11.3.1945	Oblt.		
Witte, Gerhard	23.8.1944	Major	Major	Oberst
Wittmann, Herbert	23.11.1941	Hptm.	Major	Oberst
735. EL	11.2.1945	Major		
Witzendorf, Curt von	30.8.1941	Oblt.	Major	BrigGen.

Witzig, Rudolf	10.5.1940	Oblt.	Major	Oberst
662. EL	25.11.1944	Major		
Wohlfeil, Otto	5.9.1943	Hptm.	Major	Oberst
Woldenga, Bernhard	5.7.1941	Major	Oberst	Oberst
Wolf, Eberhard	20.7.1944	Hptm.	OTL	Oberst
Wolff, Max-Eckart	4.8.1940	KKpt.	Kpt. z.S.	FltAdm.
Wolfram, Eberhard	13.11.1942	Hptm.	OTL i.G.	OTL i.G.
Wollschläger, Artur	12.1.1942	Oblt.	Major	OTL d.R.
Wulf, Dr. Hermann	13.10.1941	Oblt.	OTL	BrigGen.
520. EL	3.7.1944	Major		
Wulff, Karl	29.10.1944	Oblt.	Hptm.	OTL
Wunderlich, Achim	31.12.1944	Major	Major	OTL
Wuppermann, Siegfried	3.8.1941	Oblt. d.R.	KptLt.	Kpt. z.S. d.R.
226. EL	14.4.1943	Oblt. z.S.		
Zeller, Konrad	5.1.1944	Hptm. d.R.	Major d.R.	OTL d.R.
495. EL	9.6.1944	Hptm. d.R.		
Ziegler, Werner	31.12.1941	Lt.	OTL	Oberst
121. EL	8.9.1942	Oblt.		
102. Schwerter	23.10.1944	Major		
Zobel, Horst	14.4.1945	Hptm.	Hptm.	Oberst
Zumfelde, Hugo	9.12.1944	Hptm. d.R.	Hptm. d.R.	Hptm. d.R.

Felix Adamowitsch

Eckart Afheldt

Georg Audenrieth

Ludwig Bauer

Gerhard-Wilhelm Behnke

Manfred Beutner

Carl-Ludwig Blumenthal

Paul Brasack

Konrad Brettschneider

Peter Broich

Karl Buckel

Martin Buhr

Otto von Bülow

Manfred Büttner

Günter Carsten

Johann Condné

Paul Delius

Ernst Ebeling

Will Fey

Herbert Fritz

Franz Götz

Heinz-Günther Guderian

Reinhard Günzel

Leo Hartmann

Karl Herzog

Heinrich Hoffmann

Helmut Höhno

Paul-Werner Hozzel

Siegfried Jamrowski

Helmut Jeserer

Albert Kerscher

Wolfram Kertz

Heinz Knoche

Friedrich Körner

Kurt Kuhlmey

Carl Langemeyer

Philipp Lichtenberg

Anton Lorch

Johannes Lutz

Richard Metzger

Karl-Theodor Molinari

Oskar Munzel

Horst Naumann

Horst Niemack

Wilhelm Niggemeyer

Georg Olschweski

Herbert Panknin

Georg Peterson

Adolf Piening

Anton-Detlev von Plato

Fritz Poske

Michael Pössinger

Reinhart Reche

Ernst-Wilhelm Reinert

Werner Reißmann

Josef-Wilhelm Rettemeier

Konrad Rittmeyer

Konrad Sauer

Egon-Reiner v. Schlippenbach

Klaus Scholtz

Otto Schuhart

Fritz Schulze-Dickow

Helmut Schwalb

August Seidensticker

Richard Seuss

Wolfgang Späte

Günther Straehler-Pohl

Heinrich Trettner

Alfons Weber

Karl-Heinz Wiebe

Siegfried Wuppermann

Werner Ziegler

Anlage 2

Träger des Deutschen Kreuzes in Gold der Wehrmacht, die in der Bundeswehr General wurden

Ahlert, Wilhelm, Brigadegeneral
Aldinger, Hermann, Generalmajor
Annuß, Gottfried, Brigadegeneral
Antrup, Wilhelm, Brigadegeneral

Bambey, Hans, Brigadegeneral (Bundesverdienstkreuz I. Klasse)
Bapistella, Helmut, Brigadegeneral (Bundesverdienstkreuz I. Klasse)
Baranek, Günter, Generalmajor
Becke, Hans-Joachim, Brigadegeneral (Bundesverdienstkreuz I. Klasse)
Zum Ritterkreuz eingereicht.
Bennecke, Jürgen, General (Deutsches Kreuz in Silber, Großes Bundesverdienstkreuz mit Schulterband und Stern, Kommandeur der Ehrenlegion)
Berendsen, Friedrich, Generalmajor (Großes Bundesverdienstkreuz, Legion of Merit)
Berger, Oskar Alfred, Generalmajor
Zum Ritterkreuz eingereicht.
Bergh, Wolfgang von, Generalleutnant (Großes Bundesverdienstkreuz)
Biedermann,Hans-Georg, Generalmajor (Großes Bundesverdienstkreuz)
Block, Eberhard von, Brigadegeneral (Bundesverdienstkreuz I. Klasse)
Bosselmann, Wilhelm, Brigadegeneral (Bundesverdienstkreuz I. Klasse)
Brandstädter, Kurt, Brigadegeneral
Zum Ritterkreuz eingereicht.
Buchner, Hans, Generalmajor (Großes Bundesverdienstkreuz)
Zum Ritterkreuz eingereicht.
Busch, Hermann, Brigadegeneral
Butler, Peter von, Generalleutnant (Großes Bundesverdienstkreuz mit Schulterband)

Cescotti, Roderich, Generalmajor (Bundesverdienstkreuz am Bande)
Clausen, Karl, Flottillenadmiral

Dingeldein, Otto, Flottillenadmiral (Bundesverdienstkreuz I. Klasse)
Dölling, Hanns-Wolrad, Brigadegeneral
Drews, Werner, Generalmajor (Großes Bundesverdienstkreuz)
Duch, Oswald, Flottillenadmiral

Eberhard, Hans, Brigadegeneral (Großes Bundesverdienstkreuz)
Einem, Kurt Gustav von, Brigadegeneral (Großes Bundesverdienstkreuz)
Erdmann, Heinrich, Konteradmiral

Falkenstein, Sigismund Freiherr von, Brigadegeneral
Fischer, Hans-Heinz, Brigadegeneral
Fischer, Kurt Helmut, Brigadegeneral (Großes Bundesverdienstkreuz)
Frevert-Niedermein, Alexander, Generalmajor (Großes Bundesverdienstkreuz)
Freyer, Joachim, Generalmajor (Großes Bundesverdienstkreuz)
Freytag von Loringhoven, Bernd Freiherr, Generalleutnant (Großes Bundesverdienstkreuz)
Frodl, Richard, Generalleutnant (Großes Bundesverdienstkreuz)

Gartmayr, Georg, Brigadegeneral
Gerber, Kurt, Generalmajor
Gerlach, Heinrich, Vizeadmiral (Großes Bundesverdienstkreuz mit Schulterband)
Geyer, Heinz, Brigadegeneral
Gieser, Kurt, Brigadegeneral
Göricke, Hans-Otto, Generalmajor (Großes Bundesverdienstkreuz, Legion of Merit)
Golling, Ernst, Brigadegeneral
Greiner, Hans, Brigadegeneral
Groeben, Peter von der, Generalleutnant (Großes Bundesverdienstkreuz)
Gröpler, Erich, Brigadegeneral (Großes Bundesverdienstkreuz)

Haack, Wolfgang, Flottillenadmiral
Haeffner, Paul, Generalleutnant (Bundesverdienstkreuz I. Klasse)
Hansen, Ottomar, Generalmajor (Großes Bundesverdienstkreuz)
Hantel, Ernst-Ulrich, Generalmajor (Großes Bundesverdienstkreuz)
Heinemann, Lothar von, Generalmajor (Großes Bundesverdienstkreuz)
Heise, Horst Wolfgang, Generalapotheker (Bundesverdienstkreuz I. Klasse)
Hepp, Leo, Generalleutnant (Großes Bundesverdienstkreuz mit Schulterband, Legion of Merit)
Herrmann, Paul-Reinhold, Generalmajor (Großes Bundesverdienstkreuz)
Zum Ritterkreuz eingereicht
Hinrich, Hans, Generalleutnant (Großes Bundesverdienstkreuz)
Hoffmann, Werner-Ernst, Brigadegeneral
Hoheisel, Klaus, Brigadegeneral (Großes Bundesverdienstkreuz)
Horbach, Joachim, Generalmajor (Großes Bundesverdienstkreuz)
Horn, Hans-Joachim von, Generalmajor (Großes Bundesverdienstkreuz)

Jaitner, Josef, Brigadegeneral

Jenett, Rudolf, Generalmajor (Großes Bundesverdienstkreuz)
Jordan, Paul, Generalmajor
Jürgens, Rolf, Generalmajor

Kähler, Wolfgang, Flottillenadmiral (Bundesverdienstkreuz I. Klasse)
Kahlden, Wolf von, Brigadegeneral
Karpinski, Peter, Generalmajor (Großes Bundesverdienstkreuz)
Kauffmann, Kurt, Brigadegeneral (Bundesverdienstkreuz I. Klasse)
Kimmerling, Werner G., Flottillenadmiral (Bundesverdienstkreuz I. Klasse)
Kinder, Horst, Brigadegeneral (Bundesverdienstkreuz I. Klasse, Legion of Merit)
Klasing, Ernst, Generalmajor (Großes Bundesverdienstkreuz, Ritterkreuz zum Kriegsverdienstkreuz)
Klennert, Wolfgang, Brigadegeneral (Bundesverdienstkreuz)
Klüter, Gustav-Adolf, Brigadegeneral (Bundesverdienstkreuz I. Klasse)
Köhler, Paul, Generalmajor (Deutsches Kreuz in *Silber*, Bundesverdienstkreuz I. Klasse, Kommandeur der Ehrenlegion)
Zum Ritterkreuz eingereicht.
Koller-Kraus, Heinz-Michel, Brigadegeneral (Ehrenblattspange in Gold)
Kraus, Albert, Brigadegeneral (Ehrenblattspange in Gold)
Zum Ritterkreuz eingereicht.
Kublitz, Dr. Manfred, Brigadegeneral (Bundesverdienstkreuz I. Klasse)
Kühlein, Konrad, Generalmajor (Großes Bundesverdienstkreuz)

Laegeler, Hellmuth, Brigadegeneral (Großes Bundesverdienstkreuz)
Langguth, Gerhard, Brigadegeneral
Lassen, Ernst-August, Brigadegeneral
Laube, Kurt, Brigadegeneral
Limberg, Gerhard, Generalleutnant (Großes Bundesverdienstkreuz)

Mantey, Willi-Robert, Generalmajor (Großes Bundesverdienstkreuz)
Markert, Arthur, Generalmajor (Großes Bundesverdienstkreuz)
Meinicke, Theodor, Brigadegeneral (Bundesverdienstkreuz I. Klasse, Legion of Merit)
Metz, Ernst R., Generalmajor
Meyer, Hans Karl, Flottillenadmiral (Großes Bundesverdienstkreuz)
Meyer-Abich, Dr. Helmut, Flottillenadmiral (Bundesverdienstkreuz I. Klasse)
Meyer-Detring, Wilhelm, Generalleutnant (Großes Bundesverdienstkreuz mit Schulterband)
Möller, Ernst-Günther, Brigadegeneral
Moll, Josef, Generalleutnant (Großes Bundesverdienstkreuz mit Schulterband, Order of Merit)

Müller, Christian, Generalmajor
Müller, Klaus, Generalmajor
Müller-Hillebrand, Hermann Burkhart, Generalleutnant (Großes Bundesverdienstkreuz)
Münch, Gerhard, Generalmajor
Mutius, Theodor von, Flottillenadmiral

Nagel, Kurt-Gustav, Brigadegeneral
Niepold, Gerd, Generalleutnant (Großes Bundesverdienstkreuz mit Schulterband, Order of Merit)
Zum Ritterkreuz eingereicht.

Obermaier, Albrecht, Vizeadmiral
Olze, Arno, Brigadegeneral
Osten, Kurt von der, Generalleutnant (Großes Bundesverdienstkreuz)
Ostertag, Reinhart, Flottillenadmiral (Bundesverdienstkreuz I. Klasse)

Paulsen, Ernst, Brigadegeneral
Peslmüller, Ignaz, Brigadegeneral
Proll, Günter, Generalmajor
Ptak, Peter, Brigadegeneral (Bundesverdienstkreuz I. Klasse, Legion of Merit)
Punzmann, Karl, Brigadegeneral

Rebentisch, Prof. Dr. Ernst, Generaloberstabsarzt (Großes Bundesverdienstkreuz mit Schulterband, Order of Merit)
Zum Ritterkreuz eingereicht.
Reeder, Günter, Konteradmiral (Großes Bundesverdienstkreuz)
Ritgen, Udo, Brigadegeneral (Bundesverdienstkreuz I. Klasse)
Röder, Wilhelm von, Brigadegeneral
Röttiger, Hans, Generalleutnant (Großes Bundesverdienstkreuz)
Zum Ritterkreuz eingereicht.
Rosen, Richard Freiherr von, Generalmajor
Rosenthal, Wilhelm Ritter und Edler von, Brigadegeneral

Sapauschke, Johannes Ferdinand, Brigadegeneral (Großes Bundesverdienstkreuz)
Schäfer, Heinrich, Brigadegeneral (Großes Bundesverdienstkreuz)
Scheibert, Horst, Brigadegeneral (Großes Bundesverdienstkreuz)
Scherer, Paul Albert, Brigadegeneral
Schindler, Albert, Brigadegeneral
Schleinitz, Wolf-Dietrich Freiherr von, Brigadegeneral

Schlichtung, Friedrich-Carl, Brigadegeneral
Schlüter, Dr. Werner, Brigadegeneral
Schmückle, Gerd, General (Großes Bundesverdienstkreuz mit Schulterband und Stern, Order of Merit)
Schnez, Albert, Generalleutnant (Großes Bundesverdienstkreuz mit Schulterband, Kommandeur der Ehrenlegion)
Schreiber, Gerd, Flottillenadmiral
Schröder, Rolf-Helmut, Generalmajor (Bundesverdienstkreuz I. Klasse, zweimal Legion of Merit)
Schubert, Klaus, Generalmajor (Großes Bundesverdienstkreuz)
Schüler, Helmut, Brigadegeneral (Bundesverdienstkreuz I. Klasse)
Schultze, Hellmut, Brigadegeneral
Schumann, Alfred, Flottillenadmiral
Schumann, Hans, Brigadegeneral
Schuwirth, Horst-Bodo, Generalmajor
Schwatlo-Gesterding, Joachim, Generalleutnant (Großes Bundesverdienstkreuz mit Schulterband)
Schwiethal, Heinrich, Generalleutnant (Großes Bundesverdienstkreuz)
Selmayr, Josef, Brigadegeneral
Senger und Etterlin, Dr. Ferdinand Maria von, General (Großes Bundesverdienstkreuz mit Schulterband)
Spiegel, Dr. Hans, Generalmajor (Großes Bundesverdienstkreuz)
Spitzer, Curt, Generalmajor (Großes Bundesverdienstkreuz)
Stephani, Gerhard, Brigadegeneral (Bundesverdienstkreuz I. Klasse)
Zum Ritterkreuz eingereicht.
Stephanus, Konrad, Brigadegeneral

Tempelhoff, Hans-Georg von, Generalmajor
Zum Ritterkreuz eingereicht.
Thomas, Wilhelm, Brigadegeneral
Treuberg-Fischler, Heinrich Graf von, Brigadegeneral (Bundesverdienstkreuz I. Klasse)
Zum Ritterkreuz eingereicht.

Übelhack, Friedrich Alfred, Generalleutnant (Großes Bundesverdienstkreuz)
Unger, Hermann, Brigadegeneral (Großes Bundesverdienstkreuz)

Varnbühler von und zu Hemmingen, Ulrich, Brigadegeneral
Zum Ritterkreuz eingereicht.
Vogelsang, Fritz, Brigadegeneral (Bundesverdienstkreuz I. Klasse)

Vorsteher, Karl-Heinz, Flottillenadmiral (Bundesverdienstkreuz I. Klasse)
Voß, Wilhelm, Brigadegeneral

Wagemann, Dr. Eberhard, Generalmajor (Bundesverdienstkreuz I. Klasse)
Wagner, Gerhard, Flottillenadmiral (Großes Bundesverdienstkreuz)
Walitschek, Hubert Felix, Generalmajor (Großes Bundesverdienstkreuz, Order of Merit)
Walter, Eugen, Generalmajor
Wangenheim, Hubert Freiherr von, Flottillenadmiral
Weber, Artur, Generalmajor
Wegener, Edward, Konteradmiral (Großes Bundesverdienstkreuz mit Schulterband)
Wehnelt, Herbert, Generalleutnant (Großes Bundesverdienstkreuz)
Wendland, Horst, Brigadegeneral
Westermann, Fritz von, Generalmajor (Bundesverdienstkreuz I. Klasse)
Wicker, Erwin, Brigadegeneral
Wilcke, Henning, Generalmajor (Großes Bundesverdienstkreuz)
Wilde, Hans, Generalmajor (Großes Bundesverdienstkreuz)
Willemer, Klaus Casper, Brigadegeneral
Willikens, Dietrich, Generalleutnant (Großes Bundesverdienstkreuz, Offizierskreuz der Ehrenlegion)
Zum Ritterkreuz eingereicht.
Wirsing, Karl-Heinz, Generalmajor (Großes Bundesverdienstkreuz)
Wittmann, Jürgen, Brigadegeneral
Worgitzky, Hans-Heinrich, Brigadegeneral

Zimmermann, Armin, Admiral (Großes Bundesverdienstkreuz mit Schulterband)

Literaturverzeichnis

Alman, Karl: *Mit Eichenlaub und Schwertern.* Rastatt, 1971.
ders.: *Ritter der Sieben Meere.* Rastatt, 1963.
ders.: *Großadmiral Karl Dönitz: Vom U-Boot-Kommandanten zum letzten deutschen Staatsoberhaupt.* Leoni, 1983.
Arnold, Henry H.: *Global Mission.* New York, 1949.
Baudissin, Wolf Graf von: *Nie wieder Sieg. Programmatische Schriften 1951–1981.* München, 1982.
ders.: *Soldat für den Frieden. Entwürfe für eine zeitgemäße Bundeswehr.* München, 1969.
Bradley, Omar: *A Soldier's Story.* New York, 1964.
Bradley, Dermot u.a.: *Vollständige Liste der Generale und Admirale der Bundeswehr 1955–1990.* Osnabrück, 1990.
Bringmann, Jürgen: *...dem Frieden dienen? Wozu Bundeswehr?* Düsseldorf, 1975.
Bundesministerium der Verteidigung, Informations- und Pressestab: *Die Bundeswehr – Eine sichere Zukunft.* Bonn, o.J.
ders.: *Seemacht heute.* Bonn, o.J.
ders.: *Das Heer: Die Luftlandetruppen.* Bonn, o.J.
ders.: *Führungsdienste in der Luftwaffe.* Bonn, o.J.
ders.: *Zerstörer-Flottille in der Marine.* Bonn, o.J.
ders.: *Schnellboot-Flottille in der Marine.* Bonn, o.J.
ders.: *Flottille der Minenstreitkräfte.* Bonn, o.J.
ders.: *Versorgungsflottille der Marine.* Bonn, o.J.
Bundesministerium der Verteidigung, Führungsstab der Streitkräfte: *Die neue Struktur der Bundeswehr.* Bonn, 1974.
ders.: *Zentrale Dienstvorschrift 12/1: Politische Bildung in der Bundeswehr.* Bonn, 1973.
ders.: *Ein Wegweiser: Pflichten und Rechte des Soldaten.* Bonn, 1976.
Busse, Theodor: *Die letzte Schlacht der 9. Armee.* (i.Ms. an den Autor)
Carius, Otto: *Tiger im Schlamm.* Neckargemünd, 1960.
dtv-Lexikon. München 1997.
Friedeburg, Ludwig: „Zum Verhältnis von Militär und Gesellschaft in der Bundesrepublik". In *Studien zur politischen und wirtschaftlichen Situation der Bundeswehr.* Berlin u. Witten, 1966.
Geerdts, Klaus: „Porträt einer Schule: Die Führungsakademie der Bundeswehr". In *Jahrbuch des Heeres.* o.O., 1975.
Guderian, Heinz: *Erinnerungen eines Soldaten.* Neckargemünd, 1960.
Hofmann, Hans-Hubert (Hrsg.): *Das deutsche Offizierskorps 1860–1960.* Boppard, 1980.

Höfner, Karlheinz: *Die Aufrüstung Westdeutschland. Willensbildung, Entscheidungspozesse und Spielräume westdeutscher Politik 1945 bis 1950.* München, 1990.
Kampe, Helmut: „Die Bundeswehr in der Gesellschaft". In *Standortbestimmungen.* Bonn, 1975.
Karst, Heinz: *Die Bundeswehr in der Krise.* München, 1997.
Keilig, Wolf: *Das Deutsche Heer 1939–1945.* Bad Nauheim, 1955.
ders.: *Die Generale des Heeres.* Friedberg, 1983.
ders.: *Rangliste des Deutschen Heeres 1944/45.* Friedberg, 1981.
Kleine, Egon u. Volkmar Kühn: *Tiger: Die Geschichte einer legendären Waffe.* 8. Aufl. Stuttgart, 1999.
Kühn, Volkmar: *Torpedoboote und Zerstörer im Einsatz 1939–1945.* 6. Aufl. Stuttgart, 1995.
ders.: *Deutsche Fallschirmjäger im Zweiten Weltkrieg 1939–1945.* 12. Aufl. Stuttgart, 1999.
Kurowski, Franz: *Alliierte Jagd auf deutsche Wissenschaftler.* München, 1980 (3. Aufl. 1992).
ders.: *Von den Ardennen zum Ruhrkessel.* Herford, 1963.
ders.: *Armee Wenck: Die 12. Armee zwischen Elbe und Oder 1954.* Neckargemünd, 1967.
ders.: *Assault Guns to the Front!* Winnipeg, 1999.
ders.: *Balkenkreuz und roter Stern: Der Luftkrieg über Rußland.* Dorheim, 1985.
ders.: *Bedingungslose Kapitulation.* Leoni, 1983.
ders.: *Bordflieger im Einsatz 1939–1945.* Berg, 1984.
ders.: *Die Bundeswehr: Heer – Marine – Luftwaffe.* Balve, 1977.
ders.: *Demjansk: Die Festung im Eis.* Wölfersheim-Berstadt, o.J.
ders.: *Deutsche Fallschirmjäger 1939–1945.* 8. Aufl. Wien, o.J.
ders.: *Deutsche Kommandotrupps im weltweiten Einsatz.* Stuttgart, 2000.
ders.: *Deutsche Offiziere in Staat, Wirtschaft und Wissenschaft: Bewährung im neuen Beruf.* Herford, 1967.
ders.: *Deutsche Panzer 1939–1945.* 8. Aufl. Wien, o.J.
ders.: *Endkampf um das Reich.* Friedberg, 1987.
ders.: *Generalfeldmarschall Albert Kesselring: Oberbefehlshaber an allen Fronten.* Berg, 1985.
ders.: *Die Geschichte der Panzer-Lehr-Division.* Bad Nauheim, 1964. (2. Aufl. 1996.)
ders.: *Grenadiere, Generale, Kameraden.* Rastatt, 1968.
ders.: *Hans Joachim Marseille: „Der Stern von Afrika".* Atglen, o.J.
ders.: *Die Heeresgruppe Mitte 1942/1943.* Friedberg, 1989.
ders.: *Heimatfront.* Bayreuth, 1960.
ders.: *The History of the FschPzKorps „HG".* Winnipeg, 1995.
ders.: *Infanterie Aces.* Winnipeg, 1996.
ders.: *Jäger der Sieben Meere. Die berühmtesten deutschen U-Bootkommandanten des II. Weltkrieges.* Stuttgart, 1994.

ders.: *Knight's Cross Holders of the Fallschirmjäger.* Atglen, o.J.
ders.: *Kreuzer auf allen Meeren.* München, 1999.
ders.: *Krieg unter Wasser.* Düsseldorf, 1979. (4. Aufl. 1998.)
ders.: *Zu Lande, zu Wasser, in der Luft.* Bochum, 1968.
ders.: *Der Luftkrieg über Deutschland.* Düsseldorf, 1977. (4. Aufl. 1998.)
ders.: *Luftwaffen Aces.* Winnipeg, 1996.
ders.: *Marseille – der erfolgreichste Jagdflieger der Welt.* Berg, 1995.
ders.: *Das Massaker von Dresden.* Berg, 1995.
ders.: *Michael Wittmann, der weltbeste Panzersoldat.* Tokio, o.J.
ders.: *Panzer Aces.* Winnipeg, 1995.
ders.: *Panzer Aces.* Bd. 2. Winnipeg, 2000.
ders.: *Der Panzerkrieg.* München, 1986. (3. Aufl. 1987.)
ders.: *Von der Polizeigruppe Wecke z.b.V. zum Fallschirmpanzerkorps „HG".* Osnabrück, 1994.
ders.: *Ritterkreuzträger aus Ost- und Westpreußen.* Kiel, 1996.
ders.: *Ritterkreuzträger der U-Boot-Waffe.* Atglen, o.J.
ders.: *Ritterkreuzträger des Afrika-Korps.* Atglen, o.J.
ders.: *Rommel in the Desert.* West Chester, o.J.
ders.: *Die Schlacht um Deutschland.* München, 1981.
ders.: *Die sechs Schlachten in Kurland.* Wölfersheim-Berstadt, 2000.
ders.: *Seekrieg aus der Luft: Deutsche Seeluftwaffe im Zweiten Weltkrieg.* Herford, 1977.
ders.: *Siegfried Westphal: Das Vermächtnis.* Bochum, 1982.
ders.: *Stalingrad: Die Schlacht die Hitlers Mythos zerstörte.* Bergisch Gladbach, 1992.
ders.: *So war der Zweite Weltkrieg 1939–1945.* Bde. 1–7. Berg, 1989–1995.
Lücken, Claus Joachim: *Die deutsche Frage im Selbstverständnis der Bundeswehr: Die Nation, das vergessene Wehrmotiv?* Frankfurt/Main u.a., 1995.
Militärisches Forschungsamt (Hrsg.): *Verteidigung im Bündnis: Planung, Aufbau und Bewährung der Bundeswehr 1950–1970.* München, 1975.
Manstein, Erich von: *Verlorene Siege.* Bonn, 1954.
ders. u. Kurowski, Franz: *Einsätze im Krieg in 40 Fragen.* (i.Ms.)
dies.: *Über den Aufbau der Bundeswehr.* (i.Ms. an den Autor.)
Manteuffel, Hasso von: *Die 7. Panzer-Division im Zweiten Weltkrieg.* Uerdingen, 1965.
ders. u. Kurowski, Franz: *Der Krieg in 40 Fragen.* (i.Ms.)
dies.: *Kurzdarstellungen der 7. PD und der PzGren-Div. Großdeutschland.* (i.Ms. an den Autor.)
Meier-Dörnberg, Wilhelm: „Die Europäische Verteidigungsgemeinschaft". In Fischer, Alexander (Hrsg.): *Wiederbewaffnung in Deutschland nach 1945.* Berlin, 1986.
Munzel, Oskar: *Gepanzerte Truppen.* Herford, 1965.
ders.: *Berichte an den Autor.* (i.Ms.)

Nehring, Walther K.: *Die Geschichte der deutschen Panzerwaffe 1916–1945.* Berlin, 1969. Stuttgart, 2000.
ders.: *Unterlagen: Gefechtsberichte an den Autor.* (i.Ms.)
Obermann, Emil: *Verteidigung, Idee, Gesellschaft, Weltstrategie, Bundeswehr.* Stuttgart, 1970.
Poeppel, Hans (Hrsg.): *Die Soldaten der Wehrmacht.* München, 1998.
Post, Walter: *Die verleumdete Armee. Wehrmacht und Anti-Wehrmacht-Propaganda.* Selent, 1999.
Presse- und Informationsamt der Bundesregierung (Hrsg.): *Weißbuch 1983.* Bonn, 1983.
Range, Clemens: *Die Generale und Admirale der Bundeswehr.* Herford 1990.
Rendulic, Lothar: *Gekämpft, gesiegt, geschlagen.* Heidelberg, 1952.
ders.: *Soldat in stürzenden Reichen.* München, 1965.
ders.: *Dokumente zum Zweiten Weltkrieg.* (i.Ms. an den Autor.)
Ruge, Friedrich: *Der Seekrieg 1939–1945.* Stuttgart, 1954.
ders.: *Dokumente und Unterlagen.* (i.Ms. an den Autor.)
Rövenkamp, Markus: *Vollständige Liste der Generale und Admirale der Bundeswehr: 1955–1990.* Osnabrück, 1990.
Sadlowski, Manfred (Hrsg.): *Handbuch der Bundeswehr und der Verteidigungsindustrie.* Bonn, 1999.
Seidler, Franz W.: *Kriegsgreuel der Roten Armee. Verbrechen an der Wehrmacht Band II: 1942/43.* Selent 2000.
Schmoltner, Jürgen B. u. Prieschl, Alfred: „Und wieder schlägt der Zeitgeist zu". In *Deutsche Militärzeitschrift Nr. 23,* Oktober–Dezember 2000.
Schönbohm, Jörg: *Zwei Armeen und ein Vaterland: Das Ende der Nationalen Volksarmee.* Berlin, 1992.
Senger und Etterlin, Fridolin von: *Krieg in Europa.* Köln, 1960.
Steinhoff, Johannes: *Die Straße von Messina.* München, 1973.
ders.: *In letzter Stunde.* o.O., o.J.
ders.: *Korrespondenz mit dem Autor.* o.O., o.J.
Stiehl, Baldur: *Möglichkeiten und Grenzen der Integration der Bundeswehr in die Gesellschaft der BRD.* (i.Ms. an den Autor)
Uhle-Wettler, Franz: „Gedanken zur Traditionswürdigkeit der Wehrmacht". In Uhle-Wettler, Reinhard (Hrsg.): *Wagnis Wahrheit. Historiker in Handschellen? Festschrift für David Irving.* Kiel, 1998.
Weinhold, Manfred: *Deutschlands Gebietsverluste 1919–1945. Handbuch und Atlas.* Kiel, 1999.
Wust, Harald: „Die Bundeswehr in Staat und Gesellschaft". In *Standortbestimmung: Referate und Koreferate der 20. Kommandeurstagung der Bundeswehr.* Bonn, 1975.

Abkürzungsverzeichnis

AK	Armeekorps
BdU	Befehlshaber der U-Boote
BrigGen.	Brigadegeneral
BRT	Bruttoregistertonnen
d.R.	der Reserve
EK	Eisernes Kreuz
EL	Eichenlaub
Feldm.	Feldmeister (Reichsarbeitsdienst)
Fhr.	Führer
FhjFw	Fahnenjunker-Feldwebel
FhjOfw	Fahnenjunker-Oberfeldwebel
FKpt.	Fregattenkapitän
FltAdm.	Flottillenadmiral
Fw.	Feldwebel
Gefr.	Gefreiter
GenLt.	Generalleutnant
GenMaj.	Generalmajor
HKL	Hauptkampflinie
Hptfw.	Hauptfeldwebel
Hptm.	Hauptmann
HStFhr.	Hauptsturmführer (SS)
i.G.	im Generalstab
IL-2	sowjetischer Schlachtfliegertyp
Jak 9	sowjetischer Jägertyp
Jak 11	sowjetischer Jägertyp
KAdm.	Konteradmiral
KKpt.	Korvettenkapitän
KptLt.	Kapitänleutnant
KW 1	sowjetischer schwerer Panzertyp
LaGG	sowjetischer Jägertyp
LI	Leitender Ingenieur
Lt.	Leutnant
MG	Maschinengewehr
mot.	motorisiert
ObApoth.	Oberstapotheker
ObArzt	Oberstarzt
ObFm	Oberfeldmeister (Reichsarbeitsdienst)
ObJäg.	Oberjäger

Oblt.	Oberleutnant
ObStArzt	Oberstabsarzt
ObStfw.	Oberstabsfeldwebel
Obwm.	Oberwachtmeister
Ofw.	Oberfeldwebel
OKW	Oberkommando der Wehrmacht
OStBaFhr.	Obersturmbannführer (SS)
OStFhr.	Obersturmführer (SS)
OTL	Oberstleutnant
Pak	Panzerabwehrkanone
PK	Propagandakompanie
RAD	Reichsarbeitsdienst
Rittm.	Rittmeister
sMG	schweres Maschinengewehr
StArzt	Stabsarzt
StFw.	Stabsfeldwebel
StGefr.	Stabsgefreiter
Uffz.	Unteroffizier
VAdm.	Vizeadmiral
Wm.	Wachtmeister

Ia	Erster Generalstabsoffizier (Leiter der Führungsabteilung, Organisation, Ausbildung)
Ib	Zweiter Generalstabsoffizier (Quartiermeisterabteilung)
Ic	Dritter Generalstabsoffizier (Feindbild, Abwehr)

Danksagung

Der Autor dankt den Hunderten deutscher Wehrmachtsoldaten und Soldaten der Bundeswehr für die großzügig gewährte Hilfeleistung. Ob vom Heer, der Luftwaffe oder der Marine, es ging eine Fülle von Daten und Fakten in Gestalt von Aufzeichnungen, Tagebüchern, Befehlen und Ranglisten ein: Vom Soldaten bis zum Feldmarschall, vom Matrosen bis zum Großadmiral waren Soldaten bereit, an der Entstehung eines Werkes, das der Wahrheit dient und zur Ehrenrettung des deutschen Soldaten beiträgt, mitzuwirken.

Der besondere Dank des Autors gilt Herrn Generalfeldmarschall Erich von Manstein, der ihn bei seinem Aufenthalt in Irschenhausen Anfang der 70er Jahre auf die großartige Leistung der deutschen Wehrmachtoffiziere beim Aufbau der Bundeswehr hinwies und sein Material hierüber zwecks Auswertung zur Verfügung stellte.

Für spezielle Literatur und Unterlagen hat der Autor zu danken: dem Herrn Bundesminister der Verteidigung und dem Bundesministerium der Verteidigung, Informations- und Pressestab, die eine Fülle von Material zur Verfügung stellten; dem Streitkräfteamt, Abteilung I, Öffentlichkeitsarbeit; dem Heeresamt sowie Herrn Oberstleutnant Träm, Leiter der Presse- und Öffentlichkeitsarbeit dieses Amtes; der Zentralbibliothek der Bundeswehr und dem dortigen Herrn Bibliotheksdirektor Dr. Sack; nicht zuletzt Herrn Generalarzt a.D. Dr. Carl Merkle, Herrn H.H. Schmid sowie den Firmen Krauss-Maffei in München, Thyssen-Henschel in Kassel und der Rheinstahl-Transporttechnik.

Der Autor dankt außerdem folgenden Personen, die Unterlagen verschiedener Art zur Verfügung stellten: Bern von Baer, Gerhard Barkhorn, Wilhelm Batz, Ernst Bauer, Gerhard-Wilhelm Behnke, Heinrich von Behr, Hans-Henning von Beust, Hermann Bix, Gerd von Born-Fallois, Albert Brux, Martin Buhr, Rudolf Buhse, Heinrich Busse, Bruno Dilley, Hans Dominik, Diethelm von Eichel-Streiber, Walter Enneccerus, Armin Erdmann, Wolfgang Everth, Gerhard Fischer, Peter Frantz, Alfred Genz, Walter Gericke, Siegfried Gerstner, Friedrich Guggenberger, Joachim Gutmann, Robert Gysae, Heinz Haag, Martin Harlinghausen, Wolfgang Hartelt, Erich Hartmann, Leo Hartmann, Werner Hartmann, Heinrich Hax, Hans Heidtmann, Wilhelm Herget, Rudolf Herkelmann, Harry Herrmann, Friedrich August Freiherr von der Heydte, Kurt Hilgendorff, Heinrich Hoffmann, Erich Hohagen, Joachim-Friedrich Huth, Max Ibel, Otto Ites, Siegfried Jamrowski, Hans Jenisch, Rolf Johannesson, Friedrich Kemnade, Albert Kerscher, Hellmut Kerutt, Walter Kiess, Bernd Klug, Werner Klümper, Konrad Knabe, Claus Korth, Rudolf Kranz, Otto Kretschmer, Hans Kroh, Kurt Kuhlmey, Günter Kuhnke, Hans-Günther Lange, Carl Langemeyer, Lothar Lau, Heinz-Georg Lemm, Erich Lepkowski, Philipp Lichtenberg, Kurt Freiherr von Liebenstein, Smilo Freiherr von Lüttwitz, Erich von Manstein, Gerhard Matzky, Alfred Müller, Oskar Munzel, Horst Naumann, Heinrich Neumann, Horst Niemack, Walter Ohmsen, Georg Olschewski, Herbert Panknin, Günther Pape, Friedrich-Karl Paul, Adolf Piening, Hermann Plocher, Otto Pollmann, Josef Prentl, Günther Radusch, Reinhart Reche, Ernst-Wilhelm Reinert, Werner Reißmann, Josef-Wilhelm Rettemeier, Gustav-Siegfried Rödel, Bernhard Rogge, Herbert Rollwage, Hans-Rudolf Rösing, Horst Rudat, Friedrich Ruge, Konrad Sauer, Gerhard Schacht, Richard Schimpf, Gerhart Schirmer, Egon-Reiner von Schlippenbach, Heinrich Schlosser, Franz Schmitz, Klaus Scholtz, Horst von Schroeter, Otto Schuhart, August Seidensticker, Alfred-Karl Smidt, Ernst Sorge, Martin Steglich, Johannes Steinhoff, Günther Straehler-Pohl, Hans Teusen, Rolf Thomsen, Erich Timm, Erich Topp, Gottfried Tornau, Heinrich Trettner, Friedrich-Wilhelm Wangerin, Gottfried Weber, Irnfried von Wechmar, Wilhelm Wendt, Karl-Heinz Wiebe, Werner Winter, Rudolf Witzig, Bernhard Woldenga, Max-Eckart Wolff, Artur Wollschläger, Siegfried Wuppermann, Konrad Zeller.

Viele Hunderte deutscher Soldaten der Wehrmacht und der Bundeswehr haben – zum Teil mitten im Kriege beginnend – dem Autor über fünfeinhalb Jahrzehnte lang die Treue gehalten. Sie alle sind unvergessen und gehören zu jenen Tausenden Tapferkeitssoldaten, die der Autor befragt hat, um die Geschichte des Zweiten Weltkrieges so darzustellen, wie sie wirklich war – nicht so, wie sie mancher gern gehabt hätte.

Franz Kurowski
Dortmund, im November 2000

Inhaltsverzeichnis

Pour le Mérite

Prof. Franz W. Seidler (Hrsg.)

Verbrechen an der Wehrmacht

Kriegsgreuel der Roten Armee 1941/42. – Die endlose Reihe bolschewistischer Greueltaten – Folter, Verstümmlung, Mord usw. – wird hier objektiv dokumentiert. **320 S., viele s/w. Abb., geb. im Großformat, DM 58,–**

Prof. Franz W. Seidler

Kriegsgreuel der Roten Armee

Verbrechen an der Wehrmacht. Band II: 1942/43. – Diese Dokumentation bildet die Fortsetzung zu dem Buch „Verbrechen an der Wehrmacht". **320 S., viele s/w. Abbildungen, geb. im Großformat, DM 49,80**

Prof. Franz W. Seidler

Die Wehrmacht im Partisanenkrieg

Militärische und völkerrechtliche Darlegungen zur Kriegführung im Osten. – Standardwerk zum Partisanenkrieg. **288 S., 32 überwiegend farbige Bildseiten, viele s/w. u. farb. Abb., geb. im Großformat, DM 49,80**

Prof. Franz W. Seidler

Phantom Alpenfestung?

Die geheimen Baupläne der Organisation Todt. – Dieses Buch zeigt die Pläne für die Alpenfestung und den damaligen Stand der Baumaßnahmen. **160 S., viele s/w. Abb. u. farb. Baupläne, geb. im Atlas-Großformat, DM 39,80**

Der Krieg 1939/40 in Karten

Nachdruck eines Kartenwerkes von 1940, das die Vorgeschichte des Krieges sowie den Verlauf der Operationen der Blitzkriege dokumentiert. **64 S., 33 farbige Karten, geb. im Atlas-Großformat, DM 34,–**

Karl Radl

Die Blitzbefreiung Mussolinis

Mit Skorzeny am Gran Sasso. – Packender Bericht des Adjutanten Skorzenys über dieses Kommandounternehmen. **288 S., 32 überwiegend farbige Bildseiten, geb. im Großformat, DM 49,80**

Verlag für Militärgeschichte